Schah Sedi / Grotelüschen
Kapitalisierungstabellen

Kapitalisierungstabellen

zur Barwertberechnung von Schadensersatzrenten nach Unfällen und Behandlungsfehlern

Praxishandbuch

Sterbetafel 2019/2021

Teil 1 von

Rechtsanwältin Cordula Schah Sedi

Fachanwältin für Verkehrsrecht

Mediatorin (Hochschule Darmstadt)

ö.b.u.v. Sachverständige für die Ermittlung des

Haushaltsführungsschadens (IHK Rostock)

Rostock

Teil 2 von

Frank Grotelüschen

Programmierung und Berechnung der Tabellen

Systemadministrator

Bremen

1. Auflage 2023

C.H.BECK

Zitiervorschlag: *Teil 1: Schah Sedi/Grotelüschen* Rn.
Teil 2: Schah Sedi/Grotelüschen T.

Gleichstellungshinweis:
Im Interesse einer exakten Formulierung haben die Verfasser auf genderneutrale Formulierungen verzichtet. Die Verwendung des generischen Maskulinums bedeutet aus Sicht der Verfasser nicht zugleich, dass damit andere Geschlechtsidentitäten sprachlich unsichtbar gemacht werden sollen. In diesem Buch wird alleine aus Gründen der besseren Lesbarkeit das generische Maskulinum verwendet. Weibliche und anderweitige Geschlechteridentitäten werden dabei ausdrücklich mitgemeint, soweit es für die Aussage erforderlich ist. Sämtliche Personenbezeichnungen gelten gleichermaßen für alle Geschlechter (m/w/d).

Hinweis zur eigenverantwortlichen Nutzung dieses Werkes:
Die Formulierungs- und Berechnungsbeispiele in diesem Buch wurden mit Sorgfalt und nach bestem Wissen erstellt. Sie stellen jedoch lediglich Arbeitshilfen und Anregungen für die Lösung typischer Fallgestaltungen dar. Die Eigenverantwortung für die Formulierung von Verträgen, Verfügungen und Schriftsätzen sowie außergerichtlicher Anspruchsschreiben uä trägt der Benutzer.

Autoren und Verlag übernehmen keinerlei Haftung für die Richtigkeit und Vollständigkeit der in dem Buch enthaltenen Ausführungen in Teil 1 sowie Teil 2 einschließlich dortiger Formulierungs- sowie Berechnungsbeispiele.

Ihre Anregungen und Ihre Kritik zu diesem Werk senden Sie bitte an
kapitalisierungstabellen@schah-sedi.de

Die Autoren freuen sich auf Ihre Rückmeldung.

www.beck.de

ISBN 978 3 406 78573 3

© 2023 Verlag C. H. Beck oHG
Wilhelmstraße 9, 80801 München
Druck und Bindung: Himmer GmbH,
Steinerne Furt 95, 86167 Augsburg
Umschlaggestaltung: Ralph Zimmermenn, Bureau Parapluie

Satz: Uhl + Massopust GmbH, Aalen

chbeck.de/nachhaltig

Gedruckt auf säurefreiem, alterungsbeständigem Papier
(hergestellt aus chlorfrei gebleichtem Zellstoff)

Vorwort

Die Barwertermittlung einer Rente – die Kapitalisierung – ist aus der außergerichtlichen zivilrechtlichen Schadensregulierung nicht wegzudenken. Das betrifft neben dem Verkehrsrecht auch mehr und mehr das Arzthaftungsrecht.

Angesichts der immensen Vorteile für die Beteiligten ist das auch gut so: Der Geschädigte kann endlich eine „neue Seite aufschlagen". Er kann sich der Verbesserung seines Gesundheitszustandes widmen, ohne ständig der Belastung durch die Hürden der laufenden Regulierung auf Rentenbasis ausgesetzt zu sein. Er ist nicht mehr das Objekt des Handelns anderer. Begutachtungen im Auftrag des Schädigers/Versicherers gehören der Vergangenheit an. Auch die nervenaufreibende Korrespondenz mit Schädiger/Versicherer und eigenem Anwalt hat ein Ende.

Der Versicherer/Schädiger ist nicht mehr mit dem Verwaltungsaufwand der Akte im Direktanspruch und im Verhältnis zum Rückversicherer belastet. Das spart enorme Kosten – jetzt und in Zukunft.

Damit die zivilrechtliche Schadensregulierung zu einer Win-Win-Lösung bei der Kapitalisierung von Rentenansprüchen führen kann, braucht es ein gutes Handwerkszeug. Dazu zählen aktuelle und umfassende Barwerttafeln in Form von Kapitalisierungstabellen. Veraltete Barwerttafeln bedingen unzweifelhaft fehlerhafte Rechenergebnisse. Abzinsungsfaktoren, die den aktuellen Kapitalmarkt außer Acht lassen, tragen nicht zur Befriedung mit dem rechnerischen Kapitalisierungsergebnis bei. Um die vom BGH bereits im Jahr 1981 geforderte Dynamik sachgerecht umzusetzen, braucht es „Zwischengrößen" bei der Abzinsung. Die Lebenserwartung steigt mit jedem Jahr an, so dass eine lebenslange Leibrente auch oberhalb des 100. Lebensjahres auf der Basis der aktuellen Sterbetafel 2019/2021 kapitalisiert werden können muss. Gerade die im Jahr 2022 massiv angestiegenen Preise in allen Lebensbereichen zeigen, dass die Dynamisierung von Schadensersatzrenten eine enorme Bedeutung hat. Bei Wohnumfeldgestaltungen beläuft sich die Preissteigerung auf mehr als 50 %. Im Bereich von Pflege/Betreuung betrifft sie nicht nur gestiegene Arbeitsentgelte. Es findet eine Verschiebung von Angebot und Nachfrage dergestalt statt, dass in einer vergreisenden Gesellschaft die Nachfrage nach pflegerischen Leistungen aktuell von den geburtenschwachen Jahrgängen im Arbeitsleben nicht mehr gedeckt werden kann. Das lässt die Preise in die Höhe schnellen. Alles das macht deutlich, dass die Dynamisierung unbedingt einen größeren Raum einnehmen muss, als das in den vergangenen Jahren der Fall war. Es geht nicht mehr nur um den Inflationsausgleich. Mittlerweile ist bereits von einer Mega-Rezession die Rede (https://www.welt.de/finanzen/plus240383731/Truegerische-Erholung-Diese-Kurve-deutet-auf-die-Mega-Rezession.html; https://www.deraktionaer.de/artikel/maerkte-forex-zinsen/mega-rezession-voraus-alle-augen-auf-die-fed-20311958.html (abgerufen am 11.08.2022)), worauf die Rendite zweijähriger amerikanischer Staatsanleihen hindeutet, die derzeit höher als die der zehnjährigen Anleihen ist (https://www.deraktionaer.de/artikel/maerkte-forex-zinsen/mega-rezession-voraus-alle-augen-auf-die-fed-20311958.html (abgerufen am 11.08.2022)).

Dennoch schließt das die Kapitalisierung – unter Berücksichtigung einer spürbaren Dynamisierung – nicht von vorneherein aus. Individuelle Argumente des Geschädigten können gleichwohl die Kapitalisierung als optimalen Regulierungsabschluss darstellen. Es kommt immer auf die jeweilige Lebenssituation des Geschädigten an, in der verrentet oder kapitalisiert werden soll. Selbst massive Inflation und sogar eine Rezession stehen einer Kapitalisierung nicht von Anfang an entgegen. Es gilt hier für alle Beteiligten, dass eine sorgsame Risiken-/Chancenanalyse für das individuell richtige Ergebnis eine unabdingbare Voraussetzung der Kapitalisierung darstellt. Auch hier ist der vorliegende Tabellenteil äußerst dienlich.

Niemand weiß, wie sich die gesamtwirtschaftlichen Parameter in der Gestalt von Inflation und Rezession entwickeln werden. Am Tage des Erscheinens dieses Buches kann sich das alles schon völlig anders darstellen, weshalb dem Anwender dringend geraten wird, die tagesaktuelle Wirtschaftspresse bei der Kapitalisierung nicht auszublenden.

Die Autoren hoffen, den Beteiligten mit den rechtlichen Ausführungen in Teil 1 (von Rechtsanwältin Cordula Schah Sedi) und den Kapitalisierungstabellen in Teil 2 (die von Frank Grotelüschen programmiert und berechnet wurden) für das Tagesgeschäft im juristischen Regulierungsalltag ein dienliches Vademecum geschaffen zu haben.

Die Autoren freuen sich, nun für die Fortsetzung der ursprünglich im Selbstverlag herausgegebenen Kapitalisierungstabellen mit dem Verlag C.H.BECK einen äußerst kompetenten Partner gewonnen zu haben, der die Kapitalisierungstabellen parallel zur Veröffentlichung im Buch auch online unter beck-online.DIE DATENBANK https://beck-online.beck.de/Arbeitshilfe/Kapitalisierungstabellen in noch größerer Anzahl und stets aktuell veröffentlichen wird. Das erleichtert die manuelle Berechnung maßgeblich und unterstützt alle Anwender, verschiedenste Berechnungen zeitsparend vorzunehmen.

Besonderer Dank gilt unseren Rechtsanwaltsfachangestellten – Frau Martina Hagemann, Frau Karolin Kisiel, Frau Laura Abraham – ohne deren große Umsicht und unermüdlichen Fleiß die Umsetzung des Manuskriptes in die druckfertige Version nicht möglich gewesen wäre. Die Autoren möchten sich an dieser Stelle ausdrücklich dafür bedanken.

Es ist schon immer das Anliegen der Autoren gewesen, einen Beitrag dazu zu leisten, dass Geschädigtenvertreter und Schädiger (bzw. deren eintrittspflichtiger Haftpflichtversicherer im Rahmen des gesetzlichen Schuldeintritts) fair und auf Augenhöhe miteinander umgehen und verhandeln können (Schah Sedi/Schah Sedi, Das verkehrsrechtliche Mandat, Band 5, Personenschäden, 1.–3. Auflage, Vorwort).

Deshalb widmen die Autoren dieses Werk
dem fairen Miteinander der an der Personenschadensregulierung Beteiligten.

Rostock und Bremen im November 2022

Cordula Schah Sedi, Frank Grotelüschen

Inhaltsverzeichnis

Teil 2

Tabellenübersicht:[1]

Tabellenverzeichnis:[1]

T1   Lebenslange Leibrente

T2   Temporäre Leibrente

---

[1] Die Tabellen basieren auf der Sterbetafel 2019/2021 Deutschland, Statistisches Bundesamt. Die Verzinsung ist monatlich und die Zahlungsweise vorschüssig zugrunde gelegt.

Literaturverzeichnis

Bachmeier, Personenschaden – Vergleich, Kapitalisierung und der Weg zur Anwaltshaftung, SVR 2019, 10

Car/Mittelstädt, Kapitalisierung von Rentenansprüchen, VersR 2018, 1477

Geyer, Kapitalisierung dynamischer Renten, NJW 1974, 1170

Gräfenstein/Deller, Kapitalisierung von Renten, zfs 2014, 69

Gräfenstein/Strunk, Zur Regulierung materieller Ansprüche bei schweren Personenschäden (Verdienstausfall), zfs 2018, 8

Gräfenstein/Strunk, Abfindung von Personenschäden durch Kapitalisierung, zfs 2019, 431

Huber, Der Ersatz künftiger Einbußen beim Personenschaden, zfs 2018, 484

Huber, Kapital oder Rente – Erfordernis eines gesetzlichen Abfindungsanspruchs, NZV 2019, 321

Jaeger, Einfluss der Niedrigzinsphase auf die Bemessung des Schmerzensgeldes, VersR 2019, 577

Jahnke/Burmann, Handbuch Personenschadensrecht, 2. Aufl. 2022

Kornes, Flexibler Realzins statt 5 % – Tabellenzins, r+s 2003, 485

Köck, Abfindung von Personenschäden und vergleichsweise Regelung – Ausblick und Anmerkungen zum Arbeitskreis IV des 57. Verkehrsgerichtstages 2019, DAR 2019, 2

Lang, Chancen und Risiken beim Abfindungsvergleich und der Kapitalisierung von Ansprüchen, VersR 2019, 385

Löffler/Kruschwitz/Heintze/Schiller u.a., Zur Kapitalisierung von Schadensersatzansprüchen (§ 843 Abs. 3 BGB), r + s 2013, 477

Luckey, Die Abfindung von Personenschäden – Risiken und Haftungsfallen, NZV 2019, 9

Mittelstädt, Der Kapitalisierungsanspruch des Verletzten gemäß § 843 Abs. 3 BGB: Eine rechtsdogmatische Untersuchung zur materiellen und prozessualen Durchsetzung des Kapitalisierungsanspruches, 2014

Nehls/Nehls, Kapitalisierungstabellen: Systematische Darstellung der Kapitalisierung und Verrentung mit Beispielen sowie Tabellenwerk, 2. Aufl. 2001

Pardey, Berechnung von Personenschäden, 4. Aufl. 2010

Quirmbach/Gräfenstein/Strunk, Kapitalisierungstabellen: Ersatzansprüche bei Personenschäden richtig berechnen, 3. Aufl. 2020

Schah Sedi/Schah Sedi, Das verkehrsrechtliche Mandat: Band 5: Personenschäden, 3. Aufl. 2017

Schah Sedi/Schah Sedi, Die anwaltliche Beratungspflicht zu Beginn des Mandats und vor Abschluss eines außergerichtlichen Abfindungsvergleiches unter besonderer Berücksichtigung des Personenschadens, zfs 2008, 492

Schah Sedi/Schah Sedi, Abfindung oder Rente beim Personenschaden? – aus Anwaltssicht, zfs 2008, 183

Schneider/Stahl, Kapitalisierung und Verrentung, 3. Aufl. 2008

Scholten, Merkpunkte bei der Abfindung von Personenschäden, NJW 2018, 1302

Schwintowski, Schutzfunktion und wichtiger Grund in § 843 Abs. 3 BGB, VersR 2010, 149

Strunk, Abfindung von Personenschäden und vergleichsweise Regelung – Höhe der Abzinsung, DAR 2019, 313

Teil 1

A. Der Anspruch auf Kapitalisierung

I. Was bedeutet „Kapitalisierung"?

Bei der Kapitalisierung geht es um die Berechnung des Kapitalwertes (= Barwert) einer Rente. Dabei ist **1** der Kapitalwert der Betrag, der zusammen mit dem Zinsertrag ausreichen soll, während einer bestimmten Zeit oder einer unbestimmten Zeit bis zu einem bestimmten Ereignis (zB bis zum Ausscheiden aus dem Erwerbsleben, bis zum Tod) die Rente zu zahlen (Nehls/Nehls, Kapitalisierungstabellen, 2. Aufl. 2001, S. 11). Der Geschädigte soll einen Kapitalbetrag erhalten, der während der voraussichtlichen Laufzeit der Rente zusammen mit dem Zinsertrag dieses Kapitals ausreicht, die an sich geschuldete monatliche Rente zu zahlen (BGH NJW 1981, 818). Am Ende der Laufzeit der Rente darf vom Kapitalbetrag und Kapitalertrag nichts mehr übrig sein und der Geschädigte muss so gestellt sein, als ob er jeden Monat seinen Schadensersatzbetrag vom Schädiger erhalten hätte.

Naturgemäß ist der kapitalisierte Barwert der Rente ein geringerer Betrag, als die Summe der in Zu- **2** kunft bis zum Ende der Laufzeit addierten Rentenbeträge.

II. Wer hat einen Kapitalisierungsanspruch?

„Statt der Rente kann der Verletzte eine Abfindung in Kapital verlangen, wenn ein wichtiger Grund **3** *vorliegt", § 843 Abs. 3 BGB.*

Seinem Wortlaut nach gewährt § 843 Abs. 3 BGB dem Verletzten das Recht, statt einer Rente eine Abfindung in Kapital zu verlangen. Dieses Recht steht dem Verletzten zu – nicht dem Schädiger oder der hinter ihm stehenden Haftpflichtversicherung. Es ist an eine einzige Voraussetzung gebunden: es muss ein sogenannter „wichtiger Grund" vorliegen.

Für Hinterbliebenenansprüche im Tötungsfall gilt § 844 Abs. 2 Satz 1 Hs. 2 BGB, welcher auf § 843 **4** Abs. 3 BGB verweist.

Sozialversicherungsträger können demgegenüber gem. § 110 Abs. 1. S. 2 SGB VII „statt der Rente" **5** den „Kapitalwert" fordern. Anders als im Zivilrecht besteht für Sozialversicherungsträger ein Anspruch auf Kapitalisierung, unter den im Übrigen in § 110 Abs. 1 S. 1 SGB VII beschriebenen Voraussetzungen.

III. Der „wichtige Grund" nach § 843 Abs. 3 BGB

Wenn ein sogenannter „wichtiger Grund" vorliegt, hat der Geschädigte anstelle eines Rentenanspruchs **6** einen einklagbaren Kapitalisierungsanspruch. Eine Legaldefinition des „wichtigen Grundes" fehlt. Der unbestimmte Rechtsbegriff des „wichtigen Grundes" bedarf damit der Auslegung.

Dabei ist zu bedenken, dass der Gesetzeszweck der Vorschrift in der Gewährleistung eines effektiven **7** Opferschutzes (Schah Sedi/ Schah Sedi, Das Verkehrsrechtliche Mandat, Band 5, § 7 Rn. 11 sowie Mittelstädt, Der Kapitalisierungsanspruch des Verletzten gem. § 843 Abs. 3 BGB, S. 100) liegt. Der Gesetzgeber wollte dem Geschädigten ein erhöhtes Schutzniveau zur Verfügung stellen und hat diesen Anspruch deshalb aus der Perspektive des Verletzten entwickelt. In der gesamten Rechtsprechung der letzten Jahrzehnte existieren bemerkenswerter Weise nur wenige veröffentlichte Entscheidungen zum „wichtigen Grund". Sie beruhen auf einer fallkasuistischen Herangehensweise und lassen oftmals einen rechtlich-dogmatischen Unterbau vermissen oder sie legen § 843 Abs. 3 BGB entgegen der rechtlichen Vorgaben zu eng aus (Schah Sedi/Schah Sedi, Das verkehrsrechtliche Mandat, Band 5, § 7 Rn. 13).

8   Die einzigen Entscheidungen des BGH zum § 843 Abs. 3 BGB datieren vom 8.1.1981 (XI ZR 128/79, BGHZ 79, 187) und vom 19.5.1981 (VI ZR 108/79, NJW 1982, 757). Zuvor befasste sich das Reichsgericht mit der Kapitalisierung in seinen Urteilen vom 23.5.1910 (rep. VI. 452/09) sowie am 26.1.1933 (rep. VI. 352/32).

9   Danach beschäftigte die Auslegung des „wichtigen Grundes" verschiedene Oberlandesgerichte und Landgerichte, wobei an dieser Stelle weder auf die dogmatischen Begründungen, noch auf die einzelnen Sachverhalte eingegangen werden soll. Exemplarisch handelt es sich dabei um die folgenden Entscheidungen:

- OLG Stuttgart 30.1.1997 – 14 U 45/95, BeckRS 1999, 2020
- OLG Koblenz 7.7.1997 – 12 U 276/96, BeckRS 1997, 15978
- LG Stuttgart 26.1.2005 – 14 O 542/01, BeckRS 2011, 12985
- LG Coburg 19.1.2011 – 12 O 541/08, BeckRS 2011, 2789
- LG Bonn 10.3.2011 – 9 O 342/09, BeckRS 2012, 7938
- OLG Köln (Hinweisbeschluss) 11.8.2011 – 5 U 74/11, BeckRS 2012, 2897
- LG Hamburg 26.7.2011 – 302 O 192/08, BeckRS 2011, 78634
- OLG Celle 30.11.2011 – 14 U 182/10, BeckRS 2012, 23482
- Hanseatisches OLG 10.2.2012 – 15 U 9/12, BeckRS 2013, 15119

10   In der Literatur war es Jürgen Nehls, der beharrlich den Rechtsanspruch auf Kapitalisierung ohne „wichtigen Grund" in § 843 Abs. 3 BGB hineinlas (Nehls, Arbeitskreis III, 43. Verkehrsgerichtstag 2005). Nehls vertrat vehement die Auffassung, der Gesetzgeber müsse aktiv werden und den Wortlaut des § 843 Abs. 3 BGB dahingehend ändern, dass die Norm dem Geschädigten ein Wahlrecht zwischen Rente und Kapital gewährt. Dem schlossen sich in der Literatur Schah Sedi/Schah Sedi (zfs 2008, 183 ff.) an. Für ein Wahlrecht spricht insbesondere die Chance, dass in einem gerichtlichen Verfahren Gutachten zu den Parametern des Kapitalisierungszinssatzes sowie der Dynamisierung eingeholt werden können (Schah Sedi/Schah Sedi zfs 2008, 183 (184)). Sodann hat sich in der Literatur Schwintowski (VersR 2010, 149 ff.) dahingehend geäußert, dass es keiner Gesetzesänderung des § 843 Abs. 3 BGB bedarf, sondern dass sich der Kapitalisierungsanspruch durch die Auslegung der Norm ausschließlich aus Sicht des Geschädigten ergibt. Nach der von ihm entwickelten „Günstigerformel" soll der Geschädigte immer dann ein Recht auf Kapitalabfindung haben, wenn diese für ihn – allein aus seiner Sicht – günstig ist. Letztlich gelangt auch Mittelstädt (Der Kapitalisierungsanspruch des Verletzten gem. § 843 Abs. 3 BGB) zu einem Anspruch auf Kapitalisierung, wenn der Geschädigte unter Berücksichtigung der formell-prozessualen Vorgaben des § 286 ZPO schlüssig und substantiiert vorträgt, dass die Gewährung einer Kapitalabfindung voraussichtlich einen günstigen Einfluss auf den Zustand und die Entwicklung des Geschädigten haben könnte und die Gewährung einer Rente für ihn ungünstiger wäre.

11   Zuletzt hat sich der 57. Deutsche Verkehrsgerichtstag im Jahr 2019 im Arbeitskreis IV im Rahmen der Thematik „Abfindung von Personenschäden und vergleichsweise Regulierung" mit § 843 Abs. 3 BGB beschäftigt. Bereits der 19. Verkehrsgerichtstag und der 43. Verkehrsgerichtstag hatten dieses Thema zum Gegenstand und mit nur knapper Mehrheit wurde im Januar 2019 die Empfehlung formuliert, dass eine Änderung des § 843 Abs. 3 BGB dahingehend, ein Wahlrecht des Geschädigten zwischen Rente und Kapitalabfindung zu schaffen, nicht erforderlich sei, da von einer funktionierenden Rechtspraxis ausgegangen wird (https://deutscher-verkehrsgerichtstag.de/media/Editoren/Empfehlungen/2019_empfehlungen_57_vgt.pdf) (zuletzt abgerufen am 15.08.2022).

IV. Kapitalisierung ohne „wichtigen Grund"

12   In der außergerichtlichen Regulierungspraxis werden Schadensersatzrenten – abweichend vom Wortlaut des § 843 Abs. 3 BGB – oftmals auf Anregung oder sogar auf Wunsch des Versicherers kapitalisiert. Dieses geschieht in der Regel ohne „wichtigen Grund". Derartige Kapitalisierungen kommen deshalb zustande, weil sowohl Geschädigter als auch Versicherer dieses möchten. Die Vertragsfreiheit steht dem nicht im Wege. Regelmäßig handelt es sich um außergerichtliche Vergleiche im Sinne des § 779 BGB. Gesetzliche Bestimmungen über die Modalitäten der Kapitalabfindung gibt es (bislang) nicht. Die einzige

Voraussetzung, die der BGH fordert liegt darin, dass der Berechtigte den Kapitalbetrag erhalten muss, der während der voraussichtlichen Laufzeit der Rente zusammen mit dem Zinsbetrag dieses Kapitals ausreicht, die an sich geschuldete Rente zu zahlen (BGH 8.1.1981 – VI ZR 128/79, NJW 1981, 818).

In der außergerichtlichen Schadensregulierung im Bereich des Verkehrsrechts ist die von beiden Verhandlungspartnern gewählte Erledigungsform der Schadensregulierung in ca. 80–90 % der Fälle die Kapitalisierung wenigstens eines Rentenanspruchs von mehreren (ebenso: Lang, VersR 2019, 385, der sogar von 90 % ausgeht!). So hat die Verfasserin in ihrer eigenen Rechtspraxis feststellen können, dass gerade in den vergangenen Jahren die Anzahl der Kapitalisierungsangebote der KH-Versicherer deutlich zugenommen hat. Je weiter der Kapitalmarktzins gefallen ist, desto größer war die Anzahl der Kapitalisierungsangebote bei der außergerichtlichen Personenschadensregulierung. Man kann daraus durchaus die Tendenz ableiten, dass Versicherer geneigt sind, eher große Geldbeträge, das heißt also kapitalisierte Renten, auszukehren, weil selbst für sie die gewinnbringende Geldanlage auf dem Kapitalmarkt zunehmend schwieriger geworden ist. **13**

Das gleiche Schicksal teilen die Geschädigten, die einen großen Geldbetrag nur noch so auf dem Kapitalmarkt anlegen können, dass ein Zinsertrag des Kapitals kaum erwirtschaftet werden kann. Der ist jedoch dringend erforderlich, um aus dieser Summe zusammen mit dem Kapitalbetrag während der voraussichtlichen Laufzeit der Rente, die an sich geschuldete monatliche Rente generieren zu können. Mit anderen Worten: Es ist aktuell nicht mehr möglich – insbesondere angesichts der massiven Geldentwertung – bei einem zugrunde gelegten Kapitalisierungszins von mehr als 0 % überhaupt den Ertrag aus dem Kapital zu generieren, der jedoch bei der Barwertermittlung der Rente im Vergleichsfall eingepreist wurde. An der Höhe des zwischen den Parteien vereinbarten Zinsfußes zeigt sich, welche Seite das Risiko trägt, dass der Kapitalertrag zusammen mit dem Barwert nicht ausreicht, um die geschuldete Rente monatlich abzubilden. Das Laufzeitende der Rente ist dann faktisch schneller erreicht, als angenommen. Der Geschädigte ist dann unter Umständen auf Leistungen der Sozialhilfe zu Lasten der Allgemeinheit angewiesen, wobei ihr Regress beim SVT beim Schädiger angesichts üblicher Formulierungen in Abfindungsvordrucken nicht möglich ist. **14**

B. Vor- und Nachteile der Kapitalisierung

Zunächst ist danach zu differenzieren, bei wem Vorteile und Nachteile aus der Kapitalisierung zu Buche schlagen. Auf der einen Seite hat die Kapitalisierung Vorteile für den Geschädigten, spiegelbildlich dazu jedoch auch Nachteile. Gleiches gilt für den Versicherer: Auch er hat Vorteile von einer Kapitalisierung; ebenso kann sich diese nachteilig für ihn auswirken. **15**

I. Vorteile der Kapitalisierung für den Geschädigten

Beginnend mit dem Schadensereignis wendet ein Geschädigter in der Regel erhebliche Energie für die Regulierung seiner Ansprüche auf. Das ist neben Zeit auch Kraft, die ihm fehlt, obgleich er in Folge des Schadensereignisses schon viel Kraft und Energie auf der gesundheitlichen Ebene verloren hat. Nicht selten trifft man Geschädigte an, die über mehr Know-how in der Personenschadensregulierung verfügen, als ein durchschnittlicher Anwalt. Dieses Kreisen um die Ansprüche und die Wahrung der Rechte ist psychologisch nicht immer vorteilhaft. Damit liegt der Vorteil der Kapitalisierung für den Geschädigten darin, dass er einen „Schlussstrich" unter seine Schadensregulierung und damit auch unter das Schadensereignis ziehen kann. Es kehrt Ruhe ein und er kann sich wieder anderen wichtigen Themen seines Lebens widmen. Dieser Fakt wird ausdrücklich auf Seiten der Versichererseite propagiert – so führt Lang (VersR 2019, 385) aus, dass es medizinisch anerkannt sei, dass es für den weiteren Heilungsverlauf speziell auch psychisch vorteilhaft ist, wenn der Geschädigte im Zuge der Regulierung nicht immer wieder an das Unfallereignis erinnert wird, er also darunter einen Schlussstrich ziehen kann. Der Geschädigte wird nicht ständig mit dem Unfallgeschehen konfrontiert (Jahnke/Burmann, Handbuch Personenschadensrecht, 2. Aufl. 2022, S. 2293 Rn. 170). Aus Sicht der Verfasserin kann dieser Schlussstrich aber nur dann wirklich vorteilhaft und psychisch langlebig sein, wenn marktgerecht unter den aktuell in außergericht- **16** lichen Vergleichsverhandlungen angebotenen 3 % kapitalisiert und darüber hinaus angemessen dynamisiert wird, wozu die massive Kaufkraftentwertung des Euro zwingt.

17   Von Vorteil für den Geschädigten ist die Möglichkeit, auf diesem Weg nun ein „Startkapital" für einen Neubeginn zu erhalten. Dieser Neubeginn kann in dem Erwerb einer Immobilie ebenso liegen wie in der Begründung einer Selbstständigkeit – ohne Fremdfinanzierung durch Banken.

18   Die Kapitalisierung kann gegebenenfalls auch eine finanzielle Absicherung der kompletten Familie bedeuten. Verstirbt der Geschädigte, kann er den bis dahin nicht verbrauchten Rest des Kapitals an seine Familie vererben. Im Falle der Rentenzahlung, würde diese dann vom Schädiger/Versicherer eingestellt und wäre nicht vererbbar.

19   Außerdem fallen bei der Kapitalisierung spätere schadensunabhängige Erkrankungen (überholende Kausalität) nicht mehr schadensmindernd ins Gewicht. Im Falle der Rentenzahlung hätten diese Einfluss auf die Höhe der zukünftigen Schadensersatzleistung, da diese eine Rentenkürzung nach sich ziehen könnte.

II. Nachteile der Kapitalisierung für den Geschädigten

20   § 323 ZPO gilt nicht. Damit trägt der Geschädigte alleine das Risiko jeglicher Verschlechterung im gesundheitlichen ebenso wie im wirtschaftlichen Bereich. Es besteht das Risiko, dass der Kapitalbetrag in der Zukunft nicht auskömmlich sein könnte. Ferner besteht das Risiko, dass sich Folgeerkrankungen und Verschlechterungen aufgrund der Ausgangsverletzungen im Laufe der Jahre ergeben und eine Nachregulierung nicht möglich ist. Im Falle der Rentenzahlung könnte die Rente neu berechnet und angehoben werden. Bei der Kapitalisierung ist das nicht möglich. Der Geschädigte trägt zudem das volle Risiko aller negativen Kapitalmarktentwicklungen.

21   Bei jungen Geschädigten und/oder geschäftlich unerfahrenen Geschädigten ist oft zu beobachten, dass sich diese von einem vermeintlich hohen Abfindungsbetrag blenden lassen, ohne dessen (eventuell unzureichende) Auskömmlichkeit in der Zukunft zu überblicken.

III. Vorteile der Kapitalisierung für den Versicherer

22   Für den Versicherer entstehen keine weiteren Verwaltungskosten für die Regulierung der Direktansprüche. Er kann die Akte schließen. Durch die Kapitalisierung wird vermieden, dass ein Schaden „explodiert" (Strunk DAR 2019, 313), weil beim Geschädigten die Schadensregulierung zum alleinigen Lebensinhalt wird, der einem Fulltimejob entspricht. In derartigen Fällen sind Geschädigte geneigt, zB vermehrte Bedürfnisse immer sofort dann regulieren zu lassen, wenn sie entstehen – selbst wenn es mehrfach im Monat der Fall ist. Regelmäßig werden Ansprüche von Drittleistungsträgern ebenfalls abgefunden oder aber in größeren Zeitabständen reguliert. Lang (VersR 2019, 386) weist darauf hin, dass aufgrund der Sozialversicherungsträgerregresse die Schadensakten bei Abfindung des Direktanspruchs gegenüber dem Sozialversicherungsträger ebenfalls vollständig abgefunden werden können. Im Übrigen betreffen diese lediglich die vermehrten Bedürfnisse und die Erwerbsschadenrente des Sozialversicherungsträgers.

23   Der Versicherer trägt nicht mehr das Risiko, dass eine weitere schadenskausale gesundheitliche Verschlechterung eintritt, die weitere Kosten zu seinen Lasten auslöst. Das zukünftige Teuerungsrisiko, verbunden mit dem Kaufkraftverlust, geht nicht mehr zu Lasten des Versicherers, der anderenfalls ständig die Rentenbeträge erhöhen müsste.

24   Auch steigende Kosten in den Bereichen, in denen die Sozialversicherungsträger kraft Gesetzes keine vollständige Leistungsübernahme schulden, berühren den Versicherer nicht mehr. Als Beispiel mögen Pflegekosten der ungedeckten Schadensspitze dienen. Es ist bereits jetzt absehbar, dass aufgrund der älter werdenden geburtenstarken Jahrgänge eine höhere Nachfrage nach altersbedingt erforderlicher Pflege besteht, die angesichts des bereits jetzt bestehenden Pflegenotstandes kaum mehr gedeckt werden kann. Die Folge großer Nachfrage bei geringem Leistungsangebot ist denknotwendiger Weise ein erheblicher Preisanstieg bei möglicherweise sinkender Qualität. Die oft anzutreffende ungedeckte Schadensspitze im Bereich der schadensbedingten Pflege, die im Falle der Kapitalisierung abgegolten ist, entlastet den Versicherer davon, steigende Pflegekosten in der Zukunft an den Geschädigten zahlen zu müssen. Mehr noch: wenn der Geschädigte keine Pflegekräfte mehr zu bezahlbaren Preisen findet, wird er vom Versicherer auch keine Unterstützung in diesem Bereich durch Personenschadensmanagement erwarten können, sobald dieser Anspruch kapitalisiert abgefunden wurde. Der Versicherer erspart sich enorme Kosten.

Im Falle der Kapitalisierung kann der Versicherer seine Rückstellungen für den Schaden auflösen. Auch **25** für Rückversicherer wirkt sich die Kapitalisierung analog günstig aus.

IV. Nachteile der Kapitalisierung für den Versicherer

Es stellt sich die Frage, in welchen Konstellationen der Versicherer im Falle der Rentenlösung weniger **26** zahlen müsste, als im Falle der Kapitalisierung. Einerseits könnte sich ein solcher Sachverhalt daraus ergeben, dass der Geschädigte gesundheitliche Verbesserungen mit weiterem Zeitablauf aufweist, die eine Kapitalisierung als Überzahlung darstellen könnten. Erfahrungsgemäß sind derartige Entwicklungen insbesondere bei Schwerstverletzten beinahe auszuschließen. Fälle aus dem mittleren oder kleinen Personenschaden sind der Kapitalisierung in der Praxis ohnehin kaum zugänglich, so dass sich dieser Fall der gesundheitlichen Verbesserung beim Versicherer nicht als gravierender Nachteil in der Kapitalisierung auswirkt.

Denkbar ist zudem der Fall, dass der Geschädigte einige Zeit nach Auskehr des Kapitalisierungsbetra- **27** ges unfall(un)abhängig verstirbt. In einer solchen Konstellation besteht kein Rückforderungsanspruch des Versicherers, so dass der früh verstorbene Geschädigte gegebenenfalls einen höheren Kapitalbetrag erhalten hat, als er im gleichen Zeitraum anderenfalls an Rente bezogen hätte. Doch auch diese Fälle bilden eher die Ausnahme als die Regel und belasten wegen ihrer geringen Stückzahl den Versicherer nicht erheblich.

Damit ist die Anzahl der Nachteile für den Versicherer geringer, als die Anzahl der Vorteile.

V. Zusammenfassung

Unter Berücksichtigung der Vor- und Nachteile für den Geschädigten sowie der Vor- und Nachteile für **28** den Versicherer zeigt sich insbesondere auf der Nachteilsseite, dass sich diese deutlich ausgeprägter zu Lasten des Geschädigten darstellen kann. Der Geschädigte trägt das volle Risiko für gesundheitliche Verschlechterungen, für die der Schädiger nach der Kapitalisierung nicht mehr einzustehen hat. Des Weiteren trägt der Geschädigte das volle Risiko einer negativen Kapitalmarktentwicklung. Da der zukünftige Kapitalertrag eine feste Größe in der Kapitalisierung darstellt, wird eine zukünftige negative Kapitalmarktentwicklung zwangsläufig dazu führen, dass der Barwert der Rente nicht mehr ausreichend sein wird, um die an sich geschuldete monatliche Rentenzahlung auszugleichen. Ferner trägt der Geschädigte das volle Risiko der Inflation/ Geldentwertung, was aktuell einen hohen Stellenwert in der Abwägung der Kapitalisierungsparameter haben muss.

Diese Aspekte machen deutlich, dass allergrößte Umsicht und Sorgfalt geboten ist, wenn es um die Er- **29** mittlung der Parameter für die Kapitalisierung und die Durchsetzung in den Regulierungsverhandlungen geht. Aber: die Kapitalisierung wird damit für die Beteiligten nicht grundsätzlich unattraktiv. Es kommt immer auf die Besonderheiten des Einzelfalls an. Der Geschädigte kann eventuell sogar kalkulierbare Nachteile akzeptieren, wenn in der Folge sein Leben nicht mehr von der Regulierung überschattet wird.

C. Welche Faktoren müssen bei der Kapitalisierung berücksichtigt werden?

I. Kapitalisierungsformel

Zunächst muss beachtet werden, dass sich der Kapitalabfindungsbetrag immer aus zwei Bestandteilen **30** zusammensetzt: Einerseits aus der Summe der in der Vergangenheit aufgelaufenen fälligen addierten monatlichen Rente und andererseits aus der zukünftig erst noch fällig werdenden Forderung, die ihrerseits kapitalisiert wird.

31 Um den Barwert der in der Zukunft fällig werdenden Rente zu ermitteln, wird folgende Berechnungsformel verwendet:

monatlicher Schadensersatzbetrag × 12 (= Jahresrente) × Kapitalisierungsfaktor
= Kapitalbetrag (Barwert)

32 Der Kapitalisierungsfaktor kann ohne große Mühe dem hiesigen Tabellenwerk aus Teil 2 für den konkreten Einzelfall entnommen werden. Im Allgemeinen gilt hier die Regel:

Je niedriger der Kapitalisierungszins, desto höher der Barwert.
Je höher der Kapitalisierungszins, desto niedriger der Barwert.

33 Der Kapitalisierungszins ergibt sich aus den Tabellen in Teil 2 jeweils in der Kopfzeile der Tabelle. Durchgängig wurde die Spannbreite von -1 % bis +4 % Kapitalisierungszins mit diversen Zwischenschritten abgebildet. In den einzelnen Spalten sind entsprechend des gewählten Kapitalisierungszinses die Kapitalisierungsfaktoren mit jeweils 4 Stellen hinter dem Komma ausgewiesen. Das sind die Werte für monatlich vorschüssig zu zahlende Renten.

II. Bekannte und unbekannte Faktoren

34 Die Kapitalisierung von Renten gehört zu den schwierigsten Themen im Bereich des Personenschadensrechts, wobei weniger der mathematische Rechenvorgang das Problem ist, sondern die Berücksichtigung bekannter sowie unbekannter Faktoren, die einerseits in der Person des Geschädigten und andererseits in wirtschaftlichen Umständen liegen können.

35 Nehls (Nehls/Nehls, Kapitalisierungstabellen, 2. Aufl. 2001, S. 12) verweist in diesem Zusammenhang bereits auf die Motive zum Entwurf des BGB:

„Mit jeder Kapitalisierung ist der große Übelstand verbunden, dass die Bestimmung derselben in weit höherem Maße mit unbekannten Faktoren zu rechnen zwingt"

(Motive zu dem Entwurf eines Bürgerlichen Gesetzbuches, Band II, Recht der Schuldverhältnisse, 1888, S. 785).

1. Bekannte Faktoren

36 Zu den **„bekannten" Faktoren** zählen:
– die Höhe der Schadensersatzrente
– die Laufzeit der Rente
– der rechnungsmäßige Zinsfuß
– die Zahlungsweise

2. Unbekannte Faktoren

37 Zu den **„unbekannten" Faktoren** zählen:
– künftige personenbezogene Veränderungen
  – berufliche Karriere beim Erwerbsschaden
  – individuelles Rentenzugangsalter (branchenabhängig kommt es regelmäßig unter den Beschäftigten zu vorgezogenen Verrentungen bevor die Lebensarbeitszeit erreicht ist zB Lehrer, Beschäftigte im Bauhandwerk)
  – medizinische Verschlechterungen der Ausgangsverletzungen durch Zeitablauf
  – Entwicklung von Vorerkrankungen
– wirtschaftliche Umstände
  – Verwaltungskosten des Kapitals
  – Kapitalertragsteuer und sonstige derzeit unbekannte zukünftige Steuerarten
  – gesamtwirtschaftliche Entwicklung
  – Geldentwertung

Die Aufzählung ist nicht abschließend.

Gerade weil § 323 ZPO im Rahmen der vergleichsweisen Kapitalisierung nicht anwendbar ist, ist es zwingend erforderlich, die unbekannten Faktoren individuell zu erarbeiten und umfassend in die Auswahl des Kapitalisierungs- und Dynamisierungsfaktors miteinzubeziehen. **38**

III. Den Kapitalisierungszins senkende und erhöhende Faktoren

Ferner gibt es einerseits den Kapitalisierungszins senkende Faktoren und andererseits den Kapitalisierungszins erhöhende Faktoren. Auch diese sind bei der Auswahl des „richtigen" Zinssatzes zu berücksichtigen. **39**

1. Senkende Faktoren

Den Kapitalisierungszins **senkende Faktoren** sind: **40**
- Steuern (Stichwort: Abgeltungssteuer)
- Verwaltungskosten des Kapitals: Banken und andere professionelle Geldanleger verlangen Bearbeitungsgebühren und Depotgebühren etc.
- Rentendynamik und Inflation/Dynamisierungen wegen Gehaltssteigerungen und Preissteigerungen
- Kaufkraftverlust im Laufe der Jahre für einen heute gezahlten Kapitalbetrag, weil sich die Lebenshaltungskosten ständig erhöhen und ein Kaufkraftverlust eintritt
- Verlustrisiko: Es ist bekannt, dass sichere und risikoärmere Anlageformen einen geringeren Zinsertrag liefern. Werden höhere Zinserträge versprochen, steigt das Verlustrisiko und gipfelt möglicherweise im Totalverlust des angelegten Kapitals
- Minuszinsen: Bis vor Kurzem verlangten Banken und professionelle Geldanleger bei der Kapitalanlage Negativzinsen. Genau genommen ist das neben dem Totalverlust eine der höchsten Formen des Verlustrisikos. Das angelegte Kapital bringt also nicht nur keine Zinsen, sondern bildlich gesprochen bezahlt man sogar der Bank Geld dafür, dass man sein Geld dort auf dem Konto deponiert hat. Diese Entwicklung ist derzeit rückläufig.
- Inflation/ Geldentwertung: Im Mai 2022 erreichte die Inflationsrate den höchsten Wert seit der ersten Ölkrise 1973/74. Bis jetzt (August 2022) ist sie weiterhin gestiegen auf +7,6 % im Juni und voraussichtlich +7,5 % im Juli – gemessen als Veränderung des Verbraucherpreisindex zum Vorjahresmonat (https://www.tagesschau.de/wirtschaft/inflation-173.html (zuletzt abgerufen 3.8.2022)) Diese Entwicklung kann bei der Kapitalisierung lang laufender Rentenansprüche junger Geschädigter durchaus desaströse Auswirkungen haben. Das Postulat des BGH, wonach Kapital und sein Zinsbetrag die laufende Rente absichern müssen, ist uU nicht erreichbar.

2. Erhöhende Faktoren

Den Kapitalisierungszins **erhöhende Faktoren** sind: **41**
- unfallunabhängige Erkrankungen (überholende Kausalität nach dem Schadensereignis sowie Vorerkrankungen)
- Arbeitsplatzrisiken: Aktuell ist das Arbeitsplatzrisiko in fast allen Branchen sehr gering. Es herrscht in der Bundesrepublik Deutschland nahezu Vollbeschäftigung. In vielen Branchen werden Arbeitskräfte gesucht. Deshalb sollte das Arbeitsplatzrisiko aktuell im Einzelfall nicht überschätzt werden. Gleiches gilt für das Insolvenzrisiko. Selbst wenn sich für einen abhängig Beschäftigten das Insolvenzrisiko seines Arbeitgebers realisiert, so bietet der Markt rasche Möglichkeiten zum beruflichen Wiedereinstieg. In Ansehung der Alterspyramide ist das Arbeitsplatzrisiko für die nächsten Jahre/Jahrzehnte eher als sehr gering anzusetzen – egal welche Branche dieses betrifft. Der Arbeitskräftemangel wird durch eine möglicherweise steigende Arbeitslosigkeit in einzelnen Branchen als Folge der aktuellen Energiekrise nicht gesättigt werden.
- steigende Zinsen auf dem Kapitalmarkt: Die Kapitalisierung erfordert eine Prognose und Berechnung für mehrere Jahre/Jahrzehnte, sodass unweigerlich Zinsschwankungen zu berücksichtigen sind. Deshalb sollte ein solcher Zinssatz am Tage der Berechnung des Barwertes angesetzt werden, der zum einen das aktuelle Zinsniveau und zum anderen die Zinsentwicklungen in der Vergangenheit und Zu-

kunft berücksichtigt. Zu berücksichtigen sind der aktuelle Marktzins und ein durchschnittlicher Realzins. Es überzeugt nicht, in Ermangelung einer Zukunftsprognose pauschal auf den behaupteten angeblichen Durchschnittszinssatz der vergangenen 30 Jahre iHv 5 % zurückzugreifen (Jahnke/Burmann, Handbuch Personenschadensrecht, 2. Aufl. 2022). So betrug zB die Umlaufrendite von 1/93 bis 8/22 im Durchschnitt lediglich 2,84 %, der EZB Leitzins demgegenüber nur 2,01 % (https://index.fmh.de/fmh-index/Zinsentwicklung/detailversion/default.aspx (zuletzt abgerufen 3.8.2022)).

IV. Zusammenfassung

42 Die Barwertermittlung der Rente (Kapitalisierung) ist ein Rechenvorgang, bei dem der Jahreswert der Rente mit dem Kapitalisierungsfaktor multipliziert wird. Hierbei sind neben bekannten ebenso unbekannte und sowohl den Zinsfuß senkende als auch ihn erhöhende Faktoren individuell zu berücksichtigen. Welche Faktoren dabei zur Anwendung gelangen, bestimmt sich stets nach den konkreten Umständen des Einzelfalls, nach den konkreten wirtschaftlichen sowie persönlichen Verhältnissen und Plänen des Geschädigten sowie der Risikoanalyse des Versicherers.

D. Der „richtige" Kapitalisierungszins

43 Bei der Barwertermittlung kommt es maßgeblich auf den Kapitalisierungszinsfuß an. Noch einmal vorab zur Terminologie: Der Kapitalisierungszinsfuß wird oftmals auch als Kapitalisierungszins oder abgekürzt als „KapiZins" oder „KapZins" bezeichnet. Mit dem Kapitalisierungszinsfuß wird eine Schadensersatzrente abgezinst – nicht aufgezinst! Die Abzinsung ergibt sich aus dem Umstand, dass der Geschädigte bereits vor Fälligkeit der geschuldeten Rente in den Genuss des Barwertes der Rente kommt. Dadurch erklärt sich auch der bereits oben erwähnte Grundsatz:

> *Je niedriger der Kapitalisierungszinsfuß ist, desto höher ist der Barwert der Rente.*
> *Je höher der Kapitalisierungszinsfuß ist, desto geringer ist der Barwert der Rente.*

44 Gerne wird die Entscheidung des BGH aus dem Jahr 1981 (BGH 8.1.1981 – VI ZR 128/79, NJW 1981, 818 ff. = zfs 1981, 105 ff.) auf den seinerzeit dort genannten Kapitalisierungszins von 5 % reduziert. Schon damals hat der BGH darauf hingewiesen, dass neben dem jeweiligen Zinsniveau zudem „die Dynamisierung wegen Preissteigerungen, die Steuern auf die Zinsen sowie die Verwaltungskosten des Kapitals" bei der Bemessung des Zinsfußes zu berücksichtigen sind. Zur Erinnerung: Im Jahre 1981 wurde auf festverzinsliche Bundesschuldverschreibungen bei 10jähriger Laufzeit ein Zinsertrag von 8 % und 9 % p.a. gewährt. Der Kapitalmarkt hat sich innerhalb von 40 Jahren davon weit entfernt.

45 Huber (zfs 2018, 488) bezeichnet eine heutige Kapitalisierung mit einer Abzinsung von 5 % als „himmelschreiendes Unrecht". Er möchte sich am Basiszinssatz des § 247 BGB orientieren und einen Aufschlag von 1 % für Privatleute und von 2 % für Unternehmer zugrunde legen (NZV 2019, 329). Außerdem ist ein Dynamikzuschlag von 1,5 %−2 % zu beachten (NZV 2019, 326).

46 Da der Geschädigte bei einer Kapitalabfindung die monatlichen Rentenzahlungen bereits vor deren Fälligkeit erhält, muss er das Kapital verzinslich anlegen. Der vor der Fälligkeit zur Auszahlung kommende Betrag ist deshalb um die Höhe der erzielbaren Zinsen zu reduzieren. (Schah Sedi/Schah Sedi, Das verkehrsrechtliche Mandat, Band 5, Personenschäden, 3. Aufl. 2017, § 7 Rn. 27).

47 In diesem Zusammenhang muss also feststehen, auf welche Art und Weise der Kapitalbetrag angelegt werden kann, um das Ziel der Kapitalisierung bestmöglich zu erreichen. Quirmbach/Gräfenstein/Strunk (Kapitalisierungstabellen, 3. Aufl. 2020, § 4 Rn. 3) weisen zu Recht darauf hin, dass nicht jede denkbare Geldanlage dafür in Betracht kommt. Insbesondere haben spekulative Geldanlagen, die zwar mit einem hohen Zinsfuß einhergehen, aber entsprechend risikoreich sind, auszuscheiden. Die Autoren wollen einem Geschädigten nur eine sichere Geldanlage zumuten, allerdings mit den für sichere Geldanlagen üblichen niedrigen Zinssätzen. Sie weisen darauf hin, dass im Idealfall eine mündelsichere Anlage anzustreben sei.

48 Für Car/Mittelstädt (VersR 2018, 1481) kommen als Anlagemöglichkeiten nur Finanzprodukte mit geringem Ausfallrisiko in Betracht, bei denen ein Totalverlust oder überhaupt ein Kapitalverzehr qua Risiko nicht eintreten kann. Damit scheiden Anleihen anderer Wirtschaftsunternehmen und nicht insolvenzsichere Anlagen, ebenso wie Exoten oder Produkte, die nicht auf einem freien, staatlich überwachten Markt erhältlich sind, aus. In Betracht kommen deshalb nur konservative Anlageformen wie Fest- und Termingelder oder öffentlich-rechtliche Anleihen. Sie bilden zugleich die Grundlage für den Kapitalisierungszinssatz.

Quirmbach/Gräfenstein/Strunk (Kapitalisierungstabellen, 3. Aufl. 2020, § 4 Rn. 3) regen an, den Zinssatz zugrunde zu legen, den der Versicherer selbst auf dem Kapitalmarkt für eine Geldanlage mit genau der zu vereinbarenden Laufzeit anbietet. **49**

Löffler/ Kruschwitz/ Heintzen/Schiller (r+s 2013, 478) möchten mit tagesaktuellen Zinssätzen arbeiten, die laufzeitabhängig sind. **50**

Nach Kornes (r+s 2003, 491) führt eine Festlegung auf eine Bezugsgröße für den Abfindungszins über die Umlaufrendite noch nicht zur Bestimmung des realen Tabellenzinssatzes. Nach seiner Auffassung ist die Kaufkraftentwicklung mit einzubeziehen. **51**

Schon sehr früh wurde in der Literatur von Geyer (Kapitalisierung dynamischer Renten, NJW 1974, 1170 ff) vorgeschlagen, regelmäßig auf den nominalen Zins abzustellen, der der aus dem Kurs errechneten Rendite festverzinslicher Wertpapiere entspricht. Insoweit führt Nehls (Nehls/Nehls, Kapitalisierungstabellen, 2. Aufl. 2001, S. 36) aus, dass er unter „Rendite eines festverzinslichen Wertpapiers" eine effektive Verzinsung versteht, die von dem nominalen Zinssatz, dem Ausgabe- bzw. Kaufkurs, dem Rückzahlungskurs und der (Rest-)Laufzeit des festverzinslichen Wertpapiers bestimmt wird. (Im Folgenden ebenso: Schah Sedi/Schah Sedi, Das verkehrsrechtliche Mandat, Band 5 Personenschäden, 1. Aufl. – 3. Aufl. 2017; Quirmbach/Gräfenstein/Strunk, Kapitalisierungstabellen, 1. Aufl. – 3. Aufl. 2020). In der Rechtsprechung sei auf die Entscheidung des LG Stuttgart vom 26.1.2005 – 14 O 542/01, BeckRS 2011, 12985, hingewiesen, welches ebenfalls die Umlaufrendite der öffentlichen Hand zum Maßstab des Kapitalisierungszinses macht. **52**

Weiterhin kann der Kapitalisierungszinsfuß an den aktuellen Garantiezins einer Kapitallebensversicherung angebunden werden. Das ist der Zins, der dem Verbraucher beim Abschluss einer Lebensversicherung für die gesamte Laufzeit des Vertrages auf die Sparbeiträge vom Lebensversicherer garantiert wird. Dieser Zins wird für alle Lebensversicherungen verbindlich vom Bundesfinanzministerium festgelegt und bildet zusammen mit der laufenden Überschussbeteiligung und dem Schlussüberschuss die Gesamtverzinsung einer Lebensversicherung (https://www.statista.com/statistik/daten/studie/167936/umfrage/garantiezins-der-lebensversicherer-fuer-neuvertraege/ (zuletzt abgerufen am 15.08.2022)). Der Bestand an Lebensversicherungsverträgen belief sich in Deutschland im Jahr 2019 auf 82,8 Millionen Stück (https://www.statista.com/statistik/daten/studie/167936/umfrage/garantiezins-der-lebensversicherer-fuer-neuvertraege/ (zuletzt abgerufen am 15.08.2022)). Die hohe Stückzahl sowie der garantierte Zins erfordern für die zugrundeliegende Kapitalanlage eine hohe Professionalität. Das hat jahrzehntelang die Kapitallebensversicherung zu einer der sichersten Kapitalanlagen überhaupt für Verbraucher gemacht. **53**

Damit ist der Garantiezins geradezu prädestiniert, um bei der Bemessung des Kapitalisierungszinsfußes in der Schadensregulierung als Bemessungsparameter herangezogen zu werden. Gerade auch die Entwicklung des Garantiezinses der vergangenen 25 Jahre zeigt deutlich, dass mit Blick auf die Abfindung einer zukünftigen Rente nicht ausschließlich auf den tagesaktuellen Garantiezins abgestellt werden kann. Eine Tendenz der Entwicklung in der Zukunft ergibt sich aus der belegten Entwicklung des Garantiezinses der Vergangenheit. Diese Entwicklung stellt sich wie folgt dar: **54**

1996	4 % Garantiezins für Kapitallebensversicherungen
2000	3,25 % Garantiezins für Kapitallebensversicherungen
2004	2,75 % Garantiezins für Kapitallebensversicherungen
2007	2,25 % Garantiezins für Kapitallebensversicherungen
2012	1,75 % Garantiezins für Kapitallebensversicherungen
2016	1,25 % Garantiezins für Kapitallebensversicherungen
2017	0,9 % Garantiezins für Kapitallebensversicherungen
seit 1.1.2022	0,25 % Garantiezins für Kapitallebensversicherungen

Quelle: https://www.statista.com/statistik/daten/studie/167936/umfrage/garantiezins-der-lebensversichererfuer-neuvertraege/ (Stand: 18.2.2022)

55 Das bedeutet für die Kapitalisierung einer Schadensersatzrente aktuell bei Erscheinen des vorliegenden Buches, dass unter Berücksichtigung eines Dynamikzuschlages – um mindestens die aktuell massive und steigende Inflation auszugleichen – eine Kapitalisierung bereits deutlich unterhalb der vom Verkehrsgerichtstag im Jahr 2019 empfohlenen 3 % Kapitalisierungszins erfolgen muss.

56 Der 57. Deutsche Verkehrsgerichtstag im Jahr 2019 hat zur Zinsfußfrage bei der Kapitalisierung die Auffassung bekundet, wonach der in der Niedrigzinsphase vom BGH im Jahr 1981 gebilligte Zinsfuß von 5 % zu hoch sei. Der Arbeitskreis hat deshalb mehrheitlich empfohlen, derzeit einen Zinsfuß von höchstens 3 % bei der Kapitalisierung als Orientierungshilfe nach Maßgabe der Laufzeit und unter Berücksichtigung des Einzelfalls zugrunde zu legen (https://deutscher-verkehrsgerichtstag.de/media/Editoren/Empfehlungen/2019_empfehlungen_57_vgt.pdf (zuletzt abgerufen am 31.10.2022)).

57 Nach Auffassung der Autorin kann an dieser Arbeitskreisempfehlung aktuell nicht mehr festgehalten werden.

58 Eine marktgerechte Kapitalisierung erfordert einen Abzinsungsfuß von deutlich unter 3 % (Gräfenstein/Strunk zfs 2019, 432). Car/Mittelstädt (VersR 2018, 1483) diskutieren eine Abzinsung mit 1–2 %, Köck (DAR 2019, 2) sieht tendenziell 0 % ebenso wie Luckey (NZV 2019, 9) als angemessen an. Huber (ZVR 2019, 488) empfiehlt die Abzinsung mit weniger als 0,5 %. Jaeger (VersR 2019, 577–589) verweist auf die derzeitige Umlaufrendite und „denkt eher über die Annahme von Negativzinsen" nach. Es ist sicher davon auszugehen, dass die Niedrigzinsphase am Kapitalmarkt noch fortdauern wird (Gräfenstein/Strunk zfs 2019, 433 mwN), was dazu zwingt, den Kapitalisierungszins deutlich unterhalb von 3 % festzulegen, bevor der Dynamikzuschlag Berücksichtigung findet. Auch selbst aktuell langsam steigende Zinsen bedeuten noch keine Hochzinsphase. Die EZB hat aktuell den Leitzins im Juli 2022 um 0,5 % angehoben.

59 Somit zeigt sich, dass jedenfalls zum jetzigen Zeitpunkt ein Kapitalisierungszinsfuß von 3 % nicht mehr darstellbar ist. Bei der Auswahl des Kapitalisierungszinsfußes sind alle bekannten, unbekannten, senkenden und erhöhenden Faktoren (→ Rn. 36–42) individuell zu beachten und zu gewichten!

E. Berechnung der Kapitalisierungsfaktoren innerhalb der Barwerttafeln in Teil 2

60 Die Kapitalisierung einer Rente und die erforderliche Abzinsung, erfolgt mittels eines entsprechend berechneten Kapitalisierungsfaktors, mit dem der Jahreswert der Rente multipliziert wird.

61 Die Berechnung des individuellen Barwertes ist dann relativ einfach, wenn man den einschlägigen Kapitalisierungsfaktor aus den Tabellen in Teil 2 dieses Buches verwendet. Für die Abzinsung sowohl mit negativem als auch positivem Zinsfuß finden sich für praktisch jedes beliebige Alter von 0 bis 110 Jahre für lebenslange, sowie für temporäre Leibrenten mit zeitlich begrenzten Laufzeiten, alle maßgeblichen Abzinsungsfaktoren in den Tabellen in Teil 2 dieses Buches.

62 Das Bundesamt für Statistik gibt regelmäßig aktualisierte Sterbetafeln heraus, aus denen u.a. abgelesen werden kann, wie lange eine Person in einem derzeit bestimmten Alter voraussichtlich noch zu leben hat. Hierzu enthalten diese Sterbetafeln eine Angabe der „durchschnittlichen Lebenserwartung" für jedes aufgeführte Alter.

63 Die Vermutung, dass eine Kapitalisierung mit dieser Angabe mit Hilfe einer gängigen Zeitrentenformel zu genauen, in der Praxis brauchbaren und fairen Ergebnissen für alle Beteiligten führt, ist aber ein Trugschluss. Wird ersatzweise eine Zeitrentenformel für eine immer sterbetafelabhängige Leibrentenkapitalisierung verwendet, erhält man lediglich für den einzigen Fall ‚lebenslange Leibrente für eine Person' ein Ergebnis, dass sich einigermassen in der Nähe eines korrekt per Leibrentenformel ermittelten Kapitalisierungsfaktors bewegt (Abweichung typ. unter +/– 0,4). Sofern ein Aufschub und/oder ein temporäres Endalter gefordert sind, ist aber keine Ermittlung per Zeitrentenformel mehr möglich, da bei dieser eine Berücksichtigung der Sterbetafel für einen Zeitabschnitt (Aufschubzeitraum und/oder bis temporärem Endalter) nicht möglich ist.

64 Die Sterbetafeln enthalten die Angabe der „Überlebenden im Alter x", auch „Absterbeordnung" genannt. Diese Zahl gibt für jedes Alter an, wie viele Personen von ursprünglich 100.000 im Alter 0 in einem späteren Alter weiterhin am Leben sind. Für die derzeit aktuelle Sterbetafel 2019/2021 sind diese Werte am Ende des Tabellenteils dieses Werkes aufgeführt. Man kann am Zahlenverlauf gut erkennen, dass die Anzahl der Überlebenden nach einem kleinem Abfall vom Alter 0 zu 1 (Säuglingssterblichkeit) erstmals nur in einem sehr flachen Verlauf absinkt. Bei den Männern sind im Alter von 29 Jahren erstmals mehr als 1 % verstorben. Im Alter von 42 Jahren sind es 2 %. Aber bereits im Alter von 48 Jahren sind es 3 %. Die Zeitabstände, in denen jeweils ein weiteres Prozent verstirbt, wird im weiteren Verlauf deutlich kürzer. Ab einem Alter von rund 75 Jahren verläuft der Kurvenverlauf immer schneller in Richtung der Nullachse. Im Alter von 100 sind nur noch ca. 0,6 % Überlebende vorhanden.

Zu diesem abfallenden Kurvenverlauf über die Zeit kommen noch weitere kleinere Nichtlinearitäten **65** hinzu. Diese können u.a. verursacht sein durch medizinische Entwicklungen, die zu einem bestimmten Zeitpunkt zum Tragen kommen. Auch zum Beispiel klimatische und sonstige umweltbezogene Ereignisse können eine Rolle spielen. Dieser insgesamt gebildete Kurvenverlauf wird in der Angabe der „Überlebenden im Alter x" abgebildet.

Die Berechnung der Kapitalisierungsfaktoren muss auf dieser Angabe erfolgen. Nur so sind zuverläs- **66** sige und genaue Berechnungen möglich, die sich an realen Verhältnissen orientieren und sowohl für den Versicherer, als auch für Geschädigte faire Ergebnisse liefern. Alle Berechnungen der Kapitalisierungsfaktoren in diesem Buch basieren auf dieser Angabe. Es kamen ausschließlich genaue Berechnungsformeln zum Einsatz. Annäherungsformeln, die in der Literatur für einzelne Teilaspekte der Berechnung gelegentlich aufgeführt werden, wurden vorliegend nicht verwendet.

Die Angaben der „Überlebenden im Alter x", die von uns für die Berechnungen verwendet wurden, **67** umfassen mehrere Nachkommastellen. Die sich hieraus ergebende hohe Genauigkeit lässt eine Berechnung der Kapitalisierungsfaktoren mit mehr als üblicherweise in Tabellenwerken aufgeführte 3 Nachkommastellen zu. Daher haben wir die sich daraus ergebende Möglichkeit ergriffen, die Berechnung der Kapitalisierungsfaktoren auf nun 4 Stellen hinter dem Komma zu erweitern. In der Folge sind die im Ergebnis errechneten Barwerte, wenn von einem durchaus realistischen 6-stelligen Betrag ausgegangen wird, genau gerechnet, mit einem maximalen Fehler, der typischerweise unter +/– 1,00 € bleibt.

F. Dynamisierung: Welche Faktoren sind maßgeblich?

In seiner Grundsatzentscheidung vom 8.1.1981 hatte der BGH (VI ZR 128/79, NJW 1981, 818) ausdrück- **68** lich aufgezeigt, dass neben dem Kapitalisierungszinsfuß weitere Faktoren bei der Barwertermittlung zu berücksichtigen sind. Im Einzelnen:
- Dynamisierung wegen Gehaltserhöhungen
- Dynamisierung wegen Preissteigerung
- Dynamisierung wegen Steuern auf die Zinsen (Abgeltungssteuer)
- Dynamisierung wegen Verwaltungskosten des Kapitals

Auch der ebenfalls im Jahr 1981 stattgefundene 19. Verkehrsgerichtstag hatte im Arbeitskreis V (Kapitali- **69** sierung von Schadensersatzrenten) die Empfehlung ausgesprochen, wegen der Nichtanwendbarkeit des § 323 ZPO die künftige Entwicklung des für die Höhe des Schadens maßgeblichen Einkommensniveaus grundsätzlich zu beachten. Weil dafür langfristige Prognosen nicht möglich sind und die wirtschaftliche Entwicklung in den letzten Jahrzehnten als alleiniger Maßstab ungeeignet ist, wurde empfohlen, es zur „Verhandlungssache" zu machen, ob, wie und in welchem Umfang eine Dynamik berücksichtigt werden kann (https://www.deutscher-verkehrsgerichtstag.de/media/Editoren/Empfehlungen/1981_empfehlungen_19_vgt.pdf (zuletzt abgerufen am 31.10.2022))

Um eine Rentendynamik zu ermitteln verweist Nehls (Nehls/Nehls, Kapitalisierungstabellen, 2. Aufl. **70** 2001, S. 18) darauf, die durchschnittliche jährliche Steigerung im Zeitraum der letzten 30 Jahre, 20 Jahre und 10 Jahre in Bezug auf das jährliche Durchschnittsentgelt zu ermitteln. Angaben dazu finden sich beim Statistischen Bundesamt (Destatis). Gleichermaßen verweist Nehls auf den Preisindex für die Lebenshaltung aller Haushalte und rät dazu, eine jährliche Steigerungsrate in den letzten 30 Jahren, 20 Jahren und 10 Jahren zu ermitteln. Auch diese Daten können beim Statistischen Bundesamt (Destatis) im Internet abgerufen werden.

71   In diesem Zusammenhang sei darauf hingewiesen, dass die Inflation „falsch" gemessen wird (so: Car/ Mittelstädt VersR 2018, 1484), da wichtige Güter im zugrunde liegenden Verbraucherindex keine Berücksichtigung finden.

72   Quirmbach/Gräfenstein/Strunk (Kapitalisierungstabellen, 3. Aufl. 2020, § 6 Rn. 1) greifen auf die seit Jahrzehnten jährlich stattfindenden regelmäßigen Tarifsteigerungen zurück. Sie weisen nach, dass diese sich über Jahrzehnte hinweg auf durchschnittlich mehr als 2 % p.a. belaufen. Zudem seien zusätzlich auch außertarifliche Erhöhungen, wie Leistungszulagen und Ähnliches zu berücksichtigen. Schließlich weisen die Autoren auch darauf hin, dass weitere Gehaltssteigerungen im Rahmen der jeweiligen Tarife auch durch Veränderung der Berufsjahre stattfinden, so dass der Dynamisierungssatz im Grunde sogar nochmals erhöht werden müsse.

73   Schah Sedi und Schah Sedi (Das verkehrsrechtliche Mandat, Band 5, 3. Aufl. 2017, § 7 Rn. 34–37) greifen die Bemessungsfaktoren des BGH auf und regen an, die jeweiligen Preissteigerungen/Indexsteigerungen anhand von einschlägigen Homepages zu recherchieren (https://www.statista.de und https://www.destatis.de).

74   Wegen der jährlich steigenden Löhne und Gehälter in der Bundesrepublik Deutschland, ist realistisch von Lohnsteigerungen nominal von bis zu 3 % bis zum Jahr 2050 auszugehen. Dieses wiederum führt zu einer Dynamisierung, die aktuell durch Abzug von 1 % bis 2 % vom Kapitalisierungszinsfuß berücksichtigt werden kann.

75   Die Kapitalertragsteuer in Form der sogenannten Abgeltungsteuer schlägt jährlich pauschal mit einem Steuersatz von derzeit 25 % oberhalb geringer Freibeträge zu Buche. Hinzu kommt der Solidaritätszuschlag und gegebenenfalls die Kirchensteuer. Quirmbach/Gräfenstein/Strunk (Kapitalisierungstabellen, 3. Aufl. 2020, § 5 Rn. 8) schlagen praxisnah vor, aktuell 25 % des Zinsertrages dergestalt in den Zinsfuß hineinzurechnen, in dem dieser um 25 % reduziert wird. Bei einem angenommenen Kapitalisierungszinsfuß von 2 % würde sich durch Abzug von 25 % schlussendlich ein Zinsfuß von 1,5 % ergeben.

76   Der Solidaritätszuschlag sowie gegebenenfalls die Kirchensteuer könnten dann durch eine maßvolle Anhebung des errechneten Kapitalbetrages berücksichtigt werden.

77   Um die Kapitalertragsteuer angemessen als Dynamisierungsfaktor im Kapitalisierungszinsfuß abbilden zu können, haben sich die Autoren des hiesigen Werkes entschieden, im Teil 2 den Kapitalisierungszinsfuß kleinschrittig auszuweisen, um genau diesem Aspekt Rechnung tragen zu können.

78   Schlussendlich sind im Rahmen der Dynamisierung noch die Verwaltungskosten des Kapitals zu berücksichtigen. Schah Sedi und Schah Sedi (Das verkehrsrechtliche Mandat, Band 5, 3. Aufl. 2017, § 7 Rn. 37) haben die Verwaltungskosten zwischen 1,5 % und 2 % des Vermögenswertes, welcher zur Anlage gegeben worden ist, geschätzt. Internetangebote bewegen sich derzeit hinsichtlich der Verwaltungskosten zwischen 1,5 % und 2,5 % vom verwalteten Vermögen (https://www.transparent-beraten.de/vermoegensverwaltung/#Kosten-und-Preise (zuletzt abgerufen am 31.07.2022)).

79   Aufgrund der aktuellen internationalen Kapitalmarktsituation, die nicht ohne Einfluss auf den deutschen Kapitalmarkt geblieben ist, soll die aktuelle Inflation, die sich insbesondere in einer Preissteigerung von Energie und Lebenshaltungskosten niederschlägt, näher beleuchtet werden. Um die vom BGH geforderte angemessene Dynamisierung wegen Preissteigerung in der Regulierung abbilden zu können, ist es aus Sicht der Verfasser erforderlich, sich die Inflationsrate in Deutschland für die vergangenen 12 Monate zu vergegenwärtigen. Diese stellt sich wie folgt dar.

Inflationsrate in Deutschland von 7/21 bis 7/22:

7/21	3,8 %	2/22	5,1 %
8/21	3,9 %	3/22	7,3 %
9/21	4,1 %	4/22	7,4 %
10/21	4,5 %	5/22	7,9 %
11/21	5,2 %	6/22	7,6 %
12/21	5,3 %	7/22	7,5 %
1/22	4,9 %	8/22	7,9 %

Quelle: https://de.statista.com/statistik/daten/studie/1045/umfrage/inflationsrate-in-deutschland-veraenderung-des-verbraucherpreisindexes-zum-vorjahresmonat/ (zuletzt abgerufen 3.8.2022)

An dieser Stelle muss ausdrücklich darauf hingewiesen werden, dass die Preissteigerung/ Inflation aktuell noch nicht das Ende der Fahnenstange erreicht haben dürfte. Politisch werden zahlreiche Krisen für den Anstieg der Preissteigerung verantwortlich gemacht. Diese reichen von der Corona-Krise, über die Energie-Krise bis zur Umwelt-Krise. Es wird aber noch kein Ende der Krisen erreicht sein. Der Russlandkrieg dürfte ebenfalls eine Rolle im Hinblick auf die aktuelle und wohl auch zukünftige Inflation spielen. Deshalb wird der an der Kapitalisierung beteiligten Parteien nichts anderes übrig bleiben, als tagesaktuell die Daten der Preissteigerung im Internet abzurufen und diesen Aspekt als einen im Rahmen der gemeinsam zu bemessenden Dynamisierung zu berücksichtigen. Wie die Rentendynamik in der Kapitalisierung berechnet wird, wird in den → Rn. 100–108 dargestellt. **80**

Im Übrigen ist es keine zwingende Regel, bei allen Rentenansprüchen einen identischen Kapitalisierungszinsfuß anzusetzen (so bereits Schah Sedi/Schah Sedi zfs 2018, 183). Wegen der unterschiedlichen Dynamisierung von Erwerbsschadensrenten aufgrund von allgemeinen Steigerungen des Lohngefüges (tariflich wie außertariflich) und vermehrten Bedürfnissen im Bereich der Pflege, (in dem Nachfrage steigt und das Angebot sinkt, was drastische Preissteigerungen im Stundensatz in jüngster Vergangenheit zur Folge hatte und weiterhin haben wird) fallen bei diesen Renten die Dynamisierungszinsfüße recht unterschiedlich aus. Damit spreizt sich an dieser Stelle der Kapitalisierungszinsfuß. **81**

G. Wie berechnet man in der Praxis den Rentenbarwert?

Um den Rentenbarwert zu errechnen, benötigt man einzelne Parameter, die in die Kapitalisierungsformel (→ Rn. 31) eingesetzt werden. **82**

I. Stichtag und Laufzeit

Der Stichtag für die Barwertermittlung der Rente ist deshalb wichtig, weil bis zu diesem Stichtag die in der Vergangenheit fälligen monatlichen Rentenansprüche aufaddiert werden und ab dem Stichtag die in Zukunft fällige Rente kapitalisiert wird. **83**

Als Stichtag empfiehlt es sich den Geburtstag des Geschädigten im aktuellen Regulierungsjahr zu wählen. Damit wird die Berechnung erleichtert, weil die Kapitalisierungstabellen in Teil 2 dieses Werkes nach dem jeweiligen Alter des Geschädigten untergliedert sind. Man kann auch jeden anderen Stichtag wählen, muss dann gegebenenfalls für das laufende Jahr bis zum Geburtstag des Geschädigten einen entsprechenden Bruchteil des laufenden Jahres (Addition der monatlichen Rente) ermitteln und zum Barwert addieren. **84**

Die Laufzeit der Rente ist wesentlich, damit man die richtige Tabelle zur Anwendung bringt: die lebenslange Leibrente oder die temporäre Leibrente mit einer gewählten Laufzeit bis zum Erreichen des gewählten Lebensjahres. **85**

II. Geburtsdatum und Alter

Das Geburtsdatum des Geschädigten ist deshalb wichtig, weil alle Kapitalisierungstabellen nach dem jeweiligen Alter des Geschädigten bereits in der ersten Spalte links untergliedert sind. **86**

Ausgehend vom aktuellen Lebensalter des Geschädigten bemisst sich dann noch die Restlaufzeit des Rentenanspruches. **87**

An dieser Stelle muss unbedingt darauf hingewiesen werden, dass das Alter, das als Parameter in den Tabellen in Teil 2 in der linken Spalte (bzw. in den beiden linken Spalten bei verbundenen Leibrenten) aufgeführt ist, als finanzmathematisches Alter zu verstehen ist. Das finanzmathematische Alter ist 0,5 Jahre höher als das juristische Alter, das im allgemeinen Sprachgebrauch für vollendete Lebensjahre verwendet wird. Als prinzipielle Formel dargestellt: **88**

$$\text{Alter (finmath.)} = \text{Alter (jur.)} + 0{,}5.$$

89 So ist eine Person, die ihren 40. Geburtstag erreicht hat, nach Verleben eines weiteren halben Jahres aus finanzmathematischer Sicht bereits 41 Jahre alt. Wenn jemand also am 1.3.1980 geboren wurde, so wird er am 1.3.2020 40 Jahre alt sein. Bereits am 1.9.2020 ist diese Person jedoch aus finanzmathematischer Sicht 41 Jahre alt.

90 Mit diesem Kniff wird die maximale Abweichung bei der Umrechnung des tatsächlichen Alters (mit anteiliger Berücksichtigung des angefangenen neuen Lebensjahres) auf ein ganzzahliges finanzmathematisches Alter auf maximal +/– 0,5 Jahre begrenzt. Ohne würde die maximale Abweichung bei -1 bis 0 Jahren liegen, welches über viele Fälle im Ganzen betrachtet, eine statistische Schieflage in den Regulierungen zur Folge hätte.

91 Es ist jedoch zu beachten, dass die Altersangabe als finanzmathematisches Alter ausschließlich bei dem aktuellen Alter des Geschädigten zum Stichtag Anwendung findet (für die Alters-Spalte in den Tabellen). Bei dem Endalter der temporären Leibrenten sowie dem Aufschubalter der aufgeschobenen Leibrenten (siehe H.) wird ausschließlich das umgangssprachlich gebräuchliche Alter als vollendete Lebensjahre bzw. das juristische Alter verwendet.

III. Jahresrentenbetrag

92 Für die Berechnung des Barwertes der Rente ist es erforderlich zu wissen, welcher Jahresrentenbetrag überhaupt kapitalisiert werden soll. Der Jahresrentenbetrag ergibt sich aus dem zwölffachen Monatsbetrag, der für die jeweilige Schadensersatzrente zuvor ermittelt wurde. Beim Erwerbsschaden des abhängig Beschäftigten ist es – der Nettolohntheorie des BGH folgend – das Delta zwischen Netto-Hätte-Verdienst und Netto-Ist-Verdienst, welches mit 12 Monaten multipliziert wird.

93 Bei der Haushaltsführungsschadensrente ist ebenfalls der Jahresrentenbetrag auf der Basis des monatlich ermittelten Haushaltsführungsschadens für die Zukunft zu berechnen.

94 Gleiches gilt analog auch für die vermehrten Bedürfnisse. Vermehrte Bedürfnisse, die in unregelmäßigen und größeren Abständen entstehen, müssen auf den jeweiligen Jahresbetrag „heruntergebrochen" werden. Wenn beispielsweise die Umrüstung eines PKWs kapitalisiert werden soll, dann ist zuvor festzulegen, wie lange der leidensgerechte Umbau des PKWs halten muss, bevor ein neuer geschuldet ist. Man wird dieses an die übliche „Haltbarkeit" eines PKWs anbinden – zB 10 Jahre. Dann wäre also der alle zehn Jahre anfallende Mehrbedarf betragsmäßig durch zehn zu dividieren, um den Jahresrentenbetrag zu erhalten, der dann wiederum kapitalisiert wird.

95 Bei monatlich wiederkehrenden Leistungen ist die Sache einfacher: Hier kann durch die Multiplikation mit dem Faktor 12 der Jahresrentenbetrag zwanglos ermittelt werden.

IV. Zinssatz und Kapitalisierungsfaktor

96 Anhand der sich in Teil 2 dieses Werkes befindlichen Kapitalisierungstabellen kann sehr leicht der im Einzelfall anzuwendende Kapitalisierungsfaktor abgelesen werden. Im Tabellenkopf befinden sich verschiedene Zinssätze (von - 1 % bis + 4 %). Die linke Spalte enthält die Angabe des Alters am Tage der Kapitalisierung. Der Kapitalisierungsfaktor wird zwischen Tabellenkopf und linker Spalte abgelesen. Er ist in allen Tabellen mit vier Stellen hinter dem Komma ausgewiesen.

97 Die Barwerttafeln im 2. Teil dieses Werkes basieren auf der zum Zeitpunkt der Drucklegung dieses Werkes aktuellen Sterbetafel 2019/2021 des Statistischen Bundesamtes, wodurch eine Kapitalisierung mit aktuellen Kapitalisierungsfaktoren erreicht wird.

98 Kapitalisierungstabellen sind ein angenehmes Hilfsmittel, um schnell einen Barwert ermitteln zu können. Da es sich jedoch bei der Schadensersatzregulierung um Schadensschätzung nach § 287 ZPO handelt, dürfen diese Tabellen nicht unkritisch angewandt werden. In gewisser Hinsicht verleiten sie zur Annahme einer Sicherheit und der Überzeugung, ein „richtiges" Ergebnis bei ihrer Anwendung gefunden zu haben. Sicherlich ist es zutreffend, dass bei Multiplikation des Jahreswertes der Rente mit dem Kapitalisierungsfaktor aus den Kapitalisierungstabellen in Teil 2 dieses Werkes rechnerisch richtige Ergebnisse erzielt werden. Allerdings muss davor gewarnt werden, die Kapitalisierungstabellen und die darin enthaltenen Kapitalisierungsfaktoren „blind" anzuwenden.

Die Verfasser vertreten die Ansicht, dass nur auf den am Tage der Abfindung/Kapitalisierung maßgeblichen Zinssatz auf dem Kapitalmarkt abzustellen ist, um davon ausgehend die Abzinsung und Dynamik zu ermitteln. Der Geschädigte muss schließlich im Zeitpunkt seiner Abfindung den verhandelten Kapitalbetrag anlegen und nicht erst Jahre später (ebenso: Car/Mittelstädt VersR 2018, 1482). Ergänzend ist der in den letzten 5–10 Jahren maßgebliche Zins auf dem Kapitalmarkt in eine Zukunftsprognose einzubeziehen und daraus abgeleitet ein Zinsfuß inklusive Rentendynamik für die tagesaktuelle Abzinsung zu ermitteln. **99**

V. Rentendynamik

Insbesondere ist jeder Anwender aufgerufen, eine individuelle Korrektur des Kapitalisierungsfaktors wegen der erforderlichen Berücksichtigung der Dynamik der Schadensersatzrente vorzunehmen. Die unreflektierte Anwendung eines Kapitalisierungszinsfußes und dementsprechend eines Kapitalisierungsfaktors ohne Berücksichtigung der Dynamisierung ist nicht nur fehlerhaft, sondern für Rechtsanwälte auch haftungsträchtig. **100**

1. Faustregel

Wie also kann kapitalisiert werden unter gleichzeitiger Beachtung der Dynamik der Rente und des bereinigten Kapitalzinssatzes? Die Antwort lautet: durch Bildung eines Effektivzinssatzes. **101**

Nehls (Nehls/Nehls, Kapitalisierungstabellen, 2. Aufl. 2001, S. 39) hat dafür eine **Faustregel** vorgeschlagen:

Effektiv-Zinssatz = Kapitalzins minus Rentendynamik

Nachfolgendes Beispiel (angelehnt an Nehls/Nehls, Kapitalisierungstabellen, 2. Aufl. 2001, S. 40) macht das deutlich.

Der 40-jährige Geschädigte hat Anspruch auf eine lebenslange Rente von 12.000,00 € p.a. (monatlich vorschüssig). Die Parteien einigen sich außergerichtlich auf eine Dynamik von 2,5 % p.a. und auf einen bereinigten Kapitalzinssatz von 3 %. Die Rente soll kapitalisiert werden.

Wie hoch ist der Kapitalwert/Barwert der Rente?

Lösung:

Kapitalisierungs-zinssatz		Rentendynamik		Effektiv-Zinssatz
3 %	minus	2,5 %	=	0,5 %

Der Effektiv-Zinssatz entspricht in Teil 2 dem Kapitalisierungszinsfuß.

Der Kapitalisierungsfaktor bei 0,5 % Kapitalisierungszinsfuß gemäß Tabelle „lebenslange Leibrente für Männer", Alter 40 Jahre beträgt 35,6629.

Der Kapitalbetrag (Barwert) errechnet sich wie folgt:

12.000,00 EUR p.a.	×	35,6629	=	427.954,80 €

2. Genaue Berechnung des Effektiv-Zinssatzes

Wenn unter gleichzeitiger Beachtung der Dynamik der Rente und des bereinigten Kapitalzinssatzes kapitalisiert werden soll, kann anstelle der obigen Faustregel ebenso nach der von Nehls (Nehls/Nehls, Kapitalisierungstabellen, 2. Aufl. 2001, Seite 250, 251) entwickelten genauen Formel verfahren werden, auf die auch Schneider/Stahl (Kapitalisierung und Verrentung, 3. Aufl. 2003, S. 88 Fn. 2) als genaue Formel **102** verweisen. Bei Nehls findet sich dazu folgende Aussage: Der (Effektiv-)Zinssatz (EZ) errechnet sich aus dem Kapitalzinssatz KZ und der Rentendynamik RD nach der Formel

$$EZ = \frac{KZ - RD}{1 + \dfrac{RD}{100}}$$

103   Nehls/Nehls, Kapitalisierungstabellen, 2. Aufl. 2001, S. 251 weist nach, dass der Unterschied zwischen der Berechnung nach der Faustformel oder der genauen Berechnung im Rahmen von § 287 ZPO unbeachtlich ist. Dieses ergibt sich daraus, dass beide Rechenwege zu einem recht ähnlichen Ergebnis führen.

3. Ermittlung des Effektiv-Zinssatzes in der Literatur

104   Wie unter 1. ausgeführt, verwendet Nehls/Nehls, Kapitalisierungstabellen, 2. Aufl. 2001, S. 250 zur Ermittlung des Effektiv-Zinssatzes sowohl seine Faustformel, als auch die unter 2. genannte genaue Berechnungsformel. Auch Schneider/Stahl (Schneider/Stahl, Kapitalisierung und Verrentung, 3. Aufl. 2008, S. 45 f.) ermitteln den Effektiv-Zinssatz ebenfalls nach der von Nehls entwickelten Faustformel, haben aber zusätzlich ebenso auf die genaue Formel verwiesen (Schneider/Stahl, Kapitalisierung und Verrentung, 3. Aufl. 2008, S. 88 Fn. 2).

105   Gleichermaßen verfährt Pardey (Berechnung von Personenschäden, 4. Aufl. 2010, S. 199) nach der Faustformel.

106   Auch die LEONARDO Productions AG verweist für die Ermittlung des Effektiv-Zinssatzes im Vorfeld zur Verwendung in ihrer Software für die Kapitalisierungsberechnung auf die Faustformel von Nehls (https://leonardo.ag/fileadmin/_migrated/content_uploads/Kapitalisieren_Nehls.pdf (zuletzt abgerufen am 15.08.2022)).

107   Einzig Quirmbach/Gräfenstein/Strunk (Kapitalisierungstabellen, 3. Aufl. 2020, § 9 Rn. 14) berechnet den Dynamisierungszuschlag in der Form, dass zum kapitalisierten Betrag im Falle einer Dynamisierung von 2 % jährlich sodann zwei Prozent pro Faktorpunkt zugeschlagen werden. Dieses erfordert einen verlängerten Rechenweg gegenüber der Anwendung der Faustformel von Nehls und führt im Einzelfall zu eklatant abweichenden rechnerischen Ergebnissen im Vergleich zur hM in der Literatur.

108   Da die überwiegende Auffassung in der Literatur bei der Dynamisierung auf die Faustformel von Nehls zurückgreift und dieses im Sinne des § 287 ZPO zu vertretbaren Ergebnissen führt, spricht aus unserer Sicht nichts dagegen, dem Vorschlag von Nehls zu folgen. Bedauerlicherweise geben Quirmbach/Gräfenstein/Strunk (Kapitalisierungstabellen, 3. Aufl. 2020, § 9 Rn. 14) keine Fundstelle für den von ihnen vorgeschlagenen Rechenweg an.

H. Berechnung aufgeschobener und temporärer Leibrenten

Fallbeispiele und Rechenwege von Frank Grotelüschen

109   Im Tabellenteil dieses Werkes ist eine praxistaugliche Auswahl an aufgeschobenen und temporären Leibrenten enthalten. Sie ist in beck-online.DIE DATENBANK, die jedem Käufer des Buches offen steht, in ihrem Umfang nochmals deutlich erweitert worden. Während bei allen Tabellen immer jedes mögliche aktuelle Alter des Geschädigten zum Stichtag aufgeführt ist, ist das bei dem Aufschubalter bei aufgeschobenen Leibrenten, sowie bei dem Endalter bei temporären Leibrenten aus Platzgründen nicht vollumfänglich möglich. Wenn für einen bestimmen Fall ein Aufschubalter oder ein Endalter nicht aufgeführt ist, können jeweils die beiden benachbarten Werte ausgewählt werden und zwischen den korrespondierenden Kapfaktoren geschätzt oder für eine höhere resultierende Genauigkeit rechnerisch interpoliert werden. Wenn jedoch wirklich genaue Kapfaktoren für solche Zwischenwerte in so einem Fall ermittelt werden sollen, besteht die Möglichkeit, auf Grundlage einer lebenslangen Leibrente und der zugrundeliegenden Sterbetafel, im finanzmathematischen Sinne exakte Ergebnisse berechnen zu können.

In diesem Kapitel wird ein Rechenweg für alle in der Praxis relevanten Varianten für Leibrenten für eine **110** Person (keine Verbundrenten) erläutert:
- Aufgeschobene Leibrenten
- Aufgeschobene temporäre Leibrenten
- Temporäre Leibrenten

Da die zugrundeliegenden lebenslangen Leibrenten monatlich vorschüssig gerechnet sind, trifft dieses auch auf die jeweiligen errechneten Endergebnisse zu.

I. Aufschub einer lebenslangen Leibrente (aufgeschobene Leibrente)

Fallbeispiel 1: **111**
- Mann, Alter 30 Jahre (finanzmathematisches Alter zum Stichtag).
- Aufgeschoben werden soll um 10 Jahre, also bis zum 40. Lebensjahr.
- Der Zinssatz beträgt 2 %.

Das Alter zum Ende der Aufschubzeit beträgt 30 + 10 = 40 Jahre. Für dieses Aufschubalter benötigen wir einen Kapfaktor aus einer Tabelle für eine lebenslange Leibrente. Dieser Kapfaktor wird in einem ersten Rechenschritt über die Aufschubzeit, in diesem Fall also 10 Jahre, abgezinst. Dieses erfolgt durch eine Multiplikation mit dem entsprechenden Abzinsfaktor über diese Aufschubzeit wie folgt:

    26,7943   Kapfaktor aus T1.1 (lebenslange Leibrente), Mann, Alter 40, Zinssatz 2 %.

$\times$ 0,820348   Abzinsfaktor aus T10, Aufschub über 40–30=10 Jahre, Zinssatz 2 %.

Der hieraus resultierende Kapfaktor ist noch nicht das Endergebnis, da eine theoretische Möglichkeit des Versterbens während der Aufschubzeit besteht. Dieses Vorversterbensrisiko muss für eine korrekte Berechnung berücksichtigt werden, da generell bei jeder Art einer Leibrente über die gesamte Laufzeit vom Stichtag an bis zum voraussichtlichen Lebensende ein Versterbensrisiko durchgängig berücksichtigt werden muss. [1]

Folglich muss der Kapfaktor also noch etwas weiter reduziert werden. Dieses erfolgt unter Verwendung eines Dreisatzes über den Wert l_x der Sterbetafel zwischen dem Alter zum Ende der Aufschubzeit (dem Beginn der oben gewählten lebenslangen Leibrente) und dem Alter zum Stichtag. Der Wert l_x gibt jeweils an, wie viele Personen von ursprünglich 100.000 Neugeborenen (also Personen im Alter 0) im jeweiligen Alter zu den Überlebenden zählen. Also wird die obige Rechnung fortgesetzt mit:

$\times$ 98159,40 l_x des Mannes aus T11 (Sterbetafel), Alter 40 zum Ende der Aufschubzeit.

$\div$ 98951,10 l_x des Mannes aus T11 (Sterbetafel), Alter 30 zum Stichtag.

$=$ <u>21,8048</u>   Endergebnis, aufgeschobene Leibrente mit 10 Jahren Aufschub bis zum 40. Lebensjahr.

---

[1] Quirmbach/Gräfenstein/Strunk verzichten in „Kapitalisierungstabellen", 3. Aufl. 2020, §9 Rn 10 auf eine Berücksichtigung des Vorversterbensrisikos während der Aufschubzeit einer aufgeschobenen Leibrente, rechnen hier also wie bei einer aufgeschobenen Zeitrente. Sie schreiben:

„Küppersbusch/Höher, Rn 877 ff. und Langenick/Vatter, NZV 2005 10 ff., wollen noch einen Abschlag machen wegen des Risikos, dass der Geschädigte das Alter überhaupt erreicht. Dies ist abzulehnen, weil die Einigung auf eine Rentenzahlung ab einem späteren Zeitpunkt voraussetzt, dass der Geschädigte den Rentenbeginn auch tatsächlich erlebt. Eine zusätzliche Berücksichtigung der Wahrscheinlichkeit des Erlebens dieses Zeitpunktes ist somit nicht korrekt."

Nach Auffassung der Autoren steht die Nicht-Berücksichtigung des Vorversterbensrisikos während der Aufschubzeit im Widerspruch zu den einschlägigen Formeln der Finanzmathematik und führt damit zu fehlerhaften Ergebnissen. Deshalb schließen sich die Autoren hier Küppersbusch/Höher sowie Langenick/Vatter an. Diese finanzmathematischen Formeln, sowohl die klassischen Nx/Dx-Formeln unter Verwendung aktueller Kommutationstafeln, als auch der oben auf einer vorberechneten lebenslangen Leibrente beruhende dargelegte Rechenweg, sehen ausnahmslos diese Berücksichtigung vor, da das Risiko des Versterbens des Geschädigten tatsächlich durchgängig über die gesamte restliche Lebenszeit ab dem Stichtag der Kapitalisierung und erfolgter Auszahlung des Barwertes besteht.

Dieser Wert ist der tatsächliche Kapfaktor für die aufgeschobene Leibrente. Für eine mögliche Gegenprobe wurden das Zahlenbeispiel so gewählt, dass eine Gegenprobe mit den im Buch bereits mitgelieferten aufgeschobenen Leibrenten erfolgen kann:

21,8048   Kapfaktor aus T3.3 (aufgeschobene Leibrente), Mann aufgeschoben
            um 10 Jahre, Alter 30 zum Stichtag, Zinssatz 2 %.

Das obige Endergebnis ist hiermit identisch.

Es gibt eine zweite, alternative Möglichkeit, um eine Gegenprobe durchführen zu können. Sie erfolgt über eine Tabelle mit einer temporären Leibrente. Hierzu muss man wissen, dass eine aufgeschobene Leibrente rechnerisch nichts anderes ist, als die Differenz zwischen einer lebenslangen Leibrente vom Stichtag bis zum Tod und einer temporären Leibrente bis zum Ende der Aufschubzeit:

	30,8546	Kapfaktor aus T1.1 (lebenslange Leibrente), Mann, Alter 30, Zinssatz 2 %.
−	9,0498	Kapfaktor aus T2.4 (temporäre Leibrente), Mann bis 40. Lebensjahr (entsprechend Ende der Aufschubzeit), Alter 30, Zinssatz 2 %.
=	21,8048	

Auch auf diesem Wege geprüft, ist das obige Endergebnis identisch.

II. Aufschub einer temporären Leibrente (aufgeschobene temporäre Leibrente)

112   **Fallbeispiel 2:**
 – Mann, Alter 30 Jahre (finanzmathematisches Alter zum Stichtag).
 – Aufgeschoben werden soll um 10 Jahre, also bis zum 40. Lebensjahr.
 – Das Endalter ist 67 Jahre.
 – Der Zinssatz beträgt 2 %.

Hier bieten sich zwei Lösungsmöglichkeiten an:

a) Berechnung mittels einer Tabelle für eine temporäre Leibrente
113   Diese Lösungsmöglichkeit ist nicht aufwendiger als die Berechnung einer aufgeschobenen lebenslangen Leibrente (→ Rn. 111) und kommt ausschließlich nur dann in Betracht, wenn eine Tabelle für eine temporäre Leibrente mit passendem Endalter (in diesem Fallbeispiel 67 Jahre) zur Verfügung steht.
   Die Berechnung erfolgt dann entsprechend analog zu I. (aufgeschobene lebenslange Leibrente), jedoch wird einfach die Tabelle für die lebenslange Leibrente durch eine für eine temporäre Leibrente ersetzt.
   Das Alter zum Ende der Aufschubzeit beträgt 30 + 10 = 40 Jahre:

	20,0752	Kapfaktor aus T2.8 (temporäre Leibrente bis Endalter 67), Mann, Alter 40, Zinssatz 2 %.
×	0,820348	Abzinsfaktor aus T10, Aufschub über 40–30=10 Jahre, Zinssatz 2 %.
×	98159,40	l_x des Mannes aus T11 (Sterbetafel), Alter 40 zum Ende der Aufschubzeit.
÷	98951,10	l_x des Mannes aus T11 (Sterbetafel), Alter 30 zum Stichtag.
=	<u>16,3369</u>	Endergebnis, aufgeschobene temporäre Leibrente bis Endalter 67 mit 10 Jahren Aufschub bis zum 40. Lebensjahr.

b) Berechnung mittels einer Tabelle für eine lebenslange Leibrente
114   Wenn keine passende Tabelle für eine temporäre Leibrente mit passendem Endalter zur Verfügung steht, kann alternativ auch mittels einer Tabelle für eine lebenslange Leibrente gerechnet werden. Dieser Weg ist etwas aufwendiger, da zur Lösung zwei aufgeschobene lebenslange Leibrenten berechnet werden müssen (jeweils analog zu I.):

– Der erste Kapfaktor (k1) wird mit Aufschub bis zum Aufschubalter gerechnet.
– Der zweite Kapfaktor (k2) wird mit Aufschub bis zum Endalter gerechnet.
– Kapfaktor k2 wird von k1 abgezogen.

Die sich hierbei ergebene Differenz ist das gewünschte Ergebnis für die aufgeschobene temporäre Leibrente.

Kapfaktor k1:

Das Alter zum Ende der Aufschubzeit beträgt 30 + 10 = 40 Jahre.

	26,7943	Kapfaktor aus T1.1 (lebenslange Leibrente), Mann, Alter 40, Zinssatz 2 %.
×	0,820348	Abzinsfaktor aus T10, Aufschub über 40–30=10 Jahre, Zinssatz 2 %.
×	98159,40	l_x des Mannes aus T11 (Sterbetafel), Alter 40 zum Ende der Aufschubzeit.
÷	98951,10	l_x des Mannes aus T11 (Sterbetafel), Alter 30 zum Stichtag.
=	21,8048	Zwischenergebnis (k1) für eine aufgeschobene Leibrente mit Aufschub bis zum 40. Lebensjahr.

Kapfaktor k2:

Das Alter zum Ende der Aufschubzeit ist hier das Endalter, also 67 Jahre.

	13,5801	Kapfaktor aus T1.1 (lebenslange Leibrente), Mann, Alter 67, Zinssatz 2 %.
×	0,480611	Abzinsfaktor aus T10, Aufschub über 67–30=37 Jahre, Zinssatz 2 %.
×	82897,67	l_x des Mannes aus T11 (Sterbetafel), Alter 67 zum Ende der Aufschubzeit.
÷	98951,10	l_x des Mannes aus T11 (Sterbetafel), Alter 30 zum Stichtag.
=	5,4679	Zwischenergebnis (k2) für eine aufgeschobene Leibrente mit Aufschub bis zum 67. Lebensjahr.

Differenz:

	21,8048	k1
−	5,4679	k2
=	16,3369	Endergebnis, aufgeschobene temporäre Leibrente bis Endalter 67 mit 10 Jahren Aufschub bis zum 40. Lebensjahr.

Dieses Endergebnis ist mit dem Endergebnis aus II.a) identisch und stellt damit auch eine erfolgreiche Gegenprobe dar, da die Ausgangswerte hierfür identisch waren.

III. Temporäre Leibrente

Fallbeispiel 3: 115
– Mann, Alter 30 Jahre (finanzmathematisches Alter zum Stichtag).
– Endalter ist 67 Jahre.
– Der Zinssatz beträgt 2 %.

Die temporäre Leibrente ist nichts anderes, als die Differenz aus einer lebenslangen Leibrente vom Stichtag bis zum Tod und einer aufgeschobenen Leibrente, die bis zum Endalter der zu berechnenden temporären Leibrente aufgeschoben wird.

Im ersten Schritt wird die aufgeschobene Leibrente mit Aufschubalter zum Endalter als Zwischenergebnis bestimmt. Diese Berechnung entspricht der Berechnung des Kapfaktors k2 aus II.b) (Aufschub einer temporären Leibrente ohne passende Tabelle für eine temporäre Leibrente).

13,5801	Kapfaktor aus T1.1 (lebenslange Leibrente), Mann, Alter 67, Zinssatz 2%.
× 0,480611	Abzinsfaktor aus T10, Aufschub über 67–30=37 Jahre, Zinssatz 2%.
× 82897,67	l_x des Mannes aus T11 (Sterbetafel), Alter 67 zum Ende der Aufschubzeit.
÷ 98951,10	l_x des Mannes aus T11 (Sterbetafel), Alter 30 zum Stichtag.
= 5,4679	Zwischenergebnis, aufgeschoben bis 67 Jahre.

Im zweiten Schritt wird diese aufgeschobene Leibrente von einer lebenslangen Leibrente subtrahiert:

30,8546	Kapfaktor aus T1.1 (lebenslange Leibrente), Mann, Alter 30, Zinssatz 2%.
– 5,4679	obiges Zwischenergebnis.
= <u>25,3867</u>	Endergebnis, temporäre Leibrente bis 67. Lebensjahr.

Gegenprobe:

25,3867 Kapfaktor aus T2.8 (temporäre Leibrente), Mann bis 67. Lebensjahr, Alter 30 zum Stichtag, Zinssatz 2%.

Das obige Endergebnis ist mit dieser Gegenprobe identisch.

I. Berechnung des Abfindungsbetrages durch Sachverständige

116 Geradezu bahnbrechend ist die Empfehlung des 57. Deutschen Verkehrsgerichtstages 2019 im Arbeitskreis IV, in der es unter Ziffer 2 heißt:

> *„Es wird mit knapper Mehrheit empfohlen, dass die Haftpflichtversicherung auf ihre Kosten dem Geschädigten die Berechnung des Abfindungsbetrages durch einen unabhängigen Sachverständigen ermöglicht."* (https://deutscher-verkehrsgerichtstag.de/media/Editoren/Empfehlungen/2019_empfehlungen_57_vgt.pdf)

117 Dieser Empfehlung war eine Diskussion vorausgegangen, in der es darum ging, ob auf Seiten der Geschädigten und ihrer Vertreter eine ausreichende Expertise vorhanden ist, um den komplexen Anforderungen an die Barwertermittlung der Rente gerecht werden zu können.

118 Insbesondere vor dem Hintergrund, dass eine Prognose zu den bekannten, unbekannten, senkenden und erhöhenden Faktoren, sowie der Dynamisierung erforderlich ist, wurde klar, dass die Geschädigten und ihre Vertreter nicht über die ausreichende Expertise verfügen, um wirtschaftliche Umstände, wie zB Verwaltungskosten des Kapitals, Kapitalertragsteuer und die gesamtwirtschaftliche Entwicklung angemessen berücksichtigen zu können. Versicherer bewegen sich als Profis auf dem Kapitalmarkt. Bei der überwiegenden Anzahl von Abfindungsverhandlungen stehen sich der Geschädigte und der Versicherer als ungleiche Partner gegenüber. Es besteht ein Kompetenz- und Machtgefälle zu Lasten des Geschädigten (Car/Mittelstädt VersR 2018, 1485). Um hier auf gleicher Augenhöhe im Rahmen der Barwertermittlung verhandeln zu können, ist es also erforderlich, dass Geschädigte und ihre Vertreter sich für die Berechnung des angemessenen Abfindungsbetrages eines unabhängigen Sachverständigen bedienen können müssen. Dass die dafür entstehenden Kosten vom Schädiger zu tragen sind, sollte an sich unter dem Blickwinkel des schadensersatzrechtlichen Wiederherstellungsanspruches unstreitig sein. Begrüßenswert ist deshalb, dass der Verkehrsgerichtstag eine entsprechende Empfehlung ausdrücklich ausgesprochen hat. Sachverständig auf diesem Fachgebiet sind neben Steuerberatern auch Wirtschaftsprüfer. Bei der Auswahl des Sachverständigen sollte dann auf dessen Unabhängigkeit geschaut werden.

119 Gräfenstein/Strunk (zfs 2019, 433) schlagen die Erstellung eines finanzwissenschaftlichen Sachverständigengutachtens vor. Nach Ansicht der Autoren dieses Werkes geht der Wortlaut der VGT-Empfehlung darüber hinaus.

J. Laufzeit der einzelnen Schadensersatzrenten

I. Erwerbsschaden

Das individuelle Ende der Lebensarbeitszeit kann gesetzlich sehr unterschiedlich geregelt sein. Die Lebensarbeitszeit für Soldaten ergibt sich aus dem Soldatengesetz. Besonderheiten gelten auch für Polizisten und andere Beamte. Für Schwerbehinderte gilt das 63. Lebensjahr als das Ende der Lebensarbeitszeit (§ 236 a SGB VI). **120**

Für alle anderen Arbeitnehmer wurde nunmehr die Regelaltersgrenze in § 35 SGB VI auf das vollendete 67. Lebensjahr festgelegt. Für die Geburtsjahrgänge vor 1947 verbleibt es bei der Regelaltersrente ab dem 65. Lebensjahr (gleichermaßen für Frauen wie für Männer). Für die Geburtsjahrgänge ab 1965 greift die Regelaltersrente ab dem vollendeten 67. Lebensjahr ein. In § 7 a SGB II kann der Rentenbeginn der Geburtsjahrgänge ab 1947–1964 abgelesen werden. **121**

Im Kalenderjahr 2020 und danach gibt es keine Arbeitnehmer mehr, die nach § 7a SGB II mit Vollendung des 65. Lebensjahres in die Regelaltersrente eintreten. Der letzte Geburtsjahrgang, der mit Vollendung des 65. Lebensjahres in die Regelaltersrente eingetreten ist, war der Jahrgang 1946. Bis zum Jahrgang 1957 folgt sukzessive die Anhebung der Lebensarbeitszeit auf 65 Lebensjahre plus x Monate, sodass im Jahr 2020 die Geburtsjahrgänge 1955, 1956 und 1957 jeweils mit dem vollendeten Lebensalter von 65 Jahren plus 9 Monaten bzw. plus 10 Monaten bzw. plus 11 Monaten in die Altersrente eingetreten sind. In der Kapitalisierung kann deshalb vereinfachend davon ausgegangen werden, dass die Jahrgänge 1955, 1956 und 1957 mit Erreichen des 66. Lebensjahres verrentet werden. Das heißt, die Kapitalisierung einer Erwerbsschadensrente erfolgt im Jahr 2020 mit Erreichen der Regelaltersgrenze der im Jahre 1955, 1956 und 1957 Geborenen. Alle davor liegenden Jahrgänge wurden bereits bis zum Jahr 2019 verrentet. **122**

In Teil 2 dieses Werkes sind deshalb Tabellen für Männer sowie Frauen für temporäre Leibrenten bis zum 66. und 67. Lebensjahr enthalten. Auch wenn an mancher Stelle in der Literatur (Quirmbach/Gräfenstein/Strunk, Kapitalisierungstabellen, 3. Aufl. 2020, § 3 Rn. 5) darauf hingewiesen wird, dass es in Politik und Wirtschaft starke Tendenzen für ein Renteneintrittsalter mit 70 oder darüber hinaus gibt, so gilt für abhängig Beschäftigte die Regelung in § 7 a SGB II in der aktuellen Fassung. Zwar mag das Bedürfnis bestehen, die Lebensarbeitszeit in der Kapitalisierung über diesen gesetzlichen Rahmen hinweg auszudehnen, jedoch zeigt die Praxis, dass bislang die meisten Versicherer nicht dazu bereit sind, bei der Kapitalisierung heute bereits dieser Annahme zu folgen. Wer heute den Erwerbsschaden eines Geschädigten mit dem Geburtsjahrgang ab 1964 kapitalisiert, kann nicht sicher davon ausgehen, dass § 7 a SGB II unverändert für die nächsten Jahre Anwendung findet. Dennoch sollte deshalb in den Regulierungsverhandlungen versucht werden, die Kapitalisierung mit einem ermäßigten Kapitalisierungszinsfuß bei einer Laufzeitverlängerung über das 67. Lebensjahr hinaus durchzuführen, wobei heute (noch) keine Aussage zu einer konkreten Laufzeitverlängerung getroffen werden kann. Etwas anderes gilt nur dann, wenn ein „Altersrentner" zur Aufbesserung seiner Rente eine Nebentätigkeit aufgenommen hat, an deren Ausübung er angesichts seiner Unfallverletzungen gehindert ist. Dieses Einkommen kann selbstverständlich über das 66. und 67. Lebensjahr hinaus kapitalisiert werden. **123**

Über das 66. und 67. Lebensjahr hinaus ist ein Verdienstausfallschaden für entgangene Betriebsrentenansprüche oder zur Abgeltung eines Rentenkürzungsschadens einschlägig und entsprechend zu kapitalisieren, wenn diese Ansprüche nicht vorbehalten bleiben (Car/Mittelstädt VersR 2018, 1479). **124**

Für Selbstständige endet der Erwerbsschaden nicht automatisch beim 67. Lebensjahr. Die verlängerte Laufzeit, ist daher individuell bei der Kapitalisierung zu berücksichtigen. **125**

II. Haushaltsführungsschaden

Mittlerweile ist es einhellige Rechtsauffassung, dass der Haushaltsführungsschaden ohne zeitliche Begrenzung – und damit lebenslang – zu regulieren ist (OLG Koblenz 18.4.2016 – 12 U 996/15, DAR 2017, 198), Car/Mittelstädt VersR 2018, 1479 ff.; Gräfenstein/Deller zfs 2014, 69 ff.; Schah Sedi/Schah Sedi, Das verkehrsrechtliche Mandat, Band 5, 3. Aufl. 2017, § 5 Rn. 205 mwN). Um den im Alter nachlassenden Kräften in der Haushaltsführung Rechnung zu tragen, bildet man diesen Umstand nicht in der Kapitalisie- **126** rung der Rente ab, sondern bereits zuvor bei der Berechnung des monatlichen Schadensersatzbetrages. Diesen altersbedingten Leistungseinbußen in der Haushaltführung wird durch einen geringen pauschalen monatlichen Abzug Rechnung getragen. Wenn dieser Monatsbetrag für die Haushaltsführungsschadensrente ermittelt ist, wird er ungekürzt mit den Tabellen der lebenslangen Leibrente kapitalisiert. Auch unfallunabhängige Erkrankungen werden auf dieser ersten Stufe der Berechnung des monatlichen Schadensersatzbetrages für den Haushaltsführungsschaden berücksichtigt – nicht jedoch in der Kapitalisierung!

III. Vermehrte Bedürfnisse

127 Vermehrte Bedürfnisse laufen im Rentenanspruch grundsätzlich lebenslang. Das bezieht sich einerseits auf regelmäßig wiederkehrende vermehrte Bedürfnisse und andererseits auf in der Zukunft unregelmäßig auftretende vermehrte Bedürfnisse. In beiden Fällen ist ein Jahresbetrag zu ermitteln, der dann der Kapitalisierung einer lebenslangen Leibrente nach den entsprechenden Tabellen in Teil 2 dieses Werkes zugänglich ist.

K. Haftung

128 Es steht außer Frage, dass der Anwalt als Vertreter des Geschädigten für sein Tätigwerden im Rahmen der Kapitalisierung ebenso haftet wie in allen anderen Rechtsgebieten. Insoweit werden im Nachfolgenden allgemeine Grundsätze aufgezeigt, die im Rahmen der Anwaltshaftung eine Rolle spielen. Es gibt keinerlei davon abweichende Grundsätze, die alleinig und ausschließlich die Haftung des Anwaltes bei der Kapitalisierung betreffen. Die Haftungsvoraussetzungen sind bei allen Rechtsgebieten identisch.

I. Anzuwendende Kapitalisierungstabellen

129 Die Haftung beginnt beim Handwerkszeug!

130 Unverzichtbares Handwerkszeug im Rahmen der Barwertermittlung ist die Anwendung von Kapitalisierungstabellen (= Barwerttafeln). Es sollte dabei außer Frage stehen, dass sich der regulierende Anwalt ausschließlich und immer solcher Tabellen bedient, die aktuell sind. Diese Selbstverständlichkeit bedarf jedoch noch einmal der besonderen Erwähnung, weil sie oft genug vernachlässigt wird.

131 So besteht in der Literatur einhellig die Auffassung, dass ausschließlich aktuelle Kapitalisierungstabellen der Berechnung zugrunde zu legen sind (Strunk zfs 2019, 431; Scholten NJW 2018, 1305; Strunk DAR 2019, 315; Car/Mittelstädt VersR 2018, 1477).

132 Die Verwendung aktuellster Kapitalisierungstabellen ist deshalb erforderlich, weil nur in diesen auch die jeweils aktuellen Sterbetafeln des Statistischen Bundesamtes Verwendung gefunden haben. Die Sterbetafeln werden vom Statistischen Bundesamt regelmäßig und üblicherweise jährlich in aktualisierter Form herausgegeben. Derzeit aktuell ist die Sterbetafel 2019/2021, welche den Barwerttafeln im hiesigen Werk zugrunde liegt.

133 Scholten (NJW 2018, 1305, mwN) weist auf den Umstand hin, wonach die Abzinsungsfaktoren, die in versicherungsnaher Literatur zur Verfügung gestellt werden, zur Errechnung des angemessenen Abfindungsbetrages „nur beschränkt taugen", da in jener Literatur Zinssätze unter 3 % gar nicht berücksichtigt werden. Erschwerend komme hinzu, dass versicherungsnahe Literatur oftmals veraltete Sterbetafeln in aktuellen Auflagen mit Barwerttafeln zugrunde legt.

134 Aus diesem Grunde halten es die Verfasser für haftungsrechtlich relevant, wenn der Anwalt in Schadensregulierungen den Rentenbarwert mit einer veralteten Barwerttafel berechnet.

II. Aufklärungspflicht

135 Die Kapitalisierung unterliegt der Schadensschätzung nach § 287 ZPO. Bei der Schadensschätzung gibt es keine alleinige mathematische Richtigkeit. Es gibt vielmehr eine Bandbreite, innerhalb derer ein Regulierungsergebnis als richtig bezeichnet werden kann. Verlässt der Anwalt diese Bandbreite – insbesondere dann, wenn er zu wenig reguliert – könnte das Ergebnis fehlerhaft sein und einen Haftungstatbestand auslösen. Alleine einen „zu hohen" Zinsfuß vereinbart zu haben, kann nach diesseitiger Auffassung entgegen Kock (DAR 2019, 4) noch keine Haftung begründen. Der Zinsfuß allein ist lediglich *ein Bestandteil* der Barwertermittlung. Wenn jedoch im Kontext mit anderen Bestandteilen der Kapitalisierung ein im Ergebnis vertretbarer Barwert verhandelt wird, so vermag ein in diesem Zusammenhang eventuell „zu hoch" gewählter Zinsfuß keine Haftung zu begründen.

Es ist immerhin auch der Fall denkbar, dass ein Geschädigter einen vermeintlich „zu hohen Kapitalisierungszins" akzeptieren möchte, nachdem er zuvor über sämtliche Chancen und Risiken eines Abfindungsvergleiches und der zugrunde liegenden Kapitalisierungsparameter umfassend aufgeklärt worden ist. Am Ende ist es die Entscheidung des Geschädigten, einen „mehr oder weniger gut" verhandelten Barwert zu akzeptieren oder nicht. **136**

Aus Sicht der Autoren ist es viel mehr entscheidend, dass der Geschädigte umfassend über die Parameter der Barwertermittlung und die Alternativen zur Kapitalisierung aufgeklärt worden ist, bevor er eine endgültige Entscheidung trifft. **137**

Nach der Rechtsprechung des OLG Saarbrücken (OLG Saarbrücken, 22.12.2009 – 4 U 107/09, MDR 2010, 534) dürfen die Anforderungen an die Information des Mandanten über die Chancen und Risiken eines Abfindungsvergleiches jedoch nicht überspannt werden. **138**

Grundsätzlich gilt, dass der Mandant vor Abschluss eines Vergleiches über den Inhalt sowie über die Vor- und Nachteile umfassend aufzuklären ist (Schah Sedi/Schah Sedi zfs 2008, 492 mwN aus Literatur und Rechtsprechung). Die nachfolgenden Grundsätze gelten nicht nur für Vergleiche an sich, sondern auch insbesondere für die Barwertermittlung der Rente. **139**

Das bedeutet im Einzelnen: Der Anwalt muss darlegen, welche Aspekte für und welche Aspekte gegen den Abschluss eines Vergleiches sprechen. Chancen und Risiken müssen herausgearbeitet werden und es ist darüber aufzuklären, welche Art von Schadensersatzansprüchen dem Grunde und der Höhe nach abgegolten werden. Dem außergerichtlichen Abfindungsangebot ist gegenüber zu stellen, wie ein Gericht voraussichtlich entscheiden würde und zwar sowohl im Falle einer Verurteilung zur Rentenzahlung und im Einzelfall bei Vorliegen eines wichtigen Grundes iSd § 843 Abs. 3 BGB. Der Mandant ist u. a. über den Zinsfuß und dessen Ermittlung im Lichte der Rechtsprechung, Literatur und aktuellen Marktgegebenheiten aufzuklären. Hinsichtlich jeder einzelnen Schadensersatzposition, die rentenfähig ist, muss der Anwalt dem Mandanten den Rentenbetrag und den korrespondierenden Barwert gegenüberstellen. Nur wenn der Mandant in Kenntnis darüber gesetzt ist, wie der Barwert seines Rentenanspruches errechnet wird und welche Berechnungsparameter (ua Zinsfuß) zugrunde liegen, kann er eine sachgerechte und interessengerechte Entscheidung für sich selbst treffen (Schah Sedi/Schah Sedi zfs 2008, 496). **140**

Diese Grundsätze werden auch in der neueren Literatur zum Umfang der Aufklärung über die Barwertermittlung wiederholt (Scholten NJW 2018, 1304; Bachmeier SVR 2019, 15; Car/Mittelstädt VersR 2018, 1486). **141**

Car/Mittelstädt (VersR 2018, 1486), führen darüber hinaus aus: „Ferner ist in dem Aufklärungsschreiben die angestrebte außergerichtliche Einigung auf Kapitalisierungsbasis mit dem Versicherer detailliert darzustellen. Dem Mandanten muss hinreichend klar sein, wie sich der angebotene Abfindungsbetrag im Detail zusammensetzt, welche konkreten Beträge den jeweiligen Schadenspositionen zugeordnet wurden und wie sich die jeweiligen Schadenspositionen betragsmäßig in Bezug auf Vergangenheit und Zukunft verteilen. Von daher ist zum Beispiel ebenfalls darzulegen, welche einzelnen Parameter dem kapitalisierten Betrag in welcher Größenordnung zugrunde gelegt worden sind. Der Geschädigte muss also erkennen können, welche Schadensposition kapitalisiert wurde, welcher Jahreswert, welche Laufzeit, welche Art der Rente, welcher Kapitalisierungszinssatz und ob und wenn ja, welche Dynamikzuschläge bzw. Risikozuschläge vorgenommen wurden. Nur dann kann der Mandant abwägen und entscheiden, ob er einem außergerichtlichen Vergleich auf Kapitalisierungsbasis zustimmen kann oder aber, ob er alternativ eine gerichtliche Auseinandersetzung mit dem Versicherer zur Kapitalisierung riskieren möchte oder anstelle der Kapitalabfindung lieber eine Zahlung zur Klaglosstellung sowie monatliche bzw. vierteljährliche Rentenzahlungen als Regulierungsergebnis vorziehen möchte." **142**

Im Ergebnis ist es sogar denkbar, dass ein Geschädigter einen für ihn objektiv ungünstigen Barwert auf der Basis eines hohen Kapitalisierungszinsfußes alleine deshalb akzeptiert, weil er dann eine jahrelange Auseinandersetzung mit dem Versicherer außergerichtlich abschließen kann – ohne ein mehrjähriges streitiges Verfahren über mehrere Instanzen durchstehen zu müssen. **143**

144   Selbst wenn der Anwalt ausdrücklich auf den ungünstigen Kapitalisierungszins hinweist und die Alternativen (→ Rn. 140) ausdrücklich aufzeigt und sich der Geschädigte dennoch für den nicht optimalen Barwert entscheidet, haftet der Anwalt für das Regulierungsergebnis nicht. Am Ende ist es die alleinige Entscheidung und Verantwortung des Geschädigten, ein Kapitalisierungsangebot anzunehmen oder nicht. Der Anwalt wird nicht durch das Kapitalisierungsergebnis enthaftet, sondern ausschließlich über die korrekte und umfängliche inhaltliche Information im oben genannten Sinne, die er dem Mandanten zuvor zuteilwerden lässt.

145   Aus eigenem Interesse sollte der Anwalt darauf Wert legen, sich die Aufklärung des Mandanten von diesem schriftlich bestätigen zu lassen und sich darüber hinaus schriftlich anweisen zu lassen, das Kapitalisierungsangebot/Abfindungsangebot dem Versicherer gegenüber zu bestätigen oder nicht zu bestätigen.

L. Link zur Arbeitshilfe

Mit nachfolgendem Link haben Sie Zugang zur erweiterten Onlinefassung mit 386 Tabellen in einer praktischen Arbeitshilfe zusammengefasst.

https://beck-online.beck.de/Arbeitshilfe/Kapitalisierungstabellen

Hinweis: In allen Leibrententabellen (T1 bis T8) muss das Alter als finanzmathematisches Alter (f.m.Alter) angegeben werden. Faustregel:
Sofern zum Stichtag nach dem letzten Geburtstag bereits mindestens ein halbes Jahr vergangen ist, muss das Alter um ‚1' erhöht werden.

Bsp:
40 Jahre, 5 Monate → f.m.Alter = 40
40 Jahre, 6 Monate → f.m.Alter = 41
40 Jahre, 7 Monate → f.m.Alter = 41 siehe auch Rn. 88 bis Rn. 91 im Buch.

Weitere Informationen über Grundzüge der Kapitalisierung:
Rn. 30 bis Rn. 59

Teil 2

Sterbetafel: 2019/2021 Deutschland, Statistisches Bundesamt

Verzinsung: monatlich

Zahlungsweise: vorschüssig

Tabellenübersicht

Tabellenverzeichnis

T1 Lebenslange Leibrente

T1.1 Mann

Sterbetafel 2019/2021 Deutschland, Statistisches Bundesamt   monatlich vorschüssig

Alter	-1,00%	-0,50%	0,00%	0,25%	0,50%	0,75%	1,00%	1,25%	1,50%
0	121,6815	96,9940	78,5797	71,1514	64,6761	59,0140	54,0477	49,6779	45,8211
1	119,8681	95,8303	77,8387	70,5628	64,2107	58,6481	53,7621	49,4573	45,6529
2	117,7019	94,3755	76,8563	69,7539	63,5436	58,0973	53,3066	49,0801	45,3401
3	115,5445	92,9178	75,8657	68,9355	62,8664	57,5361	52,8408	48,6928	45,0177
4	113,4073	91,4663	74,8742	68,1142	62,1851	56,9700	52,3698	48,3003	44,6899
5	111,2910	90,0216	73,8824	67,2905	61,5001	56,3995	51,8938	47,9026	44,3571
6	109,1942	88,5829	72,8895	66,4639	60,8109	55,8239	51,4124	47,4993	44,0187
7	107,1168	87,1501	71,8956	65,6343	60,1174	55,2432	50,9255	47,0903	43,6746
8	105,0602	85,7245	70,9018	64,8027	59,4205	54,6583	50,4337	46,6763	43,3255
9	103,0220	84,3043	69,9066	63,9677	58,7189	54,0679	49,9361	46,2561	42,9702
10	101,0045	82,8915	68,9116	63,1309	58,0140	53,4732	49,4337	45,8309	42,6098
11	99,0065	81,4852	67,9161	62,2915	57,3051	52,8737	48,9258	45,4001	42,2437
12	97,0282	80,0857	66,9205	61,4499	56,5927	52,2697	48,4129	44,9638	41,8720
13	95,0712	78,6946	65,9260	60,6072	55,8776	51,6619	47,8956	44,5228	41,4954
14	93,1350	77,3113	64,9323	59,7632	55,1596	51,0503	47,3738	44,0769	41,1138
15	91,2200	75,9365	63,9399	58,9183	54,4392	50,4352	46,8477	43,6264	40,7273
16	89,3268	74,5710	62,9496	58,0732	53,7170	49,8170	46,3179	43,1716	40,3363
17	87,4583	73,2170	61,9633	57,2297	52,9946	49,1975	45,7859	42,7140	39,9422
18	85,6125	71,8732	60,9799	56,3868	52,2712	48,5757	45,2507	42,2527	39,5440
19	83,7940	70,5437	60,0030	55,5478	51,5497	47,9545	44,7151	41,7903	39,1442
20	81,9967	69,2235	59,0284	54,7089	50,8266	47,3305	44,1759	41,3238	38,7401
21	80,2151	67,9079	58,0523	53,8664	50,0987	46,7007	43,6302	40,8504	38,3289
22	78,4501	66,5981	57,0754	53,0213	49,3665	46,0656	43,0786	40,3707	37,9112
23	76,7022	65,2944	56,0983	52,1738	48,6305	45,4256	42,5214	39,8849	37,4871
24	74,9718	63,9973	55,1213	51,3242	47,8909	44,7809	41,9587	39,3932	37,0568
25	73,2603	62,7081	54,1455	50,4738	47,1488	44,1325	41,3915	38,8964	36,6211
26	71,5640	61,4238	53,1686	49,6202	46,4020	43,4783	40,8178	38,3925	36,1780
27	69,8855	60,1467	52,1922	48,7650	45,6520	42,8198	40,2389	37,8829	35,7289
28	68,2231	58,8755	51,2156	47,9074	44,8981	42,1562	39,6540	37,3668	35,2729
29	66,5781	57,6113	50,2396	47,0484	44,1410	41,4882	39,0639	36,8448	34,8106
30	64,9498	56,3538	49,2640	46,1875	43,3805	40,8155	38,4682	36,3167	34,3417
31	63,3400	55,1046	48,2902	45,3262	42,6179	40,1394	37,8681	35,7834	33,8672
32	61,7483	53,8635	47,3181	44,4644	41,8529	39,4597	37,2633	35,2447	33,3869
33	60,1727	52,6288	46,3462	43,6007	41,0845	38,7752	36,6529	34,6997	32,8997
34	58,6150	51,4022	45,3761	42,7365	40,3138	38,0871	36,0378	34,1493	32,4065
35	57,0755	50,1842	44,4082	41,8723	39,5413	37,3958	35,4185	33,5938	31,9077
36	55,5537	48,9745	43,4424	41,0079	38,7668	36,7011	34,7947	33,0330	31,4030
37	54,0534	47,7763	42,4816	40,1461	37,9930	36,0056	34,1689	32,4692	30,8946
38	52,5734	46,5890	41,5252	39,2864	37,2194	35,3088	33,5405	31,9020	30,3820
39	51,1068	45,4066	40,5680	38,4238	36,4413	34,6061	32,9053	31,3272	29,8612
40	49,6596	44,2344	39,6147	37,5629	35,6629	33,9017	32,2671	30,7484	29,3358
41	48,2297	43,0707	38,6640	36,7022	34,8830	33,1942	31,6247	30,1645	28,8046
42	46,8209	41,9191	37,7189	35,8448	34,1045	32,4865	30,9808	29,5781	28,2699
43	45,4238	40,7712	36,7722	34,9839	33,3207	31,7723	30,3293	28,9832	27,7262
44	44,0496	39,6373	35,8331	34,1279	32,5399	31,0594	29,6777	28,3871	27,1804
45	42,6920	38,5117	34,8965	33,2724	31,7577	30,3435	29,0220	27,7859	26,6286
46	41,3508	37,3946	33,9626	32,4174	30,9741	29,6248	28,3622	27,1796	26,0709
47	40,0279	36,2876	33,0330	31,5644	30,1908	28,9047	27,6996	26,5694	25,5085
48	38,7265	35,1939	32,1107	30,7164	29,4103	28,1858	27,0368	25,9578	24,9437
49	37,4461	34,1132	31,1954	29,8730	28,6324	27,4678	26,3736	25,3446	24,3762
50	36,1885	33,0472	30,2889	29,0360	27,8590	26,7526	25,7115	24,7313	23,8075
51	34,9481	31,9911	29,3868	28,2012	27,0859	26,0360	25,0468	24,1142	23,2342
52	33,7291	30,9487	28,4926	27,3721	26,3166	25,3215	24,3828	23,4965	22,6592
53	32,5308	29,9196	27,6063	26,5486	25,5508	24,6089	23,7191	22,8780	22,0823
54	31,3533	28,9042	26,7279	25,7308	24,7888	23,8984	23,0561	22,2589	21,5037

28

T1   Lebenslange Leibrente

T1.1 Mann

Sterbetafel 2019/2021 Deutschland, Statistisches Bundesamt   monatlich vorschüssig

Alter	1,75%	2,00%	2,25%	2,50%	2,75%	3,00%	3,25%	3,50%	4,00%
0	42,4065	39,3741	36,6727	34,2590	32,0957	30,1512	28,3983	26,8135	24,0704
1	42,2806	39,2823	36,6084	34,2167	32,0712	30,1409	28,3993	26,8235	24,0930
2	42,0208	39,0662	36,4284	34,0666	31,9458	30,0360	28,3114	26,7497	24,0409
3	41,7519	38,8415	36,2404	33,9090	31,8135	29,9247	28,2176	26,6706	23,9842
4	41,4779	38,6120	36,0478	33,7471	31,6772	29,8098	28,1205	26,5883	23,9249
5	41,1989	38,3777	35,8508	33,5811	31,5371	29,6913	28,0201	26,5031	23,8631
6	40,9145	38,1383	35,6488	33,4105	31,3927	29,5688	27,9161	26,4146	23,7986
7	40,6245	37,8935	35,4419	33,2352	31,2439	29,4423	27,8083	26,3226	23,7312
8	40,3296	37,6439	35,2303	33,0555	31,0910	29,3121	27,6971	26,2274	23,6612
9	40,0286	37,3886	35,0133	32,8707	30,9334	29,1773	27,5817	26,1284	23,5878
10	39,7226	37,1283	34,7915	32,6815	30,7715	29,0387	27,4627	26,0261	23,5116
11	39,4109	36,8626	34,5645	32,4872	30,6050	28,8956	27,3396	25,9200	23,4323
12	39,0938	36,5915	34,3324	32,2881	30,4339	28,7483	27,2125	25,8101	23,3497
13	38,7717	36,3156	34,0956	32,0845	30,2586	28,5971	27,0818	25,6969	23,2643
14	38,4446	36,0347	33,8540	31,8763	30,0789	28,4417	26,9472	25,5800	23,1757
15	38,1125	35,7489	33,6076	31,6636	29,8949	28,2822	26,8087	25,4597	23,0841
16	37,7758	35,4585	33,3568	31,4466	29,7068	28,1189	26,6667	25,3359	22,9896
17	37,4358	35,1648	33,1026	31,2263	29,5156	27,9526	26,5219	25,2096	22,8930
18	37,0917	34,8669	32,8444	31,0021	29,3205	27,7828	26,3737	25,0800	22,7936
19	36,7456	34,5668	32,5839	30,7756	29,1234	27,6109	26,2236	24,9488	22,6928
20	36,3950	34,2622	32,3189	30,5448	28,9221	27,4350	26,0698	24,8140	22,5889
21	36,0373	33,9507	32,0472	30,3075	28,7146	27,2533	25,9104	24,6740	22,4804
22	35,6731	33,6327	31,7692	30,0641	28,5011	27,0658	25,7456	24,5289	22,3674
23	35,3024	33,3082	31,4848	29,8145	28,2817	26,8728	25,5754	24,3787	22,2499
24	34,9254	32,9775	31,1942	29,5588	28,0565	26,6741	25,3998	24,2234	22,1278
25	34,5427	32,6409	30,8979	29,2975	27,8258	26,4701	25,2193	24,0634	22,0015
26	34,1526	32,2971	30,5943	29,0292	27,5883	26,2596	25,0325	23,8973	21,8697
27	33,7563	31,9468	30,2844	28,7546	27,3447	26,0432	24,8400	23,7258	21,7331
28	33,3528	31,5895	29,9675	28,4731	27,0944	25,8203	24,6412	23,5483	21,5910
29	32,9429	31,2255	29,6439	28,1851	26,8377	25,5912	24,4364	23,3650	21,4436
30	32,5262	30,8546	29,3134	27,8902	26,5742	25,3554	24,2252	23,1756	21,2906
31	32,1035	30,4776	28,9766	27,5891	26,3046	25,1138	24,0083	22,9806	21,1324
32	31,6746	30,0942	28,6335	27,2816	26,0286	24,8658	23,7853	22,7798	20,9688
33	31,2385	29,7034	28,2829	26,9667	25,7454	24,6108	23,5553	22,5721	20,7990
34	30,7961	29,3061	27,9257	26,6451	25,4555	24,3492	23,3189	22,3583	20,6233
35	30,3477	28,9025	27,5620	26,3169	25,1591	24,0811	23,0762	22,1383	20,4418
36	29,8930	28,4923	27,1915	25,9820	24,8559	23,8064	22,8269	21,9118	20,2541
37	29,4340	28,0775	26,8161	25,6419	24,5475	23,5263	22,5723	21,6801	20,0616
38	28,9702	27,6575	26,4353	25,2963	24,2335	23,2406	22,3122	21,4429	19,8638
39	28,4980	27,2287	26,0457	24,9418	23,9105	22,9462	22,0434	21,1972	19,6579
40	28,0205	26,7943	25,6500	24,5811	23,5813	22,6454	21,7683	20,9454	19,4461
41	27,5366	26,3532	25,2474	24,2132	23,2449	22,3374	21,4859	20,6863	19,2273
42	27,0487	25,9074	24,8398	23,8401	22,9030	22,0237	21,1979	20,4216	19,0030
43	26,5513	25,4519	24,4222	23,4569	22,5510	21,7001	20,9000	20,1471	18,7692
44	26,0509	24,9928	24,0006	23,0693	22,1944	21,3716	20,5972	19,8676	18,5304
45	25,5440	24,5267	23,5716	22,6741	21,8299	21,0352	20,2864	19,5802	18,2839
46	25,0306	24,0536	23,1352	22,2712	21,4576	20,6908	19,9675	19,2846	18,0293
47	24,5117	23,5745	22,6924	21,8615	21,0782	20,3392	19,6413	18,9817	17,7675
48	23,9896	23,0914	22,2450	21,4469	20,6936	19,9820	19,3094	18,6730	17,4996
49	23,4640	22,6041	21,7930	21,0271	20,3034	19,6191	18,9715	18,3582	17,2255
50	22,9363	22,1141	21,3375	20,6034	19,9089	19,2515	18,6287	18,0382	16,9461
51	22,4033	21,6180	20,8754	20,1727	19,5071	18,8764	18,2781	17,7104	16,6587
52	21,8675	21,1185	20,4093	19,7374	19,1003	18,4959	17,9220	17,3767	16,3651
53	21,3290	20,6155	19,9391	19,2974	18,6884	18,1099	17,5600	17,0370	16,0653
54	20,7880	20,1091	19,4648	18,8529	18,2714	17,7184	17,1923	16,6913	15,7591

T1   Lebenslange Leibrente

T1.1 Mann

Sterbetafel 2019/2021 Deutschland, Statistisches Bundesamt   monatlich vorschüssig

Alter	-1,00%	-0,50%	0,00%	0,25%	0,50%	0,75%	1,00%	1,25%	1,50%
55	30,1977	27,9035	25,8589	24,9200	24,0319	23,1913	22,3950	21,6404	20,9246
56	29,0690	26,9223	25,0036	24,1207	23,2843	22,4916	21,7397	21,0262	20,3486
57	27,9643	25,9582	24,1600	23,3308	22,5442	21,7976	21,0886	20,4149	19,7744
58	26,8809	25,0089	23,3261	22,5484	21,8097	21,1076	20,4401	19,8049	19,2002
59	25,8215	24,0770	22,5043	21,7760	21,0832	20,4240	19,7963	19,1983	18,6282
60	24,7896	23,1660	21,6981	21,0169	20,3681	19,7499	19,1605	18,5982	18,0616
61	23,7802	22,2714	20,9035	20,2674	19,6607	19,0818	18,5292	18,0014	17,4971
62	22,7978	21,3978	20,1248	19,5316	18,9652	18,4239	17,9066	17,4119	16,9385
63	21,8401	20,5429	19,3602	18,8079	18,2798	17,7746	17,2911	16,8281	16,3846
64	20,9058	19,7059	18,6089	18,0956	17,6042	17,1334	16,6822	16,2497	15,8348
65	19,9953	18,8874	17,8716	17,3954	16,9388	16,5009	16,0807	15,6774	15,2900
66	19,1072	18,0861	17,1474	16,7064	16,2830	15,8765	15,4859	15,1105	14,7495
67	18,2428	17,3035	16,4377	16,0301	15,6383	15,2616	14,8992	14,5505	14,2148
68	17,3961	16,5340	15,7373	15,3615	14,9998	14,6516	14,3162	13,9930	13,6816
69	16,5694	15,7801	15,0486	14,7030	14,3698	14,0487	13,7390	13,4403	13,1520
70	15,7612	15,0403	14,3705	14,0534	13,7474	13,4520	13,1668	12,8914	12,6253
71	14,9682	14,3117	13,7002	13,4101	13,1298	12,8589	12,5971	12,3439	12,0990
72	14,1916	13,5956	13,0390	12,7744	12,5185	12,2709	12,0312	11,7992	11,5745
73	13,4334	12,8940	12,3888	12,1483	11,9154	11,6897	11,4710	11,2591	11,0536
74	12,6878	12,2014	11,7447	11,5269	11,3156	11,1107	10,9120	10,7191	10,5319
75	11,9645	11,5272	11,1157	10,9190	10,7281	10,5427	10,3626	10,1876	10,0176
76	11,2523	10,8609	10,4917	10,3149	10,1430	9,9760	9,8136	9,6556	9,5019
77	10,5625	10,2134	9,8832	9,7249	9,5708	9,4209	9,2749	9,1328	8,9943
78	9,8938	9,5836	9,2897	9,1484	9,0108	8,8767	8,7461	8,6187	8,4945
79	9,2351	8,9610	8,7006	8,5752	8,4530	8,3338	8,2175	8,1039	7,9932
80	8,5989	8,3576	8,1279	8,0171	7,9090	7,8034	7,7003	7,5996	7,5012
81	7,9892	7,7777	7,5759	7,4784	7,3831	7,2900	7,1990	7,1100	7,0229
82	7,4075	7,2227	7,0460	6,9606	6,8770	6,7952	6,7151	6,6368	6,5600
83	6,8453	6,6847	6,5308	6,4562	6,3832	6,3117	6,2417	6,1730	6,1058
84	6,3142	6,1750	6,0414	5,9766	5,9130	5,8508	5,7897	5,7298	5,6710
85	5,8176	5,6972	5,5815	5,5253	5,4701	5,4160	5,3629	5,3107	5,2595
86	5,3545	5,2507	5,1507	5,1020	5,0542	5,0073	4,9612	4,9159	4,8714
87	4,9250	4,8356	4,7493	4,7073	4,6659	4,6253	4,5854	4,5461	4,5075
88	4,5228	4,4459	4,3716	4,3353	4,2997	4,2646	4,2301	4,1961	4,1627
89	4,1575	4,0914	4,0273	3,9960	3,9653	3,9349	3,9051	3,8757	3,8468
90	3,8287	3,7717	3,7164	3,6894	3,6627	3,6365	3,6107	3,5852	3,5601
91	3,5328	3,4835	3,4357	3,4123	3,3892	3,3665	3,3440	3,3219	3,3001
92	3,2537	3,2112	3,1699	3,1497	3,1297	3,1100	3,0906	3,0714	3,0525
93	3,0160	2,9791	2,9431	2,9255	2,9081	2,8909	2,8739	2,8572	2,8407
94	2,7927	2,7606	2,7293	2,7139	2,6988	2,6838	2,6690	2,6544	2,6400
95	2,6022	2,5741	2,5466	2,5332	2,5198	2,5067	2,4937	2,4808	2,4681
96	2,4206	2,3960	2,3719	2,3601	2,3484	2,3368	2,3254	2,3141	2,3030
97	2,2745	2,2527	2,2313	2,2208	2,2104	2,2002	2,1900	2,1800	2,1700
98	2,1301	2,1108	2,0919	2,0826	2,0734	2,0643	2,0553	2,0464	2,0376
99	2,0035	1,9863	1,9695	1,9612	1,9530	1,9449	1,9369	1,9289	1,9210
100	1,8918	1,8765	1,8614	1,8539	1,8466	1,8393	1,8321	1,8249	1,8178
101	1,7932	1,7793	1,7657	1,7589	1,7523	1,7457	1,7392	1,7327	1,7263
102	1,7063	1,6936	1,6813	1,6752	1,6691	1,6631	1,6572	1,6513	1,6455
103	1,6305	1,6189	1,6076	1,6020	1,5965	1,5910	1,5856	1,5802	1,5748
104	1,5642	1,5536	1,5432	1,5381	1,5330	1,5279	1,5229	1,5179	1,5130
105	1,5040	1,4942	1,4846	1,4799	1,4751	1,4705	1,4658	1,4612	1,4567
106	1,4513	1,4422	1,4332	1,4288	1,4244	1,4201	1,4158	1,4115	1,4073
107	1,4085	1,4000	1,3917	1,3876	1,3835	1,3794	1,3754	1,3714	1,3674
108	1,3464	1,3387	1,3311	1,3274	1,3237	1,3200	1,3163	1,3126	1,3090
109	1,3206	1,3134	1,3064	1,3029	1,2994	1,2960	1,2926	1,2892	1,2858
110	1,1785	1,1725	1,1667	1,1638	1,1609	1,1580	1,1552	1,1523	1,1495

T1 Lebenslange Leibrente

T1.1 Mann

Sterbetafel 2019/2021 Deutschland, Statistisches Bundesamt   monatlich vorschüssig

Alter	1,75%	2,00%	2,25%	2,50%	2,75%	3,00%	3,25%	3,50%	4,00%
55	20,2454	19,6003	18,9874	18,4046	17,8502	17,3224	16,8196	16,3404	15,4472
56	19,7048	19,0927	18,5103	17,9560	17,4280	16,9247	16,4449	15,9870	15,1324
57	19,1649	18,5848	18,0322	17,5056	17,0034	16,5243	16,0669	15,6301	14,8133
58	18,6241	18,0751	17,5516	17,0521	16,5752	16,1197	15,6844	15,2682	14,4888
59	18,0846	17,5658	17,0705	16,5974	16,1452	15,7128	15,2991	14,9031	14,1605
60	17,5492	17,0596	16,5916	16,1441	15,7159	15,3060	14,9134	14,5372	13,8306
61	17,0149	16,5536	16,1122	15,6896	15,2847	14,8967	14,5247	14,1679	13,4966
62	16,4854	16,0515	15,6357	15,2372	14,8550	14,4883	14,1363	13,7984	13,1616
63	15,9595	15,5519	15,1610	14,7858	14,4255	14,0796	13,7471	13,4275	12,8245
64	15,4368	15,0546	14,6876	14,3350	13,9961	13,6702	13,3568	13,0551	12,4850
65	14,9179	14,5602	14,2164	13,8856	13,5673	13,2609	12,9659	12,6817	12,1437
66	14,4023	14,0682	13,7466	13,4370	13,1387	12,8512	12,5740	12,3068	11,8001
67	13,8915	13,5801	13,2800	12,9906	12,7116	12,4424	12,1825	11,9317	11,4555
68	13,3813	13,0917	12,8122	12,5425	12,2821	12,0307	11,7877	11,5529	11,1064
69	12,8738	12,6051	12,3455	12,0948	11,8524	11,6180	11,3914	11,1721	10,7545
70	12,3681	12,1195	11,8791	11,6465	11,4215	11,2037	10,9929	10,7886	10,3991
71	11,8620	11,6327	11,4107	11,1957	10,9874	10,7856	10,5901	10,4004	10,0382
72	11,3569	11,1460	10,9416	10,7434	10,5513	10,3649	10,1841	10,0086	9,6728
73	10,8543	10,6610	10,4735	10,2914	10,1147	9,9432	9,7765	9,6146	9,3043
74	10,3501	10,1736	10,0022	9,8356	9,6737	9,5164	9,3634	9,2146	8,9291
75	9,8524	9,6918	9,5356	9,3837	9,2359	9,0920	8,9521	8,8158	8,5539
76	9,3523	9,2068	9,0651	8,9272	8,7929	8,6620	8,5345	8,4103	8,1711
77	8,8595	8,7281	8,6001	8,4754	8,3537	8,2351	8,1194	8,0066	7,7891
78	8,3735	8,2554	8,1402	8,0278	7,9181	7,8110	7,7065	7,6045	7,4075
79	7,8850	7,7795	7,6764	7,5757	7,4773	7,3812	7,2873	7,1955	7,0181
80	7,4051	7,3111	7,2192	7,1294	7,0416	6,9558	6,8718	6,7896	6,6306
81	6,9378	6,8545	6,7730	6,6932	6,6152	6,5387	6,4639	6,3907	6,2487
82	6,4849	6,4114	6,3394	6,2688	6,1997	6,1320	6,0657	6,0006	5,8744
83	6,0399	5,9753	5,9120	5,8499	5,7891	5,7294	5,6708	5,6134	5,5018
84	5,6134	5,5569	5,5014	5,4470	5,3936	5,3412	5,2897	5,2392	5,1409
85	5,2093	5,1600	5,1115	5,0639	5,0172	4,9713	4,9262	4,8818	4,7955
86	4,8277	4,7848	4,7425	4,7010	4,6602	4,6201	4,5807	4,5419	4,4663
87	4,4696	4,4322	4,3955	4,3594	4,3239	4,2889	4,2545	4,2206	4,1545
88	4,1299	4,0975	4,0656	4,0343	4,0034	3,9730	3,9431	3,9136	3,8560
89	3,8183	3,7902	3,7626	3,7354	3,7085	3,6821	3,6560	3,6304	3,5801
90	3,5354	3,5110	3,4870	3,4633	3,4399	3,4169	3,3942	3,3718	3,3279
91	3,2786	3,2574	3,2365	3,2159	3,1955	3,1754	3,1556	3,1361	3,0977
92	3,0339	3,0154	2,9973	2,9793	2,9616	2,9441	2,9269	2,9098	2,8764
93	2,8244	2,8082	2,7923	2,7766	2,7611	2,7458	2,7306	2,7157	2,6863
94	2,6257	2,6116	2,5977	2,5840	2,5704	2,5569	2,5437	2,5305	2,5048
95	2,4556	2,4432	2,4309	2,4188	2,4068	2,3950	2,3832	2,3716	2,3489
96	2,2919	2,2810	2,2702	2,2595	2,2489	2,2385	2,2282	2,2179	2,1978
97	2,1602	2,1505	2,1409	2,1313	2,1219	2,1126	2,1034	2,0942	2,0762
98	2,0288	2,0202	2,0117	2,0032	1,9948	1,9865	1,9783	1,9702	1,9542
99	1,9132	1,9055	1,8979	1,8903	1,8828	1,8754	1,8680	1,8607	1,8464
100	1,8108	1,8039	1,7970	1,7902	1,7835	1,7768	1,7701	1,7636	1,7506
101	1,7200	1,7137	1,7075	1,7013	1,6952	1,6891	1,6831	1,6772	1,6654
102	1,6397	1,6340	1,6283	1,6227	1,6171	1,6116	1,6061	1,6007	1,5900
103	1,5696	1,5643	1,5591	1,5539	1,5488	1,5438	1,5387	1,5337	1,5239
104	1,5081	1,5033	1,4985	1,4937	1,4890	1,4843	1,4797	1,4751	1,4659
105	1,4521	1,4477	1,4432	1,4388	1,4344	1,4301	1,4258	1,4215	1,4130
106	1,4031	1,3989	1,3947	1,3906	1,3866	1,3825	1,3785	1,3745	1,3666
107	1,3635	1,3596	1,3558	1,3519	1,3481	1,3443	1,3406	1,3368	1,3295
108	1,3054	1,3019	1,2983	1,2948	1,2913	1,2879	1,2844	1,2810	1,2743
109	1,2825	1,2791	1,2758	1,2726	1,2693	1,2661	1,2629	1,2597	1,2534
110	1,1467	1,1440	1,1412	1,1385	1,1358	1,1331	1,1304	1,1277	1,1224

T1 Lebenslange Leibrente

T1.2 Frau

Sterbetafel 2019/2021 Deutschland, Statistisches Bundesamt   monatlich vorschüssig

Alter	-1,00%	-0,50%	0,00%	0,25%	0,50%	0,75%	1,00%	1,25%	1,50%
0	132,3354	104,1567	83,4251	75,1462	67,9751	61,7431	56,3091	51,5553	47,3825
1	130,3896	102,9327	82,6614	74,5460	67,5055	61,3779	56,0275	51,3403	47,2208
2	128,1165	101,4409	81,6777	73,7457	66,8537	60,8464	55,5934	50,9855	46,9304
3	125,8560	99,9484	80,6874	72,9375	66,1932	60,3059	55,1506	50,6222	46,6319
4	123,6156	98,4616	79,6957	72,1260	65,5283	59,7604	54,7024	50,2535	46,3281
5	121,3965	96,9813	78,7032	71,3118	64,8595	59,2102	54,2493	49,8797	46,0194
6	119,1958	95,5054	77,7084	70,4934	64,1853	58,6541	53,7899	49,4997	45,7046
7	117,0166	94,0365	76,7132	69,6726	63,5075	58,0936	53,3258	49,1148	45,3850
8	114,8588	92,5745	75,7177	68,8496	62,8261	57,5287	52,8568	48,7249	45,0604
9	112,7227	91,1201	74,7224	68,0246	62,1414	56,9597	52,3833	48,3303	44,7310
10	110,6070	89,6721	73,7265	67,1970	61,4528	56,3860	51,9046	47,9303	44,3963
11	108,5117	88,2308	72,7300	66,3669	60,7604	55,8076	51,4208	47,5250	44,0564
12	106,4396	86,7986	71,7352	65,5362	60,0658	55,2260	50,9332	47,1157	43,7123
13	104,3871	85,3726	70,7396	64,7027	59,3671	54,6396	50,4403	46,7009	43,3626
14	102,3572	83,9555	69,7454	63,8684	58,6662	54,0499	49,9435	46,2818	43,0085
15	100,3498	82,5472	68,7528	63,0335	57,9630	53,4569	49,4428	45,8585	42,6501
16	98,3631	81,1466	67,7606	62,1970	57,2568	52,8599	48,9376	45,4302	42,2867
17	96,3969	79,7536	66,7690	61,3588	56,5474	52,2589	48,4276	44,9970	41,9182
18	94,4502	78,3673	65,7772	60,5184	55,8345	51,6533	47,9125	44,5583	41,5441
19	92,5251	76,9898	64,7870	59,6774	55,1193	51,0443	47,3934	44,1153	41,1655
20	90,6211	75,6208	63,7982	58,8356	54,4017	50,4320	46,8702	43,6676	40,7820
21	88,7356	74,2582	62,8090	57,9913	53,6803	49,8147	46,3415	43,2142	40,3926
22	86,8691	72,9026	61,8200	57,1451	52,9554	49,1931	45,8077	42,7553	39,9976
23	85,0205	71,5532	60,8306	56,2964	52,2265	48,5664	45,2682	42,2903	39,5964
24	83,1896	70,2098	59,8405	55,4450	51,4936	47,9346	44,7229	41,8192	39,1888
25	81,3759	68,8723	58,8498	54,5909	50,7563	47,2975	44,1718	41,3417	38,7747
26	79,5820	67,5429	57,8603	53,7357	50,0165	46,6567	43,6160	40,8592	38,3552
27	77,8054	66,2197	56,8704	52,8781	49,2727	46,0108	43,0545	40,3704	37,9292
28	76,0484	64,9046	55,8819	52,0197	48,5263	45,3611	42,4884	39,8765	37,4978
29	74,3110	63,5979	54,8950	51,1606	47,7776	44,7080	41,9179	39,3776	37,0610
30	72,5907	62,2976	53,9079	50,2992	47,0251	44,0498	41,3416	38,8724	36,6177
31	70,8892	61,0051	52,9221	49,4368	46,2699	43,3877	40,7605	38,3619	36,1686
32	69,2073	59,7214	51,9383	48,5742	45,5128	42,7225	40,1753	37,8466	35,7142
33	67,5431	58,4450	50,9553	47,7102	44,7526	42,0529	39,5849	37,3254	35,2536
34	65,8965	57,1757	49,9730	46,8448	43,9893	41,3789	38,9892	36,7983	34,7867
35	64,2682	55,9146	48,9924	45,9787	43,2236	40,7013	38,3889	36,2659	34,3141
36	62,6601	54,6632	48,0147	45,1133	42,4568	40,0212	37,7850	35,7292	33,8365
37	61,0678	53,4178	47,0370	44,2457	41,6862	39,3360	37,1751	35,1857	33,3518
38	59,4946	52,1816	46,0619	43,3784	40,9140	38,6479	36,5613	34,6376	32,8618
39	57,9374	50,9519	45,0871	42,5093	40,1384	37,9549	35,9417	34,0830	32,3648
40	56,3994	49,7316	44,1153	41,6409	39,3615	37,2594	35,3183	33,5237	31,8627
41	54,8772	48,5178	43,1439	40,7707	38,5813	36,5591	34,6891	32,9580	31,3534
42	53,3740	47,3135	42,1757	39,9013	37,8000	35,8563	34,0564	32,3877	30,8389
43	51,8874	46,1168	41,2089	39,0312	37,0162	35,1496	33,4185	31,8115	30,3180
44	50,4196	44,9296	40,2454	38,1621	36,2314	34,4404	32,7771	31,2308	29,7918
45	48,9691	43,7509	39,2842	37,2930	35,4450	33,7281	32,1313	30,6449	29,2596
46	47,5354	42,5802	38,3251	36,4237	34,6565	33,0122	31,4809	30,0533	28,7212
47	46,1214	41,4203	37,3705	35,5567	33,8683	32,2951	30,8279	29,4581	28,1783
48	44,7239	40,2684	36,4181	34,6895	33,0782	31,5746	30,1702	28,8575	27,6291
49	43,3485	39,1298	35,4725	33,8269	32,2905	30,8548	29,5120	28,2549	27,0772
50	41,9928	38,0024	34,5321	32,9671	31,5037	30,1343	28,8516	27,6493	26,5212
51	40,6544	36,8843	33,5952	32,1085	30,7163	29,4116	28,1878	27,0391	25,9599
52	39,3343	35,7763	32,6627	31,2519	29,9290	28,6874	27,5213	26,4251	25,3938
53	38,0310	34,6774	31,7334	30,3965	29,1410	27,9610	26,8511	25,8064	24,8222
54	36,7489	33,5916	30,8114	29,5460	28,3559	27,2357	26,1807	25,1862	24,2481

T1   Lebenslange Leibrente

T1.2   Frau

Sterbetafel 2019/2021 Deutschland, Statistisches Bundesamt   monatlich vorschüssig

Alter	1,75%	2,00%	2,25%	2,50%	2,75%	3,00%	3,25%	3,50%	4,00%
0	43,7076	40,4603	37,5815	35,0208	32,7358	30,6902	28,8532	27,1983	24,3479
1	43,5883	40,3749	37,5230	34,9837	32,7156	30,6834	28,8569	27,2102	24,3711
2	43,3504	40,1797	37,3626	34,8518	32,6071	30,5939	28,7831	27,1493	24,3294
3	43,1048	39,9774	37,1957	34,7139	32,4929	30,4994	28,7046	27,0841	24,2842
4	42,8542	39,7703	37,0244	34,5719	32,3751	30,4014	28,6231	27,0161	24,2367
5	42,5988	39,5587	36,8488	34,4261	32,2538	30,3003	28,5386	26,9455	24,1871
6	42,3377	39,3418	36,6683	34,2756	32,1281	30,1952	28,4506	26,8716	24,1348
7	42,0718	39,1203	36,4835	34,1212	31,9989	30,0869	28,3596	26,7951	24,0803
8	41,8011	38,8943	36,2945	33,9629	31,8660	29,9752	28,2656	26,7158	24,0235
9	41,5258	38,6638	36,1013	33,8006	31,7296	29,8602	28,1686	26,6337	23,9646
10	41,2454	38,4285	35,9034	33,6341	31,5891	29,7416	28,0682	26,5486	23,9031
11	40,9598	38,1882	35,7009	33,4631	31,4446	29,6192	27,9644	26,4604	23,8390
12	40,6701	37,9439	35,4947	33,2887	31,2968	29,4938	27,8578	26,3697	23,7729
13	40,3749	37,6944	35,2834	33,1095	31,1447	29,3644	27,7475	26,2755	23,7039
14	40,0754	37,4406	35,0681	32,9266	30,9890	29,2317	27,6342	26,1786	23,6326
15	39,7716	37,1827	34,8488	32,7399	30,8297	29,0957	27,5178	26,0789	23,5591
16	39,4628	36,9199	34,6248	32,5487	30,6664	28,9558	27,3979	25,9760	23,4828
17	39,1488	36,6521	34,3961	32,3531	30,4988	28,8120	27,2744	25,8696	23,4037
18	38,8294	36,3790	34,1622	32,1525	30,3265	28,6639	27,1468	25,7596	23,3214
19	38,5053	36,1013	33,9239	31,9478	30,1503	28,5121	27,0158	25,6463	23,2364
20	38,1765	35,8188	33,6811	31,7386	29,9700	28,3563	26,8811	25,5297	23,1486
21	37,8417	35,5306	33,4326	31,5241	29,7846	28,1958	26,7419	25,4089	23,0571
22	37,5012	35,2367	33,1787	31,3044	29,5942	28,0306	26,5984	25,2840	22,9621
23	37,1545	34,9368	32,9188	31,0790	29,3984	27,8603	26,4501	25,1546	22,8632
24	36,8014	34,6306	32,6528	30,8477	29,1970	27,6847	26,2967	25,0204	22,7602
25	36,4418	34,3179	32,3806	30,6103	28,9897	27,5035	26,1381	24,8814	22,6528
26	36,0767	33,9996	32,1029	30,3677	28,7774	27,3175	25,9749	24,7380	22,5416
27	35,7050	33,6749	31,8188	30,1188	28,5592	27,1258	25,8063	24,5895	22,4259
28	35,3277	33,3445	31,5292	29,8645	28,3356	26,9290	25,6329	24,4365	22,3062
29	34,9449	33,0086	31,2339	29,6048	28,1068	26,7272	25,4546	24,2788	22,1824
30	34,5553	32,6658	30,9321	29,3386	27,8717	26,5194	25,2706	24,1156	22,0536
31	34,1598	32,3171	30,6242	29,0664	27,6309	26,3059	25,0812	23,9474	21,9203
32	33,7587	31,9627	30,3106	28,7887	27,3846	26,0872	24,8868	23,7743	21,7826
33	33,3512	31,6018	29,9906	28,5046	27,1320	25,8624	24,6864	23,5956	21,6398
34	32,9372	31,2342	29,6639	28,2138	26,8730	25,6314	24,4801	23,4111	21,4917
35	32,5171	30,8604	29,3308	27,9168	26,6078	25,3943	24,2680	23,2210	21,3385
36	32,0917	30,4811	28,9923	27,6143	26,3371	25,1519	24,0505	23,0258	21,1806
37	31,6589	30,0942	28,6461	27,3042	26,0591	24,9022	23,8261	22,8239	21,0165
38	31,2205	29,7015	28,2940	26,9881	25,7749	24,6466	23,5959	22,6163	20,8472
39	30,7747	29,3013	27,9342	26,6643	25,4834	24,3837	23,3586	22,4018	20,6714
40	30,3233	28,8951	27,5683	26,3345	25,1856	24,1146	23,1152	22,1814	20,4900
41	29,8644	28,4812	27,1947	25,9967	24,8800	23,8379	22,8643	21,9537	20,3019
42	29,3999	28,0613	26,8148	25,6527	24,5681	23,5549	22,6072	21,7198	20,1079
43	28,9284	27,6342	26,4274	25,3011	24,2487	23,2643	22,3426	21,4788	19,9070
44	28,4511	27,2009	26,0337	24,9430	23,9226	22,9672	22,0715	21,2312	19,7000
45	27,9674	26,7607	25,6329	24,5776	23,5892	22,6627	21,7932	20,9765	19,4861
46	27,4768	26,3134	25,2246	24,2046	23,2481	22,3505	21,5072	20,7142	19,2649
47	26,9812	25,8605	24,8103	23,8254	22,9007	22,0319	21,2148	20,4456	19,0375
48	26,4787	25,4003	24,3885	23,4384	22,5454	21,7053	20,9144	20,1690	18,8024
49	25,9727	24,9360	23,9622	23,0466	22,1850	21,3735	20,6086	19,8870	18,5620
50	25,4620	24,4665	23,5301	22,6487	21,8182	21,0352	20,2963	19,5985	18,3150
51	24,9452	23,9903	23,0911	22,2435	21,4440	20,6894	19,9764	19,3023	18,0605
52	24,4229	23,5082	22,6456	21,8315	21,0628	20,3363	19,6491	18,9987	17,7987
53	23,8944	23,0191	22,1928	21,4120	20,6737	19,9752	19,3138	18,6870	17,5288
54	23,3626	22,5261	21,7354	20,9873	20,2792	19,6084	18,9725	18,3693	17,2528

T1 Lebenslange Leibrente

T1.2 Frau

Sterbetafel 2019/2021 Deutschland, Statistisches Bundesamt   monatlich vorschüssig

Alter	-1,00%	-0,50%	0,00%	0,25%	0,50%	0,75%	1,00%	1,25%	1,50%
55	35,4859	32,5172	29,8950	28,6988	27,5722	26,5103	25,5086	24,5632	23,6702
56	34,2425	31,4549	28,9850	27,8558	26,7906	25,7852	24,8356	23,9381	23,0891
57	33,0180	30,4039	28,0808	27,0163	26,0108	25,0603	24,1613	23,3104	22,5045
58	31,8131	29,3655	27,1836	26,1815	25,2336	24,3363	23,4865	22,6810	21,9172
59	30,6302	28,3416	26,2953	25,3534	24,4611	23,6153	22,8131	22,0517	21,3288
60	29,4674	27,3308	25,4146	24,5307	23,6921	22,8961	22,1401	21,4216	20,7385
61	28,3260	26,3344	24,5430	23,7148	22,9280	22,1800	21,4687	20,7918	20,1473
62	27,2018	25,3488	23,6771	22,9025	22,1656	21,4641	20,7961	20,1595	19,5526
63	26,0976	24,3766	22,8194	22,0963	21,4074	20,7507	20,1245	19,5269	18,9565
64	25,0152	23,4198	21,9719	21,2982	20,6553	20,0417	19,4558	18,8959	18,3607
65	23,9499	22,4740	21,1306	20,5041	19,9056	19,3335	18,7864	18,2630	17,7620
66	22,9058	21,5432	20,2994	19,7181	19,1620	18,6296	18,1199	17,6316	17,1637
67	21,8794	20,6244	19,4754	18,9373	18,4218	17,9277	17,4539	16,9995	16,5634
68	20,8703	19,7172	18,6585	18,1616	17,6849	17,2274	16,7882	16,3663	15,9610
69	19,8776	18,8210	17,8481	17,3905	16,9510	16,5285	16,1224	15,7319	15,3561
70	18,9084	17,9425	17,0507	16,6304	16,2261	15,8371	15,4625	15,1019	14,7545
71	17,9589	17,0785	16,2634	15,8784	15,5076	15,1503	14,8059	14,4738	14,1535
72	17,0283	16,2282	15,4854	15,1339	14,7949	14,4677	14,1520	13,8472	13,5529
73	16,1196	15,3948	14,7200	14,4000	14,0910	13,7925	13,5040	13,2251	12,9555
74	15,2257	14,5715	13,9607	13,6706	13,3900	13,1186	12,8559	12,6018	12,3557
75	14,3547	13,7662	13,2154	12,9532	12,6993	12,4534	12,2152	11,9843	11,7605
76	13,4995	12,9723	12,4776	12,2416	12,0129	11,7910	11,5759	11,3671	11,1645
77	12,6649	12,1946	11,7521	11,5406	11,3354	11,1361	10,9425	10,7545	10,5719
78	11,8520	11,4342	11,0401	10,8515	10,6681	10,4898	10,3165	10,1480	9,9840
79	11,0539	10,6847	10,3355	10,1681	10,0051	9,8465	9,6921	9,5418	9,3954
80	10,2841	9,9591	9,6511	9,5031	9,3589	9,2184	9,0815	8,9480	8,8179
81	9,5425	9,2578	8,9872	8,8570	8,7300	8,6061	8,4852	8,3673	8,2522
82	8,8306	8,5822	8,3456	8,2316	8,1202	8,0114	7,9052	7,8014	7,7001
83	8,1477	7,9320	7,7261	7,6267	7,5295	7,4344	7,3415	7,2507	7,1618
84	7,5030	7,3163	7,1377	7,0513	6,9668	6,8841	6,8031	6,7239	6,6463
85	6,8995	6,7384	6,5839	6,5091	6,4358	6,3640	6,2937	6,2248	6,1573
86	6,3343	6,1956	6,0625	5,9979	5,9345	5,8724	5,8115	5,7517	5,6931
87	5,8114	5,6923	5,5777	5,5220	5,4673	5,4137	5,3610	5,3093	5,2586
88	5,3259	5,2238	5,1254	5,0775	5,0304	4,9842	4,9388	4,8942	4,8504
89	4,8767	4,7893	4,7048	4,6637	4,6233	4,5835	4,5445	4,5060	4,4682
90	4,4665	4,3916	4,3193	4,2839	4,2492	4,2150	4,1814	4,1483	4,1157
91	4,0966	4,0325	3,9703	3,9399	3,9101	3,8806	3,8517	3,8231	3,7950
92	3,7587	3,7036	3,6502	3,6241	3,5984	3,5730	3,5481	3,5234	3,4992
93	3,4611	3,4136	3,3675	3,3450	3,3228	3,3008	3,2792	3,2579	3,2368
94	3,1897	3,1488	3,1089	3,0894	3,0701	3,0512	3,0324	3,0139	2,9957
95	2,9477	2,9122	2,8776	2,8607	2,8439	2,8274	2,8111	2,7950	2,7791
96	2,7327	2,7017	2,6715	2,6567	2,6421	2,6276	2,6134	2,5993	2,5853
97	2,5500	2,5228	2,4962	2,4832	2,4703	2,4575	2,4449	2,4325	2,4202
98	2,3871	2,3630	2,3395	2,3280	2,3165	2,3053	2,2941	2,2830	2,2721
99	2,2531	2,2316	2,2106	2,2003	2,1901	2,1800	2,1700	2,1601	2,1504
100	2,1129	2,0939	2,0753	2,0661	2,0571	2,0481	2,0392	2,0305	2,0218
101	1,9890	1,9721	1,9555	1,9473	1,9392	1,9312	1,9233	1,9154	1,9076
102	1,8800	1,8648	1,8499	1,8426	1,8353	1,8281	1,8209	1,8139	1,8069
103	1,7839	1,7702	1,7567	1,7501	1,7435	1,7370	1,7305	1,7241	1,7178
104	1,6992	1,6867	1,6744	1,6684	1,6624	1,6565	1,6506	1,6448	1,6390
105	1,6252	1,6138	1,6026	1,5971	1,5916	1,5861	1,5808	1,5754	1,5701
106	1,5598	1,5493	1,5390	1,5339	1,5288	1,5238	1,5189	1,5140	1,5091
107	1,5004	1,4908	1,4813	1,4766	1,4720	1,4674	1,4628	1,4583	1,4538
108	1,4433	1,4345	1,4259	1,4216	1,4174	1,4132	1,4090	1,4049	1,4008
109	1,3833	1,3755	1,3678	1,3639	1,3601	1,3564	1,3526	1,3489	1,3452
110	1,3226	1,3158	1,3091	1,3058	1,3025	1,2992	1,2960	1,2928	1,2896

T1.2 Frau

Sterbetafel 2019/2021 Deutschland, Statistisches Bundesamt   monatlich vorschüssig

Alter	1,75%	2,00%	2,25%	2,50%	2,75%	3,00%	3,25%	3,50%	4,00%
55	22,8262	22,0278	21,2722	20,5565	19,8782	19,2348	18,6243	18,0444	16,9695
56	22,2857	21,5248	20,8037	20,1199	19,4710	18,8548	18,2694	17,7128	16,6793
57	21,7408	21,0167	20,3295	19,6770	19,0572	18,4679	17,9074	17,3739	16,3816
58	21,1923	20,5041	19,8503	19,2287	18,6375	18,0747	17,5389	17,0282	16,0769
59	20,6419	19,9888	19,3676	18,7763	18,2132	17,6766	17,1650	16,6770	15,7664
60	20,0885	19,4698	18,8805	18,3189	17,7835	17,2726	16,7850	16,3194	15,4490
61	19,5333	18,9481	18,3900	17,8575	17,3492	16,8637	16,3997	15,9561	15,1257
62	18,9737	18,4212	17,8937	17,3897	16,9080	16,4474	16,0068	15,5850	14,7940
63	18,4117	17,8911	17,3933	16,9173	16,4617	16,0256	15,6078	15,2075	14,4556
64	17,8490	17,3593	16,8906	16,4417	16,0117	15,5995	15,2042	14,8250	14,1116
65	17,2823	16,8227	16,3823	15,9600	15,5549	15,1662	14,7930	14,4346	13,7592
66	16,7150	16,2846	15,8716	15,4752	15,0944	14,7286	14,3771	14,0390	13,4009
67	16,1447	15,7426	15,3563	14,9850	14,6280	14,2846	13,9542	13,6361	13,0347
68	15,5713	15,1966	14,8362	14,4894	14,1555	13,8340	13,5242	13,2257	12,6604
69	14,9945	14,6463	14,3109	13,9878	13,6764	13,3762	13,0867	12,8073	12,2773
70	14,4197	14,0969	13,7857	13,4855	13,1959	12,9163	12,6463	12,3855	11,8900
71	13,8445	13,5462	13,2583	12,9802	12,7115	12,4519	12,2009	11,9582	11,4963
72	13,2685	12,9938	12,7282	12,4714	12,2230	11,9826	11,7501	11,5249	11,0958
73	12,6946	12,4423	12,1981	11,9617	11,7328	11,5111	11,2963	11,0881	10,6906
74	12,1174	11,8866	11,6629	11,4462	11,2360	11,0323	10,8346	10,6429	10,2762
75	11,5436	11,3332	11,1291	10,9311	10,7389	10,5523	10,3711	10,1951	9,8580
76	10,9678	10,7769	10,5914	10,4113	10,2362	10,0661	9,9008	9,7400	9,4315
77	10,3944	10,2218	10,0540	9,8909	9,7322	9,5777	9,4275	9,2812	9,0002
78	9,8245	9,6693	9,5181	9,3710	9,2278	9,0882	8,9523	8,8199	8,5650
79	9,2528	9,1139	8,9786	8,8466	8,7180	8,5926	8,4703	8,3510	8,1211
80	8,6910	8,5673	8,4466	8,3288	8,2138	8,1017	7,9921	7,8852	7,6788
81	8,1398	8,0301	7,9229	7,8182	7,7160	7,6161	7,5185	7,4231	7,2387
82	7,6010	7,5041	7,4095	7,3169	7,2264	7,1379	7,0513	6,9666	6,8026
83	7,0749	6,9899	6,9067	6,8252	6,7455	6,6674	6,5910	6,5162	6,3711
84	6,5703	6,4959	6,4230	6,3516	6,2817	6,2131	6,1460	6,0801	5,9523
85	6,0911	6,0262	5,9625	5,9002	5,8390	5,7790	5,7201	5,6624	5,5501
86	5,6356	5,5792	5,5239	5,4695	5,4162	5,3639	5,3125	5,2620	5,1638
87	5,2088	5,1598	5,1118	5,0646	5,0182	4,9726	4,9279	4,8839	4,7981
88	4,8073	4,7649	4,7233	4,6824	4,6422	4,6026	4,5637	4,5255	4,4508
89	4,4311	4,3945	4,3585	4,3231	4,2883	4,2540	4,2203	4,1871	4,1223
90	4,0837	4,0521	4,0210	3,9904	3,9603	3,9306	3,9014	3,8726	3,8163
91	3,7673	3,7400	3,7132	3,6867	3,6606	3,6349	3,6095	3,5846	3,5357
92	3,4752	3,4517	3,4284	3,4055	3,3829	3,3606	3,3386	3,3170	3,2745
93	3,2161	3,1956	3,1755	3,1555	3,1359	3,1165	3,0974	3,0785	3,0415
94	2,9776	2,9599	2,9423	2,9250	2,9079	2,8910	2,8743	2,8579	2,8255
95	2,7634	2,7479	2,7326	2,7174	2,7025	2,6877	2,6731	2,6587	2,6304
96	2,5716	2,5580	2,5445	2,5313	2,5181	2,5052	2,4923	2,4797	2,4548
97	2,4080	2,3960	2,3841	2,3723	2,3607	2,3492	2,3379	2,3266	2,3045
98	2,2613	2,2507	2,2401	2,2296	2,2193	2,2091	2,1990	2,1890	2,1693
99	2,1407	2,1311	2,1217	2,1123	2,1030	2,0939	2,0848	2,0758	2,0581
100	2,0132	2,0047	1,9962	1,9879	1,9796	1,9715	1,9634	1,9553	1,9396
101	1,8999	1,8923	1,8848	1,8773	1,8699	1,8626	1,8553	1,8481	1,8339
102	1,7999	1,7931	1,7863	1,7795	1,7729	1,7663	1,7597	1,7532	1,7404
103	1,7115	1,7053	1,6991	1,6930	1,6869	1,6809	1,6750	1,6691	1,6575
104	1,6333	1,6276	1,6220	1,6164	1,6109	1,6054	1,5999	1,5946	1,5839
105	1,5649	1,5597	1,5545	1,5494	1,5443	1,5393	1,5343	1,5293	1,5196
106	1,5043	1,4995	1,4947	1,4900	1,4853	1,4807	1,4761	1,4715	1,4625
107	1,4494	1,4450	1,4406	1,4362	1,4319	1,4276	1,4234	1,4192	1,4109
108	1,3967	1,3927	1,3886	1,3847	1,3807	1,3768	1,3729	1,3690	1,3614
109	1,3416	1,3379	1,3343	1,3307	1,3272	1,3236	1,3201	1,3166	1,3097
110	1,2864	1,2832	1,2801	1,2770	1,2738	1,2708	1,2677	1,2646	1,2586

T2 Temporäre Leibrente

T2.1 Mann bis 18. Lebensjahr

Sterbetafel 2019/2021 Deutschland, Statistisches Bundesamt   monatlich vorschüssig

Alter	-1,00%	-0,50%	0,00%	0,25%	0,50%	0,75%	1,00%	1,25%	1,50%
0	19,6410	18,7555	17,9262	17,5313	17,1489	16,7785	16,4198	16,0722	15,7354
1	18,5127	17,7246	16,9839	16,6303	16,2873	15,9546	15,6318	15,3186	15,0145
2	17,3371	16,6426	15,9876	15,6742	15,3697	15,0738	14,7862	14,5067	14,2350
3	16,1712	15,5640	14,9895	14,7139	14,4457	14,1846	13,9304	13,6830	13,4421
4	15,0167	14,4906	13,9912	13,7509	13,5168	13,2885	13,0659	12,8488	12,6371
5	13,8735	13,4224	12,9926	12,7854	12,5831	12,3855	12,1925	12,0041	11,8200
6	12,7415	12,3592	11,9939	11,8172	11,6445	11,4755	11,3102	11,1485	10,9903
7	11,6205	11,3011	10,9948	10,8464	10,7009	10,5584	10,4188	10,2820	10,1479
8	10,5107	10,2483	9,9957	9,8730	9,7526	9,6344	9,5185	9,4046	9,2929
9	9,4117	9,2004	8,9964	8,8970	8,7993	8,7033	8,6089	8,5161	8,4248
10	8,3236	8,1577	7,9970	7,9185	7,8412	7,7651	7,6901	7,6164	7,5437
11	7,2464	7,1202	6,9975	6,9374	6,8782	6,8197	6,7621	6,7053	6,6492
12	6,1798	6,0877	5,9979	5,9538	5,9103	5,8672	5,8248	5,7828	5,7413
13	5,1239	5,0604	4,9983	4,9678	4,9376	4,9076	4,8780	4,8487	4,8198
14	4,0785	4,0383	3,9988	3,9793	3,9600	3,9408	3,9218	3,9030	3,8844
15	3,0435	3,0212	2,9992	2,9883	2,9775	2,9667	2,9561	2,9455	2,9350
16	2,0189	2,0092	1,9996	1,9948	1,9900	1,9853	1,9806	1,9759	1,9713
17	1,0045	1,0022	0,9999	0,9987	0,9976	0,9965	0,9953	0,9942	0,9931

T2   Temporäre Leibrente

T2.1 Mann bis 18. Lebensjahr

Sterbetafel 2019/2021 Deutschland, Statistisches Bundesamt   monatlich vorschüssig

Alter	1,75%	2,00%	2,25%	2,50%	2,75%	3,00%	3,25%	3,50%	4,00%
0	15,4089	15,0924	14,7855	14,4879	14,1992	13,9191	13,6474	13,3836	12,8791
1	14,7193	14,4327	14,1544	13,8841	13,6215	13,3664	13,1184	12,8774	12,4154
2	13,9708	13,7139	13,4640	13,2209	12,9844	12,7543	12,5303	12,3123	11,8935
3	13,2075	12,9790	12,7564	12,5396	12,3283	12,1223	11,9216	11,7260	11,3493
4	12,4307	12,2293	12,0327	11,8410	11,6539	11,4713	11,2930	11,1189	10,7831
5	11,6401	11,4644	11,2927	11,1249	10,9608	10,8005	10,6438	10,4905	10,1942
6	10,8355	10,6840	10,5357	10,3906	10,2485	10,1095	9,9733	9,8400	9,5815
7	10,0166	9,8878	9,7615	9,6378	9,5164	9,3975	9,2808	9,1664	8,9442
8	9,1833	9,0756	8,9699	8,8661	8,7642	8,6641	8,5658	8,4693	8,2813
9	8,3351	8,2469	8,1602	8,0749	7,9910	7,9085	7,8273	7,7475	7,5917
10	7,4721	7,4017	7,3322	7,2639	7,1965	7,1302	7,0648	7,0004	6,8745
11	6,5939	6,5394	6,4856	6,4325	6,3801	6,3284	6,2774	6,2271	6,1285
12	5,7003	5,6598	5,6198	5,5802	5,5412	5,5026	5,4644	5,4267	5,3526
13	4,7911	4,7627	4,7346	4,7067	4,6792	4,6520	4,6250	4,5983	4,5457
14	3,8659	3,8476	3,8294	3,8114	3,7935	3,7758	3,7583	3,7409	3,7065
15	2,9245	2,9142	2,9039	2,8936	2,8835	2,8734	2,8634	2,8534	2,8337
16	1,9666	1,9620	1,9575	1,9529	1,9484	1,9439	1,9394	1,9349	1,9260
17	0,9919	0,9908	0,9897	0,9886	0,9875	0,9864	0,9853	0,9842	0,9820

T2 Temporäre Leibrente

T2.2 Mann bis 20. Lebensjahr

Sterbetafel 2019/2021 Deutschland, Statistisches Bundesamt   monatlich vorschüssig

Alter	-1,00%	-0,50%	0,00%	0,25%	0,50%	0,75%	1,00%	1,25%	1,50%
0	22,0469	20,9423	19,9147	19,4279	18,9580	18,5045	18,0665	17,6435	17,2349
1	20,9025	19,9076	18,9790	18,5380	18,1116	17,6993	17,3005	16,9148	16,5416
2	19,7035	18,8152	17,9832	17,5871	17,2034	16,8319	16,4720	16,1233	15,7853
3	18,5143	17,7261	16,9854	16,6318	16,2888	15,9561	15,6333	15,3200	15,0159
4	17,3366	16,6421	15,9872	15,6738	15,3693	15,0735	14,7859	14,5064	14,2347
5	16,1705	15,5634	14,9889	14,7133	14,4451	14,1841	13,9300	13,6826	13,4417
6	15,0157	14,4897	13,9903	13,7501	13,5160	13,2877	13,0652	12,8482	12,6365
7	13,8722	13,4211	12,9915	12,7843	12,5820	12,3844	12,1915	12,0031	11,8190
8	12,7400	12,3579	11,9926	11,8159	11,6432	11,4743	11,3090	11,1474	10,9892
9	11,6189	11,2996	10,9933	10,8449	10,6995	10,5570	10,4175	10,2807	10,1467
10	10,5089	10,2466	9,9941	9,8714	9,7510	9,6329	9,5170	9,4032	9,2915
11	9,4099	9,1987	8,9947	8,8953	8,7977	8,7017	8,6073	8,5145	8,4233
12	8,3218	8,1560	7,9953	7,9168	7,8395	7,7634	7,6885	7,6148	7,5421
13	7,2447	7,1185	6,9959	6,9358	6,8766	6,8182	6,7606	6,7038	6,6478
14	6,1783	6,0863	5,9965	5,9524	5,9089	5,8659	5,8234	5,7814	5,7400
15	5,1226	5,0592	4,9971	4,9666	4,9364	4,9065	4,8769	4,8476	4,8186
16	4,0775	4,0373	3,9978	3,9783	3,9590	3,9399	3,9209	3,9021	3,8835
17	3,0429	3,0206	2,9986	2,9877	2,9769	2,9661	2,9555	2,9449	2,9344
18	2,0186	2,0089	1,9992	1,9945	1,9897	1,9850	1,9803	1,9756	1,9710
19	1,0044	1,0021	0,9998	0,9987	0,9975	0,9964	0,9953	0,9941	0,9930

T2 Temporäre Leibrente

T2.2 Mann bis 20. Lebensjahr

Sterbetafel 2019/2021 Deutschland, Statistisches Bundesamt   monatlich vorschüssig

Alter	1,75%	2,00%	2,25%	2,50%	2,75%	3,00%	3,25%	3,50%	4,00%
0	16,8401	16,4586	16,0897	15,7331	15,3883	15,0547	14,7319	14,4196	13,8246
1	16,1804	15,8309	15,4924	15,1647	14,8473	14,5398	14,2419	13,9532	13,4020
2	15,4578	15,1403	14,8324	14,5338	14,2442	13,9632	13,6906	13,4260	12,9198
3	14,7207	14,4341	14,1558	13,8855	13,6229	13,3677	13,1198	12,8788	12,4167
4	13,9705	13,7136	13,4638	13,2207	12,9842	12,7541	12,5302	12,3122	11,8934
5	13,2071	12,9786	12,7561	12,5392	12,3279	12,1220	11,9213	11,7257	11,3490
6	12,4301	12,2287	12,0322	11,8405	11,6534	11,4708	11,2925	11,1185	10,7827
7	11,6392	11,4635	11,2918	11,1240	10,9600	10,7997	10,6430	10,4898	10,1935
8	10,8344	10,6829	10,5347	10,3896	10,2476	10,1085	9,9724	9,8391	9,5807
9	10,0153	9,8865	9,7603	9,6366	9,5153	9,3963	9,2797	9,1653	8,9431
10	9,1818	9,0742	8,9685	8,8647	8,7629	8,6628	8,5645	8,4680	8,2801
11	8,3337	8,2455	8,1588	8,0735	7,9896	7,9071	7,8260	7,7462	7,5904
12	7,4706	7,4001	7,3307	7,2624	7,1951	7,1287	7,0634	6,9990	6,8731
13	6,5925	6,5379	6,4841	6,4311	6,3787	6,3271	6,2761	6,2258	6,1271
14	5,6990	5,6585	5,6185	5,5790	5,5399	5,5013	5,4632	5,4255	5,3514
15	4,7899	4,7615	4,7335	4,7056	4,6781	4,6509	4,6239	4,5972	4,5446
16	3,8650	3,8467	3,8285	3,8105	3,7926	3,7749	3,7574	3,7400	3,7056
17	2,9239	2,9136	2,9033	2,8931	2,8829	2,8728	2,8628	2,8529	2,8332
18	1,9663	1,9617	1,9572	1,9526	1,9481	1,9436	1,9391	1,9346	1,9258
19	0,9919	0,9908	0,9896	0,9885	0,9874	0,9863	0,9852	0,9841	0,9819

T2   Temporäre Leibrente

T2.3 Mann bis 30. Lebensjahr

Sterbetafel 2019/2021 Deutschland, Statistisches Bundesamt   monatlich vorschüssig

Alter	-1,00%	-0,50%	0,00%	0,25%	0,50%	0,75%	1,00%	1,25%	1,50%
0	34,7970	32,1826	29,8324	28,7467	27,7160	26,7369	25,8066	24,9222	24,0811
1	33,5670	31,1289	28,9297	27,9111	26,9425	26,0210	25,1440	24,3089	23,5135
2	32,2442	29,9829	27,9361	26,9858	26,0806	25,2180	24,3957	23,6115	22,8634
3	30,9311	28,8393	26,9395	26,0552	25,2114	24,4061	23,6372	22,9028	22,2011
4	29,6306	27,7010	25,9425	25,1218	24,3376	23,5878	22,8708	22,1849	21,5285
5	28,3429	26,5682	24,9453	24,1860	23,4592	22,7632	22,0966	21,4579	20,8457
6	27,0676	25,4406	23,9476	23,2474	22,5760	21,9321	21,3143	20,7214	20,1523
7	25,8045	24,3182	22,9496	22,3061	21,6881	21,0943	20,5238	19,9754	19,4481
8	24,5541	23,2014	21,9516	21,3624	20,7956	20,2503	19,7254	19,2201	18,7334
9	23,3156	22,0896	20,9530	20,4159	19,8983	19,3994	18,9186	18,4548	18,0076
10	22,0895	20,9834	19,9545	19,4670	18,9965	18,5423	18,1037	17,6801	17,2709
11	20,8754	19,8825	18,9558	18,5156	18,0900	17,6785	17,2805	16,8955	16,5230
12	19,6734	18,7871	17,9570	17,5617	17,1789	16,8081	16,4490	16,1010	15,7638
13	18,4837	17,6974	16,9584	16,6056	16,2634	15,9315	15,6094	15,2968	14,9935
14	17,3060	16,6133	15,9600	15,6473	15,3436	15,0484	14,7616	14,4828	14,2117
15	16,1404	15,5348	14,9618	14,6869	14,4194	14,1590	13,9055	13,6587	13,4184
16	14,9867	14,4621	13,9640	13,7244	13,4909	13,2632	13,0412	12,8247	12,6136
17	13,8454	13,3956	12,9670	12,7603	12,5585	12,3614	12,1690	11,9810	11,7974
18	12,7160	12,3348	11,9703	11,7942	11,6218	11,4533	11,2885	11,1272	10,9694
19	11,5989	11,2803	10,9747	10,8266	10,6815	10,5394	10,4001	10,2636	10,1299
20	10,4930	10,2312	9,9792	9,8567	9,7366	9,6187	9,5029	9,3894	9,2779
21	9,3975	9,1866	8,9830	8,8838	8,7863	8,6905	8,5963	8,5037	8,4126
22	8,3125	8,1469	7,9864	7,9080	7,8309	7,7549	7,6801	7,6064	7,5339
23	7,2379	7,1119	6,9894	6,9294	6,8703	6,8120	6,7544	6,6977	6,6417
24	6,1737	6,0818	5,9921	5,9481	5,9046	5,8616	5,8192	5,7772	5,7358
25	5,1199	5,0565	4,9945	4,9640	4,9338	4,9039	4,8743	4,8451	4,8161
26	4,0761	4,0359	3,9964	3,9769	3,9576	3,9385	3,9195	3,9008	3,8821
27	3,0423	3,0200	2,9980	2,9871	2,9763	2,9655	2,9549	2,9443	2,9338
28	2,0184	2,0087	1,9991	1,9943	1,9896	1,9848	1,9801	1,9755	1,9708
29	1,0044	1,0021	0,9998	0,9986	0,9975	0,9964	0,9952	0,9941	0,9930

T2 Temporäre Leibrente

T2.3 Mann bis 30. Lebensjahr

Sterbetafel 2019/2021 Deutschland, Statistisches Bundesamt   monatlich vorschüssig

Alter	1,75%	2,00%	2,25%	2,50%	2,75%	3,00%	3,25%	3,50%	4,00%
0	23,2807	22,5188	21,7933	21,1020	20,4431	19,8147	19,2153	18,6431	17,5750
1	22,7555	22,0328	21,3436	20,6860	20,0583	19,4589	18,8863	18,3391	17,3154
2	22,1494	21,4677	20,8166	20,1945	19,5998	19,0311	18,4870	17,9664	16,9906
3	21,5303	20,8889	20,2754	19,6884	19,1264	18,5882	18,0727	17,5787	16,6509
4	20,9001	20,2983	19,7218	19,1693	18,6397	18,1319	17,6447	17,1772	16,2974
5	20,2587	19,6957	19,1556	18,6372	18,1396	17,6617	17,2026	16,7615	15,9297
6	19,6057	19,0808	18,5763	18,0915	17,6254	17,1772	16,7460	16,3310	15,5470
7	18,9410	18,4532	17,9838	17,5319	17,0968	16,6778	16,2742	15,8852	15,1488
8	18,2647	17,8131	17,3778	16,9583	16,5537	16,1635	15,7871	15,4238	14,7347
9	17,5761	17,1598	16,7579	16,3699	15,9953	15,6334	15,2838	14,9459	14,3037
10	16,8755	16,4934	16,1241	15,7669	15,4215	15,0874	14,7642	14,4514	13,8554
11	16,1625	15,8136	15,4758	15,1487	14,8318	14,5249	14,2276	13,9394	13,3892
12	15,4370	15,1201	14,8129	14,5149	14,2259	13,9455	13,6734	13,4094	12,9042
13	14,6989	14,4130	14,1353	13,8655	13,6035	13,3489	13,1015	12,8610	12,4000
14	13,9481	13,6918	13,4426	13,2001	12,9641	12,7346	12,5111	12,2937	11,8758
15	13,1844	12,9565	12,7345	12,5182	12,3074	12,1020	11,9018	11,7066	11,3308
16	12,4077	12,2068	12,0108	11,8195	11,6329	11,4508	11,2729	11,0993	10,7643
17	11,6180	11,4428	11,2715	11,1041	10,9406	10,7806	10,6243	10,4715	10,1759
18	10,8150	10,6639	10,5160	10,3712	10,2295	10,0908	9,9550	9,8220	9,5642
19	9,9988	9,8703	9,7444	9,6209	9,4999	9,3812	9,2648	9,1507	8,9289
20	9,1685	9,0610	8,9556	8,8520	8,7503	8,6504	8,5523	8,4560	8,2684
21	8,3231	8,2350	8,1485	8,0633	7,9796	7,8972	7,8162	7,7366	7,5810
22	7,4625	7,3921	7,3228	7,2546	7,1873	7,1211	7,0559	6,9916	6,8658
23	6,5865	6,5320	6,4783	6,4253	6,3730	6,3214	6,2705	6,2202	6,1217
24	5,6949	5,6544	5,6145	5,5750	5,5359	5,4974	5,4593	5,4216	5,3476
25	4,7874	4,7591	4,7310	4,7032	4,6757	4,6485	4,6215	4,5948	4,5423
26	3,8636	3,8453	3,8272	3,8092	3,7913	3,7736	3,7561	3,7387	3,7044
27	2,9234	2,9130	2,9027	2,8925	2,8823	2,8722	2,8622	2,8523	2,8326
28	1,9662	1,9616	1,9570	1,9524	1,9479	1,9434	1,9389	1,9345	1,9256
29	0,9918	0,9907	0,9896	0,9885	0,9874	0,9863	0,9852	0,9841	0,9819

T2 Temporäre Leibrente

T2.4 Mann bis 40. Lebensjahr

Sterbetafel 2019/2021 Deutschland, Statistisches Bundesamt   monatlich vorschüssig

Alter	-1,00%	-0,50%	0,00%	0,25%	0,50%	0,75%	1,00%	1,25%	1,50%
0	48,8150	43,9338	39,6941	37,7845	36,0009	34,3337	32,7743	31,3145	29,9471
1	47,4909	42,8602	38,8241	37,0015	35,2965	33,7002	32,2047	30,8026	29,4873
2	46,0321	41,6582	37,8328	36,1010	34,4782	32,9565	31,5286	30,1879	28,9282
3	44,5827	40,4576	36,8374	35,1943	33,6521	32,2036	30,8423	29,5622	28,3576
4	43,1472	39,2626	35,8415	34,2848	32,8214	31,4447	30,1488	28,9283	27,7780
5	41,7258	38,0732	34,8453	33,3729	31,9863	30,6799	29,4482	28,2863	27,1896
6	40,3180	36,8892	33,8487	32,4582	31,1467	29,9089	28,7401	27,6359	26,5920
7	38,9236	35,7105	32,8515	31,5407	30,3023	29,1317	28,0245	26,9769	25,9851
8	37,5431	34,5377	31,8543	30,6209	29,4537	28,3486	27,3018	26,3097	25,3690
9	36,1755	33,3700	30,8564	29,6981	28,6002	27,5590	26,5712	25,6336	24,7431
10	34,8218	32,2082	29,8586	28,7731	27,7426	26,7637	25,8334	24,9491	24,1080
11	33,4812	31,0520	28,8605	27,8456	26,8804	25,9621	25,0880	24,2558	23,4631
12	32,1539	29,9014	27,8624	26,9156	26,0138	25,1544	24,3351	23,5538	22,8085
13	30,8404	28,7570	26,8646	25,9837	25,1433	24,3410	23,5751	22,8434	22,1444
14	29,5404	27,6187	25,8672	25,0498	24,2687	23,5219	22,8077	22,1244	21,4706
15	28,2538	26,4865	24,8702	24,1140	23,3901	22,6970	22,0330	21,3968	20,7870
16	26,9809	25,3607	23,8739	23,1765	22,5079	21,8665	21,2513	20,6608	20,0939
17	25,7222	24,2420	22,8790	22,2381	21,6226	21,0312	20,4630	19,9168	19,3916
18	24,4772	23,1299	21,8851	21,2982	20,7337	20,1905	19,6676	19,1643	18,6795
19	23,2469	22,0256	20,8932	20,3581	19,8424	19,3454	18,8663	18,4043	17,9587
20	22,0295	20,9273	19,9019	19,4161	18,9472	18,4946	18,0575	17,6353	17,2275
21	20,8233	19,8336	18,9098	18,4710	18,0468	17,6366	17,2399	16,8561	16,4848
22	19,6286	18,7449	17,9172	17,5231	17,1414	16,7718	16,4137	16,0667	15,7305
23	18,4454	17,6612	16,9243	16,5724	16,2312	15,9001	15,5789	15,2671	14,9646
24	17,2737	16,5827	15,9310	15,6191	15,3161	15,0217	14,7355	14,4574	14,1870
25	16,1137	15,5095	14,9379	14,6636	14,3966	14,1368	13,8839	13,6376	13,3979
26	14,9647	14,4411	13,9440	13,7049	13,4719	13,2447	13,0231	12,8071	12,5964
27	13,8269	13,3778	12,9501	12,7438	12,5424	12,3457	12,1536	11,9660	11,7827
28	12,7000	12,3194	11,9557	11,7798	11,6078	11,4396	11,2751	11,1141	10,9565
29	11,5841	11,2661	10,9611	10,8133	10,6684	10,5266	10,3875	10,2513	10,1178
30	10,4791	10,2177	9,9662	9,8440	9,7241	9,6064	9,4909	9,3775	9,2663
31	9,3850	9,1745	8,9713	8,8723	8,7750	8,6793	8,5853	8,4928	8,4019
32	8,3017	8,1364	7,9762	7,8980	7,8210	7,7451	7,6705	7,5969	7,5245
33	7,2287	7,1030	6,9807	6,9208	6,8618	6,8035	6,7461	6,6895	6,6336
34	6,1662	6,0744	5,9849	5,9409	5,8975	5,8546	5,8122	5,7704	5,7290
35	5,1140	5,0507	4,9888	4,9583	4,9282	4,8983	4,8688	4,8396	4,8107
36	4,0718	4,0317	3,9922	3,9728	3,9535	3,9344	3,9155	3,8967	3,8781
37	3,0397	3,0174	2,9954	2,9845	2,9737	2,9630	2,9524	2,9418	2,9313
38	2,0173	2,0076	1,9979	1,9932	1,9884	1,9837	1,9790	1,9743	1,9697
39	1,0041	1,0018	0,9995	0,9983	0,9972	0,9960	0,9949	0,9938	0,9927

T2 Temporäre Leibrente

T2.4 Mann bis 40. Lebensjahr

Sterbetafel 2019/2021 Deutschland, Statistisches Bundesamt   monatlich vorschüssig

Alter	1,75%	2,00%	2,25%	2,50%	2,75%	3,00%	3,25%	3,50%	4,00%
0	28,6652	27,4625	26,3335	25,2727	24,2753	23,3369	22,4533	21,6206	20,0945
1	28,2524	27,0922	26,0014	24,9752	24,0091	23,0989	22,2407	21,4310	19,9444
2	27,7438	26,6294	25,5803	24,5919	23,6601	22,7810	21,9512	21,1673	19,7254
3	27,2233	26,1545	25,1469	24,1963	23,2989	22,4512	21,6499	20,8920	19,4955
4	26,6933	25,6698	24,7034	23,7905	22,9275	22,1111	21,3385	20,6069	19,2561
5	26,1539	25,1752	24,2499	23,3744	22,5457	21,7608	21,0170	20,3116	19,0071
6	25,6047	24,6704	23,7858	22,9476	22,1532	21,3997	20,6846	20,0058	18,7478
7	25,0455	24,1551	23,3108	22,5098	21,7495	21,0274	20,3412	19,6889	18,4779
8	24,4766	23,6296	22,8252	22,0611	21,3347	20,6439	19,9867	19,3610	18,1973
9	23,8971	23,0930	22,3282	21,6007	20,9081	20,2485	19,6201	19,0212	17,9050
10	23,3076	22,5457	21,8201	21,1288	20,4698	19,8414	19,2418	18,6695	17,6011
11	22,7076	21,9874	21,3004	20,6450	20,0193	19,4218	18,8510	18,3054	17,2849
12	22,0970	21,4178	20,7690	20,1490	19,5564	18,9896	18,4474	17,9286	16,9560
13	21,4761	20,8371	20,2259	19,6409	19,0810	18,5448	18,0311	17,5388	16,6143
14	20,8446	20,2451	19,6708	19,1204	18,5928	18,0868	17,6014	17,1356	16,2590
15	20,2024	19,6416	19,1036	18,5872	18,0915	17,6154	17,1581	16,7186	15,8899
16	19,5495	19,0266	18,5242	18,0413	17,5770	17,1305	16,7009	16,2876	15,5065
17	18,8865	18,4005	17,9329	17,4828	17,0495	16,6321	16,2299	15,8425	15,1088
18	18,2126	17,7627	17,3291	16,9112	16,5081	16,1194	15,7444	15,3825	14,6959
19	17,5288	17,1139	16,7135	16,3269	15,9536	15,5930	15,2446	14,9080	14,2679
20	16,8335	16,4527	16,0845	15,7286	15,3843	15,0513	14,7291	14,4174	13,8234
21	16,1254	15,7776	15,4408	15,1147	14,7988	14,4929	14,1964	13,9091	13,3605
22	15,4046	15,0886	14,7823	14,4851	14,1969	13,9173	13,6460	13,3827	12,8789
23	14,6708	14,3856	14,1086	13,8396	13,5783	13,3243	13,0776	12,8377	12,3778
24	13,9241	13,6684	13,4197	13,1778	12,9424	12,7134	12,4905	12,2735	11,8566
25	13,1644	12,9370	12,7154	12,4996	12,2892	12,0843	11,8845	11,6897	11,3147
26	12,3908	12,1904	11,9947	11,8039	11,6176	11,4358	11,2583	11,0851	10,7507
27	11,6037	11,4287	11,2578	11,0907	10,9274	10,7678	10,6118	10,4592	10,1641
28	10,8024	10,6516	10,5040	10,3595	10,2180	10,0795	9,9439	9,8112	9,5538
29	9,9870	9,8587	9,7330	9,6098	9,4889	9,3705	9,2543	9,1404	8,9190
30	9,1570	9,0498	8,9445	8,8411	8,7396	8,6399	8,5420	8,4459	8,2586
31	8,3126	8,2247	8,1383	8,0533	7,9697	7,8875	7,8067	7,7271	7,5719
32	7,4532	7,3830	7,3138	7,2457	7,1786	7,1125	7,0473	6,9832	6,8576
33	6,5785	6,5241	6,4705	6,4175	6,3653	6,3138	6,2630	6,2128	6,1145
34	5,6882	5,6478	5,6079	5,5685	5,5295	5,4910	5,4530	5,4154	5,3414
35	4,7820	4,7537	4,7257	4,6979	4,6705	4,6433	4,6164	4,5898	4,5373
36	3,8597	3,8414	3,8232	3,8053	3,7875	3,7698	3,7523	3,7349	3,7006
37	2,9209	2,9105	2,9002	2,8900	2,8799	2,8698	2,8598	2,8499	2,8302
38	1,9651	1,9605	1,9559	1,9513	1,9468	1,9423	1,9378	1,9334	1,9245
39	0,9915	0,9904	0,9893	0,9882	0,9871	0,9860	0,9849	0,9838	0,9816

T2.5 Mann bis 50. Lebensjahr

Sterbetafel 2019/2021 Deutschland, Statistisches Bundesamt   monatlich vorschüssig

Alter	-1,00%	-0,50%	0,00%	0,25%	0,50%	0,75%	1,00%	1,25%	1,50%
0	64,1154	56,1304	49,4296	46,4868	43,7822	41,2938	39,0019	36,8885	34,9377
1	62,6886	55,0361	48,5919	45,7546	43,1427	40,7358	38,5154	36,4650	34,5695
2	61,0812	53,7760	47,6028	44,8779	42,3654	40,0465	37,9039	35,9224	34,0879
3	59,4831	52,5163	46,6086	43,9942	41,5797	39,3477	37,2822	35,3691	33,5953
4	57,9003	51,2623	45,6138	43,1078	40,7896	38,6431	36,6538	34,8084	33,0949
5	56,3330	50,0142	44,6188	42,2189	39,9952	37,9331	36,0190	34,2406	32,5869
6	54,7805	48,7717	43,6231	41,3271	39,1964	37,2172	35,3772	33,6652	32,0707
7	53,2426	47,5346	42,6267	40,4326	38,3929	36,4954	34,7286	33,0821	31,5464
8	51,7202	46,3037	41,6304	39,5358	37,5855	35,7682	34,0735	32,4917	31,0143
9	50,2118	45,0779	40,6331	38,6359	36,7733	35,0348	33,4111	31,8933	30,4735
10	48,7187	43,8585	39,6360	37,7339	35,9570	34,2960	32,7422	31,2875	29,9247
11	47,2401	42,6447	38,6386	36,8293	35,1365	33,5514	32,0664	30,6739	29,3674
12	45,7761	41,4369	37,6411	35,9224	34,3117	32,8012	31,3837	30,0526	28,8018
13	44,3275	40,2358	36,6441	35,0138	33,4834	32,0458	30,6947	29,4240	28,2281
14	42,8939	39,0412	35,6476	34,1033	32,6513	31,2852	29,9992	28,7879	27,6461
15	41,4753	37,8532	34,6518	33,1912	31,8157	30,5195	29,2973	28,1443	27,0560
16	40,0722	36,6723	33,6570	32,2778	30,9768	29,7489	28,5893	27,4937	26,4578
17	38,6855	35,4996	32,6643	31,3641	30,1357	28,9744	27,8760	26,8366	25,8524
18	37,3143	34,3342	31,6730	30,4496	29,2917	28,1954	27,1569	26,1725	25,2391
19	35,9605	33,1781	30,6849	29,5358	28,4465	27,4135	26,4333	25,5028	24,6191
20	34,6213	32,0288	29,6978	28,6207	27,5981	26,6266	25,7034	24,8257	23,9908
21	33,2943	30,8842	28,7096	27,7024	26,7444	25,8330	24,9654	24,1393	23,3523
22	31,9798	29,7446	27,7210	26,7813	25,8861	25,0329	24,2196	23,4439	22,7038
23	30,6781	28,6103	26,7320	25,8575	25,0231	24,2266	23,4661	22,7396	22,0453
24	29,3890	27,4815	25,7428	24,9313	24,1557	23,4141	22,7049	22,0264	21,3770
25	28,1133	26,3588	24,7540	24,0031	23,2843	22,5959	21,9365	21,3046	20,6989
26	26,8493	25,2407	23,7644	23,0719	22,4078	21,7709	21,1598	20,5732	20,0101
27	25,5980	24,1283	22,7749	22,1384	21,5271	20,9397	20,3753	19,8328	19,3111
28	24,3586	23,0210	21,7849	21,2022	20,6415	20,1020	19,5827	19,0828	18,6013
29	23,1317	21,9192	20,7950	20,2636	19,7516	19,2581	18,7823	18,3235	17,8809
30	21,9167	20,8227	19,8049	19,3226	18,8571	18,4077	17,9737	17,5546	17,1496
31	20,7144	19,7322	18,8153	18,3797	17,9586	17,5514	17,1576	16,7765	16,4079
32	19,5243	18,6474	17,8259	17,4347	17,0559	16,6890	16,3335	15,9891	15,6553
33	18,3458	17,5677	16,8363	16,4872	16,1485	15,8199	15,5011	15,1916	14,8913
34	17,1793	16,4936	15,8470	15,5375	15,2368	14,9445	14,6605	14,3845	14,1161
35	16,0247	15,4252	14,8579	14,5857	14,3208	14,0630	13,8120	13,5676	13,3296
36	14,8819	14,3624	13,8691	13,6318	13,4005	13,1750	12,9551	12,7407	12,5316
37	13,7514	13,3058	12,8813	12,6765	12,4766	12,2814	12,0907	11,9045	11,7226
38	12,6330	12,2552	11,8941	11,7195	11,5488	11,3817	11,2184	11,0585	10,9021
39	11,5246	11,2088	10,9060	10,7592	10,6153	10,4745	10,3364	10,2011	10,0685
40	10,4274	10,1679	9,9181	9,7967	9,6775	9,5606	9,4459	9,3333	9,2228
41	9,3409	9,1318	8,9299	8,8315	8,7348	8,6397	8,5463	8,4545	8,3641
42	8,2655	8,1012	7,9420	7,8642	7,7876	7,7123	7,6380	7,5649	7,4930
43	7,1993	7,0742	6,9526	6,8930	6,8343	6,7764	6,7193	6,6630	6,6074
44	6,1438	6,0524	5,9633	5,9196	5,8764	5,8337	5,7916	5,7499	5,7088
45	5,0977	5,0347	4,9731	4,9427	4,9127	4,8830	4,8536	4,8245	4,7957
46	4,0608	4,0209	3,9816	3,9622	3,9430	3,9240	3,9051	3,8864	3,8679
47	3,0330	3,0108	2,9889	2,9780	2,9672	2,9566	2,9459	2,9354	2,9249
48	2,0140	2,0043	1,9947	1,9899	1,9852	1,9805	1,9758	1,9712	1,9665
49	1,0032	1,0009	0,9986	0,9975	0,9963	0,9952	0,9941	0,9929	0,9918

T2   Temporäre Leibrente

T2.5 Mann bis 50. Lebensjahr

Sterbetafel 2019/2021 Deutschland, Statistisches Bundesamt   monatlich vorschüssig

Alter	1,75%	2,00%	2,25%	2,50%	2,75%	3,00%	3,25%	3,50%	4,00%
0	33,1349	31,4670	29,9222	28,4899	27,1604	25,9250	24,7756	23,7051	21,7755
1	32,8154	31,1903	29,6831	28,2838	26,9834	25,7734	24,6464	23,5956	21,6985
2	32,3877	30,8104	29,3457	27,9840	26,7168	25,5364	24,4357	23,4082	21,5500
3	31,9490	30,4197	28,9975	27,6736	26,4401	25,2896	24,2154	23,2116	21,3933
4	31,5023	30,0207	28,6411	27,3551	26,1554	25,0350	23,9878	23,0079	21,2301
5	31,0476	29,6137	28,2766	27,0286	25,8628	24,7727	23,7526	22,7970	21,0602
6	30,5846	29,1981	27,9034	26,6935	25,5618	24,5023	23,5095	22,5784	20,8833
7	30,1129	28,7737	27,5215	26,3497	25,2521	24,2233	23,2581	22,3518	20,6990
8	29,6331	28,3409	27,1311	25,9973	24,9340	23,9360	22,9986	22,1173	20,5074
9	29,1443	27,8989	26,7312	25,6355	24,6066	23,6396	22,7302	21,8741	20,3077
10	28,6470	27,4481	26,3225	25,2648	24,2703	23,3344	22,4531	21,6226	20,1001
11	28,1407	26,9881	25,9044	24,8847	23,9246	23,0199	22,1669	21,3620	19,8840
12	27,6256	26,5189	25,4768	24,4950	23,5693	22,6959	21,8713	21,0923	19,6593
13	27,1019	26,0407	25,0401	24,0960	23,2046	22,3626	21,5665	20,8136	19,4259
14	26,5694	25,5532	24,5938	23,6873	22,8302	22,0195	21,2521	20,5253	19,1834
15	26,0280	25,0566	24,1380	23,2688	22,4460	21,6666	20,9279	20,2274	18,9316
16	25,4780	24,5507	23,6726	22,8406	22,0519	21,3038	20,5939	19,9197	18,6704
17	24,9201	24,0364	23,1984	22,4032	21,6484	20,9315	20,2503	19,6025	18,3999
18	24,3534	23,5128	22,7145	21,9560	21,2349	20,5491	19,8965	19,2752	18,1196
19	23,7795	22,9813	22,2221	21,4998	20,8122	20,1573	19,5333	18,9385	17,8299
20	23,1963	22,4399	21,7195	21,0330	20,3787	19,7546	19,1591	18,5907	17,5294
21	22,6022	21,8870	21,2049	20,5540	19,9326	19,3392	18,7722	18,2303	17,2164
22	21,9973	21,3228	20,6784	20,0627	19,4740	18,9110	18,3724	17,8569	16,8906
23	21,3817	20,7471	20,1399	19,5589	19,0027	18,4699	17,9596	17,4704	16,5517
24	20,7552	20,1597	19,5892	19,0425	18,5183	18,0156	17,5333	17,0704	16,1993
25	20,1181	19,5611	19,0266	18,5135	18,0210	17,5479	17,0935	16,6567	15,8331
26	19,4693	18,9499	18,4507	17,9709	17,5095	17,0658	16,6389	16,2281	15,4518
27	18,8093	18,3265	17,8620	17,4147	16,9841	16,5693	16,1697	15,7846	15,0555
28	18,1374	17,6905	17,2598	16,8445	16,4440	16,0578	15,6851	15,3255	14,6431
29	17,4539	17,0418	16,6441	16,2601	15,8892	15,5310	15,1849	14,8504	14,2144
30	16,7584	16,3802	16,0146	15,6610	15,3191	14,9884	14,6683	14,3586	13,7685
31	16,0511	15,7057	15,3713	15,0475	14,7338	14,4299	14,1355	13,8501	13,3053
32	15,3318	15,0181	14,7139	14,4189	14,1327	13,8551	13,5857	13,3241	12,8238
33	14,5997	14,3166	14,0416	13,7745	13,5150	13,2629	13,0179	12,7797	12,3230
34	13,8551	13,6013	13,3544	13,1143	12,8806	12,6532	12,4319	12,2165	11,8026
35	13,0978	12,8721	12,6522	12,4379	12,2291	12,0257	11,8273	11,6340	11,2616
36	12,3276	12,1286	11,9344	11,7449	11,5600	11,3795	11,2034	11,0314	10,6994
37	11,5448	11,3712	11,2015	11,0356	10,8735	10,7150	10,5601	10,4086	10,1156
38	10,7491	10,5993	10,4527	10,3092	10,1688	10,0313	9,8966	9,7648	9,5092
39	9,9386	9,8112	9,6864	9,5640	9,4440	9,3263	9,2109	9,0978	8,8779
40	9,1143	9,0077	8,9032	8,8005	8,6996	8,6006	8,5033	8,4078	8,2217
41	8,2753	8,1880	8,1021	8,0177	7,9346	7,8530	7,7726	7,6936	7,5393
42	7,4221	7,3523	7,2835	7,2158	7,1490	7,0833	7,0185	6,9547	6,8299
43	6,5526	6,4985	6,4452	6,3925	6,3406	6,2894	6,2388	6,1889	6,0911
44	5,6681	5,6279	5,5882	5,5490	5,5102	5,4719	5,4340	5,3966	5,3231
45	4,7672	4,7390	4,7111	4,6835	4,6561	4,6291	4,6023	4,5758	4,5235
46	3,8495	3,8313	3,8132	3,7953	3,7776	3,7600	3,7425	3,7252	3,6910
47	2,9145	2,9042	2,8940	2,8838	2,8737	2,8637	2,8537	2,8438	2,8242
48	1,9619	1,9573	1,9527	1,9482	1,9437	1,9392	1,9347	1,9303	1,9214
49	0,9907	0,9896	0,9885	0,9873	0,9862	0,9851	0,9840	0,9829	0,9808

T2   Temporäre Leibrente

T2.6 Mann bis 60. Lebensjahr

Sterbetafel 2019/2021 Deutschland, Statistisches Bundesamt   monatlich vorschüssig

Alter	-1,00%	-0,50%	0,00%	0,25%	0,50%	0,75%	1,00%	1,25%	1,50%
0	80,4590	68,5204	58,8374	54,6894	50,9368	47,5368	44,4514	41,6474	39,0950
1	78,9225	67,4050	58,0309	54,0049	50,3569	47,0464	44,0378	41,2994	38,8032
2	77,1564	66,0859	57,0440	53,1508	49,6174	46,4059	43,4828	40,8183	38,3860
3	75,3996	64,7662	56,0509	52,2888	48,8688	45,7556	42,9175	40,3268	37,9584
4	73,6594	63,4523	55,0572	51,4240	48,1160	45,0998	42,3461	39,8286	37,5240
5	71,9361	62,1446	54,0631	50,5568	47,3591	44,4389	41,7688	39,3241	37,0829
6	70,2291	60,8426	53,0684	49,6868	46,5978	43,7725	41,1852	38,8128	36,6346
7	68,5381	59,5461	52,0728	48,8138	45,8320	43,1004	40,5951	38,2944	36,1792
8	66,8640	58,2562	51,0773	47,9387	45,0624	42,4233	39,9991	37,7697	35,7169
9	65,2052	56,9715	50,0807	47,0604	44,2880	41,7403	39,3964	37,2376	35,2470
10	63,5632	55,6934	49,0843	46,1800	43,5099	41,0523	38,7878	36,6990	34,7702
11	61,9371	54,4213	48,0875	45,2972	42,7276	40,3588	38,1728	36,1534	34,2859
12	60,3271	53,1554	47,0906	44,4120	41,9413	39,6601	37,5517	35,6010	33,7943
13	58,7342	51,8967	46,0944	43,5253	41,1517	38,9567	36,9249	35,0422	33,2960
14	57,1578	50,6448	45,0988	42,6369	40,3587	38,2486	36,2923	34,4768	32,7905
15	55,5983	49,4002	44,1041	41,7471	39,5626	37,5359	35,6541	33,9051	32,2782
16	54,0561	48,1633	43,1107	40,8564	38,7636	36,8190	35,0106	33,3273	31,7592
17	52,5326	46,9356	42,1201	39,9661	37,9632	36,0992	34,3630	32,7445	31,2344
18	51,0266	45,7162	41,1313	39,0754	37,1605	35,3756	33,7104	32,1558	30,7033
19	49,5409	44,5075	40,1469	38,1865	36,3577	34,6502	33,0549	31,5633	30,1675
20	48,0717	43,3064	39,1638	37,2967	35,5521	33,9208	32,3941	30,9645	29,6247
21	46,6156	42,1099	38,1795	36,4036	34,7415	33,1848	31,7258	30,3574	29,0731
22	45,1732	40,9187	37,1947	35,5078	33,9264	32,4429	31,0503	29,7423	28,5127
23	43,7448	39,7331	36,2095	34,6094	33,1069	31,6952	30,3679	29,1193	27,9438
24	42,3305	38,5532	35,2243	33,7087	32,2832	30,9418	29,6786	28,4885	27,3664
25	40,9310	37,3800	34,2397	32,8064	31,4561	30,1834	28,9831	27,8504	26,7809
26	39,5443	36,2116	33,2542	31,9009	30,6240	29,4186	28,2799	27,2037	26,1859
27	38,1716	35,0492	32,2689	30,9935	29,7881	28,6483	27,5699	26,5491	25,5824
28	36,8122	33,8922	31,2832	30,0834	28,9476	27,8719	26,8525	25,8861	24,9695
29	35,4665	32,7412	30,2978	29,1713	28,1032	27,0899	26,1283	25,2151	24,3477
30	34,1343	31,5959	29,3124	28,2569	27,2546	26,3021	25,3968	24,5358	23,7167
31	32,8163	30,4572	28,3279	27,3412	26,4026	25,5093	24,6589	23,8489	23,0770
32	31,5122	29,3250	27,3441	26,4239	25,5471	24,7113	23,9143	23,1540	22,4284
33	30,2209	28,1984	26,3602	25,5042	24,6872	23,9072	23,1622	22,4505	21,7701
34	28,9433	27,0780	25,3771	24,5829	23,8238	23,0978	22,4034	21,7388	21,1027
35	27,6795	25,9643	24,3949	23,6603	22,9570	22,2833	21,6378	21,0192	20,4261
36	26,4290	24,8569	23,4134	22,7362	22,0866	21,4634	20,8654	20,2913	19,7401
37	25,1936	23,7574	22,4343	21,8120	21,2141	20,6396	20,0874	19,5565	19,0459
38	23,9725	22,6653	21,4571	20,8873	20,3391	19,8114	19,3034	18,8142	18,3431
39	22,7624	21,5777	20,4789	19,9595	19,4588	18,9762	18,5108	18,0620	17,6290
40	21,5659	20,4970	19,5022	19,0307	18,5756	18,1362	17,7117	17,3017	16,9056
41	20,3819	19,4222	18,5261	18,1003	17,6886	17,2905	16,9053	16,5326	16,1720
42	19,2118	18,3549	17,5520	17,1696	16,7992	16,4404	16,0928	15,7559	15,4294
43	18,0516	17,2912	16,5764	16,2351	15,9039	15,5826	15,2708	14,9682	14,6744
44	16,9056	16,2355	15,6033	15,3007	15,0067	14,7209	14,4431	14,1731	13,9105
45	15,7711	15,1851	14,6304	14,3642	14,1051	13,8529	13,6074	13,3683	13,1355
46	14,6478	14,1399	13,6575	13,4254	13,1992	12,9786	12,7634	12,5536	12,3490
47	13,5362	13,1004	12,6852	12,4849	12,2893	12,0983	11,9117	11,7295	11,5514
48	12,4371	12,0675	11,7142	11,5434	11,3763	11,2128	11,0529	10,8964	10,7433
49	11,3497	11,0407	10,7442	10,6005	10,4596	10,3217	10,1865	10,0540	9,9242
50	10,2743	10,0200	9,7753	9,6564	9,5397	9,4251	9,3127	9,2023	9,0940
51	9,2087	9,0037	8,8057	8,7092	8,6144	8,5212	8,4296	8,3395	8,2509
52	8,1535	7,9922	7,8360	7,7597	7,6845	7,6106	7,5377	7,4660	7,3953
53	7,1080	6,9851	6,8657	6,8071	6,7495	6,6925	6,6364	6,5811	6,5264
54	6,0716	5,9817	5,8941	5,8511	5,8085	5,7665	5,7251	5,6841	5,6436

T2.6 Mann bis 60. Lebensjahr

Sterbetafel 2019/2021 Deutschland, Statistisches Bundesamt   monatlich vorschüssig

Alter	1,75%	2,00%	2,25%	2,50%	2,75%	3,00%	3,25%	3,50%	4,00%
0	36,7680	34,6433	32,7002	30,9204	29,2877	27,7875	26,4069	25,1346	22,8742
1	36,5244	34,4408	32,5330	30,7833	29,1763	27,6982	26,3364	25,0800	22,8448
2	36,1625	34,1268	32,2603	30,5465	28,9706	27,5194	26,1810	24,9448	22,7425
3	35,7903	33,8027	31,9781	30,3005	28,7561	27,3323	26,0177	24,8023	22,6336
4	35,4113	33,4719	31,6891	30,0481	28,5354	27,1393	25,8488	24,6544	22,5202
5	35,0254	33,1342	31,3935	29,7891	28,3085	26,9403	25,6743	24,5013	22,4021
6	34,6324	32,7894	31,0908	29,5234	28,0750	26,7351	25,4938	24,3425	22,2790
7	34,2319	32,4372	30,7809	29,2505	27,8347	26,5233	25,3071	24,1778	22,1506
8	33,8245	32,0780	30,4640	28,9709	27,5878	26,3052	25,1144	24,0074	22,0172
9	33,4093	31,7109	30,1394	28,6837	27,3336	26,0801	24,9149	23,8305	21,8780
10	32,9870	31,3367	29,8077	28,3894	27,0725	25,8483	24,7090	23,6476	21,7333
11	32,5570	30,9547	29,4682	28,0876	26,8040	25,6093	24,4963	23,4581	21,5827
12	32,1194	30,5651	29,1211	27,7782	26,5281	25,3632	24,2766	23,2619	21,4260
13	31,6748	30,1681	28,7666	27,4615	26,2451	25,1101	24,0501	23,0592	21,2634
14	31,2227	29,7636	28,4045	27,1373	25,9546	24,8498	23,8167	22,8498	21,0947
15	30,7634	29,3517	28,0349	26,8055	25,6567	24,5821	23,5761	22,6335	20,9196
16	30,2970	28,9324	27,6578	26,4663	25,3514	24,3072	23,3286	22,4104	20,7382
17	29,8244	28,5067	27,2741	26,1204	25,0394	24,0257	23,0745	22,1810	20,5509
18	29,3450	28,0738	26,8831	25,7670	24,7200	23,7370	22,8133	21,9446	20,3572
19	28,8603	27,6352	26,4862	25,4076	24,3945	23,4421	22,5461	21,7024	20,1579
20	28,3682	27,1890	26,0813	25,0403	24,0611	23,1393	22,2711	21,4526	19,9516
21	27,8668	26,7330	25,6667	24,6631	23,7178	22,8269	21,9866	21,1935	19,7365
22	27,3562	26,2677	25,2425	24,2762	23,3649	22,5049	21,6927	20,9251	19,5125
23	26,8366	25,7929	24,8085	23,8795	23,0022	22,1731	21,3891	20,6473	19,2796
24	26,3078	25,3086	24,3649	23,4729	22,6295	21,8314	21,0757	20,3598	19,0375
25	25,7704	24,8153	23,9118	23,0568	22,2471	21,4799	20,7527	20,0628	18,7861
26	25,2230	24,3114	23,4480	22,6297	21,8537	21,1175	20,4186	19,7549	18,5243
27	24,6663	23,7978	22,9740	22,1922	21,4498	20,7445	20,0741	19,4365	18,2523
28	24,0996	23,2737	22,4892	21,7436	21,0346	20,3601	19,7182	19,1069	17,9693
29	23,5233	22,7394	21,9937	21,2840	20,6083	19,9645	19,3510	18,7659	17,6753
30	22,9370	22,1946	21,4872	20,8131	20,1703	19,5571	18,9720	18,4132	17,3696
31	22,3413	21,6396	20,9701	20,3312	19,7211	19,1383	18,5814	18,0489	17,0524
32	21,7357	21,0742	20,4421	19,8379	19,2601	18,7075	18,1787	17,6724	16,7231
33	21,1197	20,4975	19,9021	19,3323	18,7866	18,2639	17,7630	17,2829	16,3808
34	20,4935	19,9099	19,3507	18,8147	18,3007	17,8076	17,3345	16,8803	16,0253
35	19,8573	19,3115	18,7878	18,2851	17,8023	17,3385	16,8929	16,4645	15,6565
36	19,2106	18,7019	18,2130	17,7429	17,2909	16,8560	16,4376	16,0349	15,2736
37	18,5547	18,0821	17,6272	17,1892	16,7673	16,3610	15,9694	15,5920	14,8771
38	17,8891	17,4516	17,0299	16,6232	16,2310	15,8526	15,4875	15,1351	14,4663
39	17,2111	16,8079	16,4185	16,0426	15,6794	15,3286	14,9896	14,6619	14,0387
40	16,5227	16,1526	15,7948	15,4487	15,1140	14,7901	14,4767	14,1734	13,5952
41	15,8229	15,4850	15,1577	14,8408	14,5337	14,2362	13,9479	13,6684	13,1347
42	15,1128	14,8059	14,5082	14,2195	13,9394	13,6675	13,4037	13,1477	12,6576
43	14,3891	14,1121	13,8430	13,5816	13,3277	13,0809	12,8410	12,6078	12,1606
44	13,6552	13,4068	13,1652	12,9302	12,7015	12,4789	12,2622	12,0513	11,6459
45	12,9087	12,6878	12,4725	12,2628	12,0585	11,8592	11,6651	11,4757	11,1111
46	12,1494	11,9546	11,7646	11,5791	11,3981	11,2214	11,0489	10,8804	10,5553
47	11,3775	11,2075	11,0414	10,8790	10,7203	10,5651	10,4134	10,2651	9,9781
48	10,5935	10,4469	10,3034	10,1629	10,0253	9,8907	9,7588	9,6297	9,3793
49	9,7969	9,6722	9,5499	9,4300	9,3124	9,1971	9,0841	8,9732	8,7577
50	8,9877	8,8833	8,7808	8,6801	8,5812	8,4841	8,3888	8,2951	8,1127
51	8,1638	8,0782	7,9939	7,9111	7,8296	7,7495	7,6707	7,5931	7,4417
52	7,3257	7,2572	7,1897	7,1232	7,0577	6,9931	6,9296	6,8669	6,7444
53	6,4726	6,4194	6,3670	6,3153	6,2642	6,2139	6,1642	6,1151	6,0190
54	5,6036	5,5640	5,5249	5,4863	5,4482	5,4105	5,3732	5,3364	5,2640

T2   Temporäre Leibrente

T2.6 Mann bis 60. Lebensjahr

Sterbetafel 2019/2021 Deutschland, Statistisches Bundesamt   monatlich vorschüssig

Alter	-1,00%	-0,50%	0,00%	0,25%	0,50%	0,75%	1,00%	1,25%	1,50%
55	5,0437	4,9816	4,9209	4,8909	4,8614	4,8321	4,8031	4,7744	4,7460
56	4,0241	3,9847	3,9459	3,9267	3,9078	3,8890	3,8703	3,8519	3,8335
57	3,0114	2,9894	2,9676	2,9569	2,9462	2,9357	2,9251	2,9147	2,9043
58	2,0039	1,9942	1,9847	1,9800	1,9753	1,9706	1,9659	1,9613	1,9567
59	1,0006	0,9983	0,9960	0,9949	0,9937	0,9926	0,9915	0,9903	0,9892

T2   Temporäre Leibrente

T2.6 Mann bis 60. Lebensjahr

Sterbetafel 2019/2021 Deutschland, Statistisches Bundesamt   monatlich vorschüssig

Alter	1,75%	2,00%	2,25%	2,50%	2,75%	3,00%	3,25%	3,50%	4,00%
55	4,7180	4,6902	4,6626	4,6354	4,6085	4,5818	4,5554	4,5292	4,4777
56	3,8154	3,7974	3,7796	3,7619	3,7443	3,7269	3,7097	3,6926	3,6589
57	2,8941	2,8838	2,8737	2,8636	2,8536	2,8437	2,8338	2,8240	2,8046
58	1,9521	1,9476	1,9430	1,9385	1,9340	1,9296	1,9251	1,9207	1,9119
59	0,9881	0,9870	0,9859	0,9848	0,9837	0,9826	0,9815	0,9804	0,9782

T2 Temporäre Leibrente

T2.7 Mann bis 66. Lebensjahr

Sterbetafel 2019/2021 Deutschland, Statistisches Bundesamt   monatlich vorschüssig

Alter	-1,00%	-0,50%	0,00%	0,25%	0,50%	0,75%	1,00%	1,25%	1,50%
0	90,3960	75,7572	64,1164	59,2010	54,7941	50,8360	47,2745	44,0639	41,1643
1	88,7927	74,6295	63,3274	58,5428	54,2463	50,3814	46,8985	43,7542	40,9106
2	86,9302	73,2759	62,3418	57,7011	53,5272	49,7666	46,3727	43,3044	40,5255
3	85,0768	71,9211	61,3493	56,8510	52,7986	49,1419	45,8367	42,8443	40,1303
4	83,2409	70,5722	60,3562	55,9982	52,0659	48,5120	45,2949	42,3779	39,7287
5	81,4229	69,2297	59,3628	55,1429	51,3292	47,8771	44,7474	41,9055	39,3209
6	79,6219	67,8930	58,3685	54,2847	50,5881	47,2367	44,1938	41,4267	38,9065
7	77,8378	66,5619	57,3734	53,4237	49,8426	46,5909	43,6341	40,9413	38,4852
8	76,0715	65,2375	56,3783	52,5605	49,0934	45,9403	43,0688	40,4498	38,0578
9	74,3212	63,9184	55,3821	51,6940	48,3394	45,2839	42,4970	39,9514	37,6231
10	72,5887	62,6060	54,3861	50,8256	47,5819	44,6228	41,9196	39,4470	37,1821
11	70,8730	61,2998	53,3896	49,9546	46,8202	43,9563	41,3362	38,9359	36,7342
12	69,1742	59,9999	52,3930	49,0814	46,0546	43,2848	40,7468	38,4184	36,2795
13	67,4935	58,7075	51,3973	48,2068	45,2860	42,6089	40,1522	37,8950	35,8186
14	65,8304	57,4223	50,4022	47,3306	44,5141	41,9285	39,5522	37,3656	35,3513
15	64,1852	56,1446	49,4082	46,4531	43,7392	41,2439	38,9470	36,8304	34,8776
16	62,5584	54,8750	48,4156	45,5749	42,9618	40,5554	38,3370	36,2896	34,3980
17	60,9517	53,6152	47,4261	44,6974	42,1832	39,8644	37,7233	35,7445	33,9135
18	59,3638	52,3642	46,4388	43,8198	41,4028	39,1700	37,1053	35,1942	33,4233
19	57,7979	51,1248	45,4564	42,9445	40,6228	38,4746	36,4851	34,6408	32,9293
20	56,2496	49,8934	44,4756	42,0687	39,8404	37,7755	35,8601	34,0818	32,4292
21	54,7150	48,6667	43,4935	41,1895	39,0530	37,0700	35,2278	33,5149	31,9207
22	53,1949	47,4453	42,5108	40,3075	38,2612	36,3588	34,5888	32,9405	31,4043
23	51,6894	46,2297	41,5277	39,4231	37,4651	35,6421	33,9432	32,3588	30,8799
24	50,1989	45,0200	40,5447	38,5364	36,6651	34,9199	33,2912	31,7699	30,3478
25	48,7242	43,8173	39,5625	37,6483	35,8618	34,1932	32,6334	31,1743	29,8083
26	47,2629	42,6194	38,5792	36,7571	35,0537	33,4601	31,9683	30,5706	29,2601
27	45,8165	41,4279	37,5963	35,8640	34,2419	32,7220	31,2968	29,9596	28,7041
28	44,3840	40,2419	36,6131	34,9683	33,4257	31,9780	30,6185	29,3409	28,1395
29	42,9662	39,0621	35,6302	34,0707	32,6058	31,2288	29,9336	28,7147	27,5668
30	41,5626	37,8883	34,6474	33,1710	31,7819	30,4741	29,2421	28,0809	26,9856
31	40,1742	36,7216	33,6658	32,2702	30,9550	29,7148	28,5448	27,4402	26,3968
32	38,8008	35,5617	32,6851	31,3681	30,1249	28,9508	27,8413	26,7923	25,7999
33	37,4410	34,4075	31,7044	30,4637	29,2907	28,1811	27,1309	26,1365	25,1943
34	36,0959	33,2602	30,7248	29,5581	28,4533	27,4066	26,4143	25,4733	24,5804
35	34,7656	32,1199	29,7464	28,6515	27,6130	26,6275	25,6918	24,8031	23,9585
36	33,4498	30,9865	28,7691	27,7437	26,7695	25,8436	24,9631	24,1255	23,3283
37	32,1505	29,8620	27,7949	26,8366	25,9248	25,0567	24,2299	23,4422	22,6913
38	30,8669	28,7457	26,8233	25,9298	25,0782	24,2662	23,4917	22,7526	22,0470
39	29,5950	27,6340	25,8507	25,0198	24,2266	23,4691	22,7454	22,0537	21,3924
40	28,3381	26,5300	24,8803	24,1097	23,3729	22,6680	21,9936	21,3481	20,7299
41	27,0948	25,4326	23,9109	23,1984	22,5159	21,8621	21,2355	20,6347	20,0586
42	25,8672	24,3439	22,9446	22,2877	21,6576	21,0530	20,4725	19,9152	19,3799
43	24,6499	23,2588	21,9767	21,3734	20,7937	20,2364	19,7007	19,1855	18,6900
44	23,4489	22,1832	21,0127	20,4605	19,9291	19,4175	18,9248	18,4503	17,9931
45	22,2606	21,1137	20,0495	19,5462	19,0610	18,5932	18,1420	17,7068	17,2868
46	21,0848	20,0502	19,0870	18,6304	18,1895	17,7636	17,3523	16,9548	16,5707
47	19,9222	18,9936	18,1261	17,7138	17,3151	16,9294	16,5562	16,1951	15,8455
48	18,7743	17,9453	17,1682	16,7979	16,4393	16,0918	15,7550	15,4287	15,1122
49	17,6404	16,9047	16,2128	15,8823	15,5616	15,2505	14,9484	14,6552	14,3705
50	16,5211	15,8726	15,2606	14,9676	14,6828	14,4060	14,1369	13,8752	13,6208
51	15,4134	14,8461	14,3090	14,0512	13,8002	13,5559	13,3180	13,0864	12,8607
52	14,3187	13,8268	13,3595	13,1347	12,9154	12,7017	12,4932	12,2898	12,0914
53	13,2364	12,8141	12,4117	12,2175	12,0279	11,8427	11,6618	11,4851	11,3124
54	12,1659	11,8076	11,4650	11,2993	11,1372	10,9787	10,8235	10,6717	10,5231

T2.7 Mann bis 66. Lebensjahr

Sterbetafel 2019/2021 Deutschland, Statistisches Bundesamt   monatlich vorschüssig

Alter	1,75%	2,00%	2,25%	2,50%	2,75%	3,00%	3,25%	3,50%	4,00%
0	38,5408	36,1627	34,0029	32,0377	30,2464	28,6104	27,1136	25,7416	23,3226
1	38,3342	35,9957	33,8694	31,9324	30,1647	28,5486	27,0684	25,7104	23,3128
2	38,0044	35,7131	33,6271	31,7246	29,9864	28,3955	26,9370	25,5974	23,2293
3	37,6647	35,4210	33,3758	31,5082	29,8000	28,2348	26,7984	25,4778	23,1400
4	37,3187	35,1227	33,1184	31,2860	29,6081	28,0690	26,6549	25,3536	23,0468
5	36,9664	34,8183	32,8551	31,0582	29,4108	27,8980	26,5067	25,2251	22,9499
6	36,6075	34,5073	32,5855	30,8243	29,2077	27,7216	26,3534	25,0917	22,8487
7	36,2419	34,1896	32,3093	30,5841	28,9986	27,5395	26,1947	24,9533	22,7432
8	35,8698	33,8656	32,0270	30,3379	28,7839	27,3520	26,0309	24,8101	22,6335
9	35,4905	33,5344	31,7377	30,0850	28,5626	27,1584	25,8612	24,6614	22,5190
10	35,1048	33,1968	31,4420	29,8258	28,3354	26,9590	25,6862	24,5076	22,4000
11	34,7120	32,8521	31,1394	29,5600	28,1017	26,7535	25,5053	24,3482	22,2761
12	34,3123	32,5006	30,8300	29,2875	27,8616	26,5417	25,3184	24,1833	22,1472
13	33,9061	32,1425	30,5141	29,0087	27,6153	26,3241	25,1260	24,0129	22,0136
14	33,4934	31,7777	30,1915	28,7233	27,3627	26,1003	24,9276	23,8370	21,8749
15	33,0740	31,4063	29,8623	28,4314	27,1037	25,8703	24,7233	23,6554	21,7311
16	32,6484	31,0284	29,5267	28,1331	26,8384	25,6343	24,5132	23,4682	21,5823
17	32,2175	30,6450	29,1854	27,8292	26,5676	25,3929	24,2978	23,2760	21,4290
18	31,7806	30,2555	28,8379	27,5190	26,2907	25,1455	24,0767	23,0783	21,2706
19	31,3395	29,8614	28,4857	27,2041	26,0090	24,8934	23,8511	22,8762	21,1083
20	30,8919	29,4607	28,1268	26,8825	25,7207	24,6349	23,6191	22,6680	20,9403
21	30,4357	29,0511	27,7590	26,5521	25,4238	24,3679	23,3790	22,4520	20,7652
22	29,9712	28,6331	27,3827	26,2132	25,1185	24,0927	23,1309	22,2281	20,5829
23	29,4983	28,2066	26,9978	25,8658	24,8047	23,8092	22,8747	21,9965	20,3932
24	29,0173	27,7716	26,6043	25,5097	24,4823	23,5173	22,6102	21,7567	20,1961
25	28,5286	27,3286	26,2027	25,1454	24,1518	23,2173	22,3377	21,5092	19,9916
26	28,0306	26,8762	25,7914	24,7714	23,8116	22,9077	22,0559	21,2526	19,7786
27	27,5243	26,4150	25,3712	24,3884	23,4624	22,5892	21,7653	20,9874	19,5573
28	27,0090	25,9445	24,9415	23,9958	23,1035	22,2611	21,4652	20,7127	19,3271
29	26,4850	25,4649	24,5024	23,5936	22,7351	21,9234	21,1556	20,4288	19,0881
30	25,9520	24,9759	24,0536	23,1816	22,3567	21,5758	20,8361	20,1352	18,8396
31	25,4106	24,4781	23,5956	22,7602	21,9688	21,2186	20,5072	19,8321	18,5821
32	24,8606	23,9711	23,1282	22,3291	21,5710	20,8515	20,1683	19,5191	18,3149
33	24,3012	23,4541	22,6504	21,8873	21,1624	20,4735	19,8185	19,1953	18,0372
34	23,7328	22,9277	22,1627	21,4353	20,7434	20,0850	19,4582	18,8610	17,7492
35	23,1556	22,3919	21,6651	20,9731	20,3140	19,6859	19,0871	18,5160	17,4506
36	22,5693	21,8463	21,1572	20,5003	19,8737	19,2758	18,7049	18,1597	17,1409
37	21,9753	21,2923	20,6404	20,0181	19,4236	18,8556	18,3125	17,7932	16,8209
38	21,3731	20,7294	20,1141	19,5258	18,9632	18,4247	17,9094	17,4158	16,4899
39	20,7599	20,1547	19,5755	19,0209	18,4896	17,9806	17,4927	17,0248	16,1454
40	20,1378	19,5704	19,0265	18,5051	18,0049	17,5249	17,0642	16,6219	15,7888
41	19,5059	18,9755	18,4664	17,9775	17,5078	17,0566	16,6229	16,2059	15,4189
42	18,8656	18,3713	17,8962	17,4392	16,9997	16,5767	16,1696	15,7777	15,0366
43	18,2131	17,7541	17,3122	16,8866	16,4766	16,0816	15,7009	15,3338	14,6383
44	17,5526	17,1279	16,7184	16,3235	15,9425	15,5748	15,2200	14,8774	14,2270
45	16,8814	16,4901	16,1122	15,7472	15,3946	15,0538	14,7244	14,4060	13,8003
46	16,1994	15,8404	15,4932	15,1574	14,8325	14,5181	14,2138	13,9191	13,3574
47	15,5071	15,1794	14,8620	14,5545	14,2566	13,9679	13,6880	13,4167	12,8984
48	14,8054	14,5079	14,2193	13,9393	13,6676	13,4039	13,1479	12,8994	12,4237
49	14,0940	13,8255	13,5646	13,3112	13,0649	12,8255	12,5927	12,3665	11,9324
50	13,3733	13,1326	12,8984	12,6705	12,4487	12,2327	12,0226	11,8179	11,4245
51	12,6409	12,4267	12,2181	12,0147	11,8165	11,6232	11,4349	11,2512	10,8973
52	11,8979	11,7090	11,5247	11,3448	11,1692	10,9978	10,8304	10,6669	10,3513
53	11,1436	10,9787	10,8176	10,6600	10,5060	10,3554	10,2081	10,0641	9,7855
54	10,3777	10,2354	10,0961	9,9597	9,8262	9,6954	9,5674	9,4419	9,1988

T2 Temporäre Leibrente

T2.7 Mann bis 66. Lebensjahr

Sterbetafel 2019/2021 Deutschland, Statistisches Bundesamt   monatlich vorschüssig

Alter	-1,00%	-0,50%	0,00%	0,25%	0,50%	0,75%	1,00%	1,25%	1,50%
55	11,1073	10,8074	10,5196	10,3801	10,2435	10,1095	9,9783	9,8497	9,7236
56	10,0614	9,8144	9,5767	9,4611	9,3477	9,2364	9,1272	9,0199	8,9146
57	9,0265	8,8271	8,6344	8,5406	8,4483	8,3576	8,2685	8,1808	8,0946
58	8,0007	7,8436	7,6913	7,6170	7,5437	7,4716	7,4006	7,3307	7,2619
59	6,9839	6,8639	6,7473	6,6901	6,6338	6,5783	6,5235	6,4694	6,4161
60	5,9757	5,8878	5,8020	5,7599	5,7183	5,6772	5,6366	5,5965	5,5569
61	4,9736	4,9127	4,8531	4,8238	4,7947	4,7660	4,7376	4,7094	4,6816
62	3,9770	3,9381	3,9000	3,8811	3,8625	3,8440	3,8256	3,8074	3,7894
63	2,9835	2,9618	2,9403	2,9297	2,9192	2,9087	2,8984	2,8880	2,8778
64	1,9910	1,9815	1,9720	1,9673	1,9627	1,9580	1,9534	1,9488	1,9443
65	0,9974	0,9951	0,9928	0,9917	0,9906	0,9894	0,9883	0,9872	0,9861

T2   Temporäre Leibrente

T2.7   Mann bis 66. Lebensjahr

Sterbetafel 2019/2021 Deutschland, Statistisches Bundesamt   monatlich vorschüssig

Alter	1,75%	2,00%	2,25%	2,50%	2,75%	3,00%	3,25%	3,50%	4,00%
55	9,6000	9,4788	9,3600	9,2436	9,1294	9,0174	8,9075	8,7997	8,5904
56	8,8113	8,7098	8,6101	8,5122	8,4161	8,3217	8,2290	8,1379	7,9604
57	8,0098	7,9265	7,8445	7,7639	7,6845	7,6065	7,5298	7,4542	7,3068
58	7,1940	7,1272	7,0614	6,9966	6,9327	6,8698	6,8078	6,7467	6,6272
59	6,3635	6,3116	6,2604	6,2099	6,1600	6,1108	6,0623	6,0144	5,9205
60	5,5177	5,4790	5,4408	5,4030	5,3656	5,3287	5,2922	5,2562	5,1853
61	4,6540	4,6267	4,5997	4,5730	4,5466	4,5204	4,4945	4,4688	4,4182
62	3,7715	3,7538	3,7363	3,7189	3,7016	3,6845	3,6675	3,6507	3,6175
63	2,8676	2,8576	2,8475	2,8376	2,8277	2,8179	2,8081	2,7984	2,7793
64	1,9397	1,9352	1,9307	1,9262	1,9218	1,9174	1,9130	1,9086	1,8999
65	0,9850	0,9839	0,9828	0,9817	0,9806	0,9795	0,9784	0,9773	0,9751

T2.8 Mann bis 67. Lebensjahr

Sterbetafel 2019/2021 Deutschland, Statistisches Bundesamt   monatlich vorschüssig

Alter	-1,00%	-0,50%	0,00%	0,25%	0,50%	0,75%	1,00%	1,25%	1,50%
0	92,0280	76,9248	64,9532	59,9099	55,3948	51,3453	47,7064	44,4304	41,4755
1	90,4137	75,7952	64,1670	59,2558	54,8521	50,8962	47,3362	44,1265	41,2274
2	88,5353	74,4360	63,1815	58,4160	54,1361	50,2855	46,8149	43,6814	40,8472
3	86,6661	73,0756	62,1892	57,5678	53,4107	49,6647	46,2834	43,2261	40,4568
4	84,8145	71,7210	61,1962	56,7169	52,6810	49,0387	45,7461	42,7645	40,0601
5	82,9809	70,3729	60,2028	55,8635	51,9475	48,4078	45,2031	42,2970	39,6573
6	81,1645	69,0305	59,2087	55,0072	51,2095	47,7715	44,6542	41,8231	39,2480
7	79,3650	67,6938	58,2136	54,1480	50,4672	47,1298	44,0991	41,3427	38,8319
8	77,5836	66,3639	57,2186	53,2867	49,7212	46,4833	43,5385	40,8563	38,4097
9	75,8183	65,0392	56,2225	52,4221	48,9704	45,8310	42,9714	40,3631	37,9804
10	74,0710	63,7214	55,2265	51,5555	48,2161	45,1739	42,3988	39,8638	37,5447
11	72,3405	62,4096	54,2301	50,6864	47,4576	44,5116	41,8202	39,3579	37,1023
12	70,6271	61,1043	53,2336	49,8151	46,6953	43,8443	41,2357	38,8457	36,6531
13	68,9320	59,8064	52,2379	48,9424	45,9299	43,1727	40,6461	38,3277	36,1979
14	67,2547	58,5158	51,2429	48,0680	45,1612	42,4966	40,0510	37,8038	35,7363
15	65,5954	57,2328	50,2489	47,1925	44,3896	41,8163	39,4509	37,2741	35,2685
16	63,9547	55,9579	49,2565	46,3163	43,6156	41,1322	38,8460	36,7389	34,7948
17	62,3344	54,6930	48,2672	45,4408	42,8405	40,4456	38,2375	36,1995	34,3162
18	60,7330	53,4368	47,2801	44,5652	42,0635	39,7558	37,6248	35,6550	33,8322
19	59,1539	52,1925	46,2980	43,6921	41,2871	39,0650	37,0100	35,1075	33,3445
20	57,5926	50,9562	45,3176	42,8185	40,5083	38,3705	36,3904	34,5546	32,8508
21	56,0452	49,7246	44,3358	41,9415	39,7245	37,6698	35,7637	33,9938	32,3488
22	54,5122	48,4983	43,3534	41,0617	38,9363	36,9633	35,1303	33,4256	31,8390
23	52,9942	47,2779	42,3708	40,1794	38,1439	36,2513	34,4903	32,8502	31,3213
24	51,4911	46,0634	41,3881	39,2950	37,3475	35,5340	33,8440	32,2676	30,7960
25	50,0041	44,8559	40,4062	38,4091	36,5480	34,8122	33,1920	31,6785	30,2635
26	48,5305	43,6533	39,4233	37,5201	35,7436	34,0840	32,5326	31,0812	29,7223
27	47,0720	42,4571	38,4408	36,6292	34,9355	33,3508	31,8671	30,4769	29,1734
28	45,6276	41,2664	37,4580	35,7358	34,1231	32,6119	31,1947	29,8648	28,6160
29	44,1979	40,0820	36,4755	34,8405	33,3070	31,8677	30,5159	29,2455	28,0507
30	42,7825	38,9035	35,4931	33,9431	32,4870	31,1181	29,8305	28,6186	27,4771
31	41,3826	37,7323	34,5119	33,0447	31,6640	30,3641	29,1394	27,9849	26,8959
32	39,9978	36,5679	33,5317	32,1449	30,8379	29,6053	28,4422	27,3441	26,3068
33	38,6268	35,4094	32,5516	31,2430	30,0077	28,8409	27,7382	26,6955	25,7091
34	37,2706	34,2577	31,5725	30,3398	29,1743	28,0717	27,0281	26,0397	25,1033
35	35,9293	33,1131	30,5947	29,4357	28,3381	27,2981	26,3121	25,3770	24,4896
36	34,6028	31,9755	29,6181	28,5305	27,4989	26,5198	25,5901	24,7071	23,8678
37	33,2930	30,8469	28,6447	27,6261	26,6584	25,7385	24,8637	24,0315	23,2394
38	31,9992	29,7268	27,6739	26,7221	25,8163	24,9539	24,1325	23,3499	22,6038
39	30,7171	28,6112	26,7022	25,8149	24,9692	24,1627	23,3933	22,6591	21,9582
40	29,4503	27,5034	25,7328	24,9077	24,1200	23,3676	22,6488	21,9618	21,3048
41	28,1973	26,4024	24,7645	23,9994	23,2677	22,5678	21,8980	21,2569	20,6429
42	26,9602	25,3102	23,7994	23,0919	22,4143	21,7650	21,1427	20,5461	19,9738
43	25,7335	24,2217	22,8328	22,1807	21,5552	20,9549	20,3786	19,8252	19,2937
44	24,5235	23,1429	21,8702	21,2713	20,6957	20,1425	19,6106	19,0991	18,6069
45	23,3263	22,0703	20,9085	20,3604	19,8329	19,3250	18,8359	18,3648	17,9109
46	22,1419	21,0038	19,9477	19,4482	18,9667	18,5023	18,0544	17,6224	17,2054
47	20,9710	19,9445	18,9886	18,5354	18,0978	17,6752	17,2669	16,8724	16,4911
48	19,8151	18,8936	18,0327	17,6236	17,2278	16,8450	16,4746	16,1161	15,7691
49	18,6736	17,8508	17,0797	16,7122	16,3562	16,0113	15,6771	15,3531	15,0390
50	17,5470	16,8168	16,1301	15,8021	15,4838	15,1749	14,8751	14,5840	14,3014
51	16,4323	15,7887	15,1814	14,8906	14,6079	14,3331	14,0660	13,8063	13,5537
52	15,3312	14,7682	14,2351	13,9792	13,7301	13,4876	13,2514	13,0215	12,7974
53	14,2428	13,7546	13,2908	13,0676	12,8500	12,6377	12,4308	12,2289	12,0319
54	13,1668	12,7476	12,3481	12,1554	11,9671	11,7833	11,6037	11,4282	11,2567

T2   Temporäre Leibrente

T2.8 Mann bis 67. Lebensjahr

Sterbetafel 2019/2021 Deutschland, Statistisches Bundesamt   monatlich vorschüssig

Alter	1,75%	2,00%	2,25%	2,50%	2,75%	3,00%	3,25%	3,50%	4,00%
0	38,8050	36,3871	34,1936	32,1999	30,3843	28,7278	27,2135	25,8267	23,3844
1	38,6039	36,2254	34,0651	32,0991	30,3069	28,6699	27,1719	25,7987	23,3772
2	38,2789	35,9475	33,8272	31,8956	30,1325	28,5205	27,0439	25,6889	23,2963
3	37,9441	35,6601	33,5804	31,6835	29,9501	28,3635	26,9087	25,5724	23,2097
4	37,6029	35,3666	33,3277	31,4657	29,7624	28,2016	26,7689	25,4516	23,1193
5	37,2557	35,0670	33,0691	31,2424	29,5694	28,0346	26,6244	25,3265	23,0253
6	36,9019	34,7610	32,8043	31,0131	29,3707	27,8623	26,4749	25,1967	22,9272
7	36,5414	34,4484	32,5331	30,7776	29,1661	27,6845	26,3202	25,0620	22,8248
8	36,1746	34,1296	32,2558	30,5363	28,9559	27,5013	26,1604	24,9226	22,7184
9	35,8007	33,8038	31,9717	30,2883	28,7394	27,3121	25,9950	24,7778	22,6073
10	35,4203	33,4715	31,6813	30,0343	28,5171	27,1174	25,8243	24,6281	22,4918
11	35,0331	33,1324	31,3841	29,7737	28,2884	26,9166	25,6479	24,4729	22,3716
12	34,6390	32,7865	31,0802	29,5066	28,0534	26,7098	25,4657	24,3124	22,2465
13	34,2387	32,4341	30,7700	29,2333	27,8125	26,4972	25,2780	24,1466	22,1169
14	33,8317	32,0752	30,4532	28,9535	27,5653	26,2786	25,0846	23,9753	21,9823
15	33,4184	31,7097	30,1299	28,6673	27,3118	26,0540	24,8854	23,7985	21,8428
16	32,9989	31,3380	29,8003	28,3750	27,0523	25,8235	24,6806	23,6164	21,6985
17	32,5742	30,9609	29,4653	28,0772	26,7875	25,5878	24,4708	23,4295	21,5499
18	32,1436	30,5778	29,1242	27,7733	26,5167	25,3464	24,2553	23,2372	21,3964
19	31,7090	30,1903	28,7785	27,4649	26,2413	25,1004	24,0356	23,0407	21,2391
20	31,2680	29,7962	28,4263	27,1499	25,9594	24,8481	23,8097	22,8383	21,0765
21	30,8185	29,3936	28,0654	26,8263	25,6692	24,5877	23,5758	22,6283	20,9068
22	30,3608	28,9825	27,6961	26,4944	25,3707	24,3192	23,3342	22,4107	20,7302
23	29,8950	28,5631	27,3184	26,1540	25,0640	24,0426	23,0846	22,1855	20,5465
24	29,4211	28,1354	26,9322	25,8053	24,7489	23,7577	22,8271	21,9525	20,3556
25	28,9396	27,6999	26,5381	25,4485	24,4258	23,4650	22,5618	21,7119	20,1576
26	28,4490	27,2550	26,1345	25,0823	24,0932	23,1630	22,2874	21,4625	19,9512
27	27,9502	26,8016	25,7222	24,7072	23,7519	22,8523	22,0044	21,2047	19,7370
28	27,4425	26,3390	25,3005	24,3226	23,4011	22,5321	21,7121	20,9378	19,5141
29	26,9263	25,8675	24,8697	23,9288	23,0410	22,2027	21,4107	20,6618	19,2826
30	26,4013	25,3867	24,4294	23,5254	22,6712	21,8637	21,0997	20,3764	19,0420
31	25,8680	24,8973	23,9801	23,1127	22,2921	21,5153	20,7794	20,0819	18,7927
32	25,3263	24,3990	23,5215	22,6906	21,9034	21,1573	20,4495	19,7778	18,5341
33	24,7753	23,8909	23,0528	22,2581	21,5042	20,7886	20,1090	19,4633	18,2653
34	24,2155	23,3735	22,5744	21,8156	21,0949	20,4098	19,7583	19,1385	17,9865
35	23,6471	22,8469	22,0863	21,3632	20,6754	20,0207	19,3973	18,8034	17,6976
36	23,0698	22,3108	21,5883	20,9005	20,2453	19,6208	19,0254	18,4575	17,3980
37	22,4851	21,7665	21,0816	20,4286	19,8057	19,2113	18,6438	18,1017	17,0885
38	21,8923	21,2136	20,5657	19,9471	19,3562	18,7915	18,2517	17,7354	16,7685
39	21,2887	20,6491	20,0377	19,4531	18,8939	18,3588	17,8465	17,3559	16,4355
40	20,6765	20,0752	19,4997	18,9486	18,4208	17,9149	17,4300	16,9650	16,0908
41	20,0547	19,4911	18,9508	18,4327	17,9357	17,4588	17,0010	16,5614	15,7334
42	19,4249	18,8980	18,3922	17,9065	17,4399	16,9916	16,5606	16,1462	15,3641
43	18,7829	18,2921	17,8201	17,3663	16,9297	16,5095	16,1051	15,7157	14,9794
44	18,1334	17,6775	17,2386	16,8159	16,4087	16,0163	15,6381	15,2734	14,5824
45	17,4734	17,0517	16,6451	16,2529	15,8745	15,5094	15,1569	14,8166	14,1705
46	16,8029	16,4144	16,0392	15,6768	15,3266	14,9882	14,6611	14,3449	13,7432
47	16,1225	15,7661	15,4214	15,0880	14,7654	14,4531	14,1509	13,8583	13,3005
48	15,4331	15,1078	14,7927	14,4874	14,1916	13,9049	13,6270	13,3576	12,8429
49	14,7344	14,4390	14,1525	13,8745	13,6047	13,3429	13,0887	12,8419	12,3695
50	14,0269	13,7603	13,5013	13,2496	13,0050	12,7673	12,5362	12,3115	11,8805
51	13,3081	13,0691	12,8365	12,6103	12,3900	12,1757	11,9670	11,7637	11,3731
52	12,5792	12,3666	12,1594	11,9575	11,7607	11,5688	11,3818	11,1994	10,8480
53	11,8397	11,6522	11,4692	11,2906	11,1162	10,9460	10,7798	10,6175	10,3041
54	11,0892	10,9255	10,7654	10,6090	10,4560	10,3065	10,1602	10,0172	9,7405

T2   Temporäre Leibrente

T2.8 Mann bis 67. Lebensjahr

Sterbetafel 2019/2021 Deutschland, Statistisches Bundesamt   monatlich vorschüssig

Alter	-1,00%	-0,50%	0,00%	0,25%	0,50%	0,75%	1,00%	1,25%	1,50%
55	12,1031	11,7473	11,4071	11,2426	11,0817	10,9242	10,7702	10,6194	10,4719
56	11,0529	10,7550	10,4692	10,3307	10,1949	10,0619	9,9315	9,8038	9,6785
57	10,0143	9,7689	9,5327	9,4179	9,3052	9,1946	9,0861	8,9795	8,8749
58	8,9855	8,7874	8,5959	8,5027	8,4110	8,3209	8,2322	8,1451	8,0594
59	7,9665	7,8103	7,6589	7,5850	7,5122	7,4405	7,3699	7,3004	7,2319
60	6,9571	6,8378	6,7217	6,6649	6,6089	6,5536	6,4991	6,4453	6,3923
61	5,9546	5,8671	5,7818	5,7398	5,6984	5,6575	5,6171	5,5772	5,5378
62	4,9587	4,8981	4,8387	4,8095	4,7806	4,7520	4,7236	4,6956	4,6679
63	3,9671	3,9284	3,8903	3,8716	3,8530	3,8345	3,8163	3,7981	3,7802
64	2,9777	2,9560	2,9346	2,9240	2,9135	2,9031	2,8928	2,8825	2,8723
65	1,9884	1,9788	1,9694	1,9647	1,9601	1,9554	1,9508	1,9463	1,9417
66	0,9967	0,9944	0,9921	0,9910	0,9899	0,9887	0,9876	0,9865	0,9854

T2 Temporäre Leibrente

T2.8 Mann bis 67. Lebensjahr

Sterbetafel 2019/2021 Deutschland, Statistisches Bundesamt   monatlich vorschüssig

Alter	1,75%	2,00%	2,25%	2,50%	2,75%	3,00%	3,25%	3,50%	4,00%
55	10,3275	10,1862	10,0478	9,9124	9,7798	9,6499	9,5227	9,3981	9,1566
56	9,5557	9,4354	9,3174	9,2017	9,0882	8,9769	8,8678	8,7607	8,5527
57	8,7722	8,6713	8,5723	8,4751	8,3795	8,2857	8,1936	8,1030	7,9267
58	7,9752	7,8923	7,8108	7,7307	7,6519	7,5743	7,4980	7,4229	7,2764
59	7,1645	7,0981	7,0327	6,9682	6,9047	6,8421	6,7805	6,7197	6,6009
60	6,3400	6,2883	6,2374	6,1871	6,1375	6,0886	6,0403	5,9927	5,8992
61	5,4988	5,4603	5,4222	5,3846	5,3474	5,3107	5,2744	5,2385	5,1679
62	4,6404	4,6133	4,5864	4,5598	4,5334	4,5073	4,4815	4,4560	4,4056
63	3,7624	3,7447	3,7272	3,7099	3,6927	3,6756	3,6587	3,6419	3,6088
64	2,8621	2,8521	2,8421	2,8321	2,8223	2,8125	2,8028	2,7931	2,7740
65	1,9372	1,9327	1,9282	1,9237	1,9193	1,9149	1,9105	1,9061	1,8974
66	0,9843	0,9832	0,9821	0,9810	0,9799	0,9788	0,9777	0,9766	0,9744

T2 Temporäre Leibrente

T2.9 Mann bis 70. Lebensjahr

Sterbetafel 2019/2021 Deutschland, Statistisches Bundesamt   monatlich vorschüssig

Alter	-1,00%	-0,50%	0,00%	0,25%	0,50%	0,75%	1,00%	1,25%	1,50%
0	96,8376	80,3317	67,3707	61,9476	57,1132	52,7950	48,9299	45,4635	42,3481
1	95,1911	79,1963	66,5925	61,3054	56,5847	52,3616	48,5760	45,1760	42,1161
2	93,2660	77,8209	65,6076	60,4712	55,8778	51,7622	48,0675	44,7443	41,7494
3	91,3500	76,4439	64,6156	59,6284	55,1613	51,1527	47,5486	44,3023	41,3726
4	89,4521	75,0729	63,6228	58,7828	54,4406	50,5380	47,0241	43,8543	40,9898
5	87,5727	73,7084	62,6297	57,9348	53,7161	49,9185	46,4941	43,4006	40,6011
6	85,7108	72,3497	61,6358	57,0839	52,9872	49,2937	45,9581	42,9406	40,2060
7	83,8662	70,9967	60,6410	56,2301	52,2538	48,6635	45,4162	42,4742	39,8044
8	82,0402	69,6505	59,6462	55,3741	51,5169	48,0286	44,8689	42,0021	39,3968
9	80,2307	68,3096	58,6502	54,5149	50,7753	47,3880	44,3152	41,5232	38,9824
10	78,4395	66,9756	57,6544	53,6538	50,0301	46,7428	43,7562	41,0385	38,5618
11	76,6656	65,6478	56,6581	52,7901	49,2808	46,0924	43,1912	40,5474	38,1347
12	74,9093	64,3265	55,6618	51,9241	48,5277	45,4370	42,6205	40,0502	37,7011
13	73,1717	63,0129	54,6663	51,0568	47,7716	44,7775	42,0448	39,5474	37,2617
14	71,4524	61,7065	53,6716	50,1880	47,0124	44,1136	41,4639	39,0388	36,8161
15	69,7516	60,4079	52,6779	49,3180	46,2502	43,4456	40,8781	38,5246	36,3646
16	68,0699	59,1176	51,6858	48,4474	45,4858	42,7739	40,2876	38,0053	35,9075
17	66,4094	57,8376	50,6970	47,5777	44,7204	42,1000	39,6939	37,4820	35,4459
18	64,7684	56,5665	49,7106	46,7081	43,9534	41,4231	39,0962	36,9539	34,9791
19	63,1504	55,3077	48,7294	45,8412	43,1871	40,7454	38,4966	36,4231	34,5091
20	61,5509	54,0572	47,7500	44,9739	42,4187	40,0643	37,8926	35,8872	34,0334
21	59,9654	52,8113	46,7693	44,1031	41,6452	39,3770	37,2815	35,3437	33,5497
22	58,3949	51,5709	45,7879	43,2296	40,8674	38,6840	36,6639	34,7929	33,0583
23	56,8395	50,3363	44,8062	42,3536	40,0854	37,9856	36,0399	34,2351	32,5595
24	55,2996	49,1078	43,8245	41,4755	39,2995	37,2820	35,4097	33,6704	32,0532
25	53,7761	47,8865	42,8437	40,5960	38,5106	36,5740	34,7740	33,0994	31,5401
26	52,2664	46,6700	41,8619	39,7134	37,7169	35,8599	34,1312	32,5206	31,0186
27	50,7723	45,4600	40,8805	38,8290	36,9196	35,1408	33,4824	31,9349	30,4898
28	49,2925	44,2556	39,8987	37,9421	36,1180	34,4161	32,8269	31,3417	29,9528
29	47,8279	43,0577	38,9174	37,0534	35,3129	33,6863	32,1652	30,7416	29,4081
30	46,3779	41,8659	37,9362	36,1626	34,5038	32,9513	31,4971	30,1341	28,8555
31	44,9440	40,6814	36,9563	35,2709	33,6920	32,2119	30,8235	29,5201	28,2957
32	43,5257	39,5040	35,9776	34,3780	32,8772	31,4681	30,1442	28,8995	27,7285
33	42,1214	38,3325	34,9989	33,4830	32,0585	30,7188	29,4582	28,2713	27,1530
34	40,7325	37,1681	34,0214	32,5869	31,2367	29,9650	28,7665	27,6362	26,5698
35	39,3591	36,0111	33,0454	31,6901	30,4123	29,2069	28,0692	26,9946	25,9792
36	38,0009	34,8612	32,0707	30,7923	29,5850	28,4444	27,3661	26,3462	25,3809
37	36,6602	33,7208	31,0995	29,8956	28,7569	27,6794	26,6591	25,6926	24,7766
38	35,3362	32,5893	30,1313	28,9996	27,9275	26,9113	25,9477	25,0335	24,1657
39	34,0243	31,4623	29,1622	28,1005	27,0932	26,1369	25,2286	24,3656	23,5451
40	32,7282	30,3436	28,1956	27,2017	26,2571	25,3589	24,5046	23,6916	22,9175
41	31,4464	29,2320	27,2304	26,3020	25,4182	24,5766	23,7747	23,0105	22,2818
42	30,1815	28,1297	26,2689	25,4036	24,5786	23,7918	23,0409	22,3242	21,6397
43	28,9272	27,0311	25,3058	24,5015	23,7335	22,9997	22,2985	21,6281	20,9870
44	27,6906	25,9429	24,3474	23,6018	22,8886	22,2062	21,5530	20,9276	20,3285
45	26,4674	24,8613	23,3901	22,7009	22,0407	21,4079	20,8013	20,2195	19,6614
46	25,2575	23,7863	22,4341	21,7991	21,1897	20,6049	20,0433	19,5039	18,9856
47	24,0620	22,7188	21,4802	20,8972	20,3367	19,7980	19,2798	18,7814	18,3018
48	22,8825	21,6607	20,5303	19,9969	19,4833	18,9888	18,5125	18,0536	17,6114
49	21,7184	20,6115	19,5839	19,0978	18,6291	18,1770	17,7409	17,3201	16,9139
50	20,5706	19,5721	18,6420	18,2010	17,7750	17,3635	16,9659	16,5817	16,2102
51	19,4355	18,5392	17,7016	17,3033	16,9181	16,5454	16,1847	15,8356	15,4976
52	18,3152	17,5149	16,7645	16,4069	16,0604	15,7246	15,3992	15,0837	14,7777
53	17,2091	16,4987	15,8305	15,5112	15,2014	14,9007	14,6088	14,3253	14,0501
54	16,1166	15,4903	14,8992	14,6161	14,3410	14,0734	13,8133	13,5604	13,3144

T2 Temporäre Leibrente

T2.9 Mann bis 70. Lebensjahr

Sterbetafel 2019/2021 Deutschland, Statistisches Bundesamt   monatlich vorschüssig

Alter	1,75%	2,00%	2,25%	2,50%	2,75%	3,00%	3,25%	3,50%	4,00%
0	39,5425	37,0105	34,7209	32,6460	30,7619	29,0475	27,4844	26,0563	23,5495
1	39,3567	36,8634	34,6060	32,5579	30,6962	29,0003	27,4526	26,0371	23,5495
2	39,0451	36,5984	34,3805	32,3659	30,5326	28,8609	27,3337	25,9357	23,4755
3	38,7237	36,3241	34,1462	32,1657	30,3613	28,7142	27,2080	25,8279	23,3961
4	38,3964	36,0439	33,9062	31,9600	30,1849	28,5628	27,0779	25,7161	23,3132
5	38,0631	35,7580	33,6608	31,7491	30,0036	28,4068	26,9435	25,6002	23,2269
6	37,7235	35,4659	33,4093	31,5325	29,8168	28,2457	26,8044	25,4800	23,1369
7	37,3774	35,1675	33,1518	31,3101	29,6246	28,0794	26,6604	25,3552	23,0429
8	37,0253	34,8631	32,8885	31,0821	29,4271	27,9081	26,5118	25,2261	22,9453
9	36,6664	34,5520	32,6186	30,8479	29,2235	27,7311	26,3578	25,0920	22,8433
10	36,3013	34,2348	32,3428	30,6079	29,0145	27,5490	26,1989	24,9533	22,7373
11	35,9295	33,9109	32,0605	30,3616	28,7996	27,3612	26,0347	24,8096	22,6269
12	35,5512	33,5806	31,7719	30,1092	28,5787	27,1677	25,8651	24,6608	22,5120
13	35,1668	33,2443	31,4773	29,8510	28,3522	26,9689	25,6905	24,5072	22,3930
14	34,7762	32,9016	31,1765	29,5868	28,1199	26,7645	25,5105	24,3486	22,2695
15	34,3795	32,5528	30,8695	29,3165	27,8818	26,5546	25,3252	24,1850	22,1416
16	33,9770	32,1980	30,5567	29,0405	27,6380	26,3392	25,1347	24,0164	22,0092
17	33,5696	31,8383	30,2389	28,7595	27,3894	26,1191	24,9398	23,8436	21,8731
18	33,1568	31,4730	29,9154	28,4729	27,1353	25,8937	24,7397	23,6659	21,7326
19	32,7403	31,1037	29,5879	28,1822	26,8772	25,6644	24,5358	23,4846	21,5890
20	32,3178	30,7284	29,2542	27,8854	26,6132	25,4293	24,3264	23,2980	21,4405
21	31,8871	30,3447	28,9123	27,5806	26,3412	25,1865	24,1096	23,1042	21,2856
22	31,4485	29,9531	28,5624	27,2678	26,0615	24,9362	23,8855	22,9035	21,1243
23	31,0022	29,5535	28,2045	26,9471	25,7740	24,6784	23,6541	22,6958	20,9565
24	30,5481	29,1460	27,8387	26,6186	25,4787	24,4129	23,4153	22,4808	20,7821
25	30,0868	28,7312	27,4654	26,2825	25,1760	24,1401	23,1694	22,2590	20,6013
26	29,6168	28,3074	27,0831	25,9374	24,8644	23,8586	22,9150	22,0290	20,4130
27	29,1390	27,8755	26,6926	25,5841	24,5447	23,5691	22,6527	21,7912	20,2174
28	28,6527	27,4348	26,2931	25,2219	24,2161	23,2708	22,3818	21,5451	20,0139
29	28,1583	26,9858	25,8851	24,8510	23,8788	22,9639	22,1025	21,2907	19,8027
30	27,6554	26,5280	25,4681	24,4711	23,5324	22,6481	21,8143	21,0277	19,5832
31	27,1448	26,0620	25,0428	24,0826	23,1775	22,3237	21,5177	20,7563	19,3558
32	26,6262	25,5877	24,6087	23,6853	22,8137	21,9904	21,2122	20,4762	19,1200
33	26,0987	25,1040	24,1651	23,2783	22,4401	21,6473	20,8970	20,1866	18,8750
34	25,5629	24,6117	23,7125	22,8620	22,0571	21,2948	20,5725	19,8876	18,6211
35	25,0191	24,1108	23,2509	22,4365	21,6647	20,9328	20,2385	19,5793	18,3580
36	24,4669	23,6009	22,7801	22,0015	21,2626	20,5611	19,8946	19,2611	18,0854
37	23,9079	23,0837	22,3013	21,5582	20,8520	20,1807	19,5420	18,9342	17,8040
38	23,3416	22,5585	21,8141	21,1061	20,4324	19,7910	19,1801	18,5979	17,5135
39	22,7648	22,0223	21,3155	20,6423	20,0009	19,3893	18,8061	18,2496	17,2110
40	22,1802	21,4776	20,8078	20,1690	19,5595	18,9776	18,4219	17,8910	16,8983
41	21,5867	20,9233	20,2900	19,6851	19,1072	18,5547	18,0265	17,5211	16,5743
42	20,9859	20,3610	19,7635	19,1921	18,6454	18,1220	17,6209	17,1409	16,2399
43	20,3735	19,7864	19,2243	18,6859	18,1700	17,6756	17,2015	16,7467	15,8915
44	19,7545	19,2044	18,6768	18,1708	17,6854	17,2194	16,7720	16,3423	15,5326
45	19,1259	18,6119	18,1183	17,6441	17,1886	16,7507	16,3297	15,9249	15,1605
46	18,4876	18,0088	17,5484	17,1055	16,6794	16,2693	15,8744	15,4941	14,7748
47	17,8402	17,3958	16,9678	16,5556	16,1583	15,7754	15,4063	15,0503	14,3756
48	17,1851	16,7741	16,3777	15,9953	15,6263	15,2701	14,9263	14,5942	13,9636
49	16,5218	16,1432	15,7775	15,4242	15,0828	14,7528	14,4338	14,1253	13,5382
50	15,8511	15,5039	15,1679	14,8429	14,5284	14,2240	13,9292	13,6438	13,0996
51	15,1703	14,8534	14,5463	14,2488	13,9604	13,6810	13,4100	13,1472	12,6451
52	14,4810	14,1933	13,9141	13,6431	13,3802	13,1250	12,8772	12,6365	12,1758
53	13,7827	13,5230	13,2706	13,0254	12,7870	12,5553	12,3301	12,1110	11,6906
54	13,0751	12,8422	12,6156	12,3951	12,1805	11,9715	11,7681	11,5699	11,1890

T2.9 Mann bis 70. Lebensjahr

Sterbetafel 2019/2021 Deutschland, Statistisches Bundesamt   monatlich vorschüssig

Alter	-1,00%	-0,50%	0,00%	0,25%	0,50%	0,75%	1,00%	1,25%	1,50%
55	15,0380	14,4900	13,9710	13,7219	13,4793	13,2431	13,0131	12,7891	12,5709
56	13,9750	13,4995	13,0478	12,8304	12,6183	12,4115	12,2098	12,0131	11,8211
57	12,9257	12,5172	12,1278	11,9399	11,7563	11,5771	11,4019	11,2308	11,0636
58	11,8881	11,5411	11,2092	11,0487	10,8917	10,7380	10,5877	10,4405	10,2965
59	10,8625	10,5717	10,2927	10,1574	10,0248	9,8949	9,7675	9,6427	9,5204
60	9,8495	9,6096	9,3787	9,2665	9,1563	9,0482	8,9420	8,8378	8,7355
61	8,8458	8,6519	8,4645	8,3732	8,2835	8,1952	8,1084	8,0231	7,9393
62	7,8522	7,6990	7,5506	7,4781	7,4067	7,3364	7,2672	7,1990	7,1319
63	6,8660	6,7488	6,6349	6,5790	6,5240	6,4697	6,4161	6,3633	6,3112
64	5,8855	5,7994	5,7154	5,6742	5,6334	5,5931	5,5534	5,5141	5,4752
65	4,9090	4,8492	4,7906	4,7618	4,7333	4,7051	4,6771	4,6495	4,6221
66	3,9341	3,8958	3,8582	3,8397	3,8213	3,8030	3,7850	3,7671	3,7493
67	2,9589	2,9374	2,9162	2,9057	2,8953	2,8850	2,8747	2,8645	2,8544
68	1,9798	1,9703	1,9610	1,9563	1,9517	1,9471	1,9425	1,9380	1,9334
69	0,9946	0,9923	0,9901	0,9889	0,9878	0,9867	0,9856	0,9844	0,9833

T2 Temporäre Leibrente

T2.9 Mann bis 70. Lebensjahr

Sterbetafel 2019/2021 Deutschland, Statistisches Bundesamt   monatlich vorschüssig

Alter	1,75%	2,00%	2,25%	2,50%	2,75%	3,00%	3,25%	3,50%	4,00%
55	12,3582	12,1511	11,9492	11,7524	11,5605	11,3735	11,1911	11,0133	10,6705
56	11,6338	11,4510	11,2726	11,0984	10,9284	10,7624	10,6003	10,4419	10,1362
57	10,9002	10,7404	10,5843	10,4317	10,2824	10,1365	9,9938	9,8542	9,5841
58	10,1556	10,0176	9,8826	9,7503	9,6208	9,4940	9,3698	9,2481	9,0122
59	9,4004	9,2829	9,1676	9,0545	8,9436	8,8349	8,7282	8,6236	8,4203
60	8,6351	8,5365	8,4396	8,3445	8,2510	8,1593	8,0691	7,9805	7,8080
61	7,8568	7,7756	7,6958	7,6173	7,5401	7,4642	7,3894	7,3159	7,1724
62	7,0657	7,0006	6,9364	6,8732	6,8109	6,7495	6,6891	6,6295	6,5129
63	6,2598	6,2091	6,1590	6,1096	6,0609	6,0128	5,9654	5,9185	5,8267
64	5,4369	5,3989	5,3615	5,3244	5,2878	5,2517	5,2159	5,1806	5,1111
65	4,5950	4,5682	4,5417	4,5154	4,4895	4,4637	4,4382	4,4130	4,3634
66	3,7317	3,7142	3,6969	3,6798	3,6628	3,6459	3,6292	3,6126	3,5798
67	2,8444	2,8344	2,8245	2,8146	2,8048	2,7951	2,7855	2,7759	2,7570
68	1,9289	1,9244	1,9200	1,9155	1,9111	1,9067	1,9024	1,8980	1,8894
69	0,9822	0,9811	0,9800	0,9789	0,9778	0,9767	0,9757	0,9746	0,9724

T2 Temporäre Leibrente

T2.10 Mann bis 80. Lebensjahr

Sterbetafel 2019/2021 Deutschland, Statistisches Bundesamt   monatlich vorschüssig

Alter	-1,00%	-0,50%	0,00%	0,25%	0,50%	0,75%	1,00%	1,25%	1,50%
0	111,1396	90,1466	74,1204	67,5492	61,7645	56,6591	52,1418	48,1345	44,5705
1	109,3971	88,9945	73,3646	66,9397	61,2748	56,2677	51,8308	47,8894	44,3793
2	107,3331	87,5723	72,3812	66,1209	60,5924	55,6984	51,3555	47,4922	44,0470
3	105,2782	86,1478	71,3900	65,2929	59,9001	55,1189	50,8700	47,0850	43,7051
4	103,2426	84,7294	70,3980	64,4621	59,2036	54,5345	50,3790	46,6721	43,3575
5	101,2267	83,3177	69,4057	63,6290	58,5034	53,9454	49,8829	46,2539	43,0046
6	99,2296	81,9118	68,4124	62,7928	57,7989	53,3512	49,3812	45,8298	42,6457
7	97,2510	80,5118	67,4181	61,9537	57,0901	52,7518	48,8738	45,3998	42,2810
8	95,2922	79,1189	66,4239	61,1126	56,3777	52,1479	48,3614	44,9645	41,9108
9	93,3511	77,7313	65,4284	60,2682	55,6607	51,5385	47,8429	44,5229	41,5342
10	91,4296	76,3509	64,4331	59,4218	54,9403	50,9247	47,3193	44,0759	41,1521
11	89,5267	74,9768	63,4373	58,5729	54,2159	50,3059	46,7902	43,6230	40,7640
12	87,6426	73,6095	62,4414	57,7218	53,4878	49,6824	46,2558	43,1644	40,3700
13	85,7787	72,2501	61,4465	56,8694	52,7569	49,0551	45,7168	42,7007	39,9708
14	83,9345	70,8985	60,4524	56,0157	52,0231	48,4237	45,1729	42,2319	39,5662
15	82,1104	69,5550	59,4595	55,1610	51,2866	47,7885	44,6246	41,7580	39,1563
16	80,3070	68,2204	58,4684	54,3059	50,5481	47,1501	44,0722	41,2796	38,7415
17	78,5267	66,8968	57,4812	53,4521	49,8092	46,5100	43,5172	40,7979	38,3231
18	76,7678	65,5829	56,4966	52,5988	49,0690	45,8673	42,9587	40,3122	37,9002
19	75,0344	64,2824	55,5180	51,7489	48,3302	45,2247	42,3993	39,8247	37,4751
20	73,3210	62,9909	54,5415	50,8988	47,5897	44,5791	41,8360	39,3328	37,0452
21	71,6226	61,7040	53,5635	50,0453	46,8442	43,9275	41,2659	38,8337	36,6079
22	69,9402	60,4226	52,5848	49,1890	46,0945	43,2705	40,6898	38,3280	36,1636
23	68,2740	59,1473	51,6059	48,3304	45,3408	42,6084	40,1077	37,8159	35,7126
24	66,6244	57,8784	50,6270	47,4697	44,5834	41,9414	39,5198	37,2974	35,2550
25	64,9927	56,6171	49,6493	46,6079	43,8233	41,2704	38,9271	36,7734	34,7914
26	63,3756	55,3607	48,6704	45,7429	43,0584	40,5936	38,3277	36,2421	34,3201
27	61,7753	54,1112	47,6920	44,8763	42,2902	39,9121	37,7227	35,7047	33,8423
28	60,1904	52,8674	46,7134	44,0072	41,5179	39,2253	37,1115	35,1603	33,3571
29	58,6219	51,6305	45,7353	43,1366	40,7423	38,5340	36,4948	34,6097	32,8652
30	57,0693	50,3999	44,7574	42,2640	39,9631	37,8377	35,8721	34,0525	32,3661
31	55,5342	49,1774	43,7812	41,3908	39,1816	37,1376	35,2447	33,4897	31,8609
32	54,0160	47,9624	42,8064	40,5168	38,3974	36,4336	34,6121	32,9210	31,3493
33	52,5131	46,7537	41,8319	39,6409	37,6096	35,7246	33,9736	32,3455	30,8303
34	51,0270	45,5527	40,8588	38,7642	36,8193	35,0116	33,3299	31,7641	30,3047
35	49,5580	44,3597	39,8877	37,8872	36,0268	34,2950	32,6816	31,1771	29,7728
36	48,1056	43,1746	38,9184	37,0098	35,2320	33,5747	32,0283	30,5842	29,2344
37	46,6730	42,0002	37,9534	36,1343	34,4373	32,8528	31,3722	29,9875	28,6915
38	45,2592	40,8358	36,9923	35,2604	33,6422	32,1290	30,7129	29,3866	28,1435
39	43,8583	39,6762	36,0303	34,3835	32,8424	31,3992	30,0465	28,7777	27,5868
40	42,4752	38,5260	35,0718	33,5078	32,0419	30,6669	29,3763	28,1641	27,0246
41	41,1082	37,3837	34,1153	32,6318	31,2392	29,9311	28,7014	27,5446	26,4557
42	39,7604	36,2523	33,1637	31,7584	30,4372	29,1942	28,0240	26,9216	25,8824
43	38,4239	35,1247	32,2105	30,8813	29,6298	28,4505	27,3386	26,2897	25,2994
44	37,1081	34,0096	31,2636	30,0083	28,8243	27,7070	26,6521	25,6553	24,7130
45	35,8075	32,9020	30,3188	29,1350	28,0168	26,9600	25,9606	25,0149	24,1197
46	34,5220	31,8022	29,3761	28,2616	27,2073	26,2093	25,2642	24,3686	23,5195
47	33,2531	30,7115	28,4369	27,3895	26,3971	25,4564	24,5641	23,7173	22,9133
48	32,0035	29,6324	27,5036	26,5210	25,5886	24,7033	23,8623	23,0632	22,3033
49	30,7724	28,5646	26,5760	25,6558	24,7813	23,9498	23,1587	22,4059	21,6890
50	29,5614	27,5096	25,6554	24,7954	23,9769	23,1973	22,4546	21,7467	21,0717
51	28,3657	26,4630	24,7380	23,9360	23,1715	22,4423	21,7466	21,0824	20,4482
52	27,1886	25,4280	23,8268	23,0806	22,3681	21,6876	21,0372	20,4156	19,8210
53	26,0294	24,4043	22,9215	22,2288	21,5665	20,9328	20,3264	19,7459	19,1899
54	24,8880	23,3917	22,0221	21,3808	20,7666	20,1781	19,6141	19,0733	18,5547

T2 Temporäre Leibrente

T2.10 Mann bis 80. Lebensjahr

Sterbetafel 2019/2021 Deutschland, Statistisches Bundesamt   monatlich vorschüssig

Alter	1,75%	2,00%	2,25%	2,50%	2,75%	3,00%	3,25%	3,50%	4,00%
0	41,3925	38,5513	36,0048	33,7164	31,6547	29,7926	28,1065	26,5759	23,9126
1	41,2454	38,4403	35,9232	33,6587	31,6166	29,7703	28,0970	26,5767	23,9284
2	40,9672	38,2071	35,7276	33,4945	31,4786	29,6542	27,9992	26,4943	23,8696
3	40,6798	37,9652	35,5238	33,3226	31,3334	29,5314	27,8952	26,4061	23,8060
4	40,3868	37,7181	35,3150	33,1460	31,1838	29,4046	27,7875	26,3146	23,7396
5	40,0886	37,4658	35,1014	32,9649	31,0301	29,2739	27,6763	26,2198	23,6704
6	39,7847	37,2081	34,8825	32,7788	30,8717	29,1389	27,5611	26,1213	23,5981
7	39,4748	36,9446	34,6582	32,5876	30,7085	28,9994	27,4417	26,0190	23,5227
8	39,1597	36,6760	34,4289	32,3917	30,5409	28,8559	27,3186	25,9132	23,4443
9	38,8382	36,4012	34,1938	32,1903	30,3681	28,7074	27,1909	25,8032	23,3622
10	38,5112	36,1211	33,9536	31,9840	30,1906	28,5546	27,0591	25,6894	23,2770
11	38,1783	35,8351	33,7077	31,7722	30,0081	28,3970	26,9229	25,5715	23,1883
12	37,8395	35,5434	33,4562	31,5552	29,8205	28,2347	26,7822	25,4495	23,0959
13	37,4954	35,2465	33,1996	31,3333	29,6283	28,0680	26,6375	25,3236	23,0003
14	37,1458	34,9441	32,9378	31,1062	29,4312	27,8967	26,4884	25,1936	22,9011
15	36,7908	34,6363	32,6707	30,8741	29,2293	27,7208	26,3350	25,0597	22,7985
16	36,4308	34,3236	32,3987	30,6373	29,0228	27,5406	26,1775	24,9218	22,6926
17	36,0670	34,0069	32,1227	30,3966	28,8126	27,3568	26,0167	24,7809	22,5840
18	35,6985	33,6855	31,8421	30,1513	28,5981	27,1689	25,8519	24,6363	22,4721
19	35,3275	33,3613	31,5587	29,9033	28,3808	26,9784	25,6846	24,4893	22,3583
20	34,9514	33,0321	31,2702	29,6503	28,1587	26,7833	25,5130	24,3383	22,2409
21	34,5679	32,6955	30,9745	29,3903	27,9299	26,5817	25,3353	24,1814	22,1184
22	34,1773	32,3519	30,6718	29,1235	27,6945	26,3738	25,1516	24,0188	21,9907
23	33,7799	32,0013	30,3623	28,8500	27,4526	26,1597	24,9619	23,8506	21,8580
24	33,3755	31,6438	30,0459	28,5698	27,2042	25,9393	24,7661	23,6766	21,7201
25	32,9650	31,2800	29,7233	28,2834	26,9497	25,7130	24,5647	23,4971	21,5773
26	32,5467	30,9083	29,3928	27,9892	26,6877	25,4794	24,3563	23,3110	21,4284
27	32,1215	30,5296	29,0553	27,6882	26,4190	25,2393	24,1415	23,1187	21,2739
28	31,6887	30,1433	28,7101	27,3795	26,1428	24,9919	23,9197	22,9197	21,1132
29	31,2489	29,7497	28,3577	27,0636	25,8594	24,7375	23,6911	22,7141	20,9464
30	30,8016	29,3485	27,9975	26,7401	25,5685	24,4757	23,4553	22,5016	20,7733
31	30,3478	28,9406	27,6305	26,4096	25,2707	24,2071	23,2129	22,2826	20,5941
32	29,8871	28,5255	27,2562	26,0719	24,9657	23,9315	22,9636	22,0569	20,4087
33	29,4187	28,1024	26,8738	25,7260	24,6526	23,6478	22,7064	21,8235	20,2160
34	28,9433	27,6720	26,4840	25,3726	24,3319	23,3567	22,4419	21,5829	20,0166
35	28,4611	27,2346	26,0868	25,0117	24,0038	23,0581	22,1700	21,3352	19,8104
36	27,9718	26,7897	25,6820	24,6431	23,6679	22,7518	21,8905	21,0799	19,5970
37	27,4774	26,3392	25,2712	24,2683	23,3257	22,4392	21,6046	20,8184	19,3776
38	26,9773	25,8826	24,8540	23,8868	22,9768	22,1197	21,3120	20,5501	19,1517
39	26,4681	25,4164	24,4270	23,4956	22,6179	21,7904	21,0096	20,2722	18,9166
40	25,9526	24,9436	23,9931	23,0970	22,2516	21,4536	20,6996	19,9869	18,6741
41	25,4300	24,4631	23,5510	22,6901	21,8769	21,1082	20,3812	19,6930	18,4235
42	24,9021	23,9767	23,1027	22,2766	21,4953	20,7559	20,0557	19,3921	18,1658
43	24,3640	23,4798	22,6435	21,8521	21,1026	20,3923	19,7189	19,0800	17,8973
44	23,8216	22,9779	22,1788	21,4216	20,7036	20,0224	19,3756	18,7613	17,6221
45	23,2716	22,4678	21,7055	20,9822	20,2954	19,6430	19,0228	18,4331	17,3375
46	22,7140	21,9495	21,2234	20,5336	19,8778	19,2540	18,6604	18,0951	17,0433
47	22,1496	21,4237	20,7335	20,0767	19,4516	18,8562	18,2889	17,7480	16,7398
48	21,5804	20,8924	20,2372	19,6131	19,0182	18,4509	17,9097	17,3930	16,4283
49	21,0060	20,3551	19,7345	19,1424	18,5774	18,0378	17,5224	17,0298	16,1083
50	20,4277	19,8131	19,2263	18,6657	18,1300	17,6178	17,1280	16,6592	15,7807
51	19,8424	19,2633	18,7096	18,1801	17,6733	17,1881	16,7235	16,2784	15,4426
52	19,2523	18,7079	18,1867	17,6875	17,2091	16,7506	16,3109	15,8892	15,0958
53	18,6572	18,1466	17,6572	17,1877	16,7373	16,3050	15,8899	15,4912	14,7398
54	18,0571	17,5795	17,1210	16,6807	16,2576	15,8510	15,4601	15,0842	14,3744

63

T2 Temporäre Leibrente

T2.10 Mann bis 80. Lebensjahr

Sterbetafel 2019/2021 Deutschland, Statistisches Bundesamt   monatlich vorschüssig

Alter	-1,00%	-0,50%	0,00%	0,25%	0,50%	0,75%	1,00%	1,25%	1,50%
55	23,7651	22,3912	21,1295	20,5374	19,9694	19,4243	18,9012	18,3989	17,9164
56	22,6642	21,4062	20,2472	19,7019	19,1781	18,6747	18,1908	17,7254	17,2779
57	21,5831	20,4346	19,3732	18,8726	18,3910	17,9275	17,4813	17,0515	16,6376
58	20,5191	19,4743	18,5056	18,0477	17,6064	17,1811	16,7710	16,3755	15,9939
59	19,4740	18,5270	17,6461	17,2287	16,8259	16,4371	16,0615	15,6989	15,3485
60	18,4501	17,5950	16,7970	16,4181	16,0518	15,6976	15,3551	15,0238	14,7032
61	17,4432	16,6744	15,9548	15,6123	15,2807	14,9595	14,6485	14,3472	14,0553
62	16,4560	15,7682	15,1224	14,8142	14,5154	14,2256	13,9445	13,6718	13,4071
63	15,4862	14,8742	14,2976	14,0218	13,7540	13,4939	13,2412	12,9957	12,7571
64	14,5323	13,9910	13,4794	13,2342	12,9956	12,7636	12,5378	12,3181	12,1043
65	13,5938	13,1184	12,6676	12,4509	12,2399	12,0343	11,8340	11,6388	11,4485
66	12,6689	12,2546	11,8605	11,6707	11,4855	11,3048	11,1284	10,9563	10,7883
67	11,7575	11,3997	11,0584	10,8935	10,7325	10,5751	10,4213	10,2709	10,1239
68	10,8546	10,5491	10,2566	10,1150	9,9765	9,8409	9,7082	9,5782	9,4510
69	9,9607	9,7030	9,4556	9,3356	9,2180	9,1027	8,9896	8,8787	8,7700
70	9,0733	8,8595	8,6534	8,5532	8,4549	8,3583	8,2635	8,1703	8,0789
71	8,1893	8,0151	7,8468	7,7647	7,6840	7,6047	7,5266	7,4499	7,3744
72	7,3078	7,1692	7,0349	6,9692	6,9046	6,8409	6,7782	6,7164	6,6555
73	6,4276	6,3207	6,2167	6,1657	6,1155	6,0659	6,0170	5,9687	5,9211
74	5,5438	5,4645	5,3871	5,3492	5,3116	5,2745	5,2379	5,2017	5,1659
75	4,6577	4,6021	4,5476	4,5208	4,4942	4,4680	4,4420	4,4163	4,3908
76	3,7614	3,7254	3,6900	3,6726	3,6553	3,6381	3,6211	3,6043	3,5876
77	2,8546	2,8341	2,8139	2,8039	2,7940	2,7842	2,7744	2,7647	2,7551
78	1,9310	1,9218	1,9128	1,9083	1,9038	1,8994	1,8949	1,8905	1,8862
79	0,9817	0,9794	0,9772	0,9761	0,9750	0,9739	0,9728	0,9717	0,9706

T2   Temporäre Leibrente

T2.10 Mann bis 80. Lebensjahr

Sterbetafel 2019/2021 Deutschland, Statistisches Bundesamt   monatlich vorschüssig

Alter	1,75%	2,00%	2,25%	2,50%	2,75%	3,00%	3,25%	3,50%	4,00%
55	17,4528	17,0073	16,5790	16,1670	15,7707	15,3893	15,0222	14,6687	14,0000
56	16,8472	16,4327	16,0336	15,6493	15,2791	14,9223	14,5785	14,2469	13,6186
57	16,2387	15,8542	15,4836	15,1261	14,7813	14,4486	14,1275	13,8175	13,2289
58	15,6258	15,2704	14,9273	14,5960	14,2760	13,9667	13,6679	13,3790	12,8295
59	15,0099	14,6826	14,3662	14,0602	13,7642	13,4778	13,2007	12,9325	12,4213
60	14,3930	14,0928	13,8021	13,5205	13,2479	12,9837	12,7277	12,4796	12,0058
61	13,7723	13,4981	13,2322	12,9743	12,7242	12,4816	12,2461	12,0176	11,5805
62	13,1503	12,9010	12,6589	12,4238	12,1955	11,9736	11,7581	11,5487	11,1472
63	12,5252	12,2998	12,0805	11,8674	11,6600	11,4583	11,2621	11,0711	10,7043
64	11,8962	11,6936	11,4963	11,3041	11,1170	10,9347	10,7570	10,5840	10,2508
65	11,2630	11,0821	10,9057	10,7338	10,5660	10,4023	10,2427	10,0869	9,7864
66	10,6243	10,4641	10,3077	10,1549	10,0057	9,8600	9,7176	9,5784	9,3095
67	9,9801	9,8396	9,7021	9,5677	9,4362	9,3076	9,1817	9,0585	8,8200
68	9,3264	9,2044	9,0850	8,9679	8,8533	8,7409	8,6309	8,5231	8,3138
69	8,6634	8,5589	8,4563	8,3557	8,2570	8,1602	8,0652	7,9720	7,7907
70	7,9890	7,9008	7,8141	7,7290	7,6453	7,5631	7,4824	7,4030	7,2484
71	7,3001	7,2271	7,1552	7,0845	7,0149	6,9465	6,8791	6,8128	6,6833
72	6,5956	6,5365	6,4783	6,4209	6,3644	6,3087	6,2538	6,1997	6,0939
73	5,8741	5,8277	5,7820	5,7369	5,6923	5,6483	5,6049	5,5621	5,4781
74	5,1305	5,0956	5,0611	5,0269	4,9932	4,9598	4,9269	4,8943	4,8302
75	4,3656	4,3407	4,3160	4,2915	4,2673	4,2434	4,2197	4,1962	4,1499
76	3,5710	3,5546	3,5383	3,5222	3,5062	3,4903	3,4746	3,4590	3,4282
77	2,7455	2,7360	2,7266	2,7172	2,7079	2,6986	2,6895	2,6803	2,6623
78	1,8818	1,8775	1,8732	1,8689	1,8646	1,8604	1,8562	1,8520	1,8436
79	0,9695	0,9684	0,9673	0,9663	0,9652	0,9641	0,9631	0,9620	0,9599

T2.11 Mann bis 90. Lebensjahr

Sterbetafel 2019/2021 Deutschland, Statistisches Bundesamt   monatlich vorschüssig

Alter	-1,00%	-0,50%	0,00%	0,25%	0,50%	0,75%	1,00%	1,25%	1,50%
0	119,9100	95,8851	77,8837	70,5995	64,2382	58,6664	53,7715	49,4584	45,6466
1	118,1085	94,7232	77,1404	70,0078	63,7692	58,2967	53,4823	49,2343	45,4751
2	115,9595	93,2737	76,1579	69,1973	63,0998	57,7432	53,0239	48,8542	45,1596
3	113,8193	91,8214	75,1672	68,3774	62,4204	57,1793	52,5553	48,4642	44,8345
4	111,6992	90,3752	74,1756	67,5547	61,7368	56,6105	52,0813	48,0687	44,5040
5	109,5997	88,9359	73,1837	66,7296	61,0495	56,0372	51,6025	47,6681	44,1683
6	107,5197	87,5025	72,1908	65,9015	60,3580	55,4589	51,1181	47,2619	43,8271
7	105,4589	86,0750	71,1968	65,0705	59,6621	54,8755	50,6282	46,8499	43,4801
8	103,4187	84,6547	70,2030	64,2374	58,9629	54,2877	50,1335	46,4328	43,1280
9	101,3969	83,2398	69,2077	63,4010	58,2590	53,6945	49,6328	46,0096	42,7698
10	99,3955	81,8323	68,2126	62,5627	57,5518	53,0970	49,1273	45,5813	42,4063
11	97,4135	80,4311	67,2171	61,7218	56,8406	52,4947	48,6164	45,1474	42,0371
12	95,4510	79,0369	66,2214	60,8788	56,1258	51,8878	48,1003	44,7079	41,6623
13	93,5097	77,6509	65,2269	60,0346	55,4083	51,2771	47,5799	44,2637	41,2826
14	91,5889	76,2727	64,2331	59,1891	54,6880	50,6626	47,0549	43,8145	40,8978
15	89,6892	74,9030	63,2407	58,3427	53,9652	50,0445	46,5256	43,3607	40,5080
16	87,8111	73,5425	62,2502	57,4960	53,2404	49,4234	45,9925	42,9025	40,1137
17	85,9574	72,1934	61,2638	56,6510	52,5156	48,8008	45,4572	42,4415	39,7162
18	84,1262	70,8545	60,2802	55,8065	51,7896	48,1759	44,9186	41,9768	39,3146
19	82,3220	69,5297	59,3031	54,9658	51,0655	47,5516	44,3795	41,5108	38,9113
20	80,5388	68,2141	58,3282	54,1252	50,3399	46,9244	43,8369	41,0406	38,5035
21	78,7712	66,9032	57,3517	53,2811	49,6093	46,2913	43,2877	40,5636	38,0887
22	77,0201	65,5980	56,3746	52,4342	48,8745	45,6530	42,7325	40,0802	37,6673
23	75,2859	64,2989	55,3972	51,5850	48,1358	45,0097	42,1717	39,5907	37,2394
24	73,5691	63,0063	54,4199	50,7337	47,3935	44,3618	41,6054	39,0952	36,8053
25	71,8710	61,7216	53,4438	49,8816	46,6487	43,7101	41,0345	38,5945	36,3657
26	70,1880	60,4419	52,4665	49,0262	45,8992	43,0525	40,4570	38,0867	35,9187
27	68,5226	59,1692	51,4899	48,1693	45,1465	42,3906	39,8743	37,5731	35,4655
28	66,8732	57,9024	50,5130	47,3099	44,3898	41,7236	39,2856	37,0530	35,0055
29	65,2411	56,6427	49,5367	46,4491	43,6299	41,0521	38,6916	36,5270	34,5391
30	63,6255	55,3896	48,5607	45,5864	42,8666	40,3760	38,0920	35,9947	34,0660
31	62,0283	54,1447	47,5865	44,7233	42,1011	39,6963	37,4880	35,4572	33,5872
32	60,4490	52,9078	46,6140	43,8596	41,3333	39,0130	36,8792	34,9143	33,1025
33	58,8856	51,6773	45,6417	42,9940	40,5619	38,3249	36,2647	34,3649	32,6108
34	57,3398	50,4549	44,6711	42,1279	39,7883	37,6331	35,6455	33,8101	32,1131
35	55,8122	49,2409	43,7027	41,2618	39,0128	36,9381	35,0219	33,2501	31,6097
36	54,3021	48,0352	42,7364	40,3954	38,2353	36,2396	34,3939	32,6848	31,1003
37	52,8131	46,8408	41,7749	39,5315	37,4583	35,5402	33,7637	32,1163	30,5871
38	51,3443	45,6573	40,8178	38,6696	36,6815	34,8394	33,1308	31,5443	30,0695
39	49,8887	44,4785	39,8598	37,8049	35,9001	34,1327	32,4911	30,9646	29,5438
40	48,4523	43,3099	38,9057	36,9416	35,1184	33,4242	31,8483	30,3809	29,0132
41	47,0330	42,1497	37,9541	36,0786	34,3351	32,7126	31,2012	29,7920	28,4767
42	45,6344	41,0013	37,0080	35,2188	33,5530	32,0006	30,5524	29,2003	27,9366
43	44,2476	39,8568	36,0603	34,3554	32,7656	31,2820	29,8960	28,6002	27,3875
44	42,8832	38,7259	35,1199	33,4968	31,9811	30,5645	29,2394	27,9986	26,8360
45	41,5351	37,6032	34,1820	32,6386	31,1951	29,8441	28,5784	27,3918	26,2784
46	40,2032	36,4889	33,2468	31,7807	30,4077	29,1206	27,9133	26,7798	25,7147
47	38,8894	35,3845	32,3157	30,9249	29,6203	28,3957	27,2453	26,1638	25,1463
48	37,5968	34,2932	31,3917	30,0737	28,8356	27,6717	26,5769	25,5462	24,5751
49	36,3246	33,2146	30,4745	29,2269	28,0533	26,9485	25,9078	24,9267	24,0011
50	35,0749	32,1504	29,5658	28,3863	27,2752	26,2278	25,2396	24,3068	23,4256
51	33,8420	31,0958	28,6612	27,5478	26,4973	25,5055	24,5687	23,6831	22,8453
52	32,6300	30,0546	27,7644	26,7146	25,7228	24,7851	23,8980	23,0584	22,2630
53	31,4383	29,0264	26,8751	25,8868	24,9516	24,0663	23,2276	22,4326	21,6785
54	30,2668	28,0114	25,9935	25,0644	24,1839	23,3492	22,5574	21,8059	21,0921

T2   Temporäre Leibrente

T2.11   Mann bis 90. Lebensjahr

Sterbetafel 2019/2021 Deutschland, Statistisches Bundesamt   monatlich vorschüssig

Alter	1,75%	2,00%	2,25%	2,50%	2,75%	3,00%	3,25%	3,50%	4,00%
0	42,2676	39,2634	36,5846	34,1887	32,0397	30,1065	28,3626	26,7840	24,0521
1	42,1388	39,1690	36,5179	34,1444	32,0134	30,0947	28,3623	26,7938	24,0740
2	41,8765	38,9506	36,3359	33,9925	31,8864	29,9884	28,2732	26,7190	24,0211
3	41,6050	38,7237	36,1458	33,8331	31,7524	29,8756	28,1781	26,6388	23,9636
4	41,3284	38,4918	35,9511	33,6693	31,6145	29,7592	28,0797	26,5554	23,9034
5	41,0468	38,2551	35,7519	33,5013	31,4726	29,6392	27,9780	26,4691	23,8408
6	40,7597	38,0132	35,5477	33,3287	31,3264	29,5152	27,8726	26,3793	23,7754
7	40,4670	37,7659	35,3384	33,1513	31,1758	29,3871	27,7634	26,2861	23,7071
8	40,1693	37,5138	35,1245	32,9696	31,0211	29,2551	27,6507	26,1897	23,6360
9	39,8655	37,2558	34,9051	32,7826	30,8615	29,1187	27,5338	26,0894	23,5617
10	39,5566	36,9929	34,6809	32,5911	30,6977	28,9783	27,4133	25,9856	23,4845
11	39,2421	36,7244	34,4514	32,3946	30,5292	28,8334	27,2886	25,8781	23,4040
12	38,9219	36,4506	34,2168	32,1932	30,3559	28,6842	27,1599	25,7668	23,3203
13	38,5969	36,1718	33,9774	31,9872	30,1785	28,5311	27,0274	25,6520	23,2337
14	38,2666	35,8880	33,7331	31,7766	29,9966	28,3737	26,8910	25,5336	23,1439
15	37,9314	35,5993	33,4840	31,5614	29,8103	28,2122	26,7507	25,4116	23,0511
16	37,5916	35,3059	33,2304	31,3418	29,6199	28,0468	26,6068	25,2862	22,9553
17	37,2483	35,0091	32,9733	31,1188	29,4262	27,8783	26,4600	25,1580	22,8572
18	36,9008	34,7080	32,7121	30,8919	29,2287	27,7062	26,3098	25,0267	22,7564
19	36,5513	34,4047	32,4486	30,6626	29,0290	27,5320	26,1576	24,8936	22,6540
20	36,1972	34,0968	32,1805	30,4289	28,8250	27,3537	26,0016	24,7569	22,5486
21	35,8360	33,7820	31,9057	30,1887	28,6148	27,1695	25,8399	24,6148	22,4385
22	35,4682	33,4605	31,6243	29,9422	28,3985	26,9795	25,6728	24,4676	22,3238
23	35,0938	33,1325	31,3367	29,6895	28,1763	26,7838	25,5003	24,3152	22,2045
24	34,7130	32,7981	31,0426	29,4307	27,9481	26,5824	25,3222	24,1577	22,0806
25	34,3265	32,4579	30,7429	29,1662	27,7145	26,3757	25,1392	23,9953	21,9524
26	33,9326	32,1103	30,4357	28,8945	27,4738	26,1623	24,9497	23,8268	21,8186
27	33,5323	31,7563	30,1222	28,6165	27,2270	25,9429	24,7544	23,6529	21,6800
28	33,1249	31,3950	29,8015	28,3315	26,9734	25,7169	24,5528	23,4728	21,5357
29	32,7108	31,0271	29,4741	28,0399	26,7133	25,4847	24,3451	23,2868	21,3861
30	32,2899	30,6521	29,1397	27,7412	26,4463	25,2457	24,1310	23,0946	21,2307
31	31,8629	30,2709	28,7990	27,4363	26,1732	25,0006	23,9109	22,8968	21,0701
32	31,4297	29,8832	28,4517	27,1249	25,8935	24,7493	23,6847	22,6929	20,9040
33	30,9892	29,4881	28,0969	26,8060	25,6065	24,4906	23,4514	22,4822	20,7315
34	30,5423	29,0864	27,7354	26,4802	25,3127	24,2254	23,2115	22,2651	20,5530
35	30,0892	28,6782	27,3673	26,1479	25,0123	23,9535	22,9652	22,0418	20,3687
36	29,6298	28,2634	26,9923	25,8086	24,7049	23,6748	22,7122	21,8118	20,1781
37	29,1659	27,8437	26,6122	25,4640	24,3922	23,3907	22,4539	21,5766	19,9825
38	28,6972	27,4188	26,2266	25,1137	24,0737	23,1008	22,1897	21,3356	19,7814
39	28,2199	26,9850	25,8321	24,7544	23,7462	22,8020	21,9168	21,0861	19,5721
40	27,7372	26,5454	25,4314	24,3888	23,4123	22,4967	21,6374	20,8302	19,3567
41	27,2480	26,0990	25,0235	24,0159	23,0710	22,1840	21,3506	20,5669	19,1343
42	26,7546	25,6478	24,6105	23,6376	22,7240	21,8656	21,0581	20,2979	18,9061
43	26,2516	25,1867	24,1875	23,2490	22,3669	21,5369	20,7554	20,0189	18,6683
44	25,7455	24,7219	23,7602	22,8559	22,0049	21,2033	20,4476	19,7347	18,4253
45	25,2327	24,2499	23,3254	22,4549	21,6348	20,8615	20,1316	19,4423	18,1744
46	24,7132	23,7707	22,8829	22,0461	21,2567	20,5115	19,8074	19,1417	17,9152
47	24,1881	23,2853	22,4338	21,6303	20,8714	20,1541	19,4757	18,8335	17,6485
48	23,6595	22,7957	21,9800	21,2093	20,4806	19,7910	19,1380	18,5192	17,3756
49	23,1272	22,3017	21,5213	20,7830	20,0840	19,4218	18,7941	18,1985	17,0962
50	22,5927	21,8047	21,0589	20,3524	19,6828	19,0477	18,4449	17,8725	16,8112
51	22,0524	21,3014	20,5896	19,9146	19,2740	18,6657	18,0878	17,5383	16,5179
52	21,5092	20,7944	20,1160	19,4719	18,8599	18,2781	17,7247	17,1980	16,2182
53	20,9630	20,2835	19,6379	19,0242	18,4403	17,8847	17,3555	16,8513	15,9119
54	20,4138	19,7689	19,1555	18,5715	18,0154	17,4854	16,9802	16,4982	15,5988

T2   Temporäre Leibrente

T2.11 Mann bis 90. Lebensjahr

Sterbetafel 2019/2021 Deutschland, Statistisches Bundesamt   monatlich vorschüssig

Alter	-1,00%	-0,50%	0,00%	0,25%	0,50%	0,75%	1,00%	1,25%	1,50%
55	29,1168	27,0107	25,1208	24,2486	23,4210	22,6352	21,8888	21,1794	20,5047
56	27,9927	26,0289	24,2613	23,4437	22,6668	21,9282	21,2255	20,5568	19,9200
57	26,8920	25,0636	23,4130	22,6478	21,9196	21,2264	20,5660	19,9366	19,3365
58	25,8119	24,1126	22,5738	21,8589	21,1776	20,5280	19,9085	19,3172	18,7526
59	24,7549	23,1782	21,7461	21,0793	20,4430	19,8355	19,2552	18,7006	18,1704
60	23,7243	22,2637	20,9332	20,3124	19,7190	19,1517	18,6091	18,0899	17,5928
61	22,7153	21,3650	20,1312	19,5542	19,0020	18,4734	17,9670	17,4818	17,0167
62	21,7321	20,4860	19,3441	18,8089	18,2960	17,8042	17,3326	16,8800	16,4456
63	20,7724	19,6248	18,5701	18,0747	17,5992	17,1428	16,7043	16,2831	15,8782
64	19,8348	18,7804	17,8084	17,3509	16,9111	16,4884	16,0818	15,6906	15,3141
65	18,9196	17,9531	17,0595	16,6379	16,2322	15,8416	15,4654	15,1030	14,7538
66	18,0253	17,1416	16,3223	15,9349	15,5616	15,2016	14,8545	14,5197	14,1966
67	17,1530	16,3474	15,5981	15,2432	14,9006	14,5698	14,2504	13,9419	13,6438
68	16,2968	15,5648	14,8819	14,5577	14,2444	13,9415	13,6485	13,3652	13,0911
69	15,4589	14,7959	14,1758	13,8807	13,5951	13,3186	13,0509	12,7916	12,5404
70	14,6373	14,0393	13,4783	13,2108	12,9515	12,7001	12,4564	12,2200	11,9907
71	13,8290	13,2920	12,7867	12,5452	12,3108	12,0833	11,8624	11,6479	11,4395
72	13,0348	12,5548	12,1019	11,8851	11,6743	11,4693	11,2701	11,0763	10,8879
73	12,2561	11,8294	11,4256	11,2318	11,0432	10,8596	10,6808	10,5067	10,3372
74	11,4873	11,1103	10,7525	10,5804	10,4127	10,2493	10,0899	9,9345	9,7829
75	10,7366	10,4057	10,0906	9,9388	9,7906	9,6460	9,5048	9,3669	9,2322
76	9,9935	9,7053	9,4302	9,2973	9,1674	9,0405	8,9164	8,7950	8,6763
77	9,2672	9,0183	8,7800	8,6646	8,5517	8,4412	8,3331	8,2272	8,1234
78	8,5557	8,3428	8,1384	8,0392	7,9421	7,8468	7,7534	7,6619	7,5721
79	7,8482	7,6684	7,4952	7,4111	7,3285	7,2474	7,1678	7,0897	7,0129
80	7,1539	7,0041	6,8594	6,7889	6,7197	6,6516	6,5847	6,5189	6,4542
81	6,4742	6,3514	6,2325	6,1744	6,1172	6,0610	6,0056	5,9511	5,8974
82	5,8074	5,7087	5,6128	5,5659	5,5197	5,4742	5,4292	5,3850	5,3413
83	5,1431	5,0660	4,9908	4,9539	4,9175	4,8816	4,8462	4,8111	4,7766
84	4,4854	4,4271	4,3701	4,3421	4,3144	4,2871	4,2600	4,2333	4,2068
85	3,8292	3,7872	3,7461	3,7258	3,7057	3,6859	3,6662	3,6467	3,6274
86	3,1638	3,1356	3,1080	3,0943	3,0808	3,0674	3,0540	3,0409	3,0278
87	2,4745	2,4578	2,4413	2,4331	2,4250	2,4170	2,4090	2,4010	2,3932
88	1,7379	1,7300	1,7222	1,7183	1,7145	1,7106	1,7068	1,7030	1,6993
89	0,9285	0,9264	0,9243	0,9233	0,9223	0,9213	0,9203	0,9193	0,9183

T2 Temporäre Leibrente

T2.11 Mann bis 90. Lebensjahr

Sterbetafel 2019/2021 Deutschland, Statistisches Bundesamt   monatlich vorschüssig

Alter	1,75%	2,00%	2,25%	2,50%	2,75%	3,00%	3,25%	3,50%	4,00%
55	19,8628	19,2517	18,6696	18,1148	17,5858	17,0812	16,5995	16,1395	15,2797
56	19,3133	18,7350	18,1835	17,6572	17,1548	16,6749	16,2163	15,7779	14,9572
57	18,7640	18,2176	17,6959	17,1974	16,7210	16,2654	15,8295	15,4123	14,6299
58	18,2133	17,6980	17,2053	16,7340	16,2829	15,8511	15,4375	15,0412	14,2968
59	17,6633	17,1781	16,7136	16,2687	15,8425	15,4339	15,0422	14,6663	13,9592
60	17,1168	16,6607	16,2235	15,8043	15,4022	15,0163	14,6458	14,2899	13,6194
61	16,5706	16,1428	15,7321	15,3379	14,9592	14,5954	14,2457	13,9095	13,2749
62	16,0285	15,6278	15,2429	14,8728	14,5169	14,1746	13,8451	13,5280	12,9285
63	15,4890	15,1146	14,7544	14,4078	14,0740	13,7525	13,4428	13,1444	12,5791
64	14,9517	14,6027	14,2664	13,9424	13,6301	13,3289	13,0384	12,7581	12,2264
65	14,4172	14,0926	13,7794	13,4773	13,1858	12,9043	12,6325	12,3699	11,8709
66	13,8847	13,5836	13,2928	13,0119	12,7404	12,4780	12,2243	11,9789	11,5119
67	13,3557	13,0771	12,8078	12,5472	12,2952	12,0512	11,8151	11,5865	11,1505
68	12,8258	12,5690	12,3203	12,0795	11,8462	11,6202	11,4012	11,1888	10,7832
69	12,2969	12,0610	11,8323	11,6105	11,3953	11,1866	10,9841	10,7876	10,4115
70	11,7682	11,5522	11,3426	11,1391	10,9415	10,7495	10,5630	10,3818	10,0345
71	11,2370	11,0403	10,8491	10,6632	10,4824	10,3067	10,1357	9,9693	9,6499
72	10,7045	10,5262	10,3525	10,1836	10,0190	9,8589	9,7028	9,5509	9,2586
73	10,1720	10,0111	9,8543	9,7015	9,5525	9,4073	9,2657	9,1276	8,8615
74	9,6350	9,4908	9,3501	9,2128	9,0787	8,9479	8,8202	8,6954	8,4547
75	9,1007	8,9722	8,8467	8,7241	8,6042	8,4871	8,3726	8,2607	8,0442
76	8,5603	8,4468	8,3357	8,2271	8,1208	8,0168	7,9150	7,8153	7,6222
77	8,0219	7,9224	7,8250	7,7295	7,6360	7,5444	7,4546	7,3666	7,1958
78	7,4841	7,3978	7,3131	7,2300	7,1486	7,0686	6,9902	6,9132	6,7636
79	6,9376	6,8636	6,7909	6,7196	6,6495	6,5806	6,5130	6,4465	6,3170
80	6,3906	6,3280	6,2665	6,2060	6,1465	6,0880	6,0304	5,9737	5,8632
81	5,8446	5,7925	5,7413	5,6908	5,6411	5,5921	5,5439	5,4964	5,4035
82	5,2982	5,2558	5,2139	5,1727	5,1320	5,0918	5,0522	5,0132	4,9366
83	4,7425	4,7088	4,6755	4,6426	4,6102	4,5781	4,5465	4,5152	4,4539
84	4,1807	4,1548	4,1293	4,1040	4,0790	4,0543	4,0298	4,0056	3,9581
85	3,6083	3,5894	3,5707	3,5522	3,5338	3,5156	3,4976	3,4797	3,4446
86	3,0148	3,0019	2,9891	2,9765	2,9639	2,9515	2,9391	2,9269	2,9027
87	2,3853	2,3775	2,3698	2,3621	2,3545	2,3469	2,3394	2,3320	2,3172
88	1,6955	1,6918	1,6880	1,6843	1,6807	1,6770	1,6733	1,6697	1,6625
89	0,9173	0,9162	0,9153	0,9143	0,9133	0,9123	0,9113	0,9103	0,9083

T2   Temporäre Leibrente

T2.12 Mann bis 100. Lebensjahr

Sterbetafel 2019/2021 Deutschland, Statistisches Bundesamt   monatlich vorschüssig

Alter	-1,00%	-0,50%	0,00%	0,25%	0,50%	0,75%	1,00%	1,25%	1,50%
0	121,6480	96,9740	78,5676	71,1420	64,6688	59,0084	54,0433	49,6745	45,8185
1	119,8349	95,8103	77,8266	70,5534	64,2034	58,6424	53,7577	49,4538	45,6502
2	117,6689	94,3556	76,8442	69,7445	63,5363	58,0915	53,3021	49,0765	45,3373
3	115,5119	92,8980	75,8536	68,9260	62,8590	57,5303	52,8363	48,6893	45,0149
4	113,3751	91,4465	74,8621	68,1047	62,1777	56,9642	52,3652	48,2967	44,6871
5	111,2590	90,0019	73,8703	67,2810	61,4927	56,3936	51,8892	47,8989	44,3542
6	109,1625	88,5633	72,8774	66,4544	60,8034	55,8180	51,4077	47,4956	44,0158
7	107,0854	87,1306	71,8835	65,6248	60,1098	55,2373	50,9207	47,0866	43,6717
8	105,0292	85,7052	70,8897	64,7932	59,4129	54,6523	50,4290	46,6725	43,3225
9	102,9913	84,2851	69,8945	63,9581	58,7112	54,0618	49,9313	46,2523	42,9672
10	100,9741	82,8724	68,8995	63,1213	58,0063	53,4671	49,4288	45,8271	42,6067
11	98,9764	81,4661	67,9040	62,2818	57,2974	52,8676	48,9209	45,3962	42,2405
12	96,9984	80,0668	66,9084	61,4402	56,5849	52,2635	48,4079	44,9598	41,8688
13	95,0417	78,6757	65,9138	60,5975	55,8698	51,6557	47,8906	44,5188	41,4922
14	93,1058	77,2925	64,9202	59,7535	55,1518	51,0440	47,3687	44,0728	41,1105
15	91,1910	75,9178	63,9278	58,9085	54,4314	50,4288	46,8426	43,6222	40,7240
16	89,2982	74,5524	62,9374	58,0634	53,7091	49,8106	46,3127	43,1674	40,3329
17	87,4300	73,1985	61,9512	57,2199	52,9867	49,1911	45,7806	42,7097	39,9387
18	85,5844	71,8548	60,9678	56,3769	52,2632	48,5692	45,2454	42,2484	39,5405
19	83,7662	70,5254	59,9909	55,5379	51,5416	47,9480	44,7097	41,7859	39,1407
20	81,9692	69,2052	59,0163	54,6990	50,8186	47,3239	44,1705	41,3194	38,7365
21	80,1878	67,8898	58,0401	53,8565	50,0906	46,6940	43,6248	40,8459	38,3252
22	78,4231	66,5800	57,0633	53,0113	49,3583	46,0589	43,0731	40,3662	37,9075
23	76,6755	65,2764	56,0862	52,1638	48,6223	45,4188	42,5159	39,8804	37,4833
24	74,9453	63,9793	55,1091	51,3142	47,8827	44,7741	41,9531	39,3886	37,0530
25	73,2340	62,6902	54,1334	50,4638	47,1405	44,1257	41,3859	38,8917	36,6172
26	71,5380	61,4060	53,1564	49,6101	46,3936	43,4714	40,8120	38,3878	36,1741
27	69,8597	60,1290	52,1801	48,7549	45,6436	42,8129	40,2331	37,8781	35,7249
28	68,1976	58,8578	51,2034	47,8973	44,8897	42,1492	39,6481	37,3619	35,2688
29	66,5528	57,5938	50,2275	47,0382	44,1325	41,4811	39,0579	36,8399	34,8065
30	64,9247	56,3363	49,2518	46,1773	43,3720	40,8084	38,4622	36,3117	34,3375
31	63,3152	55,0873	48,2780	45,3160	42,6093	40,1322	37,8620	35,7783	33,8630
32	61,7238	53,8462	47,3059	44,4541	41,8443	39,4525	37,2572	35,2396	33,3826
33	60,1484	52,6116	46,3340	43,5904	41,0758	38,7679	36,6467	34,6945	32,8953
34	58,5909	51,3851	45,3639	42,7262	40,3050	38,0797	36,0316	34,1440	32,4020
35	57,0516	50,1671	44,3960	41,8620	39,5325	37,3884	35,4122	33,5884	31,9032
36	55,5301	48,9575	43,4302	40,9975	38,7580	36,6937	34,7884	33,0276	31,3984
37	54,0299	47,7594	42,4694	40,1357	37,9842	35,9981	34,1624	32,4638	30,8899
38	52,5501	46,5721	41,5130	39,2760	37,2105	35,3012	33,5340	31,8964	30,3772
39	51,0838	45,3898	40,5557	38,4133	36,4323	34,5984	32,8987	31,3215	29,8564
40	49,6368	44,2177	39,6024	37,5524	35,6539	33,8939	32,2604	30,7427	29,3309
41	48,2071	43,0540	38,6517	36,6916	34,8739	33,1864	31,6180	30,1588	28,7996
42	46,7985	41,9024	37,7066	35,8342	34,0953	32,4786	30,9740	29,5722	28,2648
43	45,4016	40,7547	36,7599	34,9732	33,3115	31,7643	30,3224	28,9773	27,7211
44	44,0276	39,6208	35,8207	34,1172	32,5306	31,0513	29,6708	28,3811	27,1751
45	42,6701	38,4953	34,8841	33,2617	31,7483	30,3354	29,0149	27,7798	26,6233
46	41,3291	37,3782	33,9502	32,4066	30,9647	29,6166	28,3550	27,1733	26,0655
47	40,0064	36,2713	33,0206	31,5536	30,1813	28,8965	27,6924	26,5631	25,5030
48	38,7052	35,1776	32,0983	30,7055	29,4007	28,1775	27,0295	25,9514	24,9380
49	37,4249	34,0969	31,1829	29,8620	28,6228	27,4594	26,3662	25,3381	24,3704
50	36,1674	33,0310	30,2764	29,0250	27,8493	26,7440	25,7040	24,7247	23,8017
51	34,9272	31,9749	29,3742	28,1901	27,0762	26,0274	25,0393	24,1075	23,2283
52	33,7083	30,9325	28,4800	27,3609	26,3067	25,3128	24,3751	23,4897	22,6532
53	32,5102	29,9035	27,5936	26,5373	25,5408	24,6001	23,7113	22,8711	22,0761
54	31,3327	28,8880	26,7152	25,7195	24,7788	23,8895	23,0482	22,2518	21,4975

T2.12   Mann bis 100. Lebensjahr

Sterbetafel 2019/2021 Deutschland, Statistisches Bundesamt   monatlich vorschüssig

Alter	1,75%	2,00%	2,25%	2,50%	2,75%	3,00%	3,25%	3,50%	4,00%
0	42,4045	39,3725	36,6714	34,2580	32,0949	30,1506	28,3978	26,8131	24,0702
1	42,2785	39,2806	36,6071	34,2157	32,0704	30,1403	28,3988	26,8231	24,0928
2	42,0186	39,0645	36,4270	34,0655	31,9450	30,0354	28,3109	26,7494	24,0407
3	41,7497	38,8398	36,2391	33,9079	31,8126	29,9240	28,2171	26,6702	23,9839
4	41,4756	38,6103	36,0464	33,7461	31,6763	29,8091	28,1199	26,5879	23,9246
5	41,1966	38,3760	35,8494	33,5800	31,5362	29,6906	28,0195	26,5027	23,8629
6	40,9122	38,1365	35,6474	33,4094	31,3918	29,5681	27,9155	26,4141	23,7983
7	40,6222	37,8917	35,4404	33,2340	31,2429	29,4416	27,8077	26,3221	23,7309
8	40,3272	37,6420	35,2288	33,0543	31,0901	29,3113	27,6965	26,2270	23,6608
9	40,0262	37,3867	35,0117	32,8695	30,9324	29,1765	27,5811	26,1279	23,5875
10	39,7201	37,1264	34,7899	32,6802	30,7705	29,0379	27,4620	26,0256	23,5113
11	39,4084	36,8606	34,5629	32,4859	30,6040	28,8948	27,3390	25,9194	23,4319
12	39,0912	36,5894	34,3307	32,2868	30,4328	28,7475	27,2118	25,8096	23,3494
13	38,7691	36,3135	34,0939	32,0832	30,2575	28,5962	27,0811	25,6963	23,2639
14	38,4419	36,0325	33,8523	31,8750	30,0778	28,4408	26,9464	25,5794	23,1753
15	38,1098	35,7467	33,6059	31,6622	29,8937	28,2813	26,8080	25,4590	23,0837
16	37,7731	35,4563	33,3550	31,4452	29,7056	28,1180	26,6659	25,3353	22,9892
17	37,4330	35,1625	33,1008	31,2248	29,5144	27,9517	26,5211	25,2089	22,8925
18	37,0888	34,8646	32,8425	31,0005	29,3193	27,7817	26,3728	25,0794	22,7931
19	36,7427	34,5645	32,5820	30,7740	29,1221	27,6098	26,2227	24,9481	22,6923
20	36,3920	34,2598	32,3169	30,5432	28,9207	27,4339	26,0689	24,8133	22,5884
21	36,0343	33,9483	32,0452	30,3059	28,7132	27,2521	25,9094	24,6733	22,4799
22	35,6700	33,6302	31,7671	30,0624	28,4997	27,0647	25,7446	24,5281	22,3669
23	35,2993	33,3057	31,4827	29,8127	28,2803	26,8716	25,5744	24,3779	22,2493
24	34,9222	32,9748	31,1920	29,5570	28,0550	26,6728	25,3988	24,2226	22,1272
25	34,5395	32,6383	30,8957	29,2957	27,8243	26,4689	25,2183	24,0625	22,0009
26	34,1493	32,2943	30,5920	29,0273	27,5867	26,2583	25,0314	23,8964	21,8691
27	33,7529	31,9440	30,2821	28,7527	27,3431	26,0419	24,8388	23,7249	21,7324
28	33,3494	31,5866	29,9651	28,4712	27,0927	25,8189	24,6400	23,5473	21,5903
29	32,9395	31,2226	29,6415	28,1831	26,8360	25,5897	24,4352	23,3640	21,4429
30	32,5226	30,8516	29,3109	27,8881	26,5724	25,3540	24,2240	23,1746	21,2899
31	32,0999	30,4746	28,9741	27,5870	26,3028	25,1122	24,0070	22,9796	21,1317
32	31,6709	30,0911	28,6309	27,2794	26,0268	24,8643	23,7839	22,7786	20,9680
33	31,2348	29,7003	28,2803	26,9644	25,7435	24,6092	23,5539	22,5710	20,7981
34	30,7924	29,3029	27,9230	26,6428	25,4536	24,3475	23,3175	22,3571	20,6224
35	30,3439	28,8992	27,5592	26,3146	25,1571	24,0794	23,0748	22,1370	20,4409
36	29,8891	28,4890	27,1887	25,9796	24,8539	23,8046	22,8254	21,9105	20,2532
37	29,4300	28,0741	26,8132	25,6394	24,5454	23,5245	22,5708	21,6788	20,0607
38	28,9661	27,6540	26,4324	25,2937	24,2313	23,2388	22,3106	21,4415	19,8628
39	28,4938	27,2252	26,0426	24,9391	23,9083	22,9442	22,0417	21,1958	19,6569
40	28,0162	26,7907	25,6469	24,5784	23,5790	22,6434	21,7665	20,9439	19,4450
41	27,5323	26,3495	25,2442	24,2104	23,2425	22,3353	21,4841	20,6848	19,2261
42	27,0443	25,9036	24,8365	23,8372	22,9005	22,0216	21,1961	20,4200	19,0018
43	26,5468	25,4480	24,4189	23,4540	22,5485	21,6979	20,8982	20,1455	18,7680
44	26,0464	24,9889	23,9972	23,0663	22,1918	21,3693	20,5952	19,8659	18,5292
45	25,5394	24,5227	23,5681	22,6710	21,8272	21,0329	20,2843	19,5784	18,2825
46	25,0259	24,0495	23,1316	22,2680	21,4548	20,6884	19,9654	19,2828	18,0279
47	24,5069	23,5702	22,6887	21,8583	21,0754	20,3367	19,6391	18,9798	17,7660
48	23,9847	23,0871	22,2412	21,4435	20,6906	19,9795	19,3071	18,6710	17,4981
49	23,4590	22,5997	21,7891	21,0237	20,3004	19,6164	18,9692	18,3561	17,2239
50	22,9312	22,1096	21,3335	20,5999	19,9058	19,2488	18,6263	18,0361	16,9444
51	22,3980	21,6134	20,8714	20,1691	19,5039	18,8735	18,2756	17,7082	16,6569
52	21,8622	21,1138	20,4052	19,7337	19,0970	18,4930	17,9194	17,3744	16,3633
53	21,3236	20,6106	19,9348	19,2936	18,6850	18,1068	17,5573	17,0346	16,0634
54	20,7824	20,1041	19,4604	18,8489	18,2679	17,7153	17,1895	16,6888	15,7571

T2   Temporäre Leibrente

T2.12 Mann bis 100. Lebensjahr

Sterbetafel 2019/2021 Deutschland, Statistisches Bundesamt   monatlich vorschüssig

Alter	-1,00%	-0,50%	0,00%	0,25%	0,50%	0,75%	1,00%	1,25%	1,50%
55	30,1773	27,8873	25,8461	24,9087	24,0218	23,1822	22,3870	21,6332	20,9182
56	29,0486	26,9061	24,9907	24,1092	23,2741	22,4824	21,7316	21,0189	20,3421
57	27,9440	25,9420	24,1471	23,3192	22,5338	21,7884	21,0803	20,4075	19,7677
58	26,8607	24,9927	23,3130	22,5367	21,7992	21,0982	20,4316	19,7973	19,1933
59	25,8014	24,0608	22,4912	21,7641	21,0726	20,4144	19,7877	19,1905	18,6213
60	24,7694	23,1497	21,6849	21,0049	20,3573	19,7402	19,1517	18,5903	18,0544
61	23,7600	22,2550	20,8901	20,2553	19,6498	19,0720	18,5203	17,9934	17,4898
62	22,7777	21,3813	20,1113	19,5194	18,9541	18,4139	17,8975	17,4036	16,9310
63	21,8199	20,5263	19,3465	18,7955	18,2685	17,7644	17,2818	16,8196	16,3769
64	20,8856	19,6892	18,5951	18,0830	17,5927	17,1229	16,6727	16,2410	15,8269
65	19,9750	18,8705	17,8576	17,3826	16,9271	16,4902	16,0710	15,6685	15,2819
66	19,0867	18,0690	17,1331	16,6933	16,2711	15,8655	15,4758	15,1013	14,7411
67	18,2222	17,2862	16,4231	16,0168	15,6261	15,2504	14,8889	14,5410	14,2061
68	17,3753	16,5165	15,7225	15,3479	14,9873	14,6400	14,3056	13,9833	13,6726
69	16,5484	15,7623	15,0335	14,6890	14,3570	14,0369	13,7281	13,4302	13,1427
70	15,7400	15,0222	14,3551	14,0391	13,7341	13,4398	13,1555	12,8809	12,6156
71	14,9466	14,2932	13,6843	13,3954	13,1162	12,8463	12,5854	12,3331	12,0890
72	14,1697	13,5768	13,0227	12,7593	12,5045	12,2578	12,0191	11,7879	11,5640
73	13,4111	12,8747	12,3722	12,1328	11,9009	11,6762	11,4585	11,2474	11,0427
74	12,6651	12,1816	11,7275	11,5108	11,3006	11,0967	10,8989	10,7069	10,5205
75	11,9413	11,5069	11,0979	10,9024	10,7125	10,5281	10,3490	10,1749	10,0057
76	11,2285	10,8400	10,4733	10,2976	10,1268	9,9608	9,7993	9,6422	9,4893
77	10,5380	10,1917	9,8641	9,7069	9,5539	9,4050	9,2599	9,1187	8,9811
78	9,8685	9,5612	9,2697	9,1296	8,9931	8,8600	8,7303	8,6038	8,4805
79	9,2089	8,9376	8,6797	8,5555	8,4343	8,3161	8,2008	8,0882	7,9782
80	8,5716	8,3331	8,1059	7,9963	7,8893	7,7847	7,6826	7,5828	7,4853
81	7,9606	7,7519	7,5526	7,4563	7,3621	7,2701	7,1800	7,0919	7,0058
82	7,3773	7,1953	7,0212	6,9369	6,8544	6,7737	6,6947	6,6173	6,5415
83	6,8131	6,6554	6,5041	6,4308	6,3589	6,2885	6,2195	6,1519	6,0856
84	6,2797	6,1434	6,0125	5,9489	5,8865	5,8254	5,7654	5,7065	5,6488
85	5,7800	5,6627	5,5497	5,4948	5,4408	5,3879	5,3359	5,2848	5,2347
86	5,3131	5,2124	5,1153	5,0680	5,0215	4,9758	4,9309	4,8868	4,8434
87	4,8787	4,7926	4,7093	4,6687	4,6288	4,5895	4,5508	4,5128	4,4753
88	4,4701	4,3968	4,3257	4,2910	4,2568	4,2231	4,1900	4,1574	4,1252
89	4,0965	4,0341	3,9735	3,9439	3,9148	3,8860	3,8577	3,8298	3,8022
90	3,7563	3,7034	3,6520	3,6268	3,6020	3,5775	3,5533	3,5294	3,5059
91	3,4449	3,4002	3,3567	3,3354	3,3143	3,2935	3,2730	3,2527	3,2327
92	3,1447	3,1073	3,0709	3,0530	3,0353	3,0179	3,0006	2,9835	2,9667
93	2,8762	2,8453	2,8149	2,8000	2,7853	2,7707	2,7563	2,7420	2,7279
94	2,6091	2,5839	2,5592	2,5470	2,5350	2,5231	2,5113	2,4996	2,4880
95	2,3525	2,3325	2,3130	2,3033	2,2938	2,2843	2,2749	2,2656	2,2563
96	2,0716	2,0567	2,0421	2,0348	2,0277	2,0205	2,0135	2,0064	1,9995
97	1,7668	1,7566	1,7466	1,7417	1,7367	1,7318	1,7270	1,7222	1,7174
98	1,3714	1,3658	1,3603	1,3576	1,3549	1,3521	1,3494	1,3467	1,3441
99	0,8273	0,8255	0,8238	0,8229	0,8221	0,8212	0,8203	0,8195	0,8186

T2   Temporäre Leibrente

T2.12 Mann bis 100. Lebensjahr

Sterbetafel 2019/2021 Deutschland, Statistisches Bundesamt   monatlich vorschüssig

Alter	1,75%	2,00%	2,25%	2,50%	2,75%	3,00%	3,25%	3,50%	4,00%
55	20,2397	19,5952	18,9829	18,4006	17,8466	17,3191	16,8167	16,3378	15,4452
56	19,6990	19,0875	18,5057	17,9518	17,4242	16,9214	16,4419	15,9843	15,1302
57	19,1589	18,5794	18,0274	17,5013	16,9996	16,5209	16,0638	15,6273	14,8111
58	18,6180	18,0696	17,5467	17,0476	16,5712	16,1161	15,6812	15,2653	14,4865
59	18,0783	17,5601	17,0654	16,5928	16,1410	15,7090	15,2957	14,9001	14,1580
60	17,5427	17,0538	16,5864	16,1394	15,7116	15,3021	14,9099	14,5340	13,8280
61	17,0083	16,5476	16,1068	15,6847	15,2803	14,8927	14,5211	14,1646	13,4939
62	16,4786	16,0453	15,6301	15,2321	14,8504	14,4841	14,1325	13,7949	13,1587
63	15,9525	15,5455	15,1552	14,7805	14,4207	14,0752	13,7431	13,4239	12,8215
64	15,4295	15,0480	14,6816	14,3295	13,9911	13,6657	13,3526	13,0513	12,4818
65	14,9104	14,5534	14,2101	13,8799	13,5621	13,2562	12,9615	12,6777	12,1403
66	14,3946	14,0612	13,7402	13,4310	13,1332	12,8462	12,5695	12,3026	11,7966
67	13,8835	13,5728	13,2732	12,9844	12,7059	12,4371	12,1777	11,9273	11,4518
68	13,3730	13,0840	12,8052	12,5361	12,2762	12,0252	11,7826	11,5482	11,1024
69	12,8652	12,5971	12,3382	12,0880	11,8461	11,6123	11,3861	11,1672	10,7503
70	12,3592	12,1112	11,8714	11,6395	11,4150	11,1976	10,9872	10,7834	10,3946
71	11,8527	11,6241	11,4027	11,1883	10,9805	10,7792	10,5841	10,3949	10,0334
72	11,3471	11,1369	10,9332	10,7356	10,5440	10,3581	10,1778	10,0027	9,6677
73	10,8442	10,6516	10,4646	10,2832	10,1071	9,9360	9,7698	9,6083	9,2989
74	10,3395	10,1637	9,9929	9,8269	9,6656	9,5088	9,3563	9,2079	8,9232
75	9,8412	9,6813	9,5257	9,3744	9,2272	9,0839	8,9445	8,8087	8,5476
76	9,3405	9,1957	9,0547	8,9174	8,7837	8,6534	8,5264	8,4026	8,1644
77	8,8470	8,7164	8,5891	8,4649	8,3439	8,2259	8,1107	7,9984	7,7818
78	8,3602	8,2429	8,1284	8,0166	7,9076	7,8011	7,6971	7,5956	7,3996
79	7,8709	7,7661	7,6637	7,5637	7,4660	7,3705	7,2772	7,1859	7,0095
80	7,3900	7,2968	7,2056	7,1165	7,0294	6,9442	6,8608	6,7792	6,6211
81	6,9215	6,8390	6,7582	6,6792	6,6018	6,5261	6,4519	6,3792	6,2383
82	6,4673	6,3946	6,3233	6,2535	6,1851	6,1181	6,0524	5,9880	5,8629
83	6,0206	5,9569	5,8944	5,8331	5,7730	5,7140	5,6561	5,5993	5,4889
84	5,5921	5,5364	5,4818	5,4282	5,3756	5,3239	5,2732	5,2234	5,1263
85	5,1854	5,1371	5,0895	5,0428	4,9969	4,9518	4,9074	4,8639	4,7789
86	4,8007	4,7588	4,7175	4,6769	4,6371	4,5978	4,5592	4,5212	4,4471
87	4,4385	4,4023	4,3666	4,3315	4,2969	4,2629	4,2294	4,1964	4,1319
88	4,0936	4,0624	4,0317	4,0015	3,9717	3,9423	3,9133	3,8848	3,8290
89	3,7751	3,7483	3,7220	3,6959	3,6703	3,6450	3,6201	3,5955	3,5473
90	3,4827	3,4598	3,4372	3,4149	3,3929	3,3712	3,3497	3,3286	3,2870
91	3,2129	3,1934	3,1741	3,1550	3,1362	3,1177	3,0993	3,0812	3,0455
92	2,9500	2,9335	2,9173	2,9012	2,8852	2,8695	2,8540	2,8386	2,8083
93	2,7139	2,7001	2,6865	2,6729	2,6596	2,6463	2,6332	2,6202	2,5947
94	2,4766	2,4652	2,4540	2,4429	2,4319	2,4210	2,4101	2,3994	2,3783
95	2,2472	2,2381	2,2291	2,2202	2,2113	2,2026	2,1939	2,1853	2,1682
96	1,9926	1,9857	1,9789	1,9721	1,9654	1,9588	1,9522	1,9456	1,9326
97	1,7126	1,7078	1,7031	1,6985	1,6938	1,6892	1,6846	1,6800	1,6710
98	1,3414	1,3388	1,3361	1,3335	1,3309	1,3283	1,3257	1,3231	1,3180
99	0,8178	0,8169	0,8161	0,8153	0,8144	0,8136	0,8128	0,8119	0,8103

T2   Temporäre Leibrente

T2.13 Frau bis 18. Lebensjahr

Sterbetafel 2019/2021 Deutschland, Statistisches Bundesamt   monatlich vorschüssig

Alter	-1,00%	-0,50%	0,00%	0,25%	0,50%	0,75%	1,00%	1,25%	1,50%
0	19,6528	18,7667	17,9369	17,5417	17,1591	16,7885	16,4295	16,0817	15,7446
1	18,5157	17,7273	16,9865	16,6328	16,2898	15,9570	15,6341	15,3208	15,0167
2	17,3395	16,6448	15,9897	15,6762	15,3717	15,0757	14,7881	14,5085	14,2368
3	16,1735	15,5662	14,9916	14,7159	14,4476	14,1865	13,9323	13,6848	13,4439
4	15,0188	14,4926	13,9931	13,7528	13,5186	13,2903	13,0676	12,8505	12,6388
5	13,8754	13,4242	12,9944	12,7871	12,5847	12,3871	12,1941	12,0056	11,8215
6	12,7429	12,3606	11,9952	11,8185	11,6457	11,4767	11,3114	11,1497	10,9915
7	11,6217	11,3023	10,9959	10,8474	10,7020	10,5594	10,4198	10,2830	10,1489
8	10,5116	10,2491	9,9965	9,8738	9,7534	9,6352	9,5192	9,4054	9,2936
9	9,4125	9,2012	8,9971	8,8977	8,8000	8,7040	8,6096	8,5168	8,4255
10	8,3243	8,1584	7,9976	7,9191	7,8418	7,7656	7,6907	7,6169	7,5442
11	7,2469	7,1206	6,9979	6,9379	6,8786	6,8202	6,7626	6,7057	6,6497
12	6,1803	6,0882	5,9984	5,9543	5,9108	5,8677	5,8252	5,7833	5,7418
13	5,1243	5,0608	4,9987	4,9682	4,9379	4,9080	4,8784	4,8491	4,8201
14	4,0788	4,0386	3,9991	3,9796	3,9603	3,9412	3,9222	3,9034	3,8847
15	3,0439	3,0215	2,9995	2,9886	2,9778	2,9670	2,9564	2,9458	2,9352
16	2,0191	2,0094	1,9998	1,9950	1,9902	1,9855	1,9808	1,9761	1,9715
17	1,0046	1,0022	0,9999	0,9988	0,9977	0,9965	0,9954	0,9943	0,9931

T2   Temporäre Leibrente

T2.13 Frau bis 18. Lebensjahr

Sterbetafel 2019/2021 Deutschland, Statistisches Bundesamt   monatlich vorschüssig

Alter	1,75%	2,00%	2,25%	2,50%	2,75%	3,00%	3,25%	3,50%	4,00%
0	15,4179	15,1012	14,7941	14,4963	14,2074	13,9272	13,6553	13,3913	12,8864
1	14,7215	14,4348	14,1564	13,8861	13,6234	13,3682	13,1202	12,8792	12,4171
2	13,9725	13,7155	13,4656	13,2225	12,9860	12,7558	12,5318	12,3138	11,8948
3	13,2092	12,9807	12,7581	12,5412	12,3298	12,1239	11,9231	11,7274	11,3506
4	12,4323	12,2309	12,0343	11,8425	11,6554	11,4727	11,2944	11,1203	10,7844
5	11,6416	11,4658	11,2941	11,1263	10,9622	10,8019	10,6451	10,4918	10,1954
6	10,8366	10,6851	10,5368	10,3917	10,2496	10,1105	9,9743	9,8410	9,5825
7	10,0175	9,8887	9,7624	9,6387	9,5173	9,3983	9,2817	9,1672	8,9450
8	9,1840	9,0763	8,9706	8,8668	8,7648	8,6647	8,5664	8,4699	8,2819
9	8,3358	8,2476	8,1608	8,0755	7,9916	7,9091	7,8279	7,7481	7,5922
10	7,4727	7,4022	7,3328	7,2644	7,1970	7,1307	7,0653	7,0009	6,8749
11	6,5944	6,5398	6,4860	6,4329	6,3805	6,3288	6,2778	6,2275	6,1288
12	5,7008	5,6603	5,6203	5,5807	5,5416	5,5030	5,4648	5,4271	5,3530
13	4,7914	4,7630	4,7349	4,7071	4,6796	4,6523	4,6253	4,5986	4,5460
14	3,8662	3,8479	3,8297	3,8117	3,7938	3,7761	3,7586	3,7412	3,7068
15	2,9248	2,9144	2,9041	2,8939	2,8838	2,8737	2,8637	2,8537	2,8340
16	1,9668	1,9622	1,9577	1,9531	1,9486	1,9441	1,9396	1,9351	1,9262
17	0,9920	0,9909	0,9898	0,9887	0,9876	0,9865	0,9854	0,9843	0,9821

T2 Temporäre Leibrente

T2.14 Frau bis 20. Lebensjahr

Sterbetafel 2019/2021 Deutschland, Statistisches Bundesamt monatlich vorschüssig

Alter	-1,00%	-0,50%	0,00%	0,25%	0,50%	0,75%	1,00%	1,25%	1,50%
0	22,0616	20,9561	19,9278	19,4406	18,9704	18,5164	18,0781	17,6548	17,2459
1	20,9072	19,9120	18,9831	18,5419	18,1153	17,7029	17,3040	16,9182	16,5449
2	19,7075	18,8190	17,9867	17,5904	17,2067	16,8350	16,4750	16,1262	15,7882
3	18,5182	17,7298	16,9888	16,6351	16,2920	15,9592	15,6363	15,3229	15,0188
4	17,3403	16,6456	15,9905	15,6770	15,3724	15,0765	14,7888	14,5093	14,2375
5	16,1739	15,5666	14,9920	14,7163	14,4480	14,1869	13,9327	13,6852	13,4443
6	15,0186	14,4925	13,9929	13,7527	13,5185	13,2901	13,0675	12,8504	12,6387
7	13,8747	13,4236	12,9938	12,7865	12,5842	12,3866	12,1936	12,0051	11,8210
8	12,7422	12,3599	11,9945	11,8179	11,6451	11,4761	11,3108	11,1491	10,9909
9	11,6210	11,3016	10,9952	10,8468	10,7013	10,5588	10,4192	10,2824	10,1483
10	10,5108	10,2484	9,9958	9,8731	9,7527	9,6345	9,5185	9,4047	9,2930
11	9,4116	9,2003	8,9963	8,8969	8,7992	8,7032	8,6088	8,5160	8,4247
12	8,3235	8,1576	7,9969	7,9184	7,8411	7,7650	7,6900	7,6163	7,5436
13	7,2462	7,1200	6,9973	6,9373	6,8780	6,8196	6,7620	6,7052	6,6491
14	6,1797	6,0877	5,9979	5,9538	5,9102	5,8672	5,8247	5,7827	5,7413
15	5,1240	5,0605	4,9985	4,9679	4,9377	4,9077	4,8781	4,8488	4,8199
16	4,0787	4,0385	3,9990	3,9795	3,9602	3,9410	3,9220	3,9032	3,8846
17	3,0438	3,0214	2,9994	2,9885	2,9777	2,9669	2,9563	2,9457	2,9352
18	2,0191	2,0093	1,9997	1,9949	1,9902	1,9854	1,9807	1,9761	1,9714
19	1,0045	1,0022	0,9999	0,9988	0,9976	0,9965	0,9954	0,9942	0,9931

T2 Temporäre Leibrente

T2.14 Frau bis 20. Lebensjahr

Sterbetafel 2019/2021 Deutschland, Statistisches Bundesamt   monatlich vorschüssig

Alter	1,75%	2,00%	2,25%	2,50%	2,75%	3,00%	3,25%	3,50%	4,00%
0	16,8508	16,4690	16,0999	15,7430	15,3979	15,0641	14,7411	14,4285	13,8331
1	16,1836	15,8339	15,4954	15,1676	14,8501	14,5426	14,2446	13,9558	13,4044
2	15,4606	15,1429	14,8350	14,5363	14,2466	13,9656	13,6929	13,4282	12,9219
3	14,7235	14,4368	14,1584	13,8880	13,6253	13,3701	13,1221	12,8810	12,4189
4	13,9732	13,7163	13,4663	13,2232	12,9866	12,7565	12,5325	12,3144	11,8955
5	13,2096	12,9811	12,7585	12,5416	12,3302	12,1243	11,9235	11,7278	11,3510
6	12,4322	12,2308	12,0342	11,8425	11,6553	11,4727	11,2944	11,1203	10,7844
7	11,6411	11,4654	11,2936	11,1258	10,9618	10,8014	10,6447	10,4914	10,1950
8	10,8361	10,6846	10,5363	10,3912	10,2491	10,1100	9,9738	9,8405	9,5820
9	10,0169	9,8881	9,7619	9,6381	9,5168	9,3978	9,2812	9,1668	8,9445
10	9,1833	9,0757	8,9700	8,8662	8,7642	8,6642	8,5659	8,4693	8,2813
11	8,3350	8,2468	8,1601	8,0748	7,9909	7,9084	7,8272	7,7474	7,5916
12	7,4720	7,4016	7,3321	7,2638	7,1964	7,1301	7,0647	7,0003	6,8744
13	6,5938	6,5393	6,4854	6,4324	6,3800	6,3283	6,2773	6,2270	6,1283
14	5,7003	5,6598	5,6198	5,5802	5,5412	5,5025	5,4644	5,4267	5,3525
15	4,7912	4,7628	4,7347	4,7068	4,6793	4,6521	4,6251	4,5984	4,5458
16	3,8661	3,8477	3,8296	3,8116	3,7937	3,7760	3,7584	3,7410	3,7067
17	2,9247	2,9144	2,9041	2,8938	2,8837	2,8736	2,8636	2,8536	2,8339
18	1,9668	1,9622	1,9576	1,9530	1,9485	1,9440	1,9395	1,9350	1,9262
19	0,9920	0,9909	0,9898	0,9886	0,9875	0,9864	0,9853	0,9842	0,9820

T2   Temporäre Leibrente

T2.15 Frau bis 30. Lebensjahr

Sterbetafel 2019/2021 Deutschland, Statistisches Bundesamt   monatlich vorschüssig

Alter	-1,00%	-0,50%	0,00%	0,25%	0,50%	0,75%	1,00%	1,25%	1,50%
0	34,8460	32,2266	29,8720	28,7843	27,7516	26,7708	25,8388	24,9528	24,1101
1	33,5998	31,1581	28,9556	27,9356	26,9656	26,0429	25,1646	24,3284	23,5319
2	32,2758	30,0111	27,9613	27,0095	26,1030	25,2392	24,4158	23,6306	22,8814
3	30,9622	28,8672	26,9646	26,0789	25,2339	24,4275	23,6575	22,9220	22,2193
4	29,6611	27,7285	25,9673	25,1454	24,3599	23,6091	22,8910	22,2041	21,5468
5	28,3727	26,5952	24,9697	24,2092	23,4813	22,7843	22,1167	21,4770	20,8639
6	27,0962	25,4666	23,9713	23,2700	22,5975	21,9526	21,3339	20,7401	20,1701
7	25,8323	24,3435	22,9728	22,3282	21,7092	21,1145	20,5431	19,9939	19,4658
8	24,5809	23,2259	21,9741	21,3840	20,8163	20,2701	19,7444	19,2383	18,7509
9	23,3420	22,1139	20,9754	20,4374	19,9190	19,4193	18,9376	18,4732	18,0252
10	22,1153	21,0072	19,9766	19,4882	19,0169	18,5619	18,1226	17,6983	17,2885
11	20,9006	19,9059	18,9775	18,5365	18,1102	17,6980	17,2993	16,9137	16,5406
12	19,6985	18,8105	17,9788	17,5828	17,1993	16,8279	16,4681	16,1195	15,7817
13	18,5081	17,7203	16,9799	16,6264	16,2836	15,9511	15,6284	15,3152	15,0113
14	17,3299	16,6358	15,9813	15,6680	15,3637	15,0679	14,7805	14,5012	14,2296
15	16,1638	15,5570	14,9829	14,7074	14,4394	14,1784	13,9245	13,6772	13,4365
16	15,0094	14,4837	13,9846	13,7445	13,5105	13,2823	13,0599	12,8430	12,6314
17	13,8665	13,4157	12,9862	12,7791	12,5769	12,3795	12,1866	11,9983	11,8143
18	12,7349	12,3529	11,9878	11,8113	11,6386	11,4698	11,3046	11,1430	10,9849
19	11,6148	11,2956	10,9895	10,8411	10,6958	10,5534	10,4139	10,2771	10,1432
20	10,5060	10,2437	9,9913	9,8687	9,7483	9,6302	9,5143	9,4006	9,2889
21	9,4081	9,1969	8,9929	8,8936	8,7959	8,7000	8,6056	8,5129	8,4217
22	8,3210	8,1551	7,9944	7,9160	7,8387	7,7626	7,6877	7,6140	7,5413
23	7,2445	7,1184	6,9957	6,9357	6,8764	6,8180	6,7604	6,7036	6,6476
24	6,1786	6,0866	5,9968	5,9527	5,9092	5,8662	5,8237	5,7817	5,7402
25	5,1231	5,0597	4,9976	4,9671	4,9369	4,9069	4,8774	4,8481	4,8191
26	4,0781	4,0379	3,9984	3,9789	3,9596	3,9405	3,9215	3,9027	3,8841
27	3,0434	3,0211	2,9990	2,9882	2,9773	2,9666	2,9559	2,9453	2,9348
28	2,0189	2,0092	1,9995	1,9948	1,9900	1,9853	1,9806	1,9759	1,9713
29	1,0045	1,0022	0,9999	0,9987	0,9976	0,9965	0,9953	0,9942	0,9931

T2   Temporäre Leibrente

T2.15 Frau bis 30. Lebensjahr

Sterbetafel 2019/2021 Deutschland, Statistisches Bundesamt   monatlich vorschüssig

Alter	1,75%	2,00%	2,25%	2,50%	2,75%	3,00%	3,25%	3,50%	4,00%
0	23,3084	22,5452	21,8184	21,1259	20,4659	19,8365	19,2361	18,6630	17,5931
1	22,7729	22,0493	21,3592	20,7008	20,0723	19,4722	18,8989	18,3510	17,3261
2	22,1665	21,4839	20,8319	20,2090	19,6135	19,0441	18,4994	17,9781	17,0012
3	21,5476	20,9054	20,2910	19,7032	19,1405	18,6016	18,0854	17,5908	16,6618
4	20,9175	20,3149	19,7376	19,1844	18,6540	18,1455	17,6577	17,1895	16,3086
5	20,2761	19,7123	19,1714	18,6523	18,1540	17,6755	17,2158	16,7740	15,9411
6	19,6228	19,0971	18,5919	18,1064	17,6397	17,1908	16,7590	16,3435	15,5584
7	18,9580	18,4694	17,9993	17,5468	17,1111	16,6915	16,2873	15,8978	15,1603
8	18,2814	17,8291	17,3932	16,9730	16,5679	16,1771	15,8001	15,4364	14,7462
9	17,5931	17,1760	16,7736	16,3850	16,0098	15,6473	15,2972	14,9588	14,3156
10	16,8925	16,5097	16,1398	15,7821	15,4361	15,1015	14,7778	14,4645	13,8676
11	16,1795	15,8300	15,4916	15,1639	14,8466	14,5392	14,2413	13,9527	13,4016
12	15,4543	15,1369	14,8291	14,5307	14,2412	13,9603	13,6877	13,4232	12,9172
13	14,7163	14,4298	14,1516	13,8814	13,6189	13,3638	13,1160	12,8751	12,4133
14	13,9656	13,7088	13,4590	13,2161	12,9797	12,7497	12,5259	12,3080	11,8894
15	13,2020	12,9736	12,7512	12,5345	12,3233	12,1175	11,9169	11,7214	11,3449
16	12,4251	12,2238	12,0274	11,8358	11,6488	11,4663	11,2881	11,1142	10,7785
17	11,6346	11,4590	11,2874	11,1197	10,9558	10,7956	10,6389	10,4858	10,1896
18	10,8302	10,6788	10,5306	10,3856	10,2436	10,1046	9,9686	9,8353	9,5770
19	10,0118	9,8831	9,7570	9,6333	9,5120	9,3932	9,2766	9,1622	8,9401
20	9,1793	9,0717	8,9661	8,8623	8,7605	8,6604	8,5622	8,4657	8,2778
21	8,3320	8,2439	8,1572	8,0719	7,9880	7,9056	7,8244	7,7446	7,5889
22	7,4698	7,3993	7,3300	7,2616	7,1943	7,1280	7,0626	6,9983	6,8724
23	6,5923	6,5378	6,4840	6,4309	6,3785	6,3269	6,2759	6,2256	6,1270
24	5,6993	5,6588	5,6188	5,5792	5,5402	5,5016	5,4634	5,4257	5,3516
25	4,7904	4,7620	4,7339	4,7061	4,6786	4,6513	4,6243	4,5976	4,5450
26	3,8656	3,8472	3,8291	3,8111	3,7932	3,7755	3,7580	3,7406	3,7062
27	2,9244	2,9140	2,9037	2,8935	2,8833	2,8733	2,8632	2,8533	2,8336
28	1,9666	1,9620	1,9574	1,9529	1,9484	1,9438	1,9394	1,9349	1,9260
29	0,9920	0,9908	0,9897	0,9886	0,9875	0,9864	0,9853	0,9842	0,9820

T2 Temporäre Leibrente

T2.16 Frau bis 40. Lebensjahr

Sterbetafel 2019/2021 Deutschland, Statistisches Bundesamt monatlich vorschüssig

Alter	-1,00%	-0,50%	0,00%	0,25%	0,50%	0,75%	1,00%	1,25%	1,50%
0	48,9420	44,0430	39,7882	37,8719	36,0822	34,4094	32,8448	31,3802	30,0083
1	47,5947	42,9490	38,9001	37,0720	35,3618	33,7607	32,2609	30,8548	29,5357
2	46,1334	41,7453	37,9077	36,1706	34,5428	33,0165	31,5844	30,2398	28,9765
3	44,6829	40,5442	36,9122	35,2639	33,7169	32,2640	30,8986	29,6146	28,4065
4	43,2460	39,3483	35,9160	34,3543	32,8862	31,5052	30,2054	28,9811	27,8274
5	41,8230	38,1579	34,9193	33,4421	32,0511	30,7404	29,5049	28,3394	27,2394
6	40,4129	36,9723	33,9216	32,5265	31,2107	29,9689	28,7964	27,6887	26,6417
7	39,0167	35,7924	32,9237	31,6085	30,3660	29,1915	28,0808	27,0298	26,0348
8	37,6342	34,6183	31,9256	30,6880	29,5169	28,4081	27,3579	26,3625	25,4188
9	36,2656	33,4500	30,9276	29,7652	28,6636	27,6189	26,6277	25,6869	24,7936
10	34,9103	32,2872	29,9292	28,8399	27,8057	26,8234	25,8900	25,0027	24,1587
11	33,5683	31,1301	28,9307	27,9121	26,9434	26,0219	25,1448	24,3097	23,5142
12	32,2404	29,9793	27,9327	26,9824	26,0773	25,2148	24,3926	23,6085	22,8605
13	30,9253	28,8339	26,9344	26,0502	25,2066	24,4014	23,6326	22,8983	22,1967
14	29,6240	27,6948	25,9366	25,1161	24,3319	23,5823	22,8655	22,1797	21,5234
15	28,3363	26,5619	24,9393	24,1801	23,4534	22,7576	22,0911	21,4525	20,8404
16	27,0615	25,4348	23,9421	23,2420	22,5707	21,9268	21,3092	20,7164	20,1473
17	25,7996	24,3134	22,9450	22,3015	21,6836	21,0899	20,5195	19,9711	19,4439
18	24,5502	23,1975	21,9478	21,3587	20,7919	20,2466	19,7218	19,2165	18,7299
19	23,3137	22,0876	20,9510	20,4138	19,8962	19,3974	18,9165	18,4528	18,0055
20	22,0899	20,9836	19,9545	19,4670	18,9964	18,5421	18,1035	17,6798	17,2706
21	20,8781	19,8849	18,9579	18,5175	18,0918	17,6802	17,2821	16,8971	16,5245
22	19,6783	18,7916	17,9611	17,5657	17,1827	16,8118	16,4526	16,1045	15,7671
23	18,4902	17,7035	16,9641	16,6112	16,2688	15,9367	15,6144	15,3017	14,9982
24	17,3136	16,6205	15,9668	15,6540	15,3501	15,0547	14,7677	14,4887	14,2175
25	16,1485	15,5426	14,9692	14,6941	14,4264	14,1659	13,9122	13,6653	13,4249
26	14,9953	14,4703	13,9718	13,7321	13,4984	13,2705	13,0484	12,8318	12,6205
27	13,8533	13,4031	12,9742	12,7674	12,5655	12,3683	12,1757	11,9876	11,8039
28	12,7229	12,3414	11,9768	11,8005	11,6281	11,4594	11,2945	11,1331	10,9752
29	11,6039	11,2852	10,9795	10,8313	10,6861	10,5439	10,4046	10,2680	10,1342
30	10,4959	10,2340	9,9819	9,8594	9,7393	9,6213	9,5056	9,3920	9,2805
31	9,3990	9,1881	8,9844	8,8852	8,7877	8,6919	8,5976	8,5050	8,4139
32	8,3132	8,1475	7,9871	7,9087	7,8315	7,7555	7,6807	7,6071	7,5345
33	7,2380	7,1120	6,9895	6,9295	6,8704	6,8121	6,7545	6,6978	6,6418
34	6,1734	6,0815	5,9918	5,9478	5,9043	5,8613	5,8189	5,7770	5,7355
35	5,1193	5,0559	4,9939	4,9634	4,9332	4,9033	4,8738	4,8445	4,8155
36	4,0756	4,0354	3,9960	3,9765	3,9572	3,9381	3,9191	3,9003	3,8817
37	3,0419	3,0196	2,9976	2,9867	2,9759	2,9652	2,9545	2,9439	2,9334
38	2,0183	2,0085	1,9989	1,9941	1,9894	1,9847	1,9800	1,9753	1,9706
39	1,0043	1,0020	0,9997	0,9986	0,9974	0,9963	0,9952	0,9940	0,9929

T2.16 Frau bis 40. Lebensjahr

Sterbetafel 2019/2021 Deutschland, Statistisches Bundesamt   monatlich vorschüssig

Alter	1,75%	2,00%	2,25%	2,50%	2,75%	3,00%	3,25%	3,50%	4,00%
0	28,7224	27,5160	26,3834	25,3194	24,3191	23,3779	22,4917	21,6567	20,1264
1	28,2974	27,1140	26,0403	25,0114	24,0428	23,1302	22,2699	21,4583	19,9681
2	27,7887	26,6713	25,6193	24,6282	23,6940	22,8126	21,9807	21,1948	19,7494
3	27,2689	26,1971	25,1867	24,2334	23,3336	22,4837	21,6803	20,9205	19,5204
4	26,7395	25,7130	24,7439	23,8284	22,9629	22,1444	21,3697	20,6361	19,2819
5	26,2005	25,2189	24,2909	23,4129	22,5818	21,7947	21,0488	20,3416	19,0336
6	25,6513	24,7142	23,8269	22,9863	22,1896	21,4339	20,7169	20,0361	18,7748
7	25,0924	24,1993	23,3524	22,5490	21,7864	21,0622	20,3740	19,7199	18,5055
8	24,5236	23,6739	22,8671	22,1006	21,3720	20,6792	20,0200	19,3925	18,2255
9	23,9448	23,1381	22,3709	21,6410	20,9463	20,2848	19,6545	19,0537	17,9342
10	23,3557	22,5914	21,8634	21,1698	20,5087	19,8783	19,2769	18,7029	17,6312
11	22,7562	22,0335	21,3443	20,6867	20,0590	19,4595	18,8869	18,3396	17,3159
12	22,1466	21,4650	20,8139	20,1919	19,5972	19,0286	18,4846	17,9641	16,9884
13	21,5261	20,8848	20,2714	19,6845	19,1226	18,5845	18,0691	17,5752	16,6476
14	20,8951	20,2935	19,7171	19,1648	18,6353	18,1275	17,6404	17,1730	16,2934
15	20,2536	19,6907	19,1507	18,6325	18,1349	17,6572	17,1982	16,7571	15,9255
16	19,6009	19,0760	18,5717	18,0870	17,6210	17,1728	16,7417	16,3268	15,5430
17	18,9369	18,4491	17,9798	17,5280	17,0930	16,6740	16,2704	15,8815	15,1452
18	18,2612	17,8096	17,3744	16,9549	16,5504	16,1602	15,7838	15,4206	14,7315
19	17,5740	17,1577	16,7558	16,3678	15,9932	15,6313	15,2817	14,9439	14,3016
20	16,8752	16,4930	16,1236	15,7664	15,4210	15,0869	14,7636	14,4507	13,8547
21	16,1639	15,8149	15,4770	15,1498	14,8329	14,5259	14,2285	13,9402	13,3899
22	15,4401	15,1232	14,8158	14,5178	14,2286	13,9481	13,6760	13,4118	12,9064
23	14,7035	14,4174	14,1396	13,8697	13,6076	13,3529	13,1053	12,8648	12,4035
24	13,9538	13,6973	13,4479	13,2053	12,9692	12,7395	12,5160	12,2984	11,8803
25	13,1907	12,9626	12,7405	12,5240	12,3131	12,1076	11,9072	11,7120	11,3359
26	12,4144	12,2134	12,0173	11,8259	11,6391	11,4568	11,2789	11,1052	10,7700
27	11,6244	11,4490	11,2776	11,1101	10,9464	10,7864	10,6300	10,4771	10,1812
28	10,8207	10,6695	10,5215	10,3767	10,2349	10,0961	9,9602	9,8271	9,5691
29	10,0031	9,8745	9,7486	9,6250	9,5039	9,3852	9,2687	9,1546	8,9327
30	9,1710	9,0635	8,9580	8,8544	8,7527	8,6528	8,5547	8,4583	8,2707
31	8,3244	8,2363	8,1498	8,0646	7,9809	7,8985	7,8175	7,7378	7,5822
32	7,4631	7,3927	7,3234	7,2552	7,1879	7,1217	7,0564	6,9922	6,8664
33	6,5866	6,5321	6,4784	6,4254	6,3731	6,3215	6,2706	6,2203	6,1218
34	5,6946	5,6542	5,6142	5,5747	5,5357	5,4971	5,4590	5,4214	5,3473
35	4,7869	4,7585	4,7304	4,7027	4,6752	4,6479	4,6210	4,5943	4,5418
36	3,8632	3,8449	3,8268	3,8088	3,7909	3,7732	3,7557	3,7383	3,7040
37	2,9230	2,9126	2,9023	2,8921	2,8820	2,8719	2,8619	2,8519	2,8323
38	1,9660	1,9614	1,9568	1,9523	1,9477	1,9432	1,9387	1,9343	1,9254
39	0,9918	0,9907	0,9895	0,9884	0,9873	0,9862	0,9851	0,9840	0,9818

T2 Temporäre Leibrente

T2.17 Frau bis 50. Lebensjahr

Sterbetafel 2019/2021 Deutschland, Statistisches Bundesamt   monatlich vorschüssig

Alter	-1,00%	-0,50%	0,00%	0,25%	0,50%	0,75%	1,00%	1,25%	1,50%
0	64,4196	56,3804	49,6358	46,6743	43,9528	41,4493	39,1436	37,0179	35,0558
1	62,9612	55,2597	48,7758	45,9215	43,2943	40,8736	38,6408	36,5792	34,6735
2	61,3493	53,9969	47,7853	45,0440	42,5166	40,1842	38,0295	36,0369	34,1924
3	59,7485	52,7360	46,7910	44,1606	41,7315	39,4863	37,4089	35,4849	33,7013
4	58,1625	51,4804	45,7958	43,2741	40,9418	38,7824	36,7814	34,9254	33,2022
5	56,5917	50,2305	44,8001	42,3850	40,1476	38,0729	36,1473	34,3585	32,6953
6	55,0349	48,9853	43,8030	41,4924	39,3483	37,3569	35,5058	33,7835	32,1798
7	53,4933	47,7461	42,8057	40,5973	38,5447	36,6353	34,8576	33,2012	31,6564
8	51,9669	46,5129	41,8082	39,6999	37,7370	35,9082	34,2029	32,6114	31,1250
9	50,4559	45,2859	40,8108	38,8002	36,9253	35,1757	33,5416	32,0143	30,5857
10	48,9594	44,0646	39,8130	37,8980	36,1093	34,4374	32,8734	31,4095	30,0381
11	47,4776	42,8491	38,8149	36,9932	35,2889	33,6933	32,1984	30,7969	29,4821
12	46,0116	41,6406	37,8176	36,0869	34,4651	32,9443	31,5172	30,1773	28,9183
13	44,5597	40,4376	36,8199	35,1780	33,6368	32,1893	30,8289	29,5496	28,3457
14	43,1231	39,2415	35,8229	34,2675	32,8051	31,4293	30,1344	28,9147	27,7652
15	41,7018	38,0521	34,8267	33,3554	31,9698	30,6643	29,4335	28,2724	27,1765
16	40,2949	36,8688	33,8307	32,4412	31,1306	29,8937	28,7258	27,6223	26,5792
17	38,9023	35,6917	32,8348	31,5249	30,2874	29,1176	28,0112	26,9643	25,9731
18	37,5235	34,5203	31,8388	30,6063	29,4398	28,3355	27,2894	26,2979	25,3578
19	36,1591	33,3555	30,8435	29,6859	28,5887	27,5481	26,5609	25,6238	24,7339
20	34,8091	32,1971	29,8488	28,7639	27,7338	26,7554	25,8257	24,9418	24,1011
21	33,4723	31,0442	28,8538	27,8393	26,8745	25,9566	25,0829	24,2510	23,4586
22	32,1487	29,8970	27,8588	26,9124	26,0108	25,1517	24,3327	23,5517	22,8065
23	30,8381	28,7553	26,8635	25,9828	25,1426	24,3406	23,5748	22,8433	22,1444
24	29,5401	27,6189	25,8678	25,0506	24,2697	23,5230	22,8090	22,1258	21,4721
25	28,2546	26,4877	24,8718	24,1158	23,3920	22,6990	22,0352	21,3991	20,7894
26	26,9824	25,3626	23,8762	23,1789	22,5104	21,8692	21,2540	20,6636	20,0968
27	25,7227	24,2429	22,8803	22,2396	21,6242	21,0330	20,4649	19,9188	19,3937
28	24,4760	23,1292	21,8849	21,2982	20,7339	20,1909	19,6682	19,1650	18,6804
29	23,2422	22,0216	20,8899	20,3551	19,8397	19,3430	18,8641	18,4023	17,9569
30	22,0206	20,9193	19,8947	19,4093	18,9408	18,4885	18,0517	17,6299	17,2224
31	20,8114	19,8228	18,8999	18,4615	18,0377	17,6279	17,2315	16,8481	16,4771
32	19,6150	18,7323	17,9056	17,5119	17,1306	16,7614	16,4037	16,0571	15,7212
33	18,4305	17,6473	16,9113	16,5599	16,2191	15,8884	15,5676	15,2562	14,9540
34	17,2579	16,5678	15,9171	15,6056	15,3030	15,0090	14,7232	14,4454	14,1754
35	16,0972	15,4939	14,9231	14,6492	14,3826	14,1232	13,8706	13,6248	13,3854
36	14,9488	14,4260	13,9297	13,6910	13,4583	13,2314	13,0102	12,7945	12,5841
37	13,8114	13,3631	12,9360	12,7300	12,5289	12,3326	12,1408	11,9535	11,7705
38	12,6857	12,3058	11,9426	11,7670	11,5953	11,4274	11,2631	11,1023	10,9450
39	11,5710	11,2535	10,9489	10,8013	10,6568	10,5151	10,3763	10,2403	10,1070
40	10,4676	10,2067	9,9555	9,8335	9,7138	9,5963	9,4809	9,3677	9,2566
41	9,3748	9,1647	8,9617	8,8629	8,7657	8,6702	8,5763	8,4840	8,3932
42	8,2930	8,1279	7,9680	7,8899	7,8130	7,7373	7,6627	7,5893	7,5170
43	7,2217	7,0960	6,9739	6,9141	6,8552	6,7970	6,7397	6,6831	6,6273
44	6,1608	6,0691	5,9797	5,9358	5,8924	5,8496	5,8073	5,7655	5,7242
45	5,1101	5,0469	4,9850	4,9546	4,9245	4,8946	4,8652	4,8360	4,8071
46	4,0692	4,0291	3,9897	3,9703	3,9510	3,9319	3,9130	3,8943	3,8757
47	3,0381	3,0158	2,9938	2,9830	2,9722	2,9615	2,9508	2,9403	2,9298
48	2,0163	2,0066	1,9970	1,9922	1,9875	1,9828	1,9781	1,9734	1,9688
49	1,0038	1,0015	0,9992	0,9981	0,9969	0,9958	0,9947	0,9935	0,9924

T2   Temporäre Leibrente

T2.17   Frau bis 50. Lebensjahr

Sterbetafel 2019/2021 Deutschland, Statistisches Bundesamt   monatlich vorschüssig

Alter	1,75%	2,00%	2,25%	2,50%	2,75%	3,00%	3,25%	3,50%	4,00%
0	33,2429	31,5659	30,0129	28,5731	27,2368	25,9952	24,8402	23,7647	21,8262
1	32,9102	31,2767	29,7620	28,3560	27,0493	25,8337	24,7016	23,6462	21,7410
2	32,4832	30,8977	29,4255	28,0571	26,7838	25,5978	24,4919	23,4598	21,5936
3	32,0461	30,5086	29,0790	27,7484	26,5088	25,3527	24,2735	23,2650	21,4386
4	31,6008	30,1112	28,7242	27,4316	26,2257	25,0998	24,0475	23,0629	21,2770
5	31,1474	29,7055	28,3611	27,1065	25,9347	24,8391	23,8139	22,8536	21,1087
6	30,6851	29,2908	27,9890	26,7726	25,6348	24,5698	23,5720	22,6362	20,9330
7	30,2145	28,8677	27,6084	26,4301	25,3266	24,2923	23,3221	22,4112	20,7503
8	29,7357	28,4360	27,2191	26,0790	25,0099	24,0065	23,0640	22,1782	20,5601
9	29,2485	27,9957	26,8212	25,7192	24,6844	23,7121	22,7976	21,9370	20,3624
10	28,7525	27,5464	26,4140	25,3501	24,3498	23,4086	22,5224	21,6873	20,1566
11	28,2476	27,0879	25,9975	24,9717	24,0059	23,0959	22,2381	21,4287	19,9425
12	27,7345	26,6208	25,5722	24,5843	23,6530	22,7744	21,9449	21,1614	19,7202
13	27,2122	26,1441	25,1371	24,1870	23,2901	22,4429	21,6421	20,8846	19,4888
14	26,6812	25,6584	24,6926	23,7803	22,9178	22,1020	21,3298	20,5986	19,2486
15	26,1415	25,1635	24,2387	23,3639	22,5357	21,7513	21,0079	20,3030	18,9992
16	25,5926	24,6589	23,7748	22,9372	22,1433	21,3903	20,6757	19,9972	18,7400
17	25,0342	24,1444	23,3006	22,5001	21,7402	21,0185	20,3328	19,6808	18,4706
18	24,4660	23,6195	22,8156	22,0519	21,3260	20,6356	19,9787	19,3534	18,1903
19	23,8883	23,0846	22,3203	21,5931	20,9009	20,2417	19,6136	19,0149	17,8993
20	23,3011	22,5396	21,8143	21,1232	20,4645	19,8364	19,2370	18,6650	17,5970
21	22,7034	21,9834	21,2967	20,6415	20,0160	19,4187	18,8481	18,3027	17,2825
22	22,0953	21,4162	20,7675	20,1477	19,5552	18,9886	18,4466	17,9278	16,9554
23	21,4763	20,8374	20,2263	19,6414	19,0816	18,5455	18,0318	17,5396	16,6152
24	20,8462	20,2468	19,6726	19,1223	18,5947	18,0888	17,6034	17,1377	16,2612
25	20,2048	19,6441	19,1062	18,5899	18,0942	17,6182	17,1609	16,7214	15,8928
26	19,5526	19,0297	18,5274	18,0445	17,5803	17,1338	16,7042	16,2909	15,5099
27	18,8887	18,4029	17,9354	17,4853	17,0520	16,6347	16,2327	15,8452	15,1117
28	18,2137	17,7639	17,3304	16,9126	16,5097	16,1210	15,7461	15,3843	14,6978
29	17,5272	17,1126	16,7123	16,3259	15,9528	15,5924	15,2441	14,9076	14,2678
30	16,8286	16,4481	16,0802	15,7245	15,3805	15,0477	14,7257	14,4141	13,8205
31	16,1181	15,7706	15,4341	15,1083	14,7927	14,4870	14,1908	13,9037	13,3556
32	15,3956	15,0800	14,7740	14,4772	14,1893	13,9100	13,6389	13,3758	12,8725
33	14,6606	14,3758	14,0991	13,8304	13,5693	13,3157	13,0692	12,8296	12,3703
34	13,9128	13,6575	13,4091	13,1675	12,9324	12,7037	12,4811	12,2644	11,8480
35	13,1522	12,9251	12,7039	12,4883	12,2783	12,0736	11,8741	11,6796	11,3051
36	12,3788	12,1787	11,9833	11,7927	11,6067	11,4252	11,2480	11,0750	10,7411
37	11,5917	11,4170	11,2463	11,0795	10,9165	10,7571	10,6013	10,4490	10,1543
38	10,7911	10,6405	10,4931	10,3489	10,2076	10,0694	9,9340	9,8014	9,5444
39	9,9763	9,8483	9,7228	9,5997	9,4791	9,3608	9,2448	9,1310	8,9100
40	9,1476	9,0405	8,9354	8,8321	8,7308	8,6312	8,5335	8,4375	8,2505
41	8,3040	8,2162	8,1300	8,0451	7,9616	7,8796	7,7988	7,7194	7,5644
42	7,4458	7,3756	7,3066	7,2385	7,1715	7,1055	7,0404	6,9764	6,8510
43	6,5722	6,5179	6,4644	6,4115	6,3594	6,3079	6,2572	6,2071	6,1089
44	5,6833	5,6430	5,6032	5,5638	5,5249	5,4864	5,4484	5,4108	5,3370
45	4,7785	4,7502	4,7222	4,6945	4,6670	4,6399	4,6130	4,5864	4,5340
46	3,8572	3,8390	3,8208	3,8029	3,7851	3,7674	3,7499	3,7326	3,6983
47	2,9194	2,9090	2,8987	2,8885	2,8784	2,8684	2,8584	2,8484	2,8288
48	1,9642	1,9596	1,9550	1,9504	1,9459	1,9414	1,9369	1,9325	1,9236
49	0,9913	0,9902	0,9891	0,9880	0,9868	0,9857	0,9846	0,9835	0,9814

T2   Temporäre Leibrente

T2.18   Frau bis 60. Lebensjahr

Sterbetafel 2019/2021 Deutschland, Statistisches Bundesamt   monatlich vorschüssig

Alter	-1,00%	-0,50%	0,00%	0,25%	0,50%	0,75%	1,00%	1,25%	1,50%
0	81,2114	69,1088	59,2994	55,0995	51,3013	47,8610	44,7403	41,9049	39,3249
1	79,6325	67,9606	58,4670	54,3919	50,7006	47,3519	44,3096	41,5414	39,0190
2	77,8571	66,6368	57,4785	53,5372	49,9614	46,7123	43,7560	41,0622	38,6039
3	76,0931	65,3142	56,4853	52,6761	49,2144	46,0642	43,1934	40,5736	38,1795
4	74,3454	63,9970	55,4911	51,8118	48,4628	45,4104	42,6244	40,0782	37,7480
5	72,6143	62,6857	54,4963	50,9449	47,7070	44,7512	42,0493	39,5763	37,3097
6	70,8983	61,3790	53,4999	50,0742	46,9460	44,0857	41,4671	39,0668	36,8638
7	69,1990	60,0786	52,5032	49,2012	46,1809	43,4150	40,8790	38,5508	36,4109
8	67,5165	58,7845	51,5063	48,3257	45,4118	42,7392	40,2848	38,0283	35,9512
9	65,8509	57,4969	50,5094	47,4482	44,6390	42,0583	39,6847	37,4992	35,4846
10	64,2014	56,2152	49,5122	46,5680	43,8619	41,3720	39,0784	36,9633	35,0107
11	62,5679	54,9396	48,5146	45,6853	43,0807	40,6802	38,4657	36,4204	34,5295
12	60,9520	53,6714	47,5180	44,8014	42,2964	39,9841	37,8476	35,8715	34,0418
13	59,3516	52,4090	46,5209	43,9148	41,5078	39,2824	37,2230	35,3153	33,5465
14	57,7684	51,1540	45,5247	43,0268	40,7160	38,5762	36,5929	34,7530	33,0443
15	56,2022	49,9063	44,5295	42,1376	39,9212	37,8656	35,9573	34,1843	32,5354
16	54,6519	48,6652	43,5346	41,2464	39,1227	37,1499	35,3156	33,6088	32,0191
17	53,1175	47,4305	42,5399	40,3532	38,3204	36,4290	34,6678	33,0263	31,4953
18	51,5982	46,2019	41,5451	39,4577	37,5140	35,7027	34,0133	32,4365	30,9635
19	50,0953	44,9804	40,5513	38,5609	36,7045	34,9717	33,3531	31,8401	30,4245
20	48,6083	43,7659	39,5583	37,6626	35,8916	34,2360	32,6870	31,2368	29,8781
21	47,1358	42,5571	38,5649	36,7617	35,0744	33,4945	32,0140	30,6259	29,3233
22	45,6780	41,3544	37,5716	35,8587	34,2532	32,7475	31,3344	30,0073	28,7602
23	44,2343	40,1573	36,5780	34,9531	33,4276	31,9947	30,6477	29,3808	28,1884
24	42,8046	38,9658	35,5840	34,0448	32,5975	31,2358	29,9538	28,7461	27,6078
25	41,3885	37,7797	34,5895	33,1338	31,7628	30,4709	29,2526	28,1032	27,0182
26	39,9873	36,6001	33,5956	32,2212	30,9246	29,7007	28,5449	27,4528	26,4202
27	38,5998	35,4262	32,6014	31,3060	30,0819	28,9246	27,8300	26,7940	25,8130
28	37,2269	34,2589	31,6080	30,3892	29,2357	28,1434	27,1085	26,1276	25,1974
29	35,8687	33,0982	30,6153	29,4709	28,3860	27,3570	26,3805	25,4536	24,5732
30	34,5237	31,9431	29,6224	28,5501	27,5318	26,5645	25,6451	24,7710	23,9395
31	33,1929	30,7944	28,6302	27,6276	26,6740	25,7666	24,9029	24,0804	23,2968
32	31,8764	29,6525	27,6389	26,7037	25,8128	24,9637	24,1542	23,3820	22,6453
33	30,5733	28,5165	26,6478	25,7778	24,9475	24,1550	23,3982	22,6752	21,9843
34	29,2835	27,3864	25,6570	24,8498	24,0782	23,3405	22,6349	21,9598	21,3136
35	28,0072	26,2626	24,6668	23,9201	23,2051	22,5205	21,8646	21,2360	20,6335
36	26,7451	25,1459	23,6780	22,9893	22,3290	21,6956	21,0878	20,5044	19,9443
37	25,4952	24,0343	22,6888	22,0560	21,4482	20,8642	20,3030	19,7634	19,2446
38	24,2589	22,9294	21,7007	21,1213	20,5640	20,0276	19,5113	19,0142	18,5354
39	23,0348	21,8298	20,7124	20,1842	19,6752	19,1846	18,7116	18,2555	17,8154
40	21,8240	20,7367	19,7252	19,2458	18,7831	18,3364	17,9050	17,4883	17,0857
41	20,6250	19,6490	18,7378	18,3049	17,8863	17,4816	17,0901	16,7114	16,3449
42	19,4390	18,5676	17,7513	17,3626	16,9861	16,6214	16,2681	15,9257	15,5940
43	18,2650	17,4918	16,7651	16,4181	16,0815	15,7549	15,4380	15,1305	14,8320
44	17,1035	16,4222	15,7796	15,4720	15,1732	14,8828	14,6005	14,3261	14,0594
45	15,9540	15,3583	14,7945	14,5240	14,2607	14,0045	13,7550	13,5121	13,2756
46	14,8159	14,2997	13,8096	13,5738	13,3439	13,1198	12,9013	12,6881	12,4803
47	13,6902	13,2474	12,8255	12,6220	12,4234	12,2293	12,0399	11,8548	11,6740
48	12,5755	12,2002	11,8414	11,6679	11,4982	11,3322	11,1699	11,0110	10,8556
49	11,4733	11,1595	10,8585	10,7126	10,5697	10,4297	10,2925	10,1580	10,0262
50	10,3825	10,1245	9,8761	9,7555	9,6371	9,5208	9,4068	9,2949	9,1850
51	9,3021	9,0942	8,8935	8,7956	8,6995	8,6050	8,5121	8,4208	8,3309
52	8,2322	8,0688	7,9105	7,8332	7,7570	7,6821	7,6082	7,5355	7,4640
53	7,1721	7,0477	6,9267	6,8675	6,8091	6,7515	6,6946	6,6386	6,5833
54	6,1222	6,0314	5,9427	5,8992	5,8562	5,8137	5,7717	5,7303	5,6893

84

T2 Temporäre Leibrente

T2.18 Frau bis 60. Lebensjahr

Sterbetafel 2019/2021 Deutschland, Statistisches Bundesamt   monatlich vorschüssig

Alter	1,75%	2,00%	2,25%	2,50%	2,75%	3,00%	3,25%	3,50%	4,00%
0	36,9736	34,8273	32,8651	31,0684	29,4207	27,9072	26,5148	25,2319	22,9538
1	36,7169	34,6128	32,6867	30,9209	29,2996	27,8087	26,4356	25,1692	22,9171
2	36,3573	34,3012	32,4166	30,6867	29,0964	27,6324	26,2826	25,0364	22,8170
3	35,9885	33,9805	32,1377	30,4441	28,8853	27,4486	26,1226	24,8969	22,7110
4	35,6126	33,6529	31,8521	30,1949	28,6679	27,2588	25,9569	24,7522	22,6004
5	35,2298	33,3184	31,5597	29,9392	28,4442	27,0631	25,7855	24,6021	22,4852
6	34,8392	32,9762	31,2598	29,6763	28,2136	26,8607	25,6078	24,4461	22,3647
7	34,4416	32,6270	30,9530	29,4066	27,9764	26,6521	25,4243	24,2845	22,2393
8	34,0370	32,2708	30,6391	29,1301	27,7327	26,4372	25,2347	24,1171	22,1088
9	33,6253	31,9074	30,3183	28,8467	27,4823	26,2159	25,0389	23,9440	21,9732
10	33,2062	31,5365	29,9901	28,5560	27,2248	25,9877	24,8367	23,7646	21,8319
11	32,7795	31,1581	29,6542	28,2579	26,9601	25,7525	24,6277	23,5788	21,6849
12	32,3460	30,7727	29,3114	27,9529	26,6886	25,5108	24,4124	23,3870	21,5324
13	31,9046	30,3793	28,9607	27,6401	26,4095	25,2616	24,1899	23,1882	21,3736
14	31,4562	29,9786	28,6026	27,3199	26,1232	25,0055	23,9606	22,9830	21,2090
15	31,0006	29,5706	28,2371	26,9924	25,8296	24,7422	23,7245	22,7711	21,0382
16	30,5373	29,1547	27,8636	26,6569	25,5281	24,4713	23,4809	22,5520	20,8608
17	30,0660	28,7306	27,4819	26,3132	25,2186	24,1924	23,2295	22,3254	20,6765
18	29,5865	28,2980	27,0916	25,9609	24,9005	23,9051	22,9700	22,0908	20,4847
19	29,0993	27,8575	26,6931	25,6004	24,5742	23,6097	22,7025	21,8486	20,2858
20	28,6041	27,4087	26,2862	25,2314	24,2395	23,3060	22,4269	21,5984	20,0794
21	28,1001	26,9508	25,8701	24,8531	23,8955	22,9931	22,1422	21,3393	19,8647
22	27,5874	26,4838	25,4446	24,4654	23,5421	22,6709	21,8484	21,0712	19,6414
23	27,0655	26,0073	25,0094	24,0678	23,1788	22,3388	21,5448	20,7936	19,4091
24	26,5342	25,5209	24,5641	23,6601	22,8053	21,9966	21,2311	20,5061	19,1673
25	25,9932	25,0246	24,1086	23,2418	22,4212	21,6439	20,9071	20,2083	18,9156
26	25,4434	24,5188	23,6432	22,8136	22,0271	21,2810	20,5729	19,9005	18,6542
27	24,8837	24,0027	23,1673	22,3746	21,6220	20,9071	20,2277	19,5818	18,3823
28	24,3148	23,4769	22,6812	21,9250	21,2062	20,5225	19,8719	19,2524	18,1000
29	23,7366	22,9412	22,1847	21,4649	20,7796	20,1269	19,5050	18,9121	17,8069
30	23,1481	22,3947	21,6770	20,9932	20,3412	19,7194	19,1261	18,5597	17,5020
31	22,5499	21,8377	21,1584	20,5102	19,8913	19,3002	18,7354	18,1955	17,1854
32	21,9420	21,2705	20,6289	20,0158	19,4297	18,8690	18,3327	17,8193	16,8568
33	21,3238	20,6921	20,0877	19,5094	18,9556	18,4252	17,9171	17,4301	16,5152
34	20,6950	20,1024	19,5346	18,9905	18,4688	17,9684	17,4883	17,0275	16,1603
35	20,0557	19,5015	18,9697	18,4592	17,9691	17,4984	17,0461	16,6114	15,7917
36	19,4064	18,8897	18,3931	17,9157	17,4567	17,0153	16,5905	16,1817	15,4092
37	18,7456	18,2655	17,8034	17,3585	16,9302	16,5176	16,1201	15,7369	15,0115
38	18,0741	17,6297	17,2013	16,7883	16,3900	16,0058	15,6351	15,2774	14,5986
39	17,3909	16,9812	16,5857	16,2038	15,8350	15,4787	15,1345	14,8018	14,1692
40	16,6967	16,3206	15,9571	15,6056	15,2656	14,9367	14,6185	14,3104	13,7235
41	15,9902	15,6469	15,3144	14,9925	14,6806	14,3785	14,0857	13,8019	13,2601
42	15,2723	14,9605	14,6582	14,3649	14,0804	13,8043	13,5365	13,2765	12,7789
43	14,5421	14,2607	13,9874	13,7219	13,4639	13,2133	12,9697	12,7329	12,2789
44	13,8000	13,5477	13,3023	13,0636	12,8313	12,6053	12,3853	12,1711	11,7596
45	13,0453	12,8209	12,6023	12,3893	12,1818	11,9795	11,7823	11,5901	11,2200
46	12,2775	12,0797	11,8867	11,6984	11,5146	11,3352	11,1601	10,9891	10,6591
47	11,4973	11,3247	11,1560	10,9912	10,8300	10,6725	10,5185	10,3679	10,0767
48	10,7035	10,5547	10,4090	10,2664	10,1268	9,9901	9,8563	9,7252	9,4712
49	9,8971	9,7705	9,6464	9,5247	9,4054	9,2885	9,1738	9,0613	8,8427
50	9,0771	8,9712	8,8672	8,7651	8,6649	8,5664	8,4697	8,3747	8,1897
51	8,2427	8,1558	8,0704	7,9865	7,9039	7,8226	7,7427	7,6641	7,5107
52	7,3935	7,3240	7,2556	7,1883	7,1219	7,0565	6,9921	6,9287	6,8045
53	6,5288	6,4750	6,4219	6,3695	6,3179	6,2669	6,2166	6,1670	6,0697
54	5,6488	5,6089	5,5693	5,5303	5,4917	5,4536	5,4159	5,3786	5,3054

T2   Temporäre Leibrente

T2.18   Frau bis 60. Lebensjahr

Sterbetafel 2019/2021 Deutschland, Statistisches Bundesamt   monatlich vorschüssig

Alter	-1,00%	-0,50%	0,00%	0,25%	0,50%	0,75%	1,00%	1,25%	1,50%
55	5,0817	5,0190	4,9576	4,9274	4,8975	4,8679	4,8386	4,8097	4,7810
56	4,0501	4,0103	3,9711	3,9518	3,9327	3,9137	3,8949	3,8763	3,8578
57	3,0267	3,0046	2,9827	2,9719	2,9612	2,9505	2,9399	2,9294	2,9190
58	2,0111	2,0014	1,9918	1,9871	1,9823	1,9776	1,9729	1,9683	1,9637
59	1,0025	1,0002	0,9979	0,9967	0,9956	0,9945	0,9933	0,9922	0,9911

T2   Temporäre Leibrente

T2.18   Frau bis 60. Lebensjahr

Sterbetafel 2019/2021 Deutschland, Statistisches Bundesamt   monatlich vorschüssig

Alter	1,75%	2,00%	2,25%	2,50%	2,75%	3,00%	3,25%	3,50%	4,00%
55	4,7526	4,7246	4,6968	4,6692	4,6420	4,6151	4,5884	4,5620	4,5100
56	3,8395	3,8214	3,8034	3,7855	3,7678	3,7503	3,7329	3,7157	3,6816
57	2,9086	2,8983	2,8881	2,8779	2,8679	2,8579	2,8479	2,8380	2,8185
58	1,9591	1,9545	1,9499	1,9454	1,9409	1,9364	1,9319	1,9275	1,9187
59	0,9900	0,9889	0,9877	0,9866	0,9855	0,9844	0,9833	0,9822	0,9801

T2.19 Frau bis 66. Lebensjahr

Sterbetafel 2019/2021 Deutschland, Statistisches Bundesamt   monatlich vorschüssig

Alter	-1,00%	-0,50%	0,00%	0,25%	0,50%	0,75%	1,00%	1,25%	1,50%
0	91,7485	76,7819	64,8963	59,8825	55,3904	51,3584	47,7327	44,4663	41,5183
1	90,0940	75,6171	64,0798	59,2005	54,8219	50,8855	47,3405	44,1423	41,2516
2	88,2160	74,2565	63,0924	58,3588	54,1041	50,2732	46,8179	43,6960	40,8705
3	86,3497	72,8967	62,0999	57,5103	53,3783	49,6522	46,2863	43,2407	40,4803
4	84,5004	71,5424	61,1063	56,6586	52,6480	49,0256	45,7485	42,7790	40,0836
5	82,6687	70,1941	60,1120	55,8043	51,9135	48,3939	45,2049	42,3110	39,6806
6	80,8528	68,8504	59,1160	54,9461	51,1738	47,7560	44,6546	41,8359	39,2704
7	79,0547	67,5131	58,1196	54,0855	50,4301	47,1130	44,0985	41,3547	38,8538
8	77,2742	66,1822	57,1230	53,2226	49,6826	46,4651	43,5367	40,8674	38,4308
9	75,5116	64,8581	56,1266	52,3575	48,9313	45,8124	42,9694	40,3740	38,0016
10	73,7660	63,5400	55,1296	51,4899	48,1760	45,1545	42,3960	39,8742	37,5656
11	72,0374	62,2281	54,1323	50,6198	47,4165	44,4913	41,8166	39,3678	37,1228
12	70,3274	60,9240	53,1361	49,7486	46,6542	43,8241	41,2324	38,8560	36,6742
13	68,6339	59,6258	52,1393	48,8746	45,8876	43,1514	40,6418	38,3373	36,2185
14	66,9586	58,3353	51,1436	47,9995	45,1182	42,4745	40,0462	37,8130	35,7567
15	65,3014	57,0525	50,1490	47,1232	44,3458	41,7935	39,4455	37,2829	35,2888
16	63,6612	55,7764	49,1547	46,2451	43,5699	41,1077	38,8391	36,7465	34,8141
17	62,0378	54,5071	48,1608	45,3650	42,7904	40,4171	38,2269	36,2036	34,3325
18	60,4304	53,2439	47,1667	44,4827	42,0070	39,7212	37,6085	35,6539	33,8437
19	58,8405	51,9883	46,1737	43,5991	41,2205	39,0209	36,9848	35,0982	33,3483
20	57,2675	50,7400	45,1816	42,7143	40,4311	38,3163	36,3557	34,5363	32,8463
21	55,7099	49,4975	44,1893	41,8269	39,6374	37,6061	35,7200	33,9671	32,3365
22	54,1679	48,2613	43,1970	40,9375	38,8398	36,8907	35,0781	33,3909	31,8191
23	52,6408	47,0309	42,2043	40,0454	38,0379	36,1696	34,4295	32,8073	31,2938
24	51,1283	45,8061	41,2112	39,1507	37,2316	35,4428	33,7740	32,2160	30,7603
25	49,6303	44,5869	40,2176	38,2533	36,4208	34,7100	33,1116	31,6170	30,2184
26	48,1482	43,3745	39,2247	37,3544	35,6067	33,9725	32,4432	31,0111	29,6690
27	46,6805	42,1679	38,2315	36,4529	34,7883	33,2292	31,7680	30,3975	29,1112
28	45,2284	40,9682	37,2392	35,5501	33,9666	32,4811	31,0867	29,7769	28,5457
29	43,7920	39,7756	36,2479	34,6459	33,1416	31,7282	30,3994	29,1493	27,9725
30	42,3697	38,5887	35,2564	33,7393	32,3124	30,9696	29,7052	28,5138	27,3906
31	40,9624	37,4085	34,2656	32,8311	31,4797	30,2060	29,0047	27,8710	26,8006
32	39,5706	36,2356	33,2760	31,9218	30,6441	29,4377	28,2982	27,2212	26,2028
33	38,1931	35,0688	32,2869	31,0107	29,8046	28,6641	27,5851	26,5637	25,5963
34	36,8297	33,9083	31,2980	30,0976	28,9612	27,8850	26,8651	25,8983	24,9812
35	35,4809	32,7544	30,3101	29,1831	28,1145	27,1008	26,1388	25,2253	24,3575
36	34,1475	31,6082	29,3238	28,2680	27,2652	26,3124	25,4067	24,5454	23,7259
37	32,8271	30,4673	28,3373	27,3503	26,4114	25,5179	24,6671	23,8569	23,0848
38	31,5213	29,3336	27,3522	26,4317	25,5547	24,7187	23,9215	23,1610	22,4352
39	30,2286	28,2056	26,3670	25,5108	24,6937	23,9135	23,1684	22,4564	21,7760
40	28,9503	27,0847	25,3834	24,5891	23,8298	23,1037	22,4091	21,7444	21,1081
41	27,6847	25,9693	24,3997	23,6650	22,9616	22,2878	21,6423	21,0236	20,4304
42	26,4333	24,8610	23,4175	22,7401	22,0905	21,4673	20,8692	20,2951	19,7438
43	25,1949	23,7588	22,4357	21,8134	21,2156	20,6411	20,0889	19,5580	19,0474
44	23,9703	22,6634	21,4554	20,8857	20,3376	19,8100	19,3021	18,8130	18,3419
45	22,7587	21,5743	20,4758	19,9565	19,4560	18,9735	18,5083	18,0595	17,6266
46	21,5597	20,4912	19,4969	19,0256	18,5706	18,1313	17,7071	17,2972	16,9012
47	20,3746	19,4153	18,5196	18,0941	17,6826	17,2846	16,8996	16,5271	16,1666
48	19,2016	18,3452	17,5429	17,1607	16,7905	16,4319	16,0845	15,7479	15,4215
49	18,0431	17,2831	16,5687	16,2275	15,8966	15,5754	15,2638	14,9613	14,6677
50	16,8976	16,2278	15,5960	15,2936	14,9997	14,7141	14,4364	14,1665	13,9041
51	15,7641	15,1784	14,6240	14,3579	14,0989	13,8469	13,6014	13,3625	13,1297
52	14,6427	14,1349	13,6527	13,4207	13,1945	12,9740	12,7590	12,5492	12,3447
53	13,5324	13,0967	12,6816	12,4813	12,2858	12,0948	11,9083	11,7261	11,5482
54	12,4347	12,0652	11,7119	11,5411	11,3740	11,2106	11,0507	10,8943	10,7412

T2.19   Frau bis 66. Lebensjahr

Sterbetafel 2019/2021 Deutschland, Statistisches Bundesamt   monatlich vorschüssig

Alter	1,75%	2,00%	2,25%	2,50%	2,75%	3,00%	3,25%	3,50%	4,00%
0	38,8525	36,4375	34,2456	32,2524	30,4366	28,7792	27,2036	25,8751	23,4290
1	38,6342	36,2600	34,1023	32,1380	30,3464	28,7094	27,2109	25,8368	23,4126
2	38,3085	35,9816	33,8643	31,9345	30,1723	28,5603	27,0833	25,7275	23,3324
3	37,9741	35,6948	33,6183	31,7232	29,9909	28,4045	26,9494	25,6123	23,2472
4	37,6332	35,4016	33,3661	31,5062	29,8040	28,2435	26,8106	25,4927	23,1581
5	37,2859	35,1023	33,1079	31,2834	29,6117	28,0774	26,6671	25,3686	23,0652
6	36,9314	34,7959	32,8429	31,0541	29,4132	27,9055	26,5181	25,2394	22,9680
7	36,5706	34,4832	32,5718	30,8190	29,2091	27,7283	26,3642	25,1057	22,8668
8	36,2034	34,1642	32,2945	30,5779	28,9994	27,5457	26,2052	24,9671	22,7614
9	35,8298	33,8388	32,0111	30,3308	28,7839	27,3577	26,0411	24,8238	22,6519
10	35,4493	33,5067	31,7210	30,0773	28,5623	27,1639	25,8714	24,6752	22,5378
11	35,0620	33,1677	31,4242	29,8173	28,3344	26,9640	25,6961	24,5213	22,4191
12	34,6686	32,8226	31,1213	29,5514	28,1008	26,7588	25,5156	24,3626	22,2960
13	34,2681	32,4704	30,8114	29,2786	27,8606	26,5471	25,3291	24,1980	22,1679
14	33,8612	32,1117	30,4951	28,9996	27,6143	26,3297	25,1369	24,0282	22,0350
15	33,4479	31,7466	30,1724	28,7142	27,3619	26,1063	24,9392	23,8531	21,8974
16	33,0277	31,3744	29,8427	28,4220	27,1027	25,8764	24,7352	23,6719	21,7545
17	32,6004	30,9951	29,5058	28,1226	26,8367	25,6398	24,5247	23,4847	21,6060
18	32,1655	30,6081	29,1612	27,8158	26,5633	25,3961	24,3074	23,2908	21,4515
19	31,7238	30,2141	28,8096	27,5019	26,2830	25,1458	24,0837	23,0908	21,2914
20	31,2751	29,8128	28,4508	27,1808	25,9956	24,8884	23,8532	22,8843	21,1255
21	30,8183	29,4034	28,0837	26,8516	25,7002	24,6233	23,6151	22,6704	20,9527
22	30,3536	28,9859	27,7085	26,5142	25,3967	24,3503	23,3694	22,4492	20,7732
23	29,8806	28,5599	27,3246	26,1682	25,0848	24,0689	23,1155	22,2200	20,5863
24	29,3990	28,1250	26,9318	25,8133	24,7640	23,7789	22,8532	21,9827	20,3918
25	28,9087	27,6812	26,5299	25,4493	24,4341	23,4799	22,5821	21,7368	20,1893
26	28,4103	27,2290	26,1195	25,0766	24,0957	23,1724	22,3027	21,4828	19,9792
27	27,9031	26,7676	25,6997	24,6946	23,7479	22,8556	22,0140	21,2197	19,7605
28	27,3876	26,2977	25,2711	24,3035	23,3910	22,5299	21,7166	20,9480	19,5336
29	26,8640	25,8191	24,8336	23,9034	23,0251	22,1950	21,4101	20,6675	19,2982
30	26,3310	25,3308	24,3861	23,4933	22,6490	21,8500	21,0936	20,3770	19,0533
31	25,7893	24,8334	23,9292	23,0734	22,2631	21,4953	20,7674	20,0769	18,7992
32	25,2392	24,3269	23,4629	22,6440	21,8674	21,1307	20,4313	19,7671	18,5356
33	24,6797	23,8107	22,9864	22,2041	21,4613	20,7555	20,0847	19,4467	18,2618
34	24,1109	23,2845	22,4996	21,7536	21,0442	20,3694	19,7271	19,1155	17,9774
35	23,5327	22,7485	22,0025	21,2925	20,6164	19,9724	19,3586	18,7733	17,6822
36	22,9459	22,2032	21,4956	20,8212	20,1781	19,5647	18,9793	18,4203	17,3763
37	22,3488	21,6469	20,9772	20,3380	19,7277	19,1447	18,5876	18,0550	17,0581
38	21,7423	21,0805	20,4483	19,8439	19,2660	18,7132	18,1843	17,6779	16,7283
39	21,1253	20,5030	19,9075	19,3375	18,7917	18,2689	17,7679	17,2877	16,3853
40	20,4988	19,9152	19,3559	18,8197	18,3056	17,8124	17,3392	16,8849	16,0297
41	19,8615	19,3157	18,7919	18,2891	17,8062	17,3424	16,8967	16,4682	15,6601
42	19,2143	18,7055	18,2165	17,7464	17,2944	16,8595	16,4410	16,0382	15,2768
43	18,5563	18,0837	17,6287	17,1907	16,7689	16,3626	15,9710	15,5936	14,8787
44	17,8880	17,4506	17,0290	16,6224	16,2303	15,8520	15,4869	15,1346	14,4659
45	17,2089	16,8057	16,4165	16,0406	15,6776	15,3268	14,9879	14,6603	14,0373
46	16,5185	16,1486	15,7909	15,4450	15,1104	14,7866	14,4733	14,1701	13,5922
47	15,8177	15,4799	15,1528	14,8360	14,5291	14,2317	13,9436	13,6642	13,1308
48	15,1052	14,7984	14,5010	14,2124	13,9325	13,6608	13,3972	13,1413	12,6515
49	14,3826	14,1057	13,8368	13,5755	13,3217	13,0751	12,8353	12,6022	12,1553
50	13,6489	13,4007	13,1592	12,9243	12,6957	12,4732	12,2567	12,0459	11,6407
51	12,9031	12,6823	12,4672	12,2575	12,0533	11,8542	11,6601	11,4708	11,1064
52	12,1451	11,9504	11,7604	11,5750	11,3941	11,2175	11,0450	10,8766	10,5517
53	11,3742	11,2043	11,0382	10,8759	10,7172	10,5621	10,4104	10,2621	9,9753
54	10,5914	10,4448	10,3013	10,1609	10,0233	9,8887	9,7568	9,6277	9,3774

T2   Temporäre Leibrente

T2.19 Frau bis 66. Lebensjahr

Sterbetafel 2019/2021 Deutschland, Statistisches Bundesamt   monatlich vorschüssig

Alter	-1,00%	-0,50%	0,00%	0,25%	0,50%	0,75%	1,00%	1,25%	1,50%
55	11,3483	11,0393	10,7428	10,5991	10,4583	10,3203	10,1852	10,0527	9,9229
56	10,2730	10,0188	9,7741	9,6551	9,5384	9,4239	9,3115	9,2011	9,0928
57	9,2082	9,0032	8,8052	8,7087	8,6139	8,5207	8,4290	8,3390	8,2504
58	8,1536	7,9923	7,8360	7,7597	7,6845	7,6105	7,5377	7,4659	7,3952
59	7,1090	6,9861	6,8666	6,8080	6,7503	6,6934	6,6373	6,5819	6,5272
60	6,0735	5,9836	5,8959	5,8528	5,8103	5,7683	5,7268	5,6858	5,6452
61	5,0465	4,9843	4,9235	4,8936	4,8640	4,8347	4,8057	4,7770	4,7486
62	4,0263	3,9868	3,9480	3,9289	3,9099	3,8911	3,8724	3,8539	3,8356
63	3,0127	2,9907	2,9690	2,9582	2,9476	2,9370	2,9264	2,9160	2,9056
64	2,0048	1,9951	1,9856	1,9809	1,9761	1,9715	1,9668	1,9622	1,9576
65	1,0009	0,9986	0,9963	0,9951	0,9940	0,9929	0,9917	0,9906	0,9895

T2   Temporäre Leibrente

T2.19   Frau bis 66. Lebensjahr

Sterbetafel 2019/2021 Deutschland, Statistisches Bundesamt   monatlich vorschüssig

Alter	1,75%	2,00%	2,25%	2,50%	2,75%	3,00%	3,25%	3,50%	4,00%
55	9,7956	9,6709	9,5486	9,4287	9,3111	9,1959	9,0828	8,9719	8,7565
56	8,9865	8,8821	8,7796	8,6789	8,5801	8,4830	8,3876	8,2940	8,1116
57	8,1633	8,0776	7,9934	7,9106	7,8291	7,7489	7,6701	7,5925	7,4412
58	7,3256	7,2571	7,1896	7,1231	7,0576	6,9930	6,9294	6,8668	6,7442
59	6,4734	6,4202	6,3678	6,3160	6,2649	6,2146	6,1649	6,1158	6,0196
60	5,6052	5,5656	5,5266	5,4879	5,4497	5,4120	5,3747	5,3379	5,2654
61	4,7205	4,6927	4,6651	4,6379	4,6109	4,5842	4,5578	4,5316	4,4800
62	3,8174	3,7994	3,7816	3,7639	3,7463	3,7289	3,7117	3,6945	3,6608
63	2,8953	2,8851	2,8749	2,8649	2,8548	2,8449	2,8350	2,8252	2,8058
64	1,9530	1,9484	1,9439	1,9394	1,9349	1,9304	1,9260	1,9215	1,9128
65	0,9884	0,9873	0,9862	0,9851	0,9839	0,9829	0,9818	0,9807	0,9785

T2   Temporäre Leibrente

T2.20   Frau bis 67. Lebensjahr

Sterbetafel 2019/2021 Deutschland, Statistisches Bundesamt   monatlich vorschüssig

Alter	-1,00%	-0,50%	0,00%	0,25%	0,50%	0,75%	1,00%	1,25%	1,50%
0	93,5214	78,0504	65,8054	60,6526	56,0430	51,9117	48,2019	44,8645	41,8562
1	91,8541	76,8828	64,9915	59,9747	55,4796	51,4445	47,8158	44,5465	41,5956
2	89,9589	75,5161	64,0043	59,1351	54,7652	50,8365	47,2980	44,1055	41,2197
3	88,0754	74,1502	63,0119	58,2887	54,0429	50,2198	46,7713	43,6553	40,8349
4	86,2090	72,7897	62,0183	57,4390	53,3160	49,5975	46,2384	43,1988	40,4435
5	84,3604	71,4353	61,0242	56,5867	52,5849	48,9702	45,6998	42,7361	40,0459
6	82,5277	70,0855	60,0282	55,7305	51,8485	48,3366	45,1544	42,2664	39,6412
7	80,7129	68,7421	59,0319	54,8719	51,1083	47,6981	44,6033	41,7906	39,2302
8	78,9159	67,4052	58,0353	54,0110	50,3641	47,0546	44,0466	41,3087	38,8129
9	77,1370	66,0750	57,0389	53,1480	49,6164	46,4064	43,4844	40,8209	38,3894
10	75,3753	64,7509	56,0420	52,2824	48,8645	45,7529	42,9163	40,3267	37,9593
11	73,6306	63,4330	55,0447	51,4143	48,1085	45,0942	42,3421	39,8260	37,5224
12	71,9048	62,1230	54,0486	50,5451	47,3497	44,4315	41,7631	39,3199	37,0798
13	70,1956	60,8189	53,0519	49,6732	46,5866	43,7635	41,1779	38,8071	36,6302
14	68,5048	59,5225	52,0563	48,8001	45,8207	43,0913	40,5877	38,2886	36,1746
15	66,8323	58,2338	51,0618	47,9259	45,0520	42,4149	39,9925	37,7645	35,7130
16	65,1770	56,9520	50,0676	47,0499	44,2797	41,7339	39,3916	37,2342	35,2448
17	63,5386	55,6769	49,0737	46,1719	43,5038	41,0480	38,7850	36,6975	34,7697
18	61,9164	54,4081	48,0798	45,2917	42,7240	40,3569	38,1723	36,1540	34,2875
19	60,3118	53,1468	47,0869	44,4103	41,9413	39,6615	37,5543	35,6046	33,7989
20	58,7244	51,8929	46,0950	43,5276	41,1555	38,9618	36,9310	35,0491	33,3036
21	57,1525	50,6448	45,1028	42,6424	40,3656	38,2565	36,3011	34,4865	32,8008
22	55,5963	49,4031	44,1107	41,7552	39,5718	37,5461	35,6651	33,9169	32,2905
23	54,0551	48,1672	43,1182	40,8653	38,7737	36,8301	35,0225	33,3399	31,7723
24	52,5288	46,9369	42,1252	39,9728	37,9712	36,1083	34,3731	32,7554	31,2460
25	51,0170	45,7122	41,1317	39,0776	37,1642	35,3807	33,7168	32,1632	30,7115
26	49,5212	44,4944	40,1390	38,1808	36,3540	34,6483	33,0545	31,5642	30,1696
27	48,0400	43,2824	39,1460	37,2816	35,5394	33,9102	32,3855	30,9576	29,6194
28	46,5746	42,0773	38,1539	36,3810	34,7216	33,1673	31,7105	30,3441	29,0616
29	45,1251	40,8794	37,1628	35,4791	33,9006	32,4198	31,0297	29,7238	28,4963
30	43,6898	39,6873	36,1715	34,5747	33,0754	31,6665	30,3419	29,0956	27,9224
31	42,2696	38,5019	35,1809	33,6689	32,2467	30,9083	29,6479	28,4603	27,3405
32	40,8652	37,3238	34,1917	32,7620	31,4151	30,1455	28,9481	27,8180	26,7510
33	39,4751	36,1520	33,2028	31,8532	30,5797	29,3774	28,2416	27,1681	26,1529
34	38,0994	34,9864	32,2143	30,9425	29,7406	28,6039	27,5285	26,5105	25,5463
35	36,7384	33,8276	31,2267	30,0305	28,8980	27,8254	26,8090	25,8454	24,9313
36	35,3930	32,6765	30,2408	29,1178	28,0530	27,0428	26,0840	25,1735	24,3086
37	34,0606	31,5308	29,2548	28,2027	27,2035	26,2541	25,3515	24,4932	23,6765
38	32,7432	30,3923	28,2701	27,2867	26,3512	25,4608	24,6130	23,8056	23,0361
39	31,4389	29,2596	27,2855	26,3684	25,4946	24,6616	23,8672	23,1094	22,3862
40	30,1493	28,1340	26,3024	25,4494	24,6352	23,8579	23,1154	22,4060	21,7280
41	28,8725	27,0141	25,3193	24,5280	23,7716	23,0482	22,3561	21,6939	21,0599
42	27,6101	25,9014	24,3378	23,6060	22,9052	22,2339	21,5908	20,9743	20,3833
43	26,3608	24,7948	23,3568	22,6821	22,0349	21,4141	20,8182	20,2462	19,6970
44	25,1256	23,6951	22,3773	21,7573	21,1618	20,5895	20,0394	19,5105	19,0018
45	23,9036	22,6019	21,3986	20,8312	20,2852	19,7596	19,2536	18,7664	18,2971
46	22,6944	21,5148	20,4206	19,9034	19,4048	18,9242	18,4607	18,0137	17,5825
47	21,4992	20,4350	19,4445	18,9751	18,5219	18,0843	17,6617	17,2534	16,8589
48	20,3164	19,3611	18,4689	18,0450	17,6351	17,2387	16,8552	16,4842	16,1251
49	19,1484	18,2954	17,4962	17,1154	16,7467	16,3895	16,0434	15,7080	15,3829
50	17,9938	17,2368	16,5251	16,1852	15,8555	15,5356	15,2251	14,9238	14,6313
51	16,8514	16,1842	15,5548	15,2534	14,9607	14,6761	14,3995	14,1306	13,8692
52	15,7212	15,1377	14,5854	14,3203	14,0623	13,8112	13,5667	13,3286	13,0967
53	14,6025	14,0967	13,6163	13,3852	13,1599	12,9402	12,7259	12,5170	12,3132
54	13,4968	13,0627	12,6490	12,4495	12,2547	12,0644	11,8786	11,6970	11,5197

T2 Temporäre Leibrente

T2.20 Frau bis 67. Lebensjahr

Sterbetafel 2019/2021 Deutschland, Statistisches Bundesamt   monatlich vorschüssig

Alter	1,75%	2,00%	2,25%	2,50%	2,75%	3,00%	3,25%	3,50%	4,00%
0	39,1395	36,6813	34,4528	32,4286	30,5864	28,9067	27,3721	25,9675	23,4961
1	38,9271	36,5093	34,3148	32,3191	30,5008	28,8411	27,3233	25,9327	23,4826
2	38,6066	36,2360	34,0816	32,1201	30,3309	28,6960	27,1993	25,8268	23,4052
3	38,2774	35,9543	33,8405	31,9135	30,1539	28,5443	27,0692	25,7151	23,3229
4	37,9418	35,6664	33,5933	31,7013	29,9715	28,3875	26,9343	25,5991	23,2368
5	37,6000	35,3724	33,3402	31,4834	29,7838	28,2257	26,7949	25,4787	23,1471
6	37,2510	35,0714	33,0805	31,2591	29,5901	28,0583	26,6500	25,3534	23,0532
7	36,8958	34,7642	32,8148	31,0291	29,3909	27,8857	26,5004	25,2236	22,9553
8	36,5343	34,4508	32,5430	30,7933	29,1862	27,7078	26,3458	25,0892	22,8535
9	36,1665	34,1312	32,2651	30,5516	28,9758	27,5247	26,1863	24,9502	22,7477
10	35,7919	33,8050	31,9808	30,3036	28,7595	27,3358	26,0214	24,8061	22,6375
11	35,4106	33,4720	31,6898	30,0493	28,5370	27,1412	25,8509	24,6567	22,5227
12	35,0234	33,1330	31,3930	29,7892	28,3091	26,9412	25,6755	24,5027	22,4038
13	34,6290	32,7870	31,0892	29,5224	28,0746	26,7351	25,4941	24,3431	22,2800
14	34,2285	32,4347	30,7792	29,2494	27,8342	26,5233	25,3074	24,1784	22,1516
15	33,8217	32,0761	30,4629	28,9704	27,5879	26,3057	25,1152	24,0085	22,0187
16	33,4081	31,7105	30,1397	28,6846	27,3350	26,0818	24,9169	23,8328	21,8806
17	32,9875	31,3379	29,8095	28,3918	27,0753	25,8514	24,7124	23,6512	21,7372
18	32,5594	30,9578	29,4719	28,0917	26,8085	25,6141	24,5013	23,4632	21,5880
19	32,1247	30,5709	29,1273	27,7848	26,5350	25,3703	24,2838	23,2692	21,4334
20	31,6830	30,1768	28,7757	27,4709	26,2546	25,1198	24,0599	23,0690	21,2731
21	31,2334	29,7748	28,4159	27,1489	25,9664	24,8616	23,8286	22,8616	21,1063
22	30,7761	29,3648	28,0482	26,8190	25,6703	24,5958	23,5898	22,6471	20,9330
23	30,3106	28,9464	27,6721	26,4807	25,3659	24,3218	23,3431	22,4250	20,7525
24	29,8366	28,5193	27,2872	26,1337	25,0529	24,0394	23,0882	22,1948	20,5647
25	29,3540	28,0834	26,8933	25,7777	24,7310	23,7483	22,8248	21,9564	20,3691
26	28,8635	27,6393	26,4911	25,4133	24,4008	23,4489	22,5533	21,7101	20,1662
27	28,3643	27,1863	26,0798	25,0397	24,0614	23,1405	22,2729	21,4550	19,9550
28	27,8570	26,7248	25,6598	24,6574	23,7132	22,8233	21,9839	21,1916	19,7360
29	27,3416	26,2548	25,2311	24,2662	23,3562	22,4973	21,6862	20,9196	19,5087
30	26,8172	25,7754	24,7927	23,8652	22,9893	22,1615	21,3788	20,6381	19,2723
31	26,2841	25,2869	24,3450	23,4548	22,6129	21,8162	21,0618	20,3472	19,0270
32	25,7428	24,7897	23,8882	23,0350	22,2270	21,4614	20,7355	20,0469	18,7726
33	25,1923	24,2829	23,4215	22,6050	21,8308	21,0962	20,3988	19,7365	18,5084
34	24,6326	23,7663	22,9446	22,1647	21,4241	20,7205	20,0516	19,4155	18,2339
35	24,0638	23,2402	22,4577	21,7140	21,0069	20,3341	19,6937	19,0839	17,9491
36	23,4866	22,7049	21,9612	21,2535	20,5795	19,9374	19,3255	18,7420	17,6540
37	22,8991	22,1588	21,4535	20,7813	20,1403	19,5288	18,9452	18,3880	17,3471
38	22,3026	21,6030	20,9356	20,2985	19,6902	19,1090	18,5537	18,0227	17,0289
39	21,6957	21,0362	20,4061	19,8038	19,2278	18,6768	18,1496	17,6448	16,6982
40	21,0796	20,4594	19,8660	19,2979	18,7539	18,2328	17,7335	17,2548	16,3553
41	20,4528	19,8712	19,3138	18,7795	18,2672	17,7757	17,3040	16,8513	15,9989
42	19,8164	19,2725	18,7506	18,2495	17,7684	17,3061	16,8619	16,4349	15,6295
43	19,1694	18,6625	18,1753	17,7068	17,2563	16,8230	16,4059	16,0045	15,2458
44	18,5124	18,0415	17,5883	17,1518	16,7315	16,3266	15,9364	15,5603	14,8479
45	17,8449	17,4091	16,9890	16,5839	16,1932	15,8162	15,4525	15,1014	14,4350
46	17,1663	16,7646	16,3768	16,0024	15,6407	15,2912	14,9535	14,6270	14,0062
47	16,4776	16,1090	15,7527	15,4080	15,0746	14,7521	14,4399	14,1378	13,5619
48	15,7775	15,4410	15,1151	14,7995	14,4937	14,1975	13,9103	13,6320	13,1005
49	15,0677	14,7621	14,4657	14,1782	13,8993	13,6286	13,3659	13,1109	12,6229
50	14,3472	14,0713	13,8034	13,5431	13,2902	13,0444	12,8055	12,5733	12,1279
51	13,6149	13,3676	13,1270	12,8930	12,6652	12,4435	12,2278	12,0177	11,6140
52	12,8709	12,6509	12,4366	12,2277	12,0242	11,8258	11,6324	11,4438	11,0806
53	12,1143	11,9204	11,7311	11,5463	11,3660	11,1900	11,0182	10,8505	10,5266
54	11,3464	11,1770	11,0115	10,8498	10,6917	10,5371	10,3859	10,2382	9,9523

T2.20 Frau bis 67. Lebensjahr

Sterbetafel 2019/2021 Deutschland, Statistisches Bundesamt   monatlich vorschüssig

Alter	-1,00%	-0,50%	0,00%	0,25%	0,50%	0,75%	1,00%	1,25%	1,50%
55	12,4026	12,0345	11,6825	11,5123	11,3458	11,1829	11,0236	10,8677	10,7152
56	11,3200	11,0121	10,7166	10,5734	10,4331	10,2956	10,1609	10,0289	9,8995
57	10,2482	9,9948	9,7509	9,6324	9,5160	9,4019	9,2898	9,1798	9,0719
58	9,1870	8,9826	8,7852	8,6891	8,5946	8,5016	8,4103	8,3205	8,2322
59	8,1365	7,9756	7,8198	7,7437	7,6688	7,5950	7,5223	7,4508	7,3803
60	7,0954	6,9728	6,8535	6,7952	6,7376	6,6808	6,6248	6,5696	6,5151
61	6,0633	5,9736	5,8861	5,8432	5,8007	5,7588	5,7174	5,6765	5,6360
62	5,0387	4,9767	4,9160	4,8861	4,8566	4,8273	4,7984	4,7697	4,7414
63	4,0211	3,9816	3,9429	3,9238	3,9048	3,8860	3,8674	3,8490	3,8307
64	3,0099	2,9879	2,9662	2,9554	2,9448	2,9342	2,9237	2,9133	2,9029
65	2,0033	1,9937	1,9841	1,9794	1,9747	1,9700	1,9654	1,9607	1,9561
66	1,0005	0,9982	0,9960	0,9948	0,9937	0,9926	0,9914	0,9903	0,9892

T2   Temporäre Leibrente

T2.20 Frau bis 67. Lebensjahr

Sterbetafel 2019/2021 Deutschland, Statistisches Bundesamt   monatlich vorschüssig

Alter	1,75%	2,00%	2,25%	2,50%	2,75%	3,00%	3,25%	3,50%	4,00%
55	10,5659	10,4198	10,2768	10,1368	9,9997	9,8656	9,7342	9,6055	9,3560
56	9,7726	9,6483	9,5264	9,4069	9,2898	9,1749	9,0622	8,9517	8,7369
57	8,9659	8,8618	8,7596	8,6593	8,5608	8,4640	8,3689	8,2756	8,0938
58	8,1453	8,0600	7,9760	7,8934	7,8122	7,7323	7,6537	7,5763	7,4254
59	7,3109	7,2425	7,1752	7,1089	7,0436	6,9792	6,9158	6,8533	6,7311
60	6,4614	6,4083	6,3560	6,3044	6,2535	6,2032	6,1536	6,1047	6,0088
61	5,5961	5,5566	5,5176	5,4791	5,4410	5,4033	5,3661	5,3294	5,2571
62	4,7134	4,6856	4,6581	4,6309	4,6040	4,5773	4,5510	4,5249	4,4734
63	3,8125	3,7946	3,7767	3,7591	3,7415	3,7242	3,7069	3,6899	3,6561
64	2,8926	2,8824	2,8723	2,8622	2,8522	2,8423	2,8324	2,8226	2,8032
65	1,9516	1,9470	1,9425	1,9380	1,9335	1,9290	1,9246	1,9202	1,9114
66	0,9881	0,9870	0,9858	0,9847	0,9836	0,9825	0,9814	0,9803	0,9782

T2 Temporäre Leibrente

T2.21 Frau bis 70. Lebensjahr

Sterbetafel 2019/2021 Deutschland, Statistisches Bundesamt　　　monatlich vorschüssig

Alter	-1,00%	-0,50%	0,00%	0,25%	0,50%	0,75%	1,00%	1,25%	1,50%
0	98,8430	81,8198	68,4800	62,9070	57,9441	53,5154	49,5555	46,0073	42,8216
1	97,1376	80,6441	67,6737	62,2412	57,3956	53,0649	49,1868	45,7070	42,5782
2	95,1906	79,2593	66,6870	61,4077	56,6912	52,4694	48,6830	45,2806	42,2173
3	93,2553	77,8751	65,6950	60,5672	55,9787	51,8651	48,1703	44,8453	41,8475
4	91,3377	76,4964	64,7017	59,7235	55,2617	51,2554	47,6515	44,4038	41,4715
5	89,4383	75,1238	63,7078	58,8771	54,5405	50,6406	47,1272	43,9563	41,0894
6	87,5551	73,7558	62,7119	58,0268	53,8141	50,0197	46,5961	43,5019	40,7004
7	85,6904	72,3943	61,7158	57,1741	53,0838	49,3939	46,0596	43,0416	40,3053
8	83,8439	71,0393	60,7195	56,3191	52,3496	48,7632	45,5175	42,5755	39,9042
9	82,0160	69,6912	59,7232	55,4620	51,6119	48,1279	44,9701	42,1036	39,4972
10	80,2057	68,3492	58,7265	54,6023	50,8701	47,4874	44,4169	41,6254	39,0837
11	78,4130	67,0135	57,7293	53,7401	50,1242	46,8418	43,8578	41,1410	38,6638
12	76,6398	65,6858	56,7334	52,8769	49,3757	46,1924	43,2941	40,6515	38,2384
13	74,8834	64,3641	55,7368	52,0110	48,6229	45,5376	42,7243	40,1554	37,8063
14	73,1462	63,0503	54,7414	51,1439	47,8673	44,8789	42,1497	39,6539	37,3684
15	71,4278	61,7443	53,7472	50,2758	47,1090	44,2162	41,5703	39,1471	36,9248
16	69,7270	60,4454	52,7533	49,4059	46,3472	43,5488	40,9854	38,6342	36,4749
17	68,0437	59,1533	51,7598	48,5342	45,5820	42,8768	40,3949	38,1151	36,0184
18	66,3770	57,8675	50,7662	47,6601	44,8128	42,1996	39,7985	37,5896	35,5551
19	64,7285	56,5894	49,7737	46,7850	44,0408	41,5184	39,1970	37,0583	35,0857
20	63,0977	55,3189	48,7823	45,9087	43,2660	40,8329	38,5904	36,5212	34,6100
21	61,4827	54,0543	47,7905	45,0299	42,4869	40,1420	37,9774	35,9772	34,1269
22	59,8840	52,7961	46,7989	44,1490	41,7041	39,4461	37,3585	35,4265	33,6368
23	58,3007	51,5438	45,8068	43,2655	40,9170	38,7446	36,7331	34,8687	33,1390
24	56,7325	50,2972	44,8143	42,3794	40,1256	38,0375	36,1010	34,3036	32,6335
25	55,1794	49,0562	43,8213	41,4906	39,3298	37,3246	35,4623	33,7310	32,1200
26	53,6427	47,8223	42,8290	40,6003	38,5307	36,6072	34,8178	33,1519	31,5995
27	52,1210	46,5942	41,8365	39,7076	37,7274	35,8841	34,1667	32,5654	31,0710
28	50,6157	45,3733	40,8450	38,8135	36,9210	35,1565	33,5099	31,9723	30,5353
29	49,1267	44,1597	39,8545	37,9183	36,1115	34,4243	32,8475	31,3728	29,9924
30	47,6523	42,9519	38,8638	37,0206	35,2979	33,6865	32,1783	30,7656	29,4413
31	46,1936	41,7511	37,8740	36,1215	34,4809	32,9440	31,5032	30,1515	28,8826
32	44,7511	40,5577	36,8856	35,2215	33,6612	32,1972	30,8225	29,5310	28,3167
33	43,3234	39,3708	35,8975	34,3197	32,8378	31,4451	30,1354	28,9031	27,7427
34	41,9105	38,1903	34,9100	33,4161	32,0107	30,6879	29,4419	28,2677	27,1604
35	40,5129	37,0167	33,9234	32,5111	31,1804	29,9258	28,7424	27,6253	26,5703
36	39,1315	35,8511	32,9389	31,6059	30,3478	29,1599	28,0375	26,9765	25,9730
37	37,7635	34,6910	31,9540	30,6981	29,5109	28,3881	27,3255	26,3195	25,3666
38	36,4110	33,5384	30,9709	29,7897	28,6714	27,6119	26,6079	25,6558	24,7525
39	35,0720	32,3916	29,9877	28,8791	27,8277	26,8301	25,8831	24,9838	24,1293
40	33,7484	31,2525	29,0063	27,9679	26,9815	26,0440	25,1528	24,3050	23,4983
41	32,4379	30,1190	28,0250	27,0545	26,1311	25,2522	24,4152	23,6179	22,8580
42	31,1425	28,9930	27,0455	26,1406	25,2783	24,4561	23,6720	22,9238	22,2097
43	29,8607	27,8734	26,0667	25,2251	24,4218	23,6547	22,9219	22,2217	21,5523
44	28,5935	26,7611	25,0896	24,3090	23,5627	22,8489	22,1660	21,5124	20,8866
45	27,3402	25,6556	24,1136	23,3918	22,7005	22,0382	21,4036	20,7953	20,2120
46	26,1002	24,5563	23,1385	22,4730	21,8347	21,2223	20,6345	20,0702	19,5282
47	24,8751	23,4650	22,1656	21,5543	20,9669	20,4025	19,8598	19,3381	18,8362
48	23,6629	22,3798	21,1936	20,6340	20,0956	19,5773	19,0782	18,5976	18,1346
49	22,4664	21,3036	20,2249	19,7148	19,2232	18,7492	18,2920	17,8511	17,4257
50	21,2842	20,2351	19,2585	18,7956	18,3486	17,9170	17,5002	17,0974	16,7082
51	20,1149	19,1730	18,2932	17,8752	17,4709	17,0799	16,7016	16,3355	15,9812
52	18,9587	18,1176	17,3295	16,9540	16,5903	16,2379	15,8965	15,5656	15,2448
53	17,8147	17,0683	16,3664	16,0312	15,7060	15,3905	15,0842	14,7869	14,4983
54	16,6848	16,0268	15,4060	15,1088	14,8200	14,5393	14,2664	14,0011	13,7431

T2 Temporäre Leibrente

T2.21 Frau bis 70. Lebensjahr

Sterbetafel 2019/2021 Deutschland, Statistisches Bundesamt   monatlich vorschüssig

Alter	1,75%	2,00%	2,25%	2,50%	2,75%	3,00%	3,25%	3,50%	4,00%
0	39,9553	37,3710	35,0361	32,9221	31,0041	29,2604	27,6718	26,2215	23,6787
1	39,7595	37,2148	34,9129	32,8264	30,9313	29,2065	27,6336	26,1963	23,6730
2	39,4537	36,9557	34,6933	32,6402	30,7733	29,0724	27,5198	26,0996	23,6033
3	39,1395	36,6885	34,4660	32,4467	30,6085	28,9320	27,4001	25,9975	23,5289
4	38,8190	36,4153	34,2329	32,2478	30,4386	28,7869	27,2760	25,8914	23,4511
5	38,4926	36,1363	33,9943	32,0436	30,2638	28,6371	27,1476	25,7813	23,3700
6	38,1594	35,8507	33,7494	31,8334	30,0833	28,4821	27,0143	25,6667	23,2850
7	37,8201	35,5592	33,4987	31,6178	29,8978	28,3222	26,8766	25,5478	23,1965
8	37,4748	35,2617	33,2424	31,3967	29,7070	28,1575	26,7342	25,4248	23,1043
9	37,1235	34,9584	32,9803	31,1701	29,5110	27,9879	26,5874	25,2975	23,0086
10	36,7658	34,6487	32,7121	30,9377	29,3094	27,8130	26,4355	25,1656	22,9088
11	36,4016	34,3326	32,4376	30,6992	29,1021	27,6326	26,2785	25,0289	22,8049
12	36,0318	34,0110	32,1576	30,4554	28,8897	27,4475	26,1170	24,8879	22,6973
13	35,6551	33,6825	31,8711	30,2053	28,6712	27,2565	25,9500	24,7418	22,5852
14	35,2726	33,3482	31,5787	29,9495	28,4473	27,0604	25,7781	24,5911	22,4691
15	34,8842	33,0080	31,2805	29,6880	28,2179	26,8590	25,6013	24,4357	22,3489
16	34,4893	32,6612	30,9759	29,4202	27,9824	26,6518	25,4189	24,2750	22,2241
17	34,0877	32,3077	30,6646	29,1460	27,7406	26,4386	25,2308	24,1089	22,0944
18	33,6791	31,9471	30,3463	28,8648	27,4922	26,2190	25,0365	23,9370	21,9596
19	33,2641	31,5801	30,0215	28,5773	27,2376	25,9934	24,8365	23,7597	21,8199
20	32,8426	31,2065	29,6902	28,2833	26,9767	25,7617	24,6307	23,5767	21,6751
21	32,4135	30,8252	29,3512	27,9818	26,7084	25,5228	24,4180	23,3872	21,5245
22	31,9771	30,4364	29,0047	27,6729	26,4329	25,2770	24,1985	23,1912	21,3679
23	31,5327	30,0396	28,6502	27,3561	26,1496	25,0236	23,9717	22,9881	21,2050
24	31,0804	29,6346	28,2875	27,0311	25,8583	24,7623	23,7374	22,7778	21,0353
25	30,6197	29,2211	27,9163	26,6977	25,5587	24,4930	23,4951	22,5599	20,8586
26	30,1516	28,8001	27,5373	26,3565	25,2514	24,2161	23,2456	22,3348	20,6754
27	29,6752	28,3704	27,1497	26,0067	24,9355	23,9308	22,9878	22,1017	20,4847
28	29,1911	27,9328	26,7540	25,6487	24,6116	23,6376	22,7222	21,8611	20,2869
29	28,6994	27,4873	26,3502	25,2826	24,2795	23,3362	22,4486	21,6127	20,0818
30	28,1990	27,0328	25,9372	24,9072	23,9382	23,0258	22,1661	21,3556	19,8685
31	27,6906	26,5699	25,5156	24,5231	23,5881	22,7066	21,8750	21,0900	19,6472
32	27,1743	26,0987	25,0855	24,1304	23,2293	22,3788	21,5754	20,8160	19,4178
33	26,6493	25,6186	24,6461	23,7282	22,8610	22,0415	21,2663	20,5327	19,1796
34	26,1156	25,1292	24,1972	23,3163	22,4830	21,6944	20,9476	20,2399	18,9322
35	25,5734	24,6308	23,7390	22,8949	22,0954	21,3377	20,6192	19,9375	18,6756
36	25,0233	24,1240	23,2720	22,4644	21,6984	20,9716	20,2814	19,6258	18,4099
37	24,4634	23,6070	22,7944	22,0231	21,2906	20,5945	19,9327	19,3032	18,1336
38	23,8951	23,0809	22,3074	21,5720	20,8727	20,2073	19,5738	18,9704	17,8474
39	23,3170	22,5445	21,8095	21,1099	20,4435	19,8086	19,2034	18,6262	17,5498
40	22,7303	21,9989	21,3019	20,6375	20,0039	19,3993	18,8223	18,2712	17,2416
41	22,1335	21,4424	20,7830	20,1535	19,5523	18,9780	18,4290	17,9040	16,9213
42	21,5278	20,8764	20,2540	19,6589	19,0898	18,5454	18,0243	17,5253	16,5894
43	20,9122	20,2998	19,7137	19,1526	18,6153	18,1004	17,6070	17,1340	16,2449
44	20,2873	19,7131	19,1627	18,6351	18,1291	17,6436	17,1776	16,7303	15,8880
45	19,6525	19,1157	18,6004	18,1057	17,6305	17,1740	16,7353	16,3135	15,5177
46	19,0075	18,5072	18,0263	17,5639	17,1191	16,6912	16,2794	15,8829	15,1335
47	18,3533	17,8886	17,4413	17,0105	16,5956	16,1958	15,8106	15,4392	14,7356
48	17,6885	17,2585	16,8439	16,4441	16,0585	15,6864	15,3273	14,9807	14,3227
49	17,0151	16,6188	16,2361	15,8665	15,5095	15,1646	14,8312	14,5090	13,8960
50	16,3321	15,9684	15,6167	15,2766	14,9475	14,6292	14,3210	14,0227	13,4541
51	15,6383	15,3062	14,9846	14,6731	14,3713	14,0789	13,7954	13,5207	12,9958
52	14,9338	14,6323	14,3398	14,0561	13,7808	13,5136	13,2543	13,0025	12,5207
53	14,2180	13,9458	13,6814	13,4245	13,1749	12,9323	12,6965	12,4673	12,0276
54	13,4922	13,2482	13,0107	12,7797	12,5549	12,3361	12,1231	11,9158	11,5172

T2 Temporäre Leibrente

T2.21 Frau bis 70. Lebensjahr

Sterbetafel 2019/2021 Deutschland, Statistisches Bundesamt   monatlich vorschüssig

Alter	-1,00%	-0,50%	0,00%	0,25%	0,50%	0,75%	1,00%	1,25%	1,50%
55	15,5675	14,9919	14,4471	14,1856	13,9310	13,6832	13,4419	13,2070	12,9782
56	14,4629	13,9637	13,4897	13,2616	13,0392	12,8224	12,6109	12,4047	12,2035
57	13,3701	12,9416	12,5333	12,3364	12,1440	11,9562	11,7727	11,5934	11,4183
58	12,2892	11,9257	11,5780	11,4100	11,2455	11,0847	10,9273	10,7734	10,6227
59	11,2205	10,9162	10,6243	10,4828	10,3442	10,2083	10,0752	9,9447	9,8169
60	10,1627	9,9122	9,6710	9,5539	9,4388	9,3260	9,2152	9,1064	8,9997
61	9,1157	8,9135	8,7182	8,6230	8,5295	8,4376	8,3472	8,2583	8,1709
62	8,0774	7,9181	7,7638	7,6885	7,6143	7,5412	7,4693	7,3984	7,3287
63	7,0479	6,9264	6,8083	6,7504	6,6934	6,6371	6,5816	6,5269	6,4729
64	6,0269	5,9380	5,8512	5,8086	5,7665	5,7249	5,6838	5,6432	5,6031
65	5,0123	4,9507	4,8905	4,8608	4,8315	4,8025	4,7737	4,7453	4,7171
66	4,0039	3,9647	3,9261	3,9071	3,8883	3,8696	3,8511	3,8328	3,8146
67	2,9998	2,9779	2,9563	2,9456	2,9350	2,9245	2,9140	2,9036	2,8933
68	1,9987	1,9891	1,9796	1,9749	1,9702	1,9656	1,9609	1,9563	1,9517
69	0,9993	0,9970	0,9947	0,9936	0,9924	0,9913	0,9902	0,9891	0,9879

T2 Temporäre Leibrente

T2.21 Frau bis 70. Lebensjahr

Sterbetafel 2019/2021 Deutschland, Statistisches Bundesamt   monatlich vorschüssig

Alter	1,75%	2,00%	2,25%	2,50%	2,75%	3,00%	3,25%	3,50%	4,00%
55	12,7553	12,5382	12,3266	12,1205	11,9195	11,7237	11,5328	11,3466	10,9880
56	12,0072	11,8157	11,6288	11,4464	11,2684	11,0946	10,9249	10,7593	10,4394
57	11,2472	11,0800	10,9166	10,7568	10,6007	10,4480	10,2987	10,1527	9,8703
58	10,4752	10,3309	10,1897	10,0514	9,9160	9,7834	9,6536	9,5264	9,2799
59	9,6915	9,5687	9,4482	9,3301	9,2143	9,1007	8,9894	8,8801	8,6678
60	8,8949	8,7920	8,6909	8,5917	8,4942	8,3985	8,3045	8,2122	8,0324
61	8,0850	8,0005	7,9174	7,8357	7,7553	7,6762	7,5984	7,5219	7,3725
62	7,2599	7,1922	7,1256	7,0599	6,9952	6,9314	6,8686	6,8068	6,6857
63	6,4196	6,3671	6,3152	6,2641	6,2136	6,1638	6,1147	6,0662	5,9711
64	5,5635	5,5244	5,4857	5,4474	5,4096	5,3723	5,3354	5,2989	5,2272
65	4,6893	4,6617	4,6344	4,6074	4,5807	4,5542	4,5280	4,5021	4,4510
66	3,7965	3,7787	3,7610	3,7434	3,7260	3,7087	3,6916	3,6746	3,6411
67	2,8831	2,8729	2,8628	2,8528	2,8428	2,8330	2,8231	2,8134	2,7941
68	1,9472	1,9426	1,9381	1,9336	1,9292	1,9247	1,9203	1,9159	1,9071
69	0,9868	0,9857	0,9846	0,9835	0,9824	0,9813	0,9802	0,9791	0,9769

T2   Temporäre Leibrente

T2.22 Frau bis 80. Lebensjahr

Sterbetafel 2019/2021 Deutschland, Statistisches Bundesamt   monatlich vorschüssig

Alter	-1,00%	-0,50%	0,00%	0,25%	0,50%	0,75%	1,00%	1,25%	1,50%
0	115,9444	93,5488	76,5412	69,5952	63,4959	58,1264	53,3870	49,1927	45,4712
1	114,1162	92,3477	75,7579	68,9653	62,9912	57,7238	53,0677	48,9414	45,2752
2	112,0027	90,9067	74,7728	68,1499	62,3158	57,1640	52,6035	48,5561	44,9553
3	109,9013	89,4657	73,7817	67,3271	61,6322	56,5956	52,1304	48,1622	44,6269
4	107,8189	88,0302	72,7893	66,5009	60,9440	56,0218	51,6517	47,7624	44,2929
5	105,7563	86,6010	71,7961	65,6721	60,2517	55,4432	51,1677	47,3572	43,9534
6	103,7110	85,1764	70,8008	64,8392	59,5542	54,8586	50,6773	46,9456	43,6075
7	101,6857	83,7585	69,8052	64,0040	58,8530	54,2694	50,1819	46,5286	43,2562
8	99,6802	82,3473	68,8094	63,1664	58,1481	53,6756	49,6813	46,1062	42,8996
9	97,6950	80,9434	67,8136	62,3269	57,4397	53,0775	49,1758	45,6787	42,5377
10	95,7287	79,5458	66,8173	61,4848	56,7273	52,4744	48,6648	45,2454	42,1700
11	93,7815	78,1546	65,8205	60,6401	56,0110	51,8665	48,1485	44,8065	41,7965
12	91,8557	76,7720	64,8252	59,7947	55,2923	51,2551	47,6280	44,3630	41,4183
13	89,9481	75,3955	63,8291	58,9465	54,5695	50,6386	47,1018	43,9135	41,0341
14	88,0614	74,0275	62,8344	58,0973	53,8441	50,0185	46,5713	43,4593	40,6449
15	86,1955	72,6678	61,8410	57,2474	53,1164	49,3949	46,0366	43,0005	40,2509
16	84,3487	71,3155	60,8481	56,3957	52,3853	48,7670	45,4968	42,5362	39,8512
17	82,5210	69,9704	59,8556	55,5423	51,6510	48,1348	44,9520	42,0664	39,4458
18	80,7113	68,6318	58,8630	54,6867	50,9130	47,4977	44,4017	41,5908	39,0343
19	78,9215	67,3015	57,8717	53,8302	50,1724	46,8570	43,8470	41,1101	38,6176
20	77,1513	65,9793	56,8817	52,9727	49,4293	46,2125	43,2877	40,6244	38,1955
21	75,3981	64,6632	55,8913	52,1127	48,6821	45,5629	42,7225	40,1324	37,7669
22	73,6627	63,3539	54,9011	51,2508	47,9314	44,9085	42,1519	39,6344	37,3320
23	71,9440	62,0506	53,9105	50,3863	47,1765	44,2490	41,5752	39,1299	36,8903
24	70,2416	60,7532	52,9193	49,5192	46,4174	43,5841	40,9924	38,6187	36,4417
25	68,5554	59,4615	51,9275	48,6493	45,6540	42,9137	40,4034	38,1008	35,9859
26	66,8874	58,1775	50,9367	47,7783	44,8877	42,2392	39,8092	37,5771	35,5241
27	65,2356	56,8994	49,9456	46,9047	44,1174	41,5593	39,2089	37,0467	35,0551
28	63,6018	55,6291	48,9557	46,0301	43,3442	40,8754	38,6036	36,5106	34,5800
29	61,9859	54,3666	47,9672	45,1546	42,5684	40,1875	37,9933	35,9688	34,0988
30	60,3859	53,1102	46,9784	44,2768	41,7885	39,4944	37,3768	35,4202	33,6103
31	58,8032	51,8613	45,9908	43,3978	41,0058	38,7970	36,7551	34,8656	33,1153
32	57,2385	50,6205	45,0048	42,5182	40,2207	38,0958	36,1286	34,3054	32,6142
33	55,6901	49,3865	44,0195	41,6370	39,4323	37,3900	35,4963	33,7388	32,1060
34	54,1579	48,1594	43,0348	40,7543	38,6405	36,6794	34,8583	33,1656	31,5908
35	52,6425	46,9399	42,0514	39,8706	37,8460	35,9647	34,2151	32,5864	31,0689
36	51,1453	45,7292	41,0706	38,9871	37,0498	35,2469	33,5675	32,0019	30,5412
37	49,6628	44,5244	40,0896	38,1013	36,2496	34,5236	32,9134	31,4102	30,0055
38	48,1976	43,3279	39,1108	37,2154	35,4473	33,7968	32,2547	30,8128	29,4635
39	46,7472	42,1375	38,1322	36,3274	34,6413	33,0647	31,5896	30,2082	28,9136
40	45,3141	40,9557	37,1559	35,4396	33,8335	32,3294	30,9199	29,5980	28,3574
41	43,8955	39,7801	36,1800	34,5498	33,0219	31,5889	30,2438	28,9806	27,7933
42	42,4940	38,6130	35,2066	33,6603	32,2087	30,8451	29,5633	28,3576	27,2227
43	41,1076	37,4529	34,2342	32,7696	31,3924	30,0967	28,8769	27,7278	26,6446
44	39,7380	36,3013	33,2645	31,8791	30,5745	29,3451	28,1859	27,0923	26,0599
45	38,3840	35,1573	32,2965	30,9882	29,7542	28,5895	27,4897	26,4505	25,4681
46	37,0451	34,0206	31,3300	30,0965	28,9312	27,8297	26,7879	25,8021	24,8687
47	35,7235	32,8932	30,3670	29,2060	28,1074	27,0674	26,0822	25,1486	24,2633
48	34,4167	31,7730	29,4055	28,3148	27,2811	26,3009	25,3710	24,4884	23,6503
49	33,1289	30,6640	28,4493	27,4265	26,4555	25,5335	24,6574	23,8246	23,0325
50	31,8581	29,5646	27,4969	26,5397	25,6296	24,7639	23,9401	23,1559	22,4089
51	30,6025	28,4731	26,5470	25,6531	24,8018	23,9909	23,2180	22,4811	21,7782
52	29,3626	27,3901	25,6000	24,7672	23,9729	23,2150	22,4915	21,8007	21,1407
53	28,1372	26,3147	24,6552	23,8812	23,1419	22,4353	21,7598	21,1138	20,4958
54	26,9296	25,2500	23,7155	22,9981	22,3117	21,6547	21,0256	20,4231	19,8458

T2   Temporäre Leibrente

T2.22   Frau bis 80. Lebensjahr

Sterbetafel 2019/2021 Deutschland, Statistisches Bundesamt   monatlich vorschüssig

Alter	1,75%	2,00%	2,25%	2,50%	2,75%	3,00%	3,25%	3,50%	4,00%
0	42,1603	39,2070	36,5655	34,1968	32,0671	30,1472	28,4119	26,8396	24,1103
1	42,0095	39,0928	36,4812	34,1367	32,0265	30,1224	28,4000	26,8378	24,1232
2	41,7436	38,8717	36,2972	33,9835	31,8989	30,0161	28,3112	26,7638	24,0716
3	41,4697	38,6430	36,1062	33,8237	31,7652	29,9041	28,2173	26,6850	24,0160
4	41,1903	38,4091	35,9102	33,6594	31,6273	29,7882	28,1199	26,6030	23,9578
5	40,9056	38,1702	35,7095	33,4907	31,4853	29,6686	28,0191	26,5179	23,8970
6	40,6147	37,9254	35,5032	33,3167	31,3385	29,5445	27,9141	26,4291	23,8331
7	40,3186	37,6755	35,2922	33,1383	31,1875	29,4166	27,8057	26,3370	23,7665
8	40,0171	37,4205	35,0763	32,9553	31,0322	29,2848	27,6936	26,2416	23,6972
9	39,7105	37,1605	34,8556	32,7678	30,8728	29,1491	27,5780	26,1430	23,6252
10	39,3982	36,8950	34,6297	32,5754	30,7087	29,0091	27,4584	26,0407	23,5501
11	39,0802	36,6239	34,3984	32,3780	30,5400	28,8647	27,3347	25,9346	23,4719
12	38,7574	36,3483	34,1627	32,1763	30,3672	28,7166	27,2076	25,8254	23,3910
13	38,4287	36,0667	33,9214	31,9692	30,1895	28,5638	27,0761	25,7122	23,3067
14	38,0949	35,7803	33,6754	31,7577	30,0074	28,4070	26,9409	25,5955	23,2195
15	37,7562	35,4890	33,4246	31,5416	29,8211	28,2462	26,8020	25,4754	23,1294
16	37,4119	35,1921	33,1684	31,3204	29,6299	28,0807	26,6587	25,3512	23,0359
17	37,0619	34,8895	32,9067	31,0939	29,4336	27,9106	26,5111	25,2230	22,9388
18	36,7056	34,5809	32,6392	30,8617	29,2320	27,7353	26,3586	25,0902	22,8379
19	36,3441	34,2670	32,3664	30,6245	29,0255	27,5555	26,2018	24,9534	22,7335
20	35,9770	33,9476	32,0882	30,3820	28,8140	27,3709	26,0405	24,8124	22,6254
21	35,6033	33,6215	31,8036	30,1333	28,5966	27,1806	25,8739	24,6664	22,5130
22	35,2233	33,2892	31,5127	29,8786	28,3733	26,9848	25,7020	24,5153	22,3961
23	34,8363	32,9499	31,2151	29,6173	28,1438	26,7829	25,5244	24,3589	22,2745
24	34,4423	32,6036	30,9105	29,3492	27,9076	26,5747	25,3407	24,1968	22,1478
25	34,0410	32,2501	30,5987	29,0741	27,6647	26,3601	25,1509	24,0287	22,0158
26	33,6334	31,8901	30,2806	28,7928	27,4157	26,1396	24,9554	23,8553	21,8790
27	33,2185	31,5228	29,9552	28,5043	27,1598	25,9123	24,7535	23,6758	21,7367
28	32,7972	31,1489	29,6232	28,2093	26,8975	25,6789	24,5457	23,4906	21,5893
29	32,3695	30,7685	29,2847	27,9078	26,6288	25,4393	24,3318	23,2996	21,4366
30	31,9342	30,3805	28,9385	27,5987	26,3527	25,1925	24,1110	23,1019	21,2778
31	31,4921	29,9854	28,5852	27,2826	26,0696	24,9389	23,8837	22,8979	21,1133
32	31,0436	29,5836	28,2251	26,9597	25,7799	24,6787	23,6499	22,6878	20,9430
33	30,5877	29,1743	27,8574	26,6292	25,4826	24,4112	23,4090	22,4707	20,7663
34	30,1243	28,7573	27,4820	26,2909	25,1777	24,1361	23,1607	22,2464	20,5830
35	29,6538	28,3330	27,0990	25,9451	24,8652	23,8536	22,9051	22,0150	20,3931
36	29,1770	27,9019	26,7091	25,5923	24,5458	23,5642	22,6427	21,7770	20,1969
37	28,6918	27,4623	26,3105	25,2307	24,2176	23,2661	22,3719	21,5308	19,9930
38	28,1998	27,0155	25,9045	24,8616	23,8818	22,9605	22,0936	21,2772	19,7821
39	27,6995	26,5600	25,4896	24,4835	23,5371	22,6460	21,8066	21,0151	19,5631
40	27,1923	26,0972	25,0672	24,0977	23,1845	22,3237	21,5117	20,7453	19,3367
41	26,6765	25,6255	24,6356	23,7026	22,8226	21,9921	21,2077	20,4663	19,1016
42	26,1538	25,1463	24,1961	23,2994	22,4525	21,6522	20,8954	20,1793	18,8587
43	25,6229	24,6585	23,7478	22,8871	22,0732	21,3030	20,5739	19,8830	18,6068
44	25,0847	24,1630	23,2913	22,4664	21,6853	20,9452	20,2436	19,5781	18,3466
45	24,5387	23,6591	22,8260	22,0366	21,2881	20,5780	19,9040	19,2639	18,0772
46	23,9845	23,1463	22,3515	21,5973	20,8812	20,2010	19,5546	18,9398	17,7981
47	23,4234	22,6262	21,8691	21,1497	20,4658	19,8153	19,1962	18,6068	17,5102
48	22,8540	22,0971	21,3772	20,6923	20,0403	19,4193	18,8276	18,2635	17,2120
49	22,2790	21,5616	20,8784	20,2275	19,6070	19,0153	18,4507	17,9118	16,9054
50	21,6972	21,0187	20,3716	19,7542	19,1649	18,6021	18,0645	17,5506	16,5892
51	21,1074	20,4671	19,8555	19,2712	18,7127	18,1786	17,6677	17,1788	16,2624
52	20,5101	19,9071	19,3304	18,7787	18,2506	17,7450	17,2606	16,7965	15,9248
53	19,9043	19,3380	18,7956	18,2759	17,7778	17,3002	16,8422	16,4026	15,5757
54	19,2925	18,7619	18,2531	17,7648	17,2962	16,8463	16,4142	15,9990	15,2164

T2   Temporäre Leibrente

T2.22 Frau bis 80. Lebensjahr

Sterbetafel 2019/2021 Deutschland, Statistisches Bundesamt   monatlich vorschüssig

Alter	-1,00%	-0,50%	0,00%	0,25%	0,50%	0,75%	1,00%	1,25%	1,50%
55	25,7379	24,1944	22,7795	22,1164	21,4810	20,8718	20,2877	19,7273	19,1895
56	24,5624	23,1482	21,8477	21,2367	20,6502	20,0871	19,5463	19,0267	18,5273
57	23,4024	22,1110	20,9195	20,3583	19,8189	19,3001	18,8010	18,3208	17,8587
58	22,2582	21,0832	19,9955	19,4820	18,9875	18,5113	18,0524	17,6102	17,1840
59	21,1312	20,0662	19,0770	18,6089	18,1575	17,7219	17,3017	16,8961	16,5045
60	20,0198	19,0586	18,1630	17,7381	17,3276	16,9310	16,5478	16,1773	15,8191
61	18,9245	18,0611	17,2539	16,8700	16,4986	16,1392	15,7913	15,4545	15,1284
62	17,8424	17,0709	16,3473	16,0023	15,6680	15,3440	15,0299	14,7253	14,4299
63	16,7747	16,0894	15,4445	15,1363	14,8372	14,5468	14,2648	13,9910	13,7250
64	15,7224	15,1176	14,5465	14,2730	14,0070	13,7484	13,4970	13,2524	13,0145
65	14,6819	14,1521	13,6502	13,4092	13,1745	12,9460	12,7234	12,5066	12,2953
66	13,6553	13,1951	12,7577	12,5472	12,3418	12,1415	11,9461	11,7555	11,5695
67	12,6398	12,2440	11,8665	11,6844	11,5065	11,3327	11,1628	10,9969	10,8347
68	11,6346	11,2980	10,9760	10,8203	10,6679	10,5187	10,3728	10,2300	10,0902
69	10,6386	10,3563	10,0852	9,9538	9,8250	9,6988	9,5751	9,4538	9,3349
70	9,6547	9,4215	9,1970	9,0878	8,9807	8,8755	8,7723	8,6709	8,5714
71	8,6798	8,4909	8,3085	8,2196	8,1321	8,0462	7,9617	7,8786	7,7968
72	7,7122	7,5629	7,4182	7,3475	7,2778	7,2093	7,1418	7,0752	7,0097
73	6,7519	6,6374	6,5261	6,4716	6,4178	6,3648	6,3124	6,2608	6,2099
74	5,7942	5,7099	5,6277	5,5874	5,5475	5,5081	5,4692	5,4307	5,3927
75	4,8403	4,7817	4,7242	4,6960	4,6680	4,6403	4,6129	4,5858	4,5590
76	3,8854	3,8477	3,8108	3,7925	3,7744	3,7565	3,7388	3,7211	3,7037
77	2,9280	2,9068	2,8859	2,8756	2,8653	2,8552	2,8450	2,8350	2,8250
78	1,9648	1,9555	1,9462	1,9416	1,9370	1,9324	1,9279	1,9234	1,9189
79	0,9902	0,9879	0,9857	0,9846	0,9835	0,9823	0,9812	0,9801	0,9790

T2   Temporäre Leibrente

T2.22   Frau bis 80. Lebensjahr

Sterbetafel 2019/2021 Deutschland, Statistisches Bundesamt   monatlich vorschüssig

Alter	1,75%	2,00%	2,25%	2,50%	2,75%	3,00%	3,25%	3,50%	4,00%
55	18,6734	18,1778	17,7017	17,2443	16,8047	16,3820	15,9755	15,5845	14,8458
56	18,0473	17,5857	17,1417	16,7145	16,3033	15,9074	15,5262	15,1589	14,4639
57	17,4137	16,9852	16,5725	16,1748	15,7914	15,4219	15,0655	14,7217	14,0698
58	16,7731	16,3767	15,9944	15,6255	15,2694	14,9256	14,5936	14,2730	13,6637
59	16,1264	15,7612	15,4084	15,0675	14,7380	14,4194	14,1113	13,8134	13,2461
60	15,4727	15,1377	14,8135	14,4998	14,1961	13,9022	13,6175	13,3418	12,8158
61	14,8125	14,5065	14,2100	13,9227	13,6442	13,3742	13,1123	12,8584	12,3730
62	14,1434	13,8655	13,5958	13,3340	13,0799	12,8332	12,5936	12,3609	11,9153
63	13,4667	13,2156	12,9717	12,7346	12,5041	12,2800	12,0620	11,8501	11,4433
64	12,7830	12,5577	12,3385	12,1251	11,9174	11,7151	11,5181	11,3263	10,9573
65	12,0895	11,8889	11,6933	11,5027	11,3169	11,1357	10,9590	10,7866	10,4544
66	11,3880	11,2108	11,0379	10,8690	10,7041	10,5432	10,3859	10,2324	9,9358
67	10,6762	10,5212	10,3698	10,2216	10,0768	9,9352	9,7966	9,6611	9,3989
68	9,9533	9,8193	9,6882	9,5597	9,4339	9,3107	9,1900	9,0718	8,8425
69	9,2183	9,1040	8,9919	8,8820	8,7742	8,6685	8,5648	8,4630	8,2653
70	8,4736	8,3776	8,2834	8,1908	8,0999	8,0105	7,9228	7,8366	7,6686
71	7,7165	7,6374	7,5597	7,4832	7,4079	7,3339	7,2611	7,1894	7,0495
72	6,9452	6,8817	6,8190	6,7574	6,6966	6,6367	6,5777	6,5195	6,4057
73	6,1597	6,1101	6,0612	6,0129	5,9653	5,9183	5,8719	5,8262	5,7364
74	5,3551	5,3180	5,2814	5,2451	5,2093	5,1739	5,1389	5,1043	5,0363
75	4,5324	4,5061	4,4801	4,4544	4,4289	4,4036	4,3787	4,3539	4,3052
76	3,6864	3,6692	3,6522	3,6353	3,6186	3,6020	3,5856	3,5693	3,5371
77	2,8151	2,8053	2,7955	2,7858	2,7762	2,7666	2,7571	2,7477	2,7290
78	1,9145	1,9100	1,9056	1,9012	1,8969	1,8925	1,8882	1,8839	1,8753
79	0,9779	0,9768	0,9757	0,9746	0,9736	0,9725	0,9714	0,9703	0,9682

T2   Temporäre Leibrente

T2.23 Frau bis 90. Lebensjahr

Sterbetafel 2019/2021 Deutschland, Statistisches Bundesamt   monatlich vorschüssig

Alter	-1,00%	-0,50%	0,00%	0,25%	0,50%	0,75%	1,00%	1,25%	1,50%
0	128,6979	101,8839	82,0014	74,0183	67,0810	61,0339	55,7463	51,1083	47,0273
1	126,7782	100,6648	81,2337	73,4121	66,6045	60,6614	55,4574	50,8864	46,8592
2	124,5406	99,1839	80,2497	72,6087	65,9479	60,1243	55,0175	50,5258	46,5633
3	122,3153	97,7025	79,2592	71,7976	65,2828	59,5784	54,5689	50,1567	46,2593
4	120,1101	96,2267	78,2674	70,9831	64,6133	59,0273	54,1148	49,7821	45,9499
5	117,9256	94,7573	77,2747	70,1659	63,9397	58,4716	53,6557	49,4024	45,6354
6	115,7595	93,2924	76,2798	69,3446	63,2609	57,9099	53,1904	49,0165	45,3149
7	113,6144	91,8344	75,2845	68,5209	62,5785	57,3438	52,7202	48,6255	44,9893
8	111,4904	90,3834	74,2890	67,6949	61,8924	56,7732	52,2451	48,2294	44,6588
9	109,3877	88,9397	73,2936	66,8669	61,2030	56,1985	51,7654	47,8286	44,3234
10	107,3052	87,5025	72,2975	66,0364	60,5096	55,6190	51,2805	47,4223	43,9826
11	105,2428	86,0720	71,3011	65,2034	59,8124	55,0348	50,7905	47,0107	43,6364
12	103,2031	84,6504	70,3061	64,3696	59,1130	54,4474	50,2966	46,5949	43,2859
13	101,1828	83,2350	69,3104	63,5331	58,4095	53,8550	49,7972	46,1735	42,9298
14	99,1847	81,8284	68,3161	62,6959	57,7037	53,2594	49,2939	45,7477	42,5692
15	97,2087	80,4306	67,3233	61,8579	56,9956	52,6604	48,7867	45,3177	42,2042
16	95,2531	79,0403	66,3310	61,0183	56,2844	52,0574	48,2748	44,8827	41,8341
17	93,3176	77,6575	65,3392	60,1770	55,5701	51,4502	47,7581	44,4425	41,4587
18	91,4013	76,2815	64,3473	59,3335	54,8521	50,8384	47,2363	43,9968	41,0777
19	89,5062	74,9141	63,3568	58,4893	54,1319	50,2233	46,7103	43,5467	40,6919
20	87,6319	73,5551	62,3678	57,6443	53,4092	49,6046	46,1801	43,0918	40,3013
21	85,7757	72,2025	61,3783	56,7969	52,6826	48,9810	45,6444	42,6311	39,9046
22	83,9383	70,8568	60,3891	55,9475	51,9526	48,3529	45,1035	42,1648	39,5022
23	82,1186	69,5172	59,3994	55,0955	51,2185	47,7198	44,5569	41,6923	39,0934
24	80,3162	68,1837	58,4091	54,2410	50,4803	47,0815	44,0044	41,2136	38,6782
25	78,5308	66,8560	57,4182	53,3836	49,7379	46,4379	43,4459	40,7285	38,2564
26	76,7648	65,5363	56,4284	52,5253	48,9928	45,7905	42,8827	40,2382	37,8290
27	75,0160	64,2228	55,4383	51,6645	48,2436	45,1379	42,3137	39,7415	37,3950
28	73,2863	62,9173	54,4495	50,8027	47,4919	44,4816	41,7401	39,2397	36,9555
29	71,5759	61,6201	53,4622	49,9403	46,7378	43,8216	41,1619	38,7327	36,5105
30	69,8822	60,3292	52,4748	49,0755	45,9799	43,1565	40,5779	38,2192	36,0587
31	68,2071	59,0460	51,4886	48,2098	45,2192	42,4876	39,9890	37,7004	35,6011
32	66,5512	57,7715	50,5044	47,3438	44,4565	41,8153	39,3958	37,1765	35,1381
33	64,9127	56,5042	49,5209	46,4763	43,6906	41,1385	38,7973	36,6468	34,6686
34	63,2914	55,2440	48,5381	45,6073	42,9217	40,4574	38,1935	36,1110	34,1928
35	61,6883	53,9918	47,5569	44,7377	42,1502	39,7725	37,5849	35,5697	33,7109
36	60,1048	52,7491	46,5786	43,8686	41,3776	39,0850	36,9727	35,0239	33,2241
37	58,5368	51,5124	45,6002	42,9973	40,6010	38,3923	36,3542	34,4714	32,7299
38	56,9876	50,2847	44,6243	42,1262	39,8228	37,6966	35,7317	33,9139	32,2302
39	55,4541	49,0634	43,6487	41,2533	39,0411	36,9960	35,1034	33,3498	31,7234
40	53,9394	47,8514	42,6760	40,3809	38,2581	36,2927	34,4711	32,7810	31,2112
41	52,4401	46,6457	41,7037	39,5067	37,4716	35,5845	33,8329	32,2054	30,6917
42	50,9595	45,4494	40,7344	38,6333	36,6839	34,8737	33,1909	31,6252	30,1669
43	49,4952	44,2606	39,7664	37,7590	35,8936	34,1588	32,5437	31,0388	29,6353
44	48,0491	43,0810	38,8016	36,8855	35,1023	33,4413	31,8928	30,4478	29,0982
45	46,6201	41,9097	37,8391	36,0120	34,3091	32,7205	31,2373	29,8513	28,5550
46	45,2074	40,7463	36,8784	35,1382	33,5137	31,9960	30,5769	29,2490	28,0052
47	43,8139	39,5933	35,9221	34,2663	32,7184	31,2700	29,9138	28,6427	27,4507
48	42,4365	38,4483	34,9678	33,3943	31,9210	30,5405	29,2458	28,0308	26,8896
49	41,0806	37,3160	34,0200	32,5264	31,1258	29,8114	28,5769	27,4167	26,3255
50	39,7437	36,1946	33,0772	31,6611	30,3312	29,0812	27,9056	26,7991	25,7569
51	38,4237	35,0821	32,1375	30,7968	29,5357	28,3487	27,2305	26,1767	25,1827
52	37,1214	33,9796	31,2020	29,9344	28,7401	27,6144	26,5525	25,5501	24,6034
53	35,8354	32,8856	30,2695	29,0727	27,9436	26,8775	25,8704	24,9185	24,0181
54	34,5699	31,8044	29,3439	28,2156	27,1494	26,1414	25,1877	24,2850	23,4299

T2 Temporäre Leibrente

T2.23 Frau bis 90. Lebensjahr

Sterbetafel 2019/2021 Deutschland, Statistisches Bundesamt monatlich vorschüssig

Alter	1,75%	2,00%	2,25%	2,50%	2,75%	3,00%	3,25%	3,50%	4,00%
0	43,4252	40,2356	37,4026	34,8783	32,6222	30,5996	28,7809	27,1406	24,3111
1	43,3001	40,1450	37,3395	34,8372	32,5986	30,5898	28,7820	27,1503	24,3326
2	43,0571	39,9452	37,1750	34,7016	32,4868	30,4975	28,7058	27,0873	24,2894
3	42,8063	39,7381	37,0038	34,5599	32,3693	30,4001	28,6248	27,0199	24,2426
4	42,5504	39,5262	36,8281	34,4141	32,2481	30,2991	28,5406	26,9496	24,1934
5	42,2897	39,3098	36,6482	34,2643	32,1232	30,1949	28,4535	26,8767	24,1421
6	42,0231	39,0878	36,4631	34,1098	31,9940	30,0867	28,3627	26,8004	24,0880
7	41,7517	38,8612	36,2737	33,9512	31,8611	29,9751	28,2689	26,7214	24,0316
8	41,4755	38,6300	36,0799	33,7886	31,7244	29,8600	28,1719	26,6395	23,9729
9	41,1944	38,3943	35,8819	33,6220	31,5840	29,7416	28,0718	26,5548	23,9119
10	40,9082	38,1535	35,6791	33,4510	31,4396	29,6194	27,9683	26,4669	23,8483
11	40,6167	37,9077	35,4716	33,2755	31,2909	29,4933	27,8612	26,3758	23,7820
12	40,3209	37,6578	35,2601	33,0963	31,1389	29,3642	27,7513	26,2821	23,7136
13	40,0196	37,4025	35,0435	32,9123	30,9824	29,2308	27,6375	26,1849	23,6423
14	39,7139	37,1429	34,8228	32,7244	30,8222	29,0941	27,5206	26,0848	23,5685
15	39,4037	36,8790	34,5980	32,5326	30,6584	28,9539	27,4005	25,9818	23,4924
16	39,0884	36,6101	34,3684	32,3363	30,4903	28,8098	27,2768	25,8754	23,4135
17	38,7679	36,3361	34,1338	32,1353	30,3178	28,6616	27,1493	25,7656	23,3316
18	38,4417	36,0566	33,8940	31,9293	30,1406	28,5090	27,0177	25,6519	23,2464
19	38,1108	35,7724	33,6496	31,7189	29,9593	28,3525	26,8824	25,5348	23,1584
20	37,7750	35,4833	33,4006	31,5040	29,7736	28,1919	26,7434	25,4143	23,0674
21	37,4331	35,1883	33,1457	31,2836	29,5828	28,0265	26,5997	25,2894	22,9727
22	37,0853	34,8875	32,8853	31,0578	29,3868	27,8562	26,4516	25,1603	22,8743
23	36,7313	34,5806	32,6188	30,8262	29,1853	27,6806	26,2984	25,0266	22,7719
24	36,3708	34,2671	32,3460	30,5885	28,9779	27,4995	26,1401	24,8879	22,6651
25	36,0035	33,9471	32,0668	30,3446	28,7646	27,3127	25,9763	24,7442	22,5540
26	35,6307	33,6214	31,7820	30,0953	28,5461	27,1210	25,8078	24,5960	22,4388
27	35,2511	33,2890	31,4906	29,8396	28,3214	26,9233	25,6338	24,4425	22,3190
28	34,8658	32,9509	31,1935	29,5783	28,0913	26,7205	25,4547	24,2843	22,1950
29	34,4747	32,6069	30,8907	29,3113	27,8558	26,5124	25,2707	24,1213	22,0667
30	34,0768	32,2561	30,5810	29,0377	27,6137	26,2980	25,0806	23,9525	21,9333
31	33,6728	31,8990	30,2651	28,7579	27,3657	26,0779	24,8850	23,7786	21,7951
32	33,2631	31,5361	29,9434	28,4724	27,1120	25,8523	24,6841	23,5995	21,6523
33	32,8467	31,1665	29,6149	28,1802	26,8518	25,6203	24,4772	23,4146	21,5043
34	32,4237	30,7901	29,2796	27,8813	26,5850	25,3819	24,2639	23,2237	21,3507
35	31,9944	30,4072	28,9378	27,5758	26,3118	25,1373	24,0447	23,0270	21,1918
36	31,5596	30,0186	28,5902	27,2646	26,0328	24,8870	23,8199	22,8249	21,0280
37	31,1173	29,6223	28,2348	26,9456	25,7462	24,6293	23,5879	22,6158	20,8577
38	30,6691	29,2199	27,8732	26,6203	25,4534	24,3653	23,3498	22,4008	20,6819
39	30,2133	28,8097	27,5037	26,2871	25,1527	24,0938	23,1043	22,1787	20,4994
40	29,7517	28,3934	27,1279	25,9476	24,8457	23,8159	22,8525	21,9503	20,3111
41	29,2825	27,9692	26,7440	25,5999	24,5306	23,5300	22,5929	21,7144	20,1156
42	28,8073	27,5387	26,3536	25,2457	24,2088	23,2375	22,3267	21,4720	19,9141
43	28,3250	27,1006	25,9555	24,8836	23,8791	22,9371	22,0529	21,2220	19,7053
44	27,8366	26,6562	25,5508	24,5146	23,5426	22,6298	21,7721	20,9652	19,4900
45	27,3415	26,2046	25,1386	24,1381	23,1983	22,3149	21,4837	20,7010	19,2675
46	26,8393	25,7455	24,7186	23,7536	22,8461	21,9919	21,1873	20,4287	19,0373
47	26,3317	25,2806	24,2924	23,3626	22,4871	21,6621	20,8841	20,1497	18,8005
48	25,8170	24,8080	23,8582	22,9634	22,1199	21,3240	20,5725	19,8624	18,5557
49	25,2984	24,3310	23,4191	22,5590	21,7471	20,9801	20,2551	19,5692	18,3049
50	24,7747	23,8483	22,9739	22,1480	21,3675	20,6293	19,9307	19,2690	18,0473
51	24,2446	23,3586	22,5213	21,7294	20,9801	20,2705	19,5982	18,9606	17,7815
52	23,7086	22,8625	22,0618	21,3035	20,5851	19,9040	19,2578	18,6444	17,5080
53	23,1660	22,3591	21,5945	20,8696	20,1818	19,5289	18,9088	18,3195	17,2258
54	22,6196	21,8512	21,1221	20,4300	19,7725	19,1476	18,5534	17,9879	16,9368

T2   Temporäre Leibrente

T2.23   Frau bis 90. Lebensjahr

Sterbetafel 2019/2021 Deutschland, Statistisches Bundesamt   monatlich vorschüssig

Alter	-1,00%	-0,50%	0,00%	0,25%	0,50%	0,75%	1,00%	1,25%	1,50%
55	33,3226	30,7340	28,4234	27,3614	26,3564	25,4047	24,5030	23,6482	22,8375
56	32,0943	29,6752	27,5089	26,5109	25,5650	24,6679	23,8168	23,0088	22,2413
57	30,8841	28,6272	26,5998	25,6635	24,7748	23,9308	23,1288	22,3663	21,6411
58	29,6927	27,5910	25,6970	24,8203	23,9868	23,1941	22,4398	21,7216	21,0375
59	28,5222	26,5686	24,8024	23,9830	23,2029	22,4597	21,7515	21,0763	20,4322
60	27,3708	25,5585	23,9149	23,1506	22,4217	21,7265	21,0629	20,4294	19,8242
61	26,2396	24,5619	23,0355	22,3241	21,6446	20,9955	20,3751	19,7819	19,2145
62	25,1248	23,5753	22,1612	21,5005	20,8686	20,2641	19,6854	19,1313	18,6005
63	24,0286	22,6011	21,2942	20,6822	20,0960	19,5342	18,9958	18,4795	17,9842
64	22,9530	21,6411	20,4363	19,8708	19,3283	18,8077	18,3080	17,8281	17,3671
65	21,8931	20,6910	19,5836	19,0626	18,5620	18,0810	17,6185	17,1738	16,7460
66	20,8529	19,7546	18,7397	18,2611	17,8006	17,3574	16,9307	16,5198	16,1240
67	19,8290	18,8289	17,9018	17,4637	17,0415	16,6345	16,2421	15,8637	15,4987
68	18,8207	17,9134	17,0697	16,6700	16,2843	15,9120	15,5525	15,2053	14,8699
69	17,8273	17,0074	16,2426	15,8795	15,5286	15,1893	14,8613	14,5440	14,2370
70	16,8548	16,1169	15,4265	15,0979	14,7799	14,4720	14,1739	13,8851	13,6053
71	15,8997	15,2386	14,6182	14,3223	14,0354	13,7573	13,4876	13,2260	12,9721
72	14,9608	14,3717	13,8170	13,5518	13,2944	13,0445	12,8017	12,5659	12,3368
73	14,0407	13,5185	13,0254	12,7891	12,5594	12,3360	12,1188	11,9074	11,7018
74	13,1326	12,6729	12,2374	12,0282	11,8246	11,6263	11,4331	11,2449	11,0616
75	12,2433	11,8413	11,4593	11,2755	11,0962	10,9214	10,7508	10,5845	10,4221
76	11,3659	11,0173	10,6852	10,5249	10,3684	10,2156	10,0663	9,9204	9,7779
77	10,5041	10,2047	9,9184	9,7801	9,6447	9,5123	9,3828	9,2561	9,1321
78	9,6578	9,4034	9,1594	9,0411	8,9253	8,8119	8,7007	8,5918	8,4851
79	8,8206	8,6071	8,4019	8,3021	8,2043	8,1084	8,0142	7,9219	7,8312
80	8,0019	7,8254	7,6551	7,5722	7,4908	7,4108	7,3322	7,2550	7,1791
81	7,1997	7,0564	6,9176	6,8499	6,7833	6,7178	6,6533	6,5898	6,5274
82	6,4128	6,2988	6,1882	6,1341	6,0807	6,0282	5,9764	5,9254	5,8751
83	5,6374	5,5493	5,4635	5,4214	5,3799	5,3389	5,2985	5,2586	5,2192
84	4,8754	4,8097	4,7454	4,7139	4,6827	4,6519	4,6214	4,5913	4,5616
85	4,1222	4,0756	4,0298	4,0073	3,9850	3,9630	3,9411	3,9195	3,8981
86	3,3670	3,3363	3,3061	3,2912	3,2764	3,2617	3,2472	3,2328	3,2185
87	2,5997	2,5817	2,5640	2,5553	2,5466	2,5380	2,5294	2,5209	2,5124
88	1,8005	1,7922	1,7840	1,7799	1,7759	1,7718	1,7678	1,7638	1,7599
89	0,9453	0,9432	0,9411	0,9400	0,9390	0,9379	0,9369	0,9358	0,9348

T2   Temporäre Leibrente

T2.23 Frau bis 90. Lebensjahr

Sterbetafel 2019/2021 Deutschland, Statistisches Bundesamt   monatlich vorschüssig

Alter	1,75%	2,00%	2,25%	2,50%	2,75%	3,00%	3,25%	3,50%	4,00%
55	22,0681	21,3375	20,6434	19,9836	19,3561	18,7589	18,1903	17,6487	16,6400
56	21,5120	20,8185	20,1588	19,5309	18,9329	18,3631	17,8199	17,3019	16,3355
57	20,9509	20,2938	19,6679	19,0713	18,5024	17,9598	17,4418	16,9472	16,0229
58	20,3856	19,7641	19,1712	18,6055	18,0653	17,5494	17,0563	16,5849	15,7025
59	19,8176	19,2308	18,6704	18,1348	17,6229	17,1332	16,6647	16,2163	15,3753
60	19,2459	18,6930	18,1643	17,6584	17,1741	16,7104	16,2661	15,8403	15,0405
61	18,6715	18,1517	17,6539	17,1770	16,7199	16,2816	15,8611	15,4577	14,6986
62	18,0919	17,6043	17,1368	16,6882	16,2578	15,8445	15,4476	15,0663	14,3474
63	17,5090	17,0527	16,6147	16,1938	15,7894	15,4007	15,0269	14,6673	13,9882
64	16,9242	16,4984	16,0889	15,6951	15,3162	14,9515	14,6003	14,2621	13,6222
65	16,3343	15,9381	15,5566	15,1891	14,8350	14,4938	14,1649	13,8477	13,2464
66	15,7425	15,3749	15,0204	14,6785	14,3487	14,0304	13,7232	13,4265	12,8632
67	15,1464	14,8064	14,4782	14,1612	13,8549	13,5590	13,2730	12,9966	12,4706
68	14,5458	14,2325	13,9296	13,6367	13,3535	13,0794	12,8141	12,5574	12,0680
69	13,9400	13,6525	13,3742	13,1047	12,8437	12,5909	12,3458	12,1083	11,6549
70	13,3342	13,0715	12,8167	12,5698	12,3302	12,0979	11,8724	11,6536	11,2351
71	12,7258	12,4868	12,2547	12,0294	11,8106	11,5981	11,3916	11,1909	10,8064
72	12,1142	11,8979	11,6875	11,4831	11,2842	11,0908	10,9027	10,7196	10,3681
73	11,5017	11,3069	11,1174	10,9328	10,7531	10,5781	10,4076	10,2415	9,9219
74	10,8829	10,7088	10,5391	10,3736	10,2123	10,0549	9,9015	9,7518	9,4632
75	10,2637	10,1091	9,9582	9,8109	9,6670	9,5265	9,3893	9,2553	8,9965
76	9,6386	9,5025	9,3694	9,2393	9,1121	8,9878	8,8661	8,7472	8,5170
77	9,0108	8,8920	8,7758	8,6620	8,5506	8,4415	8,3346	8,2300	8,0272
78	8,3805	8,2780	8,1775	8,0791	7,9825	7,8878	7,7950	7,7039	7,5270
79	7,7423	7,6549	7,5692	7,4851	7,4025	7,3214	7,2418	7,1636	7,0113
80	7,1045	7,0312	6,9591	6,8882	6,8186	6,7501	6,6828	6,6165	6,4874
81	6,4659	6,4054	6,3458	6,2872	6,2295	6,1726	6,1167	6,0616	5,9539
82	5,8255	5,7767	5,7285	5,6810	5,6342	5,5881	5,5425	5,4977	5,4098
83	5,1803	5,1419	5,1041	5,0667	5,0297	4,9933	4,9573	4,9217	4,8519
84	4,5321	4,5030	4,4743	4,4458	4,4177	4,3899	4,3624	4,3353	4,2818
85	3,8769	3,8559	3,8351	3,8146	3,7942	3,7740	3,7540	3,7343	3,6953
86	3,2043	3,1903	3,1763	3,1625	3,1488	3,1352	3,1217	3,1084	3,0820
87	2,5040	2,4957	2,4874	2,4792	2,4710	2,4629	2,4549	2,4468	2,4310
88	1,7559	1,7520	1,7481	1,7442	1,7403	1,7365	1,7326	1,7288	1,7213
89	0,9338	0,9327	0,9317	0,9307	0,9297	0,9287	0,9277	0,9267	0,9246

T2   Temporäre Leibrente

T2.24 Frau bis 100. Lebensjahr

Sterbetafel 2019/2021 Deutschland, Statistisches Bundesamt   monatlich vorschüssig

Alter	-1,00%	-0,50%	0,00%	0,25%	0,50%	0,75%	1,00%	1,25%	1,50%
0	132,2235	104,0897	83,3848	75,1150	67,9509	61,7243	56,2945	51,5439	47,3737
1	130,2785	102,8658	82,6211	74,5146	67,4811	61,3589	56,0127	51,3288	47,2118
2	128,0065	101,3743	81,6373	73,7142	66,8292	60,8272	55,5785	50,9738	46,9213
3	125,7470	99,8822	80,6471	72,9060	66,1686	60,2866	55,1355	50,6104	46,6226
4	123,5078	98,3957	79,6553	72,0944	65,5035	59,7410	54,6872	50,2415	46,3187
5	121,2897	96,9157	78,6628	71,2801	64,8345	59,1906	54,2338	49,8675	46,0098
6	119,0901	95,4402	77,6680	70,4616	64,1603	58,6344	53,7744	49,4874	45,6949
7	116,9120	93,9715	76,6728	69,6407	63,4824	58,0737	53,3100	49,1024	45,3751
8	114,7552	92,5100	75,6773	68,8176	62,8008	57,5087	52,8409	48,7123	45,0504
9	112,6201	91,0558	74,6820	67,9926	62,1160	56,9395	52,3672	48,3175	44,7208
10	110,5054	89,6082	73,6861	67,1649	61,4273	56,3656	51,8884	47,9174	44,3860
11	108,4111	88,1672	72,6897	66,3348	60,7347	55,7871	51,4044	47,5120	44,0459
12	106,3400	86,7353	71,6948	65,5039	60,0400	55,2054	50,9167	47,1025	43,7016
13	104,2885	85,3096	70,6992	64,6703	59,3412	54,6188	50,4236	46,6874	43,3518
14	102,2596	83,8928	69,7050	63,8360	58,6401	54,0289	49,9266	46,2682	42,9976
15	100,2531	82,4848	68,7124	63,0010	57,9368	53,4358	49,4258	45,8447	42,6390
16	98,2675	81,0845	67,7203	62,1644	57,2304	52,8387	48,9204	45,4163	42,2755
17	96,3022	79,6918	66,7286	61,3261	56,5210	52,2374	48,4102	44,9829	41,9068
18	94,3564	78,3058	65,7368	60,4857	55,8079	51,6316	47,8949	44,5441	41,5325
19	92,4322	76,9286	64,7466	59,6445	55,0925	51,0226	47,3757	44,1008	41,1537
20	90,5292	75,5599	63,7578	58,8026	54,3748	50,4100	46,8523	43,6530	40,7701
21	88,6445	74,1976	62,7686	57,9582	53,6532	49,7926	46,3234	43,1994	40,3805
22	86,7789	72,8423	61,7796	57,1119	52,9282	49,1708	45,7894	42,7403	39,9853
23	84,9313	71,4931	60,7901	56,2631	52,1992	48,5439	45,2497	42,2751	39,5838
24	83,1012	70,1501	59,8001	55,4117	51,4661	47,9120	44,7043	41,8038	39,1761
25	81,2884	68,8129	58,8094	54,5575	50,7288	47,2747	44,1529	41,3261	38,7618
26	79,4953	67,4837	57,8198	53,7022	49,9888	46,6337	43,5970	40,8434	38,3421
27	77,7196	66,1608	56,8300	52,8446	49,2448	45,9876	43,0352	40,3544	37,9159
28	75,9635	64,8460	55,8414	51,9860	48,4983	45,3378	42,4689	39,8603	37,4843
29	74,2269	63,5396	54,8545	51,1268	47,7495	44,6845	41,8982	39,3612	37,0473
30	72,5074	62,2395	53,8674	50,2653	46,9968	44,0261	41,3217	38,8558	36,6037
31	70,8067	60,9474	52,8816	49,4029	46,2415	43,3639	40,7405	38,3451	36,1544
32	69,1256	59,6639	51,8978	48,5402	45,4842	42,6984	40,1551	37,8295	35,6999
33	67,4622	58,3878	50,9147	47,6761	44,7238	42,0286	39,5644	37,3081	35,2391
34	65,8163	57,1188	49,9325	46,8106	43,9604	41,3545	38,9686	36,7808	34,7720
35	64,1889	55,8579	48,9518	45,9444	43,1945	40,6767	38,3680	36,2482	34,2990
36	62,5815	54,6068	47,9741	45,0789	42,4276	39,9964	37,7639	35,7112	33,8213
37	60,9899	53,3617	46,9964	44,2112	41,6568	39,3109	37,1538	35,1676	33,3363
38	59,4175	52,1257	46,0213	43,3438	40,8845	38,6226	36,5397	34,6192	32,8461
39	57,8611	50,8962	45,0465	42,4746	40,1087	37,9295	35,9199	34,0643	32,3489
40	56,3238	49,6762	44,0746	41,6060	39,3317	37,2338	35,2963	33,5049	31,8464
41	54,8022	48,4626	43,1032	40,7357	38,5512	36,5332	34,6669	32,9388	31,3369
42	53,2997	47,2586	42,1350	39,8662	37,7698	35,8302	34,0339	32,3683	30,8222
43	51,8138	46,0621	41,1681	38,9960	36,9858	35,1233	33,3958	31,7919	30,3010
44	50,3467	44,8751	40,2046	38,1267	36,2008	34,4139	32,7542	31,2109	29,7745
45	48,8969	43,6966	39,2434	37,2576	35,4142	33,7014	32,1081	30,6247	29,2421
46	47,4638	42,5261	38,2842	36,3882	34,6255	32,9853	31,4574	30,0329	28,7033
47	46,0504	41,3664	37,3296	35,5210	33,8371	32,2679	30,8041	29,4374	28,1601
48	44,6535	40,2147	36,3771	34,6537	33,0468	31,5471	30,1462	28,8364	27,6107
49	43,2787	39,0763	35,4315	33,7909	32,2589	30,8271	29,4877	28,2336	27,0585
50	41,9236	37,9491	34,4910	32,9309	31,4719	30,1064	28,8271	27,6277	26,5022
51	40,5858	36,8311	33,5540	32,0722	30,6843	29,3834	28,1630	27,0172	25,9405
52	39,2663	35,7233	32,6214	31,2155	29,8968	28,6590	27,4961	26,4028	25,3742
53	37,9635	34,6245	31,6920	30,3599	29,1086	27,9323	26,8256	25,7838	24,8022
54	36,6819	33,5389	30,7699	29,5092	28,3232	27,2067	26,1549	25,1633	24,2277

T2 Temporäre Leibrente

T2.24 Frau bis 100. Lebensjahr

Sterbetafel 2019/2021 Deutschland, Statistisches Bundesamt   monatlich vorschüssig

Alter	1,75%	2,00%	2,25%	2,50%	2,75%	3,00%	3,25%	3,50%	4,00%
0	43,7007	40,4550	37,5773	35,0175	32,7333	30,6882	28,8516	27,1971	24,3472
1	43,5813	40,3694	37,5187	34,9803	32,7130	30,6813	28,8553	27,2090	24,3703
2	43,3432	40,1741	37,3582	34,8484	32,6044	30,5918	28,7814	27,1480	24,3286
3	43,0975	39,9717	37,1912	34,7104	32,4902	30,4972	28,7029	27,0827	24,2833
4	42,8468	39,7645	37,0198	34,5683	32,3723	30,3992	28,6213	27,0147	24,2358
5	42,5912	39,5528	36,8441	34,4224	32,2508	30,2980	28,5368	26,9440	24,1862
6	42,3300	39,3357	36,6635	34,2718	32,1251	30,1928	28,4487	26,8701	24,1338
7	42,0640	39,1141	36,4786	34,1173	31,9958	30,0844	28,3577	26,7935	24,0793
8	41,7932	38,8880	36,2895	33,9589	31,8628	29,9727	28,2636	26,7142	24,0225
9	41,5178	38,6574	36,0961	33,7965	31,7263	29,8576	28,1665	26,6321	23,9635
10	41,2372	38,4219	35,8982	33,6299	31,5858	29,7389	28,0660	26,5469	23,9020
11	40,9514	38,1815	35,6956	33,4588	31,4412	29,6165	27,9621	26,4586	23,8379
12	40,6616	37,9371	35,4892	33,2843	31,2933	29,4910	27,8555	26,3678	23,7717
13	40,3662	37,6874	35,2778	33,1050	31,1410	29,3614	27,7451	26,2736	23,7026
14	40,0666	37,4335	35,0624	32,9220	30,9852	29,2286	27,6317	26,1766	23,6313
15	39,7626	37,1754	34,8429	32,7351	30,8259	29,0925	27,5153	26,0769	23,5577
16	39,4536	36,9125	34,6188	32,5439	30,6624	28,9526	27,3953	25,9738	23,4814
17	39,1396	36,6446	34,3900	32,3481	30,4947	28,8087	27,2717	25,8674	23,4022
18	38,8200	36,3713	34,1560	32,1474	30,3224	28,6605	27,1440	25,7573	23,3199
19	38,4957	36,0934	33,9175	31,9425	30,1461	28,5086	27,0129	25,6440	23,2348
20	38,1667	35,8108	33,6745	31,7333	29,9656	28,3527	26,8781	25,5273	23,1469
21	37,8317	35,5224	33,4259	31,5186	29,7800	28,1921	26,7389	25,4064	23,0554
22	37,4910	35,2284	33,1718	31,2987	29,5895	28,0268	26,5953	25,2814	22,9603
23	37,1442	34,9283	32,9118	31,0732	29,3936	27,8564	26,4468	25,1519	22,8614
24	36,7909	34,6219	32,6457	30,8418	29,1921	27,6806	26,2933	25,0177	22,7582
25	36,4311	34,3090	32,3732	30,6042	28,9847	27,4993	26,1346	24,8785	22,6508
26	36,0658	33,9906	32,0954	30,3614	28,7722	27,3132	25,9713	24,7350	22,5395
27	35,6939	33,6657	31,8111	30,1124	28,5538	27,1213	25,8025	24,5864	22,4238
28	35,3164	33,3351	31,5213	29,8580	28,3302	26,9245	25,6290	24,4332	22,3040
29	34,9334	32,9990	31,2259	29,5981	28,1012	26,7225	25,4507	24,2755	22,1801
30	34,5436	32,6561	30,9238	29,3317	27,8660	26,5145	25,2665	24,1122	22,0512
31	34,1479	32,3071	30,6158	29,0594	27,6250	26,3009	25,0770	23,9439	21,9178
32	33,7466	31,9525	30,3021	28,7815	27,3785	26,0821	24,8824	23,7706	21,7800
33	33,3389	31,5914	29,9818	28,4971	27,1257	25,8571	24,6820	23,5918	21,6371
34	32,9247	31,2236	29,6549	28,2062	26,8665	25,6259	24,4755	23,4072	21,4889
35	32,5043	30,8495	29,3217	27,9090	26,6012	25,3887	24,2632	23,2169	21,3355
36	32,0787	30,4700	28,9829	27,6063	26,3303	25,1461	24,0456	23,0216	21,1775
37	31,6457	30,0830	28,6365	27,2960	26,0520	24,8962	23,8210	22,8195	21,0133
38	31,2071	29,6900	28,2841	26,9796	25,7677	24,6405	23,5906	22,6117	20,8438
39	30,7610	29,2895	27,9241	26,6557	25,4759	24,3773	23,3531	22,3971	20,6679
40	30,3094	28,8831	27,5580	26,3256	25,1780	24,1081	23,1095	22,1765	20,4864
41	29,8503	28,4690	27,1841	25,9877	24,8722	23,8312	22,8585	21,9486	20,2981
42	29,3855	28,0488	26,8040	25,6434	24,5601	23,5479	22,6011	21,7146	20,1040
43	28,9137	27,6214	26,4164	25,2916	24,2404	23,2571	22,3364	21,4734	19,9030
44	28,4362	27,1879	26,0224	24,9332	23,9141	22,9598	22,0651	21,2256	19,6957
45	27,9521	26,7475	25,6213	24,5675	23,5805	22,6550	21,7865	20,9707	19,4817
46	27,4613	26,2998	25,2127	24,1942	23,2391	22,3426	21,5003	20,7082	19,2603
47	26,9653	25,8466	24,7982	23,8148	22,8915	22,0238	21,2076	20,4393	19,0327
48	26,4625	25,3862	24,3761	23,4275	22,5359	21,6970	20,9070	20,1626	18,7974
49	25,9562	24,9216	23,9495	23,0354	22,1751	21,3649	20,6010	19,8803	18,5568
50	25,4452	24,4517	23,5171	22,6372	21,8081	21,0263	20,2885	19,5916	18,3096
51	24,9281	23,9752	23,0777	22,2317	21,4337	20,6802	19,9683	19,2951	18,0549
52	24,4055	23,4927	22,6319	21,8195	21,0521	20,3268	19,6407	18,9913	17,7929
53	23,8767	23,0034	22,1788	21,3996	20,6627	19,9654	19,3051	18,6793	17,5227
54	23,3445	22,5100	21,7210	20,9746	20,2679	19,5983	18,9635	18,3613	17,2464

T2   Temporäre Leibrente

T2.24 Frau bis 100. Lebensjahr

Sterbetafel 2019/2021 Deutschland, Statistisches Bundesamt   monatlich vorschüssig

Alter	-1,00%	-0,50%	0,00%	0,25%	0,50%	0,75%	1,00%	1,25%	1,50%
55	35,4194	32,4647	29,8534	28,6618	27,5393	26,4809	25,4825	24,5399	23,6495
56	34,1764	31,4024	28,9433	27,8186	26,7574	25,7556	24,8092	23,9144	23,0680
57	32,9523	30,3516	28,0390	26,9789	25,9773	25,0303	24,1345	23,2864	22,4830
58	31,7479	29,3132	27,1416	26,1439	25,1998	24,3060	23,4593	22,6566	21,8953
59	30,5654	28,2893	26,2531	25,3155	24,4270	23,5846	22,7855	22,0270	21,3065
60	29,4029	27,2785	25,3723	24,4925	23,6577	22,8651	22,1121	21,3964	20,7157
61	28,2618	26,2822	24,5004	23,6763	22,8932	22,1486	21,4403	20,7661	20,1241
62	27,1379	25,2966	23,6343	22,8637	22,1305	21,4323	20,7672	20,1333	19,5289
63	26,0339	24,3243	22,7763	22,0572	21,3719	20,7185	20,0952	19,5003	18,9323
64	24,9518	23,3674	21,9286	21,2587	20,6194	20,0090	19,4260	18,8688	18,3360
65	23,8866	22,4214	21,0869	20,4642	19,8692	19,3002	18,7560	18,2353	17,7367
66	22,8427	21,4905	20,2554	19,6778	19,1251	18,5959	18,0890	17,6034	17,1378
67	21,8164	20,5715	19,4310	18,8966	18,3844	17,8934	17,4224	16,9706	16,5369
68	20,8072	19,6640	18,6136	18,1203	17,6470	17,1926	16,7561	16,3368	15,9338
69	19,8145	18,7675	17,8027	17,3487	16,9124	16,4930	16,0897	15,7017	15,3282
70	18,8452	17,8887	17,0049	16,5880	16,1870	15,8009	15,4291	15,0709	14,7259
71	17,8956	17,0243	16,2169	15,8354	15,4677	15,1134	14,7717	14,4421	14,1241
72	16,9647	16,1735	15,4383	15,0901	14,7542	14,4300	14,1170	13,8147	13,5226
73	16,0557	15,3395	14,6721	14,3555	14,0495	13,7539	13,4680	13,1916	12,9243
74	15,1613	14,5155	13,9121	13,6252	13,3476	13,0790	12,8190	12,5673	12,3235
75	14,2898	13,7095	13,1658	12,9068	12,6559	12,4128	12,1772	11,9487	11,7272
76	13,4338	12,9147	12,4270	12,1941	11,9683	11,7493	11,5367	11,3303	11,1300
77	12,5984	12,1359	11,7003	11,4919	11,2896	11,0930	10,9020	10,7164	10,5360
78	11,7845	11,3743	10,9870	10,8014	10,6209	10,4453	10,2746	10,1084	9,9467
79	10,9852	10,6234	10,2809	10,1164	9,9563	9,8004	9,6486	9,5006	9,3565
80	10,2139	9,8962	9,5947	9,4497	9,3083	9,1705	9,0361	8,9050	8,7771
81	9,4705	9,1929	8,9288	8,8015	8,6773	8,5560	8,4377	8,3221	8,2092
82	8,7562	8,5149	8,2847	8,1735	8,0650	7,9589	7,8551	7,7538	7,6546
83	8,0705	7,8618	7,6622	7,5657	7,4713	7,3789	7,2885	7,2001	7,1135
84	7,4222	7,2424	7,0701	6,9867	6,9049	6,8249	6,7465	6,6697	6,5944
85	6,8141	6,6599	6,5118	6,4399	6,3695	6,3004	6,2326	6,1662	6,1010
86	6,2430	6,1114	5,9846	5,9230	5,8625	5,8032	5,7449	5,6877	5,6315
87	5,7126	5,6006	5,4925	5,4399	5,3882	5,3374	5,2875	5,2385	5,1902
88	5,2175	5,1226	5,0310	4,9862	4,9423	4,8990	4,8565	4,8146	4,7734
89	4,7558	4,6759	4,5985	4,5607	4,5235	4,4869	4,4508	4,4153	4,3803
90	4,3291	4,2622	4,1972	4,1654	4,1341	4,1033	4,0728	4,0428	4,0133
91	3,9372	3,8814	3,8272	3,8007	3,7745	3,7486	3,7231	3,6979	3,6731
92	3,5695	3,5236	3,4788	3,4568	3,4351	3,4137	3,3925	3,3716	3,3509
93	3,2306	3,1931	3,1565	3,1386	3,1208	3,1032	3,0858	3,0686	3,0516
94	2,9017	2,8718	2,8426	2,8282	2,8139	2,7998	2,7858	2,7720	2,7583
95	2,5772	2,5542	2,5315	2,5204	2,5093	2,4984	2,4875	2,4768	2,4661
96	2,2412	2,2243	2,2078	2,1996	2,1915	2,1834	2,1755	2,1675	2,1597
97	1,8750	1,8639	1,8529	1,8475	1,8421	1,8367	1,8314	1,8261	1,8208
98	1,4305	1,4245	1,4187	1,4157	1,4128	1,4099	1,4070	1,4042	1,4013
99	0,8472	0,8454	0,8436	0,8427	0,8418	0,8409	0,8400	0,8391	0,8383

T2   Temporäre Leibrente

T2.24 Frau bis 100. Lebensjahr

Sterbetafel 2019/2021 Deutschland, Statistisches Bundesamt   monatlich vorschüssig

Alter	1,75%	2,00%	2,25%	2,50%	2,75%	3,00%	3,25%	3,50%	4,00%
55	22,8077	22,0113	21,2575	20,5434	19,8665	19,2244	18,6149	18,0361	16,9629
56	22,2668	21,5079	20,7886	20,1064	19,4589	18,8440	18,2597	17,7041	16,6723
57	21,7216	20,9994	20,3140	19,6632	19,0448	18,4568	17,8974	17,3649	16,3744
58	21,1727	20,4865	19,8344	19,2144	18,6246	18,0632	17,5285	17,0189	16,0694
59	20,6218	19,9707	19,3513	18,7616	18,2000	17,6647	17,1543	16,6673	15,7585
60	20,0680	19,4513	18,8638	18,3038	17,7698	17,2603	16,7739	16,3093	15,4408
61	19,5123	18,9291	18,3728	17,8420	17,3351	16,8509	16,3881	15,9456	15,1170
62	18,9522	18,4017	17,8760	17,3737	16,8935	16,4342	15,9948	15,5741	14,7850
63	18,3897	17,8710	17,3751	16,9007	16,4467	16,0119	15,5953	15,1961	14,4462
64	17,8264	17,3387	16,8718	16,4246	15,9961	15,5852	15,1912	14,8131	14,1017
65	17,2592	16,8016	16,3630	15,9424	15,5388	15,1515	14,7795	14,4222	13,7488
66	16,6913	16,2629	15,8517	15,4570	15,0777	14,7133	14,3630	14,0261	13,3900
67	16,1204	15,7203	15,3358	14,9662	14,6107	14,2687	13,9396	13,6226	13,0233
68	15,5463	15,1736	14,8150	14,4699	14,1375	13,8174	13,5089	13,2116	12,6484
69	14,9688	14,6226	14,2890	13,9676	13,6578	13,3590	13,0707	12,7926	12,2648
70	14,3932	14,0725	13,7631	13,4646	13,1765	12,8983	12,6296	12,3701	11,8768
71	13,8172	13,5210	13,2348	12,9584	12,6913	12,4331	12,1835	11,9421	11,4824
72	13,2404	12,9676	12,7038	12,4487	12,2019	11,9631	11,7319	11,5080	11,0811
73	12,6656	12,4152	12,1729	11,9382	11,7109	11,4906	11,2772	11,0703	10,6751
74	12,0873	11,8585	11,6366	11,4216	11,2131	11,0108	10,8146	10,6241	10,2597
75	11,5124	11,3040	11,1017	10,9054	10,7148	10,5298	10,3500	10,1753	9,8407
76	10,9354	10,7465	10,5629	10,3845	10,2111	10,0425	9,8785	9,7191	9,4131
77	10,3606	10,1901	10,0242	9,8627	9,7057	9,5528	9,4040	9,2591	8,9805
78	9,7893	9,6360	9,4868	9,3415	9,1999	9,0619	8,9274	8,7964	8,5440
79	9,2160	9,0791	8,9456	8,8155	8,6885	8,5647	8,4439	8,3261	8,0987
80	8,6524	8,5306	8,4118	8,2958	8,1826	8,0720	7,9640	7,8585	7,6547
81	8,0990	7,9913	7,8860	7,7832	7,6827	7,5844	7,4884	7,3944	7,2127
82	7,5577	7,4629	7,3702	7,2795	7,1908	7,1039	7,0189	6,9357	6,7745
83	7,0287	6,9458	6,8645	6,7850	6,7070	6,6307	6,5559	6,4826	6,3405
84	6,5206	6,4483	6,3775	6,3080	6,2399	6,1731	6,1076	6,0434	5,9186
85	6,0371	5,9744	5,9128	5,8524	5,7932	5,7350	5,6779	5,6218	5,5127
86	5,5764	5,5222	5,4690	5,4167	5,3654	5,3150	5,2654	5,2167	5,1217
87	5,1429	5,0963	5,0505	5,0054	4,9611	4,9176	4,8747	4,8326	4,7503
88	4,7329	4,6930	4,6538	4,6152	4,5771	4,5397	4,5029	4,4666	4,3957
89	4,3458	4,3119	4,2784	4,2455	4,2130	4,1810	4,1495	4,1185	4,0577
90	3,9841	3,9554	3,9270	3,8991	3,8715	3,8443	3,8175	3,7911	3,7393
91	3,6486	3,6244	3,6005	3,5769	3,5537	3,5307	3,5080	3,4856	3,4417
92	3,3305	3,3103	3,2904	3,2707	3,2513	3,2321	3,2131	3,1943	3,1574
93	3,0348	3,0182	3,0018	2,9855	2,9694	2,9535	2,9378	2,9222	2,8916
94	2,7448	2,7314	2,7181	2,7050	2,6920	2,6791	2,6663	2,6537	2,6288
95	2,4555	2,4451	2,4347	2,4244	2,4142	2,4041	2,3941	2,3841	2,3645
96	2,1519	2,1441	2,1364	2,1288	2,1213	2,1137	2,1063	2,0989	2,0843
97	1,8156	1,8104	1,8053	1,8001	1,7950	1,7900	1,7850	1,7800	1,7701
98	1,3985	1,3957	1,3929	1,3901	1,3873	1,3845	1,3818	1,3790	1,3736
99	0,8374	0,8365	0,8356	0,8348	0,8339	0,8330	0,8322	0,8313	0,8296

T3 Aufgeschobene Leibrente

T3.1 Mann aufgeschoben um 3 Jahre

Sterbetafel 2019/2021 Deutschland, Statistisches Bundesamt   monatlich vorschüssig

Alter	-1,00%	-0,50%	0,00%	0,25%	0,50%	0,75%	1,00%	1,25%	1,50%
0	118,6458	93,9806	75,5882	68,1708	61,7062	56,0549	51,0992	46,7400	42,8937
1	116,8246	92,8091	74,8395	67,5745	61,2332	55,6814	50,8060	46,5118	42,7179
2	114,6580	91,3540	73,8569	66,7653	60,5659	55,1302	50,3502	46,1343	42,4048
3	112,5006	89,8963	72,8662	65,9468	59,8886	54,5690	49,8844	45,7470	42,0824
4	110,3634	88,4447	71,8747	65,1255	59,2073	54,0029	49,4133	45,3544	41,7546
5	108,2470	87,0000	70,8828	64,3018	58,5223	53,4323	48,9373	44,9567	41,4218
6	106,1502	85,5612	69,8899	63,4752	57,8330	52,8567	48,4559	44,5534	41,0833
7	104,0727	84,1284	68,8960	62,6456	57,1394	52,2760	47,9689	44,1444	40,7392
8	102,0161	82,7028	67,9021	61,8139	56,4425	51,6911	47,4772	43,7303	40,3900
9	99,9779	81,2826	66,9069	60,9789	55,7409	51,1006	46,9795	43,3102	40,0348
10	97,9605	79,8698	65,9119	60,1421	55,0360	50,5060	46,4771	42,8850	39,6743
11	95,9624	78,4635	64,9164	59,3027	54,3272	49,9065	45,9693	42,4541	39,3082
12	93,9842	77,0641	63,9209	58,4612	53,6148	49,3025	45,4564	42,0179	38,9366
13	92,0273	75,6730	62,9264	57,6186	52,8998	48,6949	44,9392	41,5770	38,5601
14	90,0913	74,2899	61,9329	56,7747	52,1820	48,0834	44,4175	41,1313	38,1786
15	88,1764	72,9153	60,9407	55,9300	51,4618	47,4684	43,8917	40,6809	37,7923
16	86,2836	71,5501	59,9507	55,0852	50,7398	46,8506	43,3621	40,2264	37,4016
17	84,4154	70,1964	58,9647	54,2420	50,0177	46,2314	42,8304	39,7691	37,0078
18	82,5699	68,8530	57,9817	53,3994	49,2946	45,6099	42,2955	39,3082	36,6100
19	80,7515	67,5235	57,0048	52,5605	48,5732	44,9888	41,7600	38,8458	36,2103
20	78,9541	66,2032	56,0302	51,7215	47,8501	44,3647	41,2208	38,3792	35,8060
21	77,1725	64,8877	55,0541	50,8791	47,1221	43,7349	40,6751	37,9059	35,3949
22	75,4075	63,5779	54,0772	50,0340	46,3900	43,0998	40,1235	37,4262	34,9772
23	73,6597	62,2742	53,1002	49,1865	45,6541	42,4599	39,5664	36,9405	34,5532
24	71,9294	60,9772	52,1232	48,3370	44,9145	41,8153	39,0038	36,4488	34,1229
25	70,2178	59,6880	51,1474	47,4866	44,1724	41,1669	38,4365	35,9520	33,6872
26	68,5217	58,4038	50,1705	46,6330	43,4257	40,5128	37,8628	35,4482	33,2442
27	66,8432	57,1267	49,1943	45,7779	42,6758	39,8543	37,2840	34,9386	32,7951
28	65,1809	55,8556	48,2177	44,9204	41,9219	39,1908	36,6992	34,4226	32,3392
29	63,5360	54,5916	47,2419	44,0615	41,1650	38,5229	36,1092	33,9008	31,8771
30	61,9079	53,3342	46,2664	43,2008	40,4046	37,8504	35,5137	33,3728	31,4083
31	60,2983	52,0852	45,2928	42,3397	39,6422	37,1745	34,9138	32,8397	30,9340
32	58,7068	50,8443	44,3208	41,4780	38,8774	36,4949	34,3092	32,3012	30,4538
33	57,1314	49,6098	43,3492	40,6146	38,1092	35,8106	33,6990	31,7564	29,9668
34	55,5740	48,3835	42,3794	39,7507	37,3388	35,1228	33,0842	31,2062	29,4740
35	54,0349	47,1659	41,4120	38,8869	36,5667	34,4319	32,4653	30,6511	28,9756
36	52,5137	45,9567	40,4467	38,0230	35,7927	33,7378	31,8420	30,0909	28,4714
37	51,0137	44,7589	39,4862	37,1616	35,0193	33,0426	31,2165	29,5275	27,9633
38	49,5339	43,5719	38,5301	36,3021	34,2460	32,3460	30,5883	28,9604	27,4509
39	48,0679	42,3900	37,5733	35,4401	33,4683	31,6438	29,9537	28,3861	26,9307
40	46,6212	41,2183	36,6206	34,5796	32,6904	30,9399	29,3160	27,8078	26,4057
41	45,1919	40,0551	35,6703	33,7195	31,9111	30,2330	28,6741	27,2245	25,8750
42	43,7834	38,9039	34,7257	32,8625	31,1329	29,5257	28,0306	26,6384	25,3407
43	42,3872	37,7569	33,7798	32,0023	30,3499	28,8123	27,3799	26,0444	24,7979
44	41,0136	36,6235	32,8412	31,1470	29,5697	28,0999	26,7289	25,4488	24,2526
45	39,6566	35,4986	31,9053	30,2921	28,7882	27,3847	26,0738	24,8483	23,7014
46	38,3164	34,3825	30,9724	29,4381	28,0056	26,6670	25,4150	24,2429	23,1447
47	36,9949	33,2768	30,0442	28,5864	27,2235	25,9482	24,7537	23,6340	22,5836
48	35,6949	32,1845	29,1232	27,7397	26,4444	25,2306	24,0922	23,0237	22,0200
49	34,4159	31,1052	28,2093	26,8977	25,6679	24,5140	23,4304	22,4119	21,4539
50	33,1596	30,0405	27,3041	26,0620	24,8958	23,8000	22,7696	21,7998	20,8865
51	31,9210	28,9861	26,4037	25,2289	24,1244	23,0851	22,1066	21,1844	20,3149
52	30,7038	27,9455	25,5113	24,4016	23,3568	22,3724	21,4442	20,5685	19,7416
53	29,5077	26,9186	24,6271	23,5802	22,5931	21,6618	20,7826	19,9520	19,1667
54	28,3327	25,9057	23,7513	22,7649	21,8337	20,9539	20,1222	19,3354	18,5906

T3   Aufgeschobene Leibrente

T3.1   Mann aufgeschoben um 3 Jahre

Sterbetafel 2019/2021 Deutschland, Statistisches Bundesamt   monatlich vorschüssig

Alter	1,75%	2,00%	2,25%	2,50%	2,75%	3,00%	3,25%	3,50%	4,00%
0	39,4895	36,4674	33,7763	31,3727	29,2196	27,2852	25,5422	23,9673	21,2439
1	39,3561	36,3681	33,7045	31,3231	29,1877	27,2675	25,5359	23,9700	21,2593
2	39,0960	36,1517	33,5242	31,1726	29,0620	27,1623	25,4477	23,8960	21,2069
3	38,8271	35,9271	33,3362	31,0151	28,9297	27,0510	25,3539	23,8168	21,1501
4	38,5530	35,6975	33,1436	30,8532	28,7934	26,9360	25,2568	23,7345	21,0908
5	38,2740	35,4632	32,9465	30,6871	28,6532	26,8175	25,1563	23,6493	21,0290
6	37,9895	35,2237	32,7446	30,5165	28,5088	26,6950	25,0523	23,5607	20,9645
7	37,6995	34,9789	32,5376	30,3411	28,3599	26,5685	24,9445	23,4687	20,8970
8	37,4045	34,7293	32,3260	30,1614	28,2071	26,4382	24,8332	23,3735	20,8269
9	37,1036	34,4740	32,1089	29,9766	28,0494	26,3034	24,7178	23,2745	20,7536
10	36,7976	34,2137	31,8872	29,7873	27,8876	26,1648	24,5988	23,1722	20,6774
11	36,4859	33,9480	31,6602	29,5931	27,7211	26,0218	24,4758	23,0661	20,5981
12	36,1689	33,6769	31,4281	29,3941	27,5500	25,8745	24,3488	22,9563	20,5156
13	35,8469	33,4011	31,1914	29,1906	27,3748	25,7234	24,2181	22,8431	20,4302
14	35,5199	33,1203	30,9499	28,9825	27,1952	25,5681	24,0836	22,7264	20,3418
15	35,1880	32,8347	30,7038	28,7700	27,0114	25,4088	23,9454	22,6062	20,2504
16	34,8516	32,5447	30,4533	28,5533	26,8236	25,2458	23,8036	22,4828	20,1562
17	34,5119	32,2512	30,1994	28,3333	26,6327	25,0798	23,6591	22,3567	20,0598
18	34,1681	31,9536	29,9414	28,1093	26,4380	24,9103	23,5112	22,2275	19,9607
19	33,8220	31,6536	29,6810	27,8829	26,2409	24,7384	23,3612	22,0963	19,8599
20	33,4714	31,3490	29,4160	27,6521	26,0395	24,5625	23,2073	21,9615	19,7560
21	33,1137	31,0375	29,1443	27,4148	25,8320	24,3808	23,0479	21,8215	19,6475
22	32,7495	30,7195	28,8663	27,1714	25,6185	24,1934	22,8831	21,6764	19,5346
23	32,3789	30,3951	28,5819	26,9218	25,3992	24,0004	22,7130	21,5263	19,4171
24	32,0019	30,0644	28,2914	26,6662	25,1740	23,8017	22,5375	21,3710	19,2951
25	31,6192	29,7279	27,9951	26,4050	24,9434	23,5978	22,3570	21,2110	19,1688
26	31,2292	29,3840	27,6916	26,1367	24,7059	23,3873	22,1702	21,0449	19,0371
27	30,8329	29,0338	27,3817	25,8622	24,4624	23,1710	21,9777	20,8735	18,9005
28	30,4296	28,6766	27,0649	25,5808	24,2122	22,9481	21,7790	20,6961	18,7585
29	30,0198	28,3127	26,7414	25,2929	23,9555	22,7191	21,5744	20,5130	18,6112
30	29,6032	27,9420	26,4111	24,9981	23,6922	22,4836	21,3634	20,3237	18,4584
31	29,1807	27,5651	26,0745	24,6972	23,4228	22,2421	21,1466	20,1289	18,3003
32	28,7519	27,1819	25,7315	24,3898	23,1470	21,9943	20,9237	19,9281	18,1369
33	28,3161	26,7914	25,3811	24,0751	22,8640	21,7395	20,6940	19,7208	17,9672
34	27,8740	26,3944	25,0242	23,7538	22,5744	21,4781	20,4579	19,5072	17,7918
35	27,4260	25,9912	24,6609	23,4261	22,2784	21,2105	20,2156	19,2875	17,6107
36	26,9718	25,5815	24,2910	23,0916	21,9757	20,9362	19,9667	19,0615	17,4236
37	26,5131	25,1670	23,9159	22,7519	21,6676	20,6565	19,7125	18,8302	17,2314
38	26,0496	24,7472	23,5353	22,4065	21,3538	20,3710	19,4526	18,5932	17,0338
39	25,5778	24,3189	23,1462	22,0524	21,0314	20,0771	19,1842	18,3481	16,8284
40	25,1008	23,8850	22,7510	21,6922	20,7026	19,7768	18,9096	18,0966	16,6170
41	24,6175	23,4444	22,3489	21,3249	20,3667	19,4692	18,6278	17,8381	16,3987
42	24,1299	22,9990	21,9416	20,9521	20,0252	19,1560	18,3402	17,5738	16,1748
43	23,6333	22,5443	21,5249	20,5697	19,6740	18,8331	18,0430	17,3000	15,9418
44	23,1335	22,0858	21,1038	20,1827	19,3179	18,5051	17,7407	17,0210	15,7035
45	22,6273	21,6203	20,6755	19,7881	18,9541	18,1694	17,4305	16,7342	15,4576
46	22,1148	21,1481	20,2400	19,3862	18,5827	17,8259	17,1126	16,4397	15,2040
47	21,5972	20,6702	19,7984	18,9777	18,2045	17,4755	16,7876	16,1380	14,9433
48	21,0764	20,1885	19,3523	18,5643	17,8211	17,1196	16,4570	15,8305	14,6767
49	20,5521	19,7026	18,9016	18,1459	17,4323	16,7580	16,1204	15,5170	14,4039
50	20,0257	19,2138	18,4474	17,7235	17,0391	16,3917	15,7788	15,1982	14,1257
51	19,4943	18,7193	17,9870	17,2944	16,6389	16,0181	15,4299	14,8720	13,8398
52	18,9603	18,2216	17,5226	16,8608	16,2338	15,6394	15,0754	14,5400	13,5480
53	18,4238	17,7205	17,0543	16,4228	15,8238	15,2553	14,7154	14,2022	13,2500
54	17,8852	17,2166	16,5825	15,9807	15,4093	14,8663	14,3500	13,8589	12,9462

T3 Aufgeschobene Leibrente

T3.1 Mann aufgeschoben um 3 Jahre

Sterbetafel 2019/2021 Deutschland, Statistisches Bundesamt   monatlich vorschüssig

Alter	-1,00%	-0,50%	0,00%	0,25%	0,50%	0,75%	1,00%	1,25%	1,50%
55	27,1802	24,9081	22,8853	21,9571	21,0797	20,2497	19,4640	18,7198	18,0144
56	26,0544	23,9298	22,0328	21,1607	20,3350	19,5529	18,8115	18,1085	17,4413
57	24,9529	22,9688	21,1924	20,3738	19,5979	18,8620	18,1635	17,5002	16,8700
58	23,8734	22,0233	20,3621	19,5952	18,8671	18,1756	17,5186	16,8938	16,2994
59	22,8182	21,0956	19,5445	18,8269	18,1448	17,4961	16,8789	16,2912	15,7315
60	21,7906	20,1889	18,7426	18,0721	17,4339	16,8262	16,2472	15,6953	15,1690
61	20,7862	19,2993	17,9529	17,3274	16,7313	16,1630	15,6208	15,1034	14,6093
62	19,8089	18,4307	17,1792	16,5967	16,0407	15,5100	15,0031	14,5187	14,0556
63	18,8566	17,5811	16,4199	15,8782	15,3606	14,8659	14,3927	13,9401	13,5068
64	17,9281	16,7499	15,6743	15,1716	14,6906	14,2303	13,7895	13,3672	12,9626
65	17,0237	15,9374	14,9430	14,4773	14,0312	13,6037	13,1938	12,8007	12,4236
66	16,1420	15,1424	14,2250	13,7945	13,3816	12,9854	12,6051	12,2399	11,8891
67	15,2839	14,3661	13,5215	13,1244	12,7430	12,3766	12,0245	11,6860	11,3604
68	14,4442	13,6035	12,8279	12,4625	12,1112	11,7733	11,4481	11,1352	10,8338
69	13,6246	12,8566	12,1462	11,8110	11,4882	11,1773	10,8778	10,5892	10,3110
70	12,8238	12,1242	11,4754	11,1686	10,8729	10,5878	10,3128	10,0474	9,7913
71	12,0392	11,4039	10,8133	10,5335	10,2635	10,0028	9,7511	9,5080	9,2731
72	11,2719	10,6970	10,1612	9,9069	9,6612	9,4237	9,1941	8,9721	8,7574
73	10,5235	10,0051	9,5207	9,2904	9,0676	8,8521	8,6434	8,4415	8,2459
74	9,7898	9,3242	8,8882	8,6805	8,4794	8,2846	8,0958	7,9128	7,7355
75	9,0787	8,6622	8,2712	8,0846	7,9037	7,7283	7,5582	7,3931	7,2329
76	8,3819	8,0111	7,6622	7,4955	7,3336	7,1765	7,0239	6,8757	6,7317
77	7,7079	7,3793	7,0693	6,9210	6,7768	6,6367	6,5005	6,3680	6,2393
78	7,0563	6,7664	6,4925	6,3611	6,2333	6,1090	5,9880	5,8703	5,7557
79	6,4207	6,1666	5,9260	5,8104	5,6979	5,5883	5,4816	5,3776	5,2762
80	5,8110	5,5896	5,3794	5,2783	5,1797	5,0837	4,9900	4,8987	4,8096
81	5,2307	5,0387	4,8561	4,7681	4,6823	4,5986	4,5169	4,4371	4,3593
82	4,6817	4,5161	4,3583	4,2822	4,2079	4,1353	4,0644	3,9952	3,9275
83	4,1603	4,0185	3,8831	3,8177	3,7538	3,6913	3,6302	3,5705	3,5121
84	3,6755	3,5547	3,4391	3,3832	3,3285	3,2751	3,2227	3,1715	3,1214
85	3,2292	3,1267	3,0285	2,9810	2,9345	2,8890	2,8444	2,8007	2,7579
86	2,8207	2,7342	2,6512	2,6110	2,5716	2,5330	2,4952	2,4581	2,4218
87	2,4505	2,3778	2,3080	2,2741	2,2409	2,2083	2,1764	2,1451	2,1144
88	2,1161	2,0553	1,9968	1,9684	1,9406	1,9132	1,8864	1,8601	1,8343
89	1,8207	1,7700	1,7211	1,6974	1,6741	1,6512	1,6287	1,6067	1,5850
90	1,5619	1,5196	1,4788	1,4590	1,4395	1,4204	1,4016	1,3832	1,3650
91	1,3364	1,3012	1,2673	1,2507	1,2345	1,2185	1,2028	1,1874	1,1722
92	1,1365	1,1074	1,0792	1,0655	1,0520	1,0387	1,0257	1,0129	1,0003
93	0,9692	0,9450	0,9215	0,9101	0,8989	0,8878	0,8769	0,8662	0,8557
94	0,8226	0,8025	0,7830	0,7735	0,7642	0,7550	0,7460	0,7370	0,7283
95	0,7011	0,6844	0,6681	0,6602	0,6524	0,6447	0,6371	0,6297	0,6223
96	0,5944	0,5805	0,5670	0,5604	0,5539	0,5475	0,5412	0,5350	0,5289
97	0,5077	0,4960	0,4847	0,4792	0,4737	0,4683	0,4630	0,4578	0,4527
98	0,4310	0,4212	0,4118	0,4072	0,4026	0,3981	0,3937	0,3893	0,3850
99	0,3674	0,3592	0,3513	0,3474	0,3436	0,3398	0,3361	0,3324	0,3288
100	0,3146	0,3077	0,3010	0,2977	0,2945	0,2913	0,2882	0,2851	0,2820
101	0,2709	0,2651	0,2593	0,2566	0,2538	0,2511	0,2484	0,2458	0,2432
102	0,2347	0,2297	0,2248	0,2224	0,2201	0,2177	0,2154	0,2132	0,2110
103	0,2047	0,2004	0,1961	0,1941	0,1920	0,1900	0,1881	0,1861	0,1842
104	0,1798	0,1760	0,1723	0,1706	0,1688	0,1670	0,1653	0,1636	0,1619
105	0,1584	0,1551	0,1519	0,1503	0,1488	0,1473	0,1458	0,1443	0,1429
106	0,1394	0,1365	0,1338	0,1324	0,1311	0,1298	0,1285	0,1272	0,1259
107	0,1215	0,1190	0,1167	0,1155	0,1144	0,1132	0,1121	0,1110	0,1099

T3 Aufgeschobene Leibrente

T3.1 Mann aufgeschoben um 3 Jahre

Sterbetafel 2019/2021 Deutschland, Statistisches Bundesamt   monatlich vorschüssig

Alter	1,75%	2,00%	2,25%	2,50%	2,75%	3,00%	3,25%	3,50%	4,00%
55	17,3455	16,7107	16,1080	15,5353	14,9909	14,4730	13,9802	13,5108	12,6371
56	16,8078	16,2059	15,6337	15,0894	14,5714	14,0782	13,6082	13,1601	12,3249
57	16,2709	15,7010	15,1585	14,6420	14,1498	13,6807	13,2332	12,8061	12,0087
58	15,7337	15,1949	14,6815	14,1920	13,7251	13,2796	12,8541	12,4477	11,6877
59	15,1981	14,6895	14,2044	13,7413	13,2990	12,8766	12,4727	12,0865	11,3632
60	14,6668	14,1874	13,7296	13,2921	12,8738	12,4738	12,0910	11,7245	11,0372
61	14,1373	13,6862	13,2549	12,8422	12,4473	12,0692	11,7070	11,3598	10,7078
62	13,6127	13,1889	12,7831	12,3946	12,0223	11,6654	11,3233	10,9950	10,3774
63	13,0918	12,6944	12,3134	11,9482	11,5979	11,2617	10,9390	10,6291	10,0452
64	12,5746	12,2025	11,8455	11,5029	11,1738	10,8577	10,5540	10,2620	9,7110
65	12,0615	11,7139	11,3800	11,0591	10,7507	10,4541	10,1687	9,8941	9,3752
66	11,5520	11,2279	10,9163	10,6165	10,3280	10,0502	9,7828	9,5251	9,0374
67	11,0472	10,7457	10,4555	10,1760	9,9067	9,6472	9,3970	9,1558	8,6986
68	10,5435	10,2638	9,9943	9,7344	9,4838	9,2419	9,0086	8,7833	8,3557
69	10,0427	9,7840	9,5343	9,2933	9,0606	8,8359	8,6188	8,4091	8,0103
70	9,5441	9,3054	9,0748	8,8520	8,6367	8,4285	8,2272	8,0324	7,6617
71	9,0460	8,8265	8,6143	8,4090	8,2104	8,0182	7,8321	7,6519	7,3084
72	8,5496	8,3485	8,1539	7,9654	7,7828	7,6060	7,4346	7,2685	6,9514
73	8,0564	7,8729	7,6950	7,5226	7,3555	7,1934	7,0361	6,8836	6,5919
74	7,5635	7,3967	7,2348	7,0778	6,9255	6,7775	6,6339	6,4945	6,2273
75	7,0773	6,9263	6,7797	6,6373	6,4990	6,3645	6,2339	6,1068	5,8633
76	6,5918	6,4559	6,3237	6,1952	6,0702	5,9487	5,8305	5,7154	5,4945
77	6,1140	5,9921	5,8736	5,7582	5,6458	5,5365	5,4300	5,3263	5,1268
78	5,6441	5,5354	5,4296	5,3265	5,2260	5,1282	5,0327	4,9397	4,7607
79	5,1775	5,0812	4,9874	4,8959	4,8066	4,7196	4,6347	4,5519	4,3922
80	4,7227	4,6380	4,5552	4,4745	4,3957	4,3188	4,2437	4,1704	4,0288
81	4,2832	4,2090	4,1365	4,0657	3,9965	3,9289	3,8629	3,7983	3,6735
82	3,8614	3,7967	3,7336	3,6718	3,6114	3,5524	3,4947	3,4382	3,3289
83	3,4550	3,3992	3,3445	3,2911	3,2387	3,1875	3,1374	3,0884	2,9934
84	3,0724	3,0244	2,9774	2,9314	2,8863	2,8422	2,7989	2,7566	2,6745
85	2,7160	2,6749	2,6347	2,5953	2,5567	2,5189	2,4818	2,4454	2,3748
86	2,3861	2,3512	2,3170	2,2834	2,2505	2,2183	2,1866	2,1556	2,0952
87	2,0842	2,0547	2,0257	1,9973	1,9693	1,9419	1,9151	1,8887	1,8374
88	1,8089	1,7840	1,7596	1,7356	1,7121	1,6890	1,6662	1,6440	1,6005
89	1,5637	1,5428	1,5223	1,5021	1,4823	1,4629	1,4438	1,4250	1,3884
90	1,3472	1,3297	1,3125	1,2956	1,2790	1,2626	1,2466	1,2308	1,2000
91	1,1573	1,1427	1,1283	1,1141	1,1002	1,0865	1,0730	1,0598	1,0339
92	0,9879	0,9757	0,9637	0,9519	0,9402	0,9288	0,9176	0,9065	0,8849
93	0,8453	0,8351	0,8251	0,8152	0,8055	0,7959	0,7865	0,7772	0,7591
94	0,7196	0,7112	0,7028	0,6946	0,6865	0,6785	0,6706	0,6629	0,6477
95	0,6151	0,6080	0,6010	0,5941	0,5873	0,5806	0,5740	0,5675	0,5549
96	0,5228	0,5169	0,5111	0,5053	0,4996	0,4941	0,4886	0,4831	0,4725
97	0,4476	0,4426	0,4377	0,4329	0,4281	0,4234	0,4188	0,4142	0,4053
98	0,3808	0,3766	0,3725	0,3684	0,3644	0,3605	0,3566	0,3528	0,3453
99	0,3252	0,3217	0,3183	0,3148	0,3115	0,3082	0,3049	0,3017	0,2953
100	0,2790	0,2760	0,2731	0,2702	0,2673	0,2645	0,2618	0,2590	0,2537
101	0,2406	0,2381	0,2356	0,2331	0,2307	0,2283	0,2259	0,2236	0,2190
102	0,2087	0,2066	0,2044	0,2023	0,2002	0,1982	0,1962	0,1942	0,1902
103	0,1823	0,1804	0,1785	0,1767	0,1749	0,1731	0,1714	0,1697	0,1663
104	0,1603	0,1587	0,1571	0,1555	0,1539	0,1524	0,1508	0,1493	0,1464
105	0,1414	0,1400	0,1386	0,1372	0,1358	0,1345	0,1332	0,1319	0,1293
106	0,1247	0,1234	0,1222	0,1210	0,1198	0,1187	0,1175	0,1164	0,1141
107	0,1089	0,1078	0,1068	0,1057	0,1047	0,1037	0,1027	0,1017	0,0998

T3   Aufgeschobene Leibrente

T3.2   Mann aufgeschoben um 5 Jahre

Sterbetafel 2019/2021 Deutschland, Statistisches Bundesamt   monatlich vorschüssig

Alter	-1,00%	-0,50%	0,00%	0,25%	0,50%	0,75%	1,00%	1,25%	1,50%
0	116,5724	91,9482	73,5957	66,1979	59,7527	54,1205	49,1836	44,8431	41,0152
1	114,7446	90,7701	72,8406	65,5953	59,2734	53,7407	48,8843	44,6088	40,8334
2	112,5777	89,3148	71,8577	64,7859	58,6058	53,1894	48,4283	44,2311	40,5201
3	110,4203	87,8570	70,8670	63,9673	57,9285	52,6281	47,9624	43,8437	40,1976
4	108,2830	86,4054	69,8754	63,1459	57,2471	52,0619	47,4913	43,4511	39,8698
5	106,1665	84,9606	68,8834	62,3222	56,5620	51,4913	47,0152	43,0533	39,5368
6	104,0696	83,5218	67,8905	61,4955	55,8727	50,9156	46,5337	42,6499	39,1983
7	101,9921	82,0889	66,8966	60,6658	55,1791	50,3349	46,0467	42,2409	38,8542
8	99,9355	80,6633	65,9027	59,8341	54,4821	49,7499	45,5549	41,8268	38,5050
9	97,8973	79,2431	64,9075	58,9992	53,7805	49,1595	45,0573	41,4066	38,1497
10	95,8799	77,8304	63,9125	58,1624	53,0757	48,5649	44,5549	40,9815	37,7893
11	93,8820	76,4241	62,9171	57,3231	52,3670	47,9655	44,0472	40,5508	37,4233
12	91,9040	75,0250	61,9218	56,4818	51,6548	47,3617	43,5345	40,1147	37,0519
13	89,9474	73,6341	60,9276	55,6394	50,9400	46,7543	43,0176	39,6741	36,6757
14	88,0117	72,2514	59,9344	54,7959	50,2226	46,1432	42,4962	39,2287	36,2945
15	86,0973	70,8773	58,9428	53,9517	49,5029	45,5287	41,9708	38,7788	35,9087
16	84,2051	69,5126	57,9532	53,1074	48,7814	44,9113	41,4418	38,3248	35,5185
17	82,3373	68,1593	56,9676	52,2646	48,0597	44,2925	40,9104	37,8678	35,1250
18	80,4920	66,8161	55,9849	51,4223	47,3368	43,6713	40,3758	37,4071	34,7274
19	78,6737	65,4868	55,0081	50,5834	46,6155	43,0502	39,8403	36,9448	34,3278
20	76,8763	64,1664	54,0334	49,7444	45,8924	42,4261	39,3011	36,4782	33,9235
21	75,0947	62,8510	53,0573	48,9020	45,1645	41,7963	38,7555	36,0049	33,5124
22	73,3299	61,5412	52,0806	48,0569	44,4324	41,1614	38,2040	35,5253	33,0948
23	71,5821	60,2377	51,1036	47,2096	43,6965	40,5215	37,6469	35,0397	32,6708
24	69,8519	58,9407	50,1267	46,3602	42,9571	39,8770	37,0844	34,5481	32,2407
25	68,1404	57,6515	49,1510	45,5098	42,2150	39,2286	36,5172	34,0513	31,8050
26	66,4443	56,3675	48,1742	44,6564	41,4684	38,5746	35,9436	33,5476	31,3621
27	64,7660	55,0906	47,1982	43,8014	40,7187	37,9163	35,3649	33,0383	30,9132
28	63,1040	53,8197	46,2219	42,9442	39,9650	37,2530	34,7804	32,5225	30,4575
29	61,4594	52,5560	45,2463	42,0855	39,2084	36,5854	34,1906	32,0009	29,9956
30	59,8316	51,2990	44,2712	41,2251	38,4483	35,9133	33,5954	31,4732	29,5272
31	58,2224	50,0503	43,2979	40,3644	37,6862	35,2377	32,9958	30,9404	29,0532
32	56,6313	48,8098	42,3263	39,5031	36,9218	34,5585	32,3917	30,4023	28,5734
33	55,0566	47,5760	41,3553	38,6403	36,1542	33,8748	31,7820	29,8581	28,0870
34	53,4998	46,3504	40,3862	37,7771	35,3845	33,1877	31,1680	29,3086	27,5948
35	51,9615	45,1335	39,4195	36,9140	34,6131	32,4975	30,5497	28,7542	27,0970
36	50,4411	43,9250	38,4549	36,0509	33,8399	31,8041	29,9272	28,1947	26,5936
37	48,9418	42,7280	37,4952	35,1902	33,0672	31,1096	29,3024	27,6319	26,0862
38	47,4628	41,5416	36,5397	34,3314	32,2945	30,4137	28,6749	27,0656	25,5744
39	45,9977	40,3607	35,5839	33,4702	31,5178	29,7124	28,0410	26,4921	25,0550
40	44,5520	39,1899	34,6321	32,6106	30,7408	29,0093	27,4042	25,9147	24,5310
41	43,1238	38,0279	33,6829	31,7516	29,9625	28,3034	26,7634	25,3324	24,0013
42	41,7163	36,8776	32,7392	30,8955	29,1853	27,5971	26,1208	24,7472	23,4679
43	40,3216	35,7320	31,7947	30,0368	28,4036	26,8850	25,4715	24,1545	22,9263
44	38,9494	34,6000	30,8575	29,1828	27,6247	26,1740	24,8218	23,5603	22,3823
45	37,5942	33,4770	29,9234	28,3297	26,8449	25,4605	24,1684	22,9614	21,8329
46	36,2563	32,3630	28,9926	27,4777	26,0645	24,7448	23,5116	22,3580	21,2781
47	34,9372	31,2598	28,0667	26,6284	25,2847	24,0283	22,8526	21,7514	20,7192
48	33,6398	30,1700	27,1483	25,7842	24,5080	23,3132	22,1935	21,1435	20,1580
49	32,3636	29,0934	26,2371	24,9448	23,7342	22,5992	21,5342	20,5342	19,5945
50	31,1103	28,0317	25,3347	24,1120	22,9649	21,8880	20,8762	19,9249	19,0298
51	29,8752	26,9807	24,4377	23,2822	22,1968	21,1764	20,2164	19,3127	18,4613
52	28,6621	25,9441	23,5493	22,4588	21,4331	20,4675	19,5579	18,7005	17,8917
53	27,4706	24,9218	22,6695	21,6418	20,6737	19,7612	18,9006	18,0882	17,3210
54	26,3008	23,9139	21,7986	20,8314	19,9191	19,0581	18,2448	17,4763	16,7496

T3 Aufgeschobene Leibrente

T3.2 Mann aufgeschoben um 5 Jahre

Sterbetafel 2019/2021 Deutschland, Statistisches Bundesamt   monatlich vorschüssig

Alter	1,75%	2,00%	2,25%	2,50%	2,75%	3,00%	3,25%	3,50%	4,00%
0	37,6292	34,6251	31,9517	29,5657	27,4299	25,5126	23,7865	22,2283	19,5377
1	37,4898	34,5199	31,8741	29,5102	27,3922	25,4892	23,7746	22,2255	19,5476
2	37,2295	34,3032	31,6936	29,3596	27,2663	25,3838	23,6862	22,1512	19,4950
3	36,9605	34,0785	31,5055	29,2019	27,1339	25,2724	23,5923	22,0720	19,4382
4	36,6864	33,8489	31,3128	29,0400	26,9976	25,1574	23,4951	21,9896	19,3788
5	36,4073	33,6145	31,1157	28,8738	26,8573	25,0388	23,3946	21,9043	19,3170
6	36,1228	33,3750	30,9137	28,7032	26,7128	24,9163	23,2905	21,8157	19,2524
7	35,8328	33,1302	30,7066	28,5278	26,5640	24,7897	23,1827	21,7237	19,1849
8	35,5377	32,8805	30,4950	28,3480	26,4111	24,6594	23,0714	21,6285	19,1148
9	35,2368	32,6252	30,2780	28,1633	26,2535	24,5247	22,9560	21,5295	19,0415
10	34,9308	32,3650	30,0563	27,9740	26,0917	24,3860	22,8370	21,4272	18,9653
11	34,6193	32,0994	29,8294	27,7799	25,9253	24,2431	22,7141	21,3212	18,8861
12	34,3024	31,8285	29,5975	27,5810	25,7544	24,0961	22,5872	21,2116	18,8037
13	33,9807	31,5529	29,3611	27,3778	25,5794	23,9451	22,4568	21,0986	18,7186
14	33,6540	31,2725	29,1199	27,1701	25,4002	23,7902	22,3226	20,9822	18,6305
15	33,3226	30,9873	28,8742	26,9580	25,2168	23,6313	22,1848	20,8624	18,5395
16	32,9867	30,6978	28,6241	26,7417	25,0294	23,4688	22,0435	20,7394	18,4457
17	32,6473	30,4046	28,3706	26,5221	24,8388	23,3031	21,8993	20,6137	18,3497
18	32,3037	30,1073	28,1129	26,2984	24,6444	23,1338	21,7517	20,4847	18,2508
19	31,9578	29,8074	27,8525	26,0720	24,4473	22,9620	21,6017	20,3536	18,1501
20	31,6071	29,5027	27,5875	25,8412	24,2459	22,7861	21,4478	20,2188	18,0462
21	31,2495	29,1913	27,3158	25,6039	24,0385	22,6044	21,2884	20,0788	17,9377
22	30,8853	28,8733	27,0379	25,3605	23,8251	22,4171	21,1237	19,9338	17,8248
23	30,5148	28,5490	26,7536	25,1111	23,6058	22,2241	20,9537	19,7837	17,7074
24	30,1379	28,2183	26,4631	24,8555	23,3807	22,0255	20,7783	19,6285	17,5855
25	29,7553	27,8819	26,1669	24,5943	23,1501	21,8217	20,5978	19,4685	17,4592
26	29,3654	27,5382	25,8635	24,3262	22,9128	21,6113	20,4111	19,3026	17,3276
27	28,9692	27,1881	25,5538	24,0518	22,6694	21,3951	20,2188	19,1313	17,1912
28	28,5661	26,8311	25,2372	23,7706	22,4194	21,1725	20,0203	18,9541	17,0493
29	28,1566	26,4675	24,9140	23,4830	22,1630	20,9437	19,8159	18,7712	16,9023
30	27,7403	26,0971	24,5839	23,1885	21,9000	20,7085	19,6052	18,5823	16,7498
31	27,3181	25,7205	24,2477	22,8879	21,6309	20,4673	19,3887	18,3877	16,5920
32	26,8897	25,3377	23,9050	22,5809	21,3554	20,2198	19,1662	18,1874	16,4289
33	26,4545	24,9477	23,5553	22,2668	21,0730	19,9656	18,9370	17,9805	16,2598
34	26,0131	24,5514	23,1990	21,9461	20,7840	19,7049	18,7015	17,7675	16,0850
35	25,5657	24,1488	22,8363	21,6190	20,4887	19,4378	18,4598	17,5485	15,9045
36	25,1122	23,7398	22,4670	21,2852	20,1866	19,1642	18,2116	17,3231	15,7180
37	24,6542	23,3260	22,0926	20,9462	19,8792	18,8852	17,9581	17,0925	15,5264
38	24,1913	22,9068	21,7127	20,6014	19,5660	18,6003	17,6987	16,8561	15,3294
39	23,7204	22,4794	21,3243	20,2481	19,2444	18,3071	17,4312	16,6117	15,1248
40	23,2442	22,0463	20,9300	19,8888	18,9165	18,0077	17,1574	16,3611	14,9142
41	22,7619	21,6067	20,5289	19,5224	18,5815	17,7011	16,8765	16,1034	14,6968
42	22,2752	21,1622	20,1225	19,1505	18,2408	17,3887	16,5897	15,8400	14,4737
43	21,7799	20,7088	19,7070	18,7693	17,8908	17,0670	16,2938	15,5675	14,2419
44	21,2814	20,2515	19,2872	18,3836	17,5360	16,7403	15,9927	15,2896	14,0048
45	20,7768	19,7877	18,8605	17,9906	17,1738	16,4061	15,6841	15,0044	13,7604
46	20,2663	19,3175	18,4270	17,5906	16,8043	16,0645	15,3680	14,7117	13,5086
47	19,7509	18,8418	17,9875	17,1842	16,4282	15,7162	15,0451	14,4120	13,2499
48	19,2324	18,3623	17,5438	16,7732	16,0471	15,3626	14,7166	14,1067	12,9854
49	18,7107	17,8789	17,0955	16,3572	15,6607	15,0034	14,3824	13,7955	12,7149
50	18,1869	17,3928	16,6439	15,9373	15,2700	14,6395	14,0434	13,4793	12,4391
51	17,6587	16,9014	16,1866	15,5113	14,8729	14,2690	13,6974	13,1560	12,1562
52	17,1283	16,4073	15,7258	15,0813	14,4713	13,8937	13,3464	12,8274	11,8677
53	16,5960	15,9104	15,2616	14,6473	14,0653	13,5136	12,9903	12,4935	11,5736
54	16,0620	15,4110	14,7943	14,2096	13,6552	13,1290	12,6293	12,1545	11,2739

T3 Aufgeschobene Leibrente

T3.2 Mann aufgeschoben um 5 Jahre

Sterbetafel 2019/2021 Deutschland, Statistisches Bundesamt   monatlich vorschüssig

Alter	-1,00%	-0,50%	0,00%	0,25%	0,50%	0,75%	1,00%	1,25%	1,50%
55	25,1540	22,9219	20,9381	20,0291	19,1706	18,3592	17,5919	16,8659	16,1786
56	24,0343	21,9496	20,0915	19,2384	18,4316	17,6680	16,9451	16,2602	15,6109
57	22,9395	20,9952	19,2574	18,4579	17,7008	16,9834	16,3032	15,6580	15,0457
58	21,8675	20,0571	18,4345	17,6864	16,9771	16,3041	15,6652	15,0585	14,4819
59	20,8206	19,1374	17,6248	16,9260	16,2625	15,6322	15,0331	14,4635	13,9215
60	19,8016	18,2391	16,8311	16,1793	15,5597	14,9703	14,4094	13,8754	13,3668
61	18,8066	17,3587	16,0504	15,4436	14,8660	14,3159	13,7917	13,2920	12,8155
62	17,8391	16,4997	15,2861	14,7221	14,1846	13,6720	13,1830	12,7163	12,2707
63	16,8971	15,6603	14,5367	14,0135	13,5142	13,0375	12,5822	12,1471	11,7312
64	15,9794	14,8397	13,8015	13,3172	12,8544	12,4120	11,9889	11,5841	11,1968
65	15,0863	14,0382	13,0810	12,6336	12,2056	11,7959	11,4036	11,0279	10,6679
66	14,2163	13,2547	12,3743	11,9619	11,5670	11,1885	10,8257	10,4778	10,1441
67	13,3701	12,4900	11,6821	11,3031	10,9396	10,5908	10,2561	9,9347	9,6261
68	12,5432	11,7400	11,0009	10,6535	10,3199	9,9994	9,6915	9,3956	9,1111
69	11,7372	11,0064	10,3323	10,0148	9,7096	9,4161	9,1338	8,8621	8,6006
70	10,9510	10,2883	9,6755	9,3863	9,1081	8,8402	8,5822	8,3336	8,0941
71	10,1826	9,5839	9,0289	8,7667	8,5139	8,2703	8,0355	7,8090	7,5905
72	9,4332	8,8945	8,3940	8,1570	7,9285	7,7079	7,4950	7,2895	7,0910
73	8,7047	8,2221	7,7726	7,5594	7,3536	7,1547	6,9626	6,7769	6,5974
74	7,9938	7,5635	7,1620	6,9712	6,7868	6,6085	6,4360	6,2691	6,1076
75	7,3068	6,9251	6,5681	6,3982	6,2338	6,0747	5,9206	5,7714	5,6268
76	6,6382	6,3017	5,9862	5,8359	5,6902	5,5491	5,4123	5,2797	5,1512
77	5,9962	5,7012	5,4241	5,2918	5,1636	5,0392	4,9185	4,8014	4,6877
78	5,3812	5,1242	4,8823	4,7667	4,6545	4,5455	4,4397	4,3370	4,2372
79	4,7886	4,5665	4,3571	4,2569	4,1595	4,0649	3,9729	3,8835	3,7966
80	4,2278	4,0374	3,8575	3,7712	3,6874	3,6058	3,5265	3,4493	3,3742
81	3,7029	3,5408	3,3874	3,3137	3,2421	3,1723	3,1044	3,0383	2,9739
82	3,2159	3,0789	2,9491	2,8867	2,8260	2,7668	2,7091	2,6530	2,5982
83	2,7644	2,6499	2,5411	2,4887	2,4377	2,3880	2,3395	2,2922	2,2461
84	2,3547	2,2596	2,1692	2,1256	2,0831	2,0417	2,0013	1,9618	1,9233
85	1,9883	1,9100	1,8354	1,7995	1,7644	1,7301	1,6967	1,6640	1,6321
86	1,6647	1,6006	1,5396	1,5101	1,4814	1,4533	1,4258	1,3990	1,3728
87	1,3818	1,3298	1,2802	1,2562	1,2328	1,2100	1,1876	1,1657	1,1443
88	1,1360	1,0942	1,0542	1,0349	1,0160	0,9976	0,9795	0,9618	0,9446
89	0,9282	0,8947	0,8626	0,8471	0,8320	0,8171	0,8026	0,7884	0,7745
90	0,7541	0,7274	0,7018	0,6894	0,6773	0,6655	0,6539	0,6425	0,6314
91	0,6095	0,5883	0,5680	0,5581	0,5485	0,5391	0,5298	0,5208	0,5119
92	0,4886	0,4719	0,4558	0,4481	0,4404	0,4330	0,4257	0,4185	0,4115
93	0,3923	0,3791	0,3664	0,3603	0,3542	0,3483	0,3425	0,3369	0,3313
94	0,3128	0,3024	0,2924	0,2876	0,2828	0,2782	0,2736	0,2691	0,2647
95	0,2497	0,2415	0,2336	0,2298	0,2261	0,2224	0,2188	0,2153	0,2118
96	0,1983	0,1918	0,1857	0,1826	0,1797	0,1768	0,1740	0,1712	0,1685
97	0,1586	0,1535	0,1486	0,1462	0,1439	0,1416	0,1394	0,1372	0,1350
98	0,1262	0,1222	0,1183	0,1164	0,1146	0,1128	0,1110	0,1093	0,1076
99	0,1010	0,0978	0,0947	0,0932	0,0918	0,0903	0,0889	0,0876	0,0862
100	0,0813	0,0788	0,0763	0,0751	0,0740	0,0728	0,0717	0,0706	0,0695
101	0,0659	0,0639	0,0619	0,0609	0,0600	0,0591	0,0582	0,0573	0,0564
102	0,0539	0,0522	0,0506	0,0499	0,0491	0,0483	0,0476	0,0469	0,0462
103	0,0444	0,0430	0,0417	0,0411	0,0404	0,0398	0,0392	0,0386	0,0381
104	0,0365	0,0354	0,0344	0,0339	0,0334	0,0329	0,0324	0,0319	0,0314
105	0,0298	0,0289	0,0280	0,0276	0,0272	0,0268	0,0264	0,0260	0,0256

T3 Aufgeschobene Leibrente

T3.2 Mann aufgeschoben um 5 Jahre

Sterbetafel 2019/2021 Deutschland, Statistisches Bundesamt   monatlich vorschüssig

Alter	1,75%	2,00%	2,25%	2,50%	2,75%	3,00%	3,25%	3,50%	4,00%
55	15,5274	14,9102	14,3248	13,7692	13,2417	12,7406	12,2642	11,8112	10,9695
56	14,9951	14,4107	13,8558	13,3286	12,8275	12,3509	11,8974	11,4656	10,6623
57	14,4642	13,9117	13,3865	12,8870	12,4117	11,9591	11,5280	11,1171	10,3516
58	13,9338	13,4123	12,9161	12,4436	11,9935	11,5644	11,1553	10,7650	10,0368
59	13,4056	12,9143	12,4462	12,0000	11,5744	11,1684	10,7808	10,4107	9,7190
60	12,8820	12,4198	11,9790	11,5583	11,1566	10,7730	10,4064	10,0559	9,4001
61	12,3609	11,9269	11,5125	11,1166	10,7382	10,3764	10,0303	9,6991	9,0784
62	11,8450	11,4382	11,0494	10,6774	10,3216	9,9810	9,6548	9,3424	8,7560
63	11,3334	10,9529	10,5887	10,2400	9,9060	9,5860	9,2793	8,9851	8,4322
64	10,8259	10,4707	10,1303	9,8041	9,4913	9,1913	8,9034	8,6271	8,1069
65	10,3229	9,9920	9,6747	9,3701	9,0779	8,7972	8,5276	8,2686	7,7803
66	9,8238	9,5164	9,2212	8,9377	8,6652	8,4034	8,1516	7,9094	7,4522
67	9,3296	9,0447	8,7709	8,5075	8,2542	8,0105	7,7759	7,5500	7,1230
68	8,8375	8,5742	8,3209	8,0771	7,8423	7,6161	7,3983	7,1883	6,7907
69	8,3489	8,1064	7,8728	7,6478	7,4308	7,2217	7,0200	6,8254	6,4564
70	7,8633	7,6408	7,4262	7,2192	7,0194	6,8267	6,6406	6,4609	6,1197
71	7,3797	7,1763	6,9799	6,7903	6,6071	6,4302	6,2592	6,0940	5,7798
72	6,8993	6,7141	6,5352	6,3622	6,1950	6,0333	5,8769	5,7256	5,4374
73	6,4239	6,2561	6,0937	5,9367	5,7847	5,6375	5,4951	5,3572	5,0941
74	5,9513	5,8001	5,6536	5,5117	5,3743	5,2411	5,1121	4,9871	4,7483
75	5,4868	5,3511	5,2196	5,0921	4,9685	4,8487	4,7324	4,6196	4,4040
76	5,0265	4,9056	4,7883	4,6745	4,5641	4,4568	4,3528	4,2517	4,0583
77	4,5774	4,4703	4,3663	4,2653	4,1672	4,0719	3,9793	3,8894	3,7169
78	4,1402	4,0460	3,9544	3,8654	3,7789	3,6947	3,6129	3,5334	3,3806
79	3,7121	3,6299	3,5499	3,4722	3,3965	3,3229	3,2512	3,1815	3,0474
80	3,3011	3,2299	3,1607	3,0933	3,0276	2,9637	2,9014	2,8407	2,7241
81	2,9112	2,8501	2,7906	2,7326	2,6761	2,6210	2,5673	2,5150	2,4142
82	2,5448	2,4928	2,4421	2,3926	2,3444	2,2973	2,2514	2,2067	2,1204
83	2,2011	2,1572	2,1144	2,0727	2,0319	1,9921	1,9533	1,9154	1,8422
84	1,8857	1,8490	1,8132	1,7782	1,7441	1,7107	1,6782	1,6464	1,5849
85	1,6010	1,5705	1,5408	1,5118	1,4834	1,4557	1,4286	1,4021	1,3509
86	1,3471	1,3221	1,2976	1,2737	1,2503	1,2275	1,2051	1,1832	1,1410
87	1,1234	1,1030	1,0830	1,0635	1,0444	1,0256	1,0073	0,9894	0,9548
88	0,9276	0,9111	0,8949	0,8791	0,8636	0,8484	0,8336	0,8191	0,7909
89	0,7609	0,7476	0,7346	0,7218	0,7093	0,6971	0,6851	0,6734	0,6507
90	0,6205	0,6098	0,5994	0,5892	0,5791	0,5693	0,5597	0,5503	0,5320
91	0,5032	0,4947	0,4864	0,4782	0,4702	0,4624	0,4547	0,4472	0,4326
92	0,4046	0,3979	0,3913	0,3848	0,3785	0,3723	0,3662	0,3602	0,3486
93	0,3259	0,3205	0,3153	0,3101	0,3051	0,3002	0,2953	0,2906	0,2813
94	0,2604	0,2562	0,2521	0,2480	0,2441	0,2402	0,2363	0,2326	0,2253
95	0,2084	0,2051	0,2018	0,1986	0,1955	0,1924	0,1894	0,1864	0,1806
96	0,1658	0,1632	0,1606	0,1581	0,1556	0,1532	0,1508	0,1485	0,1439
97	0,1329	0,1308	0,1288	0,1268	0,1248	0,1229	0,1210	0,1191	0,1155
98	0,1059	0,1043	0,1027	0,1011	0,0995	0,0980	0,0965	0,0950	0,0922
99	0,0849	0,0836	0,0823	0,0810	0,0798	0,0786	0,0774	0,0762	0,0740
100	0,0684	0,0674	0,0664	0,0654	0,0644	0,0634	0,0625	0,0615	0,0597
101	0,0556	0,0547	0,0539	0,0531	0,0523	0,0515	0,0507	0,0500	0,0485
102	0,0455	0,0448	0,0441	0,0435	0,0428	0,0422	0,0416	0,0409	0,0398
103	0,0375	0,0369	0,0364	0,0359	0,0353	0,0348	0,0343	0,0338	0,0328
104	0,0309	0,0305	0,0300	0,0296	0,0292	0,0287	0,0283	0,0279	0,0271
105	0,0253	0,0249	0,0245	0,0242	0,0238	0,0235	0,0231	0,0228	0,0222

T3 Aufgeschobene Leibrente

T3.3 Mann aufgeschoben um 10 Jahre

Sterbetafel 2019/2021 Deutschland, Statistisches Bundesamt   monatlich vorschüssig

Alter	-1,00%	-0,50%	0,00%	0,25%	0,50%	0,75%	1,00%	1,25%	1,50%
0	111,2048	86,7789	68,6162	61,3102	54,9549	49,4106	44,5598	40,3035	36,5581
1	109,3595	85,5840	67,8450	60,6918	54,4600	49,0156	44,2455	40,0545	36,3619
2	107,1918	84,1279	66,8613	59,8816	53,7917	48,4635	43,7888	39,6761	36,0478
3	105,0341	82,6698	65,8703	59,0628	53,1141	47,9020	43,3227	39,2885	35,7251
4	102,8966	81,2180	64,8785	58,2412	52,4326	47,3356	42,8513	38,8957	35,3971
5	100,7800	79,7731	63,8864	57,4173	51,7473	46,7648	42,3751	38,4977	35,0640
6	98,6831	78,3342	62,8934	56,5906	51,0580	46,1891	41,8936	38,0943	34,7255
7	96,6058	76,9015	61,8997	55,7611	50,3645	45,6086	41,4068	37,6854	34,3815
8	94,5495	75,4762	60,9061	54,9297	49,6679	45,0239	40,9153	37,2716	34,0326
9	92,5120	74,0568	59,9115	54,0954	48,9669	44,4341	40,4182	36,8521	33,6779
10	90,4956	72,6450	58,9175	53,2595	48,2629	43,8403	39,9167	36,4278	33,3183
11	88,4990	71,2401	57,9234	52,4214	47,5554	43,2421	39,4102	35,9982	32,9534
12	86,5226	69,8424	56,9295	51,5816	46,8446	42,6397	38,8988	35,5635	32,5833
13	84,5677	68,4531	55,9369	50,7407	46,1314	42,0338	38,3833	35,1242	32,2084
14	82,6336	67,0720	54,9452	49,8987	45,4154	41,4241	37,8634	34,6802	31,8287
15	80,7209	65,6995	53,9550	49,0559	44,6971	40,8110	37,3394	34,2317	31,4442
16	78,8300	64,3361	52,9668	48,2129	43,9769	40,1949	36,8116	33,7789	31,0551
17	76,9633	62,9839	51,9822	47,3711	43,2562	39,5771	36,2811	33,3228	30,6625
18	75,1190	61,6416	51,0003	46,5296	42,5341	38,9566	35,7473	32,8629	30,2657
19	73,3009	60,3125	50,0238	45,6910	41,8131	38,3358	35,2121	32,4009	29,8663
20	71,5037	58,9923	49,0493	44,8522	41,0901	37,7119	34,6729	31,9344	29,4622
21	69,7224	57,6771	48,0735	44,0101	40,3624	37,0823	34,1276	31,4614	29,0513
22	67,9581	56,3679	47,0972	43,1654	39,6308	36,4478	33,5765	30,9822	28,6341
23	66,2110	55,0649	46,1208	42,3186	38,8955	35,8085	33,0200	30,4970	28,2107
24	64,4815	53,7687	45,1446	41,4699	38,1567	35,1646	32,4581	30,0061	27,7811
25	62,7708	52,4803	44,1696	40,6203	37,4154	34,5170	31,8916	29,5100	27,3461
26	61,0759	51,1973	43,1939	39,7679	36,6698	33,8640	31,3190	29,0073	26,9042
27	59,3989	49,9217	42,2190	38,9141	35,9212	33,2068	30,7415	28,4990	26,4563
28	57,7386	48,6525	41,2443	38,0585	35,1691	32,5450	30,1584	27,9847	26,0021
29	56,0961	47,3907	40,2707	37,2017	34,4143	31,8792	29,5704	27,4648	25,5419
30	54,4707	46,1361	39,2978	36,3435	33,6564	31,2091	28,9773	26,9391	25,0755
31	52,8641	44,8900	38,3270	35,4851	32,8967	30,5359	28,3799	26,4086	24,6037
32	51,2760	43,6523	37,3581	34,6265	32,1349	29,8593	27,7783	25,8729	24,1263
33	49,7046	42,4217	36,3902	33,7667	31,3703	29,1785	27,1715	25,3315	23,6426
34	48,1515	41,1996	35,4245	32,9068	30,6038	28,4945	26,5605	24,7851	23,1534
35	46,6171	39,9865	34,4614	32,0473	29,8359	27,8078	25,9457	24,2340	22,6589
36	45,1010	38,7822	33,5008	31,1881	29,0665	27,1181	25,3268	23,6781	22,1590
37	43,6061	37,5893	32,5450	30,3313	28,2976	26,4274	24,7057	23,1189	21,6551
38	42,1315	36,4072	31,5937	29,4765	27,5289	25,7353	24,0820	22,5563	21,1470
39	40,6719	35,2315	30,6430	28,6203	26,7570	25,0388	23,4528	21,9874	20,6322
40	39,2322	34,0665	29,6967	27,7662	25,9854	24,3410	22,8212	21,4151	20,1130
41	37,8108	32,9111	28,7539	26,9134	25,2132	23,6411	22,1863	20,8386	19,5890
42	36,4109	31,7680	27,8171	26,0641	24,4426	22,9413	21,5500	20,2597	19,0618
43	35,0253	30,6313	26,8811	25,2137	23,6692	22,2372	20,9085	19,6746	18,5278
44	33,6629	29,5087	25,9529	24,3685	22,8989	21,5347	20,2672	19,0886	17,9917
45	32,3188	28,3962	25,0290	23,5254	22,1289	20,8308	19,6232	18,4989	17,4514
46	30,9935	27,2944	24,1099	22,6850	21,3597	20,1262	18,9773	17,9062	16,9071
47	29,6887	26,2049	23,1973	21,8486	20,5927	19,4222	18,3305	17,3116	16,3599
48	28,4071	25,1303	22,2934	21,0187	19,8300	18,7207	17,6849	16,7169	15,8117
49	27,1483	24,0705	21,3983	20,1951	19,0717	18,0220	17,0405	16,1222	15,2625
50	25,9142	23,0272	20,5136	19,3796	18,3194	17,3274	16,3988	15,5289	14,7135
51	24,7009	21,9972	19,6368	18,5697	17,5707	16,6349	15,7578	14,9351	14,1630
52	23,5119	20,9838	18,7706	17,7681	16,8284	15,9470	15,1198	14,3431	13,6133
53	22,3472	19,9872	17,9155	16,9753	16,0928	15,2641	14,4854	13,7533	13,0646
54	21,2071	19,0078	17,0721	16,1918	15,3646	14,5867	13,8550	13,1662	12,5175

T3   Aufgeschobene Leibrente

T3.3 Mann aufgeschoben um 10 Jahre

Sterbetafel 2019/2021 Deutschland, Statistisches Bundesamt   monatlich vorschüssig

Alter	1,75%	2,00%	2,25%	2,50%	2,75%	3,00%	3,25%	3,50%	4,00%
0	33,2528	30,3276	27,7316	25,4213	23,3596	21,5149	19,8599	18,3713	15,8155
1	33,0992	30,2085	27,6403	25,3524	23,3088	21,4786	19,8352	18,3559	15,8134
2	32,8382	29,9912	27,4591	25,2011	23,1822	21,3725	19,7462	18,2811	15,7603
3	32,5690	29,7663	27,2708	25,0432	23,0496	21,2609	19,6521	18,2016	15,7032
4	32,2947	29,5365	27,0780	24,8811	22,9131	21,1457	19,5548	18,1192	15,6437
5	32,0154	29,3020	26,8807	24,7149	22,7727	21,0270	19,4541	18,0337	15,5818
6	31,7309	29,0624	26,6787	24,5442	22,6282	20,9045	19,3500	17,9451	15,5171
7	31,4411	28,8177	26,4718	24,3689	22,4795	20,7780	19,2423	17,8532	15,4498
8	31,1463	28,5684	26,2604	24,1894	22,3269	20,6480	19,1313	17,7582	15,3799
9	30,8460	28,3136	26,0440	24,0052	22,1698	20,5138	19,0164	17,6597	15,3070
10	30,5408	28,0541	25,8230	23,8167	22,0087	20,3759	18,8982	17,5581	15,2316
11	30,2303	27,7896	25,5972	23,6236	21,8433	20,2340	18,7762	17,4530	15,1532
12	29,9147	27,5200	25,3665	23,4259	21,6736	20,0880	18,6505	17,3445	15,0720
13	29,5943	27,2457	25,1314	23,2240	21,4999	19,9383	18,5212	17,2328	14,9880
14	29,2690	26,9666	24,8915	23,0175	21,3219	19,7846	18,3883	17,1176	14,9010
15	28,9388	26,6827	24,6470	22,8067	21,1397	19,6270	18,2516	16,9990	14,8111
16	28,6041	26,3943	24,3981	22,5915	20,9535	19,4655	18,1114	16,8769	14,7183
17	28,2657	26,1021	24,1454	22,3727	20,7637	19,3006	17,9680	16,7520	14,6230
18	27,9228	25,8054	23,8884	22,1497	20,5699	19,1319	17,8210	16,6236	14,5248
19	27,5771	25,5057	23,6283	21,9236	20,3731	18,9604	17,6712	16,4928	14,4243
20	27,2265	25,2012	23,3634	21,6928	20,1718	18,7846	17,5174	16,3580	14,3205
21	26,8692	24,8900	23,0920	21,4558	19,9645	18,6031	17,3583	16,2183	14,2122
22	26,5054	24,5724	22,8144	21,2128	19,7515	18,4161	17,1939	16,0736	14,0997
23	26,1354	24,2486	22,5306	20,9638	19,5328	18,2237	17,0243	15,9240	13,9827
24	25,7591	23,9186	22,2407	20,7089	19,3082	18,0256	16,8495	15,7693	13,8612
25	25,3771	23,5827	21,9451	20,4483	19,0782	17,8224	16,6696	15,6099	13,7355
26	24,9881	23,2399	21,6426	20,1810	18,8417	17,6128	16,4837	15,4448	13,6047
27	24,5930	22,8909	21,3339	19,9076	18,5993	17,3976	16,2923	15,2745	13,4692
28	24,1913	22,5353	21,0186	19,6278	18,3506	17,1763	16,0951	15,0985	13,3285
29	23,7835	22,1733	20,6970	19,3417	18,0957	16,9490	15,8921	14,9170	13,1829
30	23,3691	21,8048	20,3688	19,0491	17,8345	16,7155	15,6832	14,7298	13,0320
31	22,9491	21,4304	20,0347	18,7505	17,5674	16,4762	15,4686	14,5371	12,8761
32	22,5231	21,0498	19,6943	18,4457	17,2942	16,2310	15,2482	14,3388	12,7149
33	22,0905	20,6625	19,3471	18,1341	17,0142	15,9792	15,0214	14,1343	12,5481
34	21,6520	20,2691	18,9937	17,8162	16,7280	15,7211	14,7886	13,9239	12,3758
35	21,2078	19,8696	18,6341	17,4921	16,4356	15,4570	14,5497	13,7077	12,1979
36	20,7578	19,4640	18,2682	17,1616	16,1368	15,1865	14,3046	13,4854	12,0144
37	20,3033	19,0536	17,8971	16,8259	15,8326	14,9107	14,0542	13,2577	11,8257
38	19,8440	18,6380	17,5206	16,4845	15,5227	14,6291	13,7980	13,0245	11,6318
39	19,3775	18,2149	17,1365	16,1354	15,2051	14,3399	13,5344	12,7840	11,4309
40	18,9062	17,7866	16,7469	15,7806	14,8817	14,0448	13,2649	12,5376	11,2243
41	18,4294	17,3524	16,3511	15,4195	14,5519	13,7433	12,9890	12,2848	11,0116
42	17,9488	16,9138	15,9505	15,0533	14,2168	13,4364	12,7076	12,0266	10,7936
43	17,4609	16,4676	15,5421	14,6791	13,8737	13,1215	12,4183	11,7606	10,5680
44	16,9702	16,0181	15,1299	14,3007	13,5261	12,8018	12,1242	11,4897	10,3376
45	16,4746	15,5630	14,7118	13,9162	13,1722	12,4758	11,8235	11,2122	10,1007
46	15,9743	15,1028	14,2881	13,5258	12,8121	12,1435	11,5166	10,9284	9,8575
47	15,4704	14,6385	13,8597	13,1304	12,4468	11,8057	11,2040	10,6389	9,6086
48	14,9646	14,1714	13,4282	12,7313	12,0774	11,4636	10,8868	10,3447	9,3548
49	14,4570	13,7019	12,9935	12,3286	11,7041	11,1172	10,5652	10,0458	9,0962
50	13,9487	13,2309	12,5567	11,9233	11,3277	10,7674	10,2399	9,7431	8,8334
51	13,4380	12,7568	12,1164	11,5139	10,9469	10,4129	9,9097	9,4352	8,5653
52	12,9271	12,2818	11,6743	11,1023	10,5633	10,0552	9,5760	9,1237	8,2932
53	12,4164	11,8060	11,2309	10,6887	10,1773	9,6948	9,2391	8,8087	8,0173
54	11,9063	11,3301	10,7866	10,2737	9,7894	9,3319	8,8995	8,4907	7,7378

T3   Aufgeschobene Leibrente

T3.3 Mann aufgeschoben um 10 Jahre

Sterbetafel 2019/2021 Deutschland, Statistisches Bundesamt   monatlich vorschüssig

Alter	-1,00%	-0,50%	0,00%	0,25%	0,50%	0,75%	1,00%	1,25%	1,50%
55	20,0927	18,0469	16,2415	15,4189	14,6449	13,9162	13,2298	12,5830	11,9732
56	19,0076	17,1078	15,4269	14,6595	13,9366	13,2552	12,6126	12,0063	11,4340
57	17,9500	16,1893	14,6273	13,9128	13,2389	12,6030	12,0025	11,4354	10,8994
58	16,9183	15,2899	13,8416	13,1779	12,5511	11,9589	11,3991	10,8697	10,3689
59	15,9143	14,4116	13,0716	12,4564	11,8747	11,3245	10,8037	10,3108	9,8438
60	14,9401	13,5564	12,3194	11,7504	11,2118	10,7017	10,2184	9,7604	9,3260
61	13,9926	12,7216	11,5826	11,0578	10,5604	10,0887	9,6414	9,2169	8,8140
62	13,0742	11,9098	10,8637	10,3808	9,9226	9,4877	9,0747	8,6824	8,3096
63	12,1834	11,1196	10,1616	9,7186	9,2978	8,8979	8,5177	8,1562	7,8123
64	11,3193	10,3505	9,4760	9,0709	8,6856	8,3191	7,9703	7,6382	7,3220
65	10,4821	9,6028	8,8073	8,4381	8,0866	7,7518	7,4329	7,1290	6,8393
66	9,6711	8,8761	8,1551	7,8200	7,5006	7,1960	6,9056	6,6285	6,3641
67	8,8871	8,1712	7,5205	7,2176	6,9285	6,6526	6,3892	6,1376	5,8974
68	8,1278	7,4862	6,9018	6,6293	6,3689	6,1202	5,8825	5,6553	5,4380
69	7,3948	6,8228	6,3006	6,0567	5,8235	5,6005	5,3872	5,1830	4,9876
70	6,6879	6,1809	5,7171	5,5001	5,2925	5,0937	4,9034	4,7211	4,5464
71	6,0071	5,5607	5,1516	4,9599	4,7763	4,6003	4,4317	4,2700	4,1150
72	5,3552	4,9650	4,6068	4,4387	4,2775	4,1229	3,9746	3,8323	3,6957
73	4,7344	4,3962	4,0850	3,9388	3,7985	3,6637	3,5344	3,4102	3,2909
74	4,1449	3,8544	3,5866	3,4606	3,3396	3,2234	3,1116	3,0042	2,9010
75	3,5925	3,3454	3,1172	3,0097	2,9064	2,8070	2,7114	2,6195	2,5310
76	3,0767	2,8688	2,6766	2,5859	2,4987	2,4147	2,3339	2,2562	2,1813
77	2,6032	2,4303	2,2703	2,1947	2,1219	2,0518	1,9843	1,9193	1,8566
78	2,1732	2,0313	1,8997	1,8375	1,7775	1,7198	1,6641	1,6104	1,5587
79	1,7857	1,6710	1,5644	1,5140	1,4654	1,4185	1,3733	1,3297	1,2876
80	1,4450	1,3535	1,2685	1,2282	1,1894	1,1519	1,1157	1,0808	1,0471
81	1,1512	1,0794	1,0125	0,9808	0,9502	0,9207	0,8922	0,8646	0,8380
82	0,9022	0,8467	0,7950	0,7704	0,7467	0,7238	0,7017	0,6803	0,6596
83	0,6944	0,6522	0,6128	0,5941	0,5760	0,5586	0,5417	0,5254	0,5097
84	0,5257	0,4941	0,4646	0,4506	0,4371	0,4240	0,4113	0,3991	0,3872
85	0,3916	0,3683	0,3466	0,3363	0,3263	0,3166	0,3073	0,2982	0,2895
86	0,2872	0,2703	0,2545	0,2470	0,2397	0,2327	0,2259	0,2193	0,2129
87	0,2075	0,1954	0,1841	0,1787	0,1735	0,1685	0,1636	0,1588	0,1543
88	0,1478	0,1393	0,1313	0,1275	0,1238	0,1202	0,1167	0,1134	0,1102
89	0,1040	0,0980	0,0924	0,0898	0,0872	0,0847	0,0823	0,0799	0,0777
90	0,0724	0,0682	0,0644	0,0626	0,0608	0,0590	0,0574	0,0558	0,0542
91	0,0499	0,0471	0,0445	0,0432	0,0420	0,0408	0,0396	0,0385	0,0375
92	0,0341	0,0322	0,0304	0,0295	0,0287	0,0279	0,0271	0,0263	0,0256
93	0,0232	0,0219	0,0207	0,0201	0,0196	0,0190	0,0185	0,0180	0,0175
94	0,0158	0,0149	0,0141	0,0137	0,0133	0,0129	0,0126	0,0122	0,0119
95	0,0107	0,0101	0,0096	0,0093	0,0091	0,0088	0,0086	0,0083	0,0081
96	0,0073	0,0069	0,0065	0,0063	0,0062	0,0060	0,0058	0,0057	0,0055
97	0,0050	0,0047	0,0045	0,0044	0,0042	0,0041	0,0040	0,0039	0,0038
98	0,0034	0,0032	0,0031	0,0030	0,0029	0,0028	0,0027	0,0027	0,0026
99	0,0024	0,0022	0,0021	0,0021	0,0020	0,0019	0,0019	0,0018	0,0018
100	0,0016	0,0015	0,0014	0,0014	0,0014	0,0013	0,0013	0,0013	0,0012

T3   Aufgeschobene Leibrente

T3.3 Mann aufgeschoben um 10 Jahre

Sterbetafel 2019/2021 Deutschland, Statistisches Bundesamt   monatlich vorschüssig

Alter	1,75%	2,00%	2,25%	2,50%	2,75%	3,00%	3,25%	3,50%	4,00%
55	11,3979	10,8550	10,3423	9,8580	9,4002	8,9674	8,5578	8,1703	7,4556
56	10,8936	10,3829	9,9002	9,4438	9,0119	8,6031	8,2159	7,8492	7,1719
57	10,3927	9,9134	9,4599	9,0305	8,6239	8,2386	7,8734	7,5270	6,8866
58	9,8949	9,4460	9,0209	8,6179	8,2359	7,8736	7,5298	7,2035	6,5993
59	9,4014	8,9821	8,5844	8,2071	7,8491	7,5092	7,1863	6,8796	6,3109
60	8,9141	8,5231	8,1521	7,7996	7,4649	7,1467	6,8443	6,5566	6,0225
61	8,4313	8,0679	7,7226	7,3943	7,0821	6,7851	6,5025	6,2335	5,7333
62	7,9552	7,6182	7,2976	6,9926	6,7023	6,4258	6,1625	5,9116	5,4445
63	7,4850	7,1735	6,8769	6,5943	6,3251	6,0686	5,8239	5,5906	5,1557
64	7,0208	6,7338	6,4602	6,1993	5,9506	5,7132	5,4867	5,2705	4,8669
65	6,5630	6,2995	6,0481	5,8081	5,5791	5,3603	5,1514	4,9518	4,5786
66	6,1117	5,8707	5,6406	5,4208	5,2107	5,0099	4,8180	4,6344	4,2908
67	5,6678	5,4484	5,2387	5,0381	4,8463	4,6628	4,4872	4,3191	4,0041
68	5,2303	5,0315	4,8413	4,6593	4,4850	4,3182	4,1584	4,0053	3,7179
69	4,8006	4,6215	4,4500	4,2857	4,1282	3,9773	3,8327	3,6940	3,4334
70	4,3791	4,2187	4,0650	3,9176	3,7762	3,6406	3,5105	3,3856	3,1507
71	3,9663	3,8237	3,6869	3,5556	3,4295	3,3085	3,1923	3,0808	2,8706
72	3,5646	3,4388	3,3179	3,2019	3,0904	2,9832	2,8803	2,7813	2,5947
73	3,1762	3,0661	2,9603	2,8585	2,7607	2,6666	2,5762	2,4892	2,3249
74	2,8018	2,7063	2,6145	2,5262	2,4412	2,3595	2,2808	2,2050	2,0618
75	2,4459	2,3640	2,2852	2,2093	2,1363	2,0659	1,9981	1,9328	1,8093
76	2,1092	2,0397	1,9728	1,9084	1,8463	1,7865	1,7288	1,6732	1,5679
77	1,7963	1,7381	1,6820	1,6279	1,5758	1,5255	1,4770	1,4303	1,3416
78	1,5088	1,4607	1,4143	1,3695	1,3263	1,2847	1,2444	1,2056	1,1320
79	1,2470	1,2078	1,1700	1,1335	1,0983	1,0643	1,0315	0,9997	0,9395
80	1,0145	0,9831	0,9528	0,9235	0,8952	0,8678	0,8414	0,8159	0,7674
81	0,8123	0,7875	0,7635	0,7404	0,7180	0,6963	0,6754	0,6552	0,6167
82	0,6397	0,6204	0,6017	0,5837	0,5662	0,5494	0,5331	0,5173	0,4873
83	0,4944	0,4797	0,4654	0,4516	0,4383	0,4254	0,4129	0,4009	0,3779
84	0,3758	0,3647	0,3540	0,3436	0,3336	0,3239	0,3145	0,3054	0,2881
85	0,2810	0,2728	0,2649	0,2572	0,2497	0,2425	0,2356	0,2288	0,2160
86	0,2068	0,2008	0,1950	0,1894	0,1840	0,1787	0,1736	0,1687	0,1593
87	0,1498	0,1455	0,1414	0,1374	0,1335	0,1297	0,1260	0,1225	0,1157
88	0,1070	0,1040	0,1010	0,0982	0,0954	0,0927	0,0902	0,0876	0,0828
89	0,0755	0,0734	0,0713	0,0693	0,0674	0,0655	0,0637	0,0619	0,0585
90	0,0527	0,0512	0,0498	0,0484	0,0470	0,0457	0,0445	0,0432	0,0409
91	0,0364	0,0354	0,0344	0,0335	0,0325	0,0316	0,0308	0,0299	0,0283
92	0,0249	0,0242	0,0235	0,0229	0,0223	0,0217	0,0211	0,0205	0,0194
93	0,0170	0,0165	0,0161	0,0156	0,0152	0,0148	0,0144	0,0140	0,0133
94	0,0116	0,0112	0,0109	0,0106	0,0103	0,0101	0,0098	0,0095	0,0090
95	0,0079	0,0077	0,0075	0,0073	0,0071	0,0069	0,0067	0,0065	0,0062
96	0,0054	0,0052	0,0051	0,0049	0,0048	0,0047	0,0045	0,0044	0,0042
97	0,0037	0,0036	0,0035	0,0034	0,0033	0,0032	0,0031	0,0030	0,0029
98	0,0025	0,0025	0,0024	0,0023	0,0023	0,0022	0,0022	0,0021	0,0020
99	0,0017	0,0017	0,0016	0,0016	0,0016	0,0015	0,0015	0,0014	0,0014
100	0,0012	0,0012	0,0011	0,0011	0,0011	0,0010	0,0010	0,0010	0,0009

T3.4 Mann aufgeschoben um 15 Jahre

Sterbetafel 2019/2021 Deutschland, Statistisches Bundesamt   monatlich vorschüssig

Alter	-1,00%	-0,50%	0,00%	0,25%	0,50%	0,75%	1,00%	1,25%	1,50%
0	105,5626	81,4803	63,6386	56,4850	50,2770	44,8752	40,1621	36,0389	32,4223
1	103,6992	80,2684	62,8513	55,8510	49,7670	44,4655	39,8336	35,7762	32,2127
2	101,5309	78,8117	61,8670	55,0402	49,0982	43,9129	39,3764	35,3972	31,8982
3	99,3733	77,3538	60,8762	54,2216	48,4208	43,3515	38,9104	35,0098	31,5756
4	97,2363	75,9024	59,8848	53,4004	47,7396	42,7855	38,4394	34,6173	31,2479
5	95,1205	74,4582	58,8934	52,5772	47,0550	42,2154	37,9639	34,2200	30,9154
6	93,0248	73,0206	57,9016	51,7516	46,3667	41,6407	37,4833	33,8175	30,5778
7	90,9491	71,5893	56,9091	50,9234	45,6746	41,0614	36,9977	33,4098	30,2350
8	88,8945	70,1657	55,9171	50,0935	44,9793	40,4781	36,5075	32,9973	29,8873
9	86,8590	68,7480	54,9242	49,2608	44,2799	39,8898	36,0120	32,5792	29,5340
10	84,8445	67,3380	53,9319	48,4266	43,5776	39,2976	35,5119	32,1563	29,1758
11	82,8499	65,9349	52,9395	47,5902	42,8717	38,7010	35,0069	31,7282	28,8124
12	80,8755	64,5392	51,9474	46,7520	42,1626	38,1002	34,4971	31,2951	28,4438
13	78,9225	63,1518	50,9565	45,9129	41,4509	37,4958	33,9832	30,8573	28,0704
14	76,9905	61,7725	49,9666	45,0726	40,7366	36,8878	33,4648	30,4148	27,6920
15	75,0796	60,4017	48,9781	44,2314	40,0199	36,2762	32,9422	29,9677	27,3089
16	73,1905	59,0400	47,9914	43,3899	39,3012	35,6615	32,4158	29,5162	26,9212
17	71,3254	57,6893	47,0082	42,5494	38,5817	35,0449	31,8866	29,0613	26,5297
18	69,4824	56,3483	46,0275	41,7091	37,8608	34,4256	31,3538	28,6025	26,1339
19	67,6654	55,0201	45,0519	40,8714	37,1406	33,8055	30,8194	28,1411	25,7352
20	65,8691	53,7008	44,0782	40,0333	36,4183	33,1824	30,2810	27,6754	25,3318
21	64,0891	52,3869	43,1036	39,1923	35,6918	32,5539	29,7366	27,2033	24,9218
22	62,3264	51,0792	42,1287	38,3491	34,9615	31,9207	29,1869	26,7254	24,5058
23	60,5814	49,7782	41,1541	37,5041	34,2279	31,2830	28,6319	26,2418	24,0839
24	58,8544	48,4843	40,1802	36,6575	33,4912	30,6411	28,0720	25,7527	23,6562
25	57,1465	47,1985	39,2077	35,8103	32,7522	29,9957	27,5076	25,2587	23,2232
26	55,4550	45,9187	38,2349	34,9607	32,0094	29,3454	26,9377	24,7586	22,7837
27	53,7819	44,6467	37,2634	34,1103	31,2640	28,6914	26,3631	24,2532	22,3387
28	52,1259	43,3816	36,2926	33,2583	30,5155	28,0331	25,7834	23,7421	21,8876
29	50,4882	42,1243	35,3231	32,4056	29,7646	27,3711	25,1991	23,2258	21,4309
30	48,8682	40,8747	34,3550	31,5520	29,0112	26,7053	24,6102	22,7043	20,9684
31	47,2675	39,6341	33,3893	30,6987	28,2563	26,0368	24,0174	22,1781	20,5009
32	45,6857	38,4024	32,4261	29,8455	27,4998	25,3652	23,4207	21,6472	20,0281
33	44,1215	37,1785	31,4644	28,9917	26,7410	24,6902	22,8194	21,1112	19,5497
34	42,5763	35,9638	30,5057	28,1386	25,9811	24,0126	22,2146	20,5707	19,0662
35	41,0507	34,7589	29,5503	27,2866	25,2205	23,3328	21,6065	20,0262	18,5781
36	39,5445	33,5639	28,5984	26,4358	24,4592	22,6511	20,9953	19,4777	18,0854
37	38,0603	32,3811	27,6521	25,5881	23,6992	21,9689	20,3825	18,9266	17,5893
38	36,5975	31,2101	26,7112	24,7434	22,9402	21,2863	19,7680	18,3729	17,0898
39	35,1516	30,0472	25,7724	23,8988	22,1796	20,6007	19,1494	17,8143	16,5849
40	33,7269	28,8963	24,8394	23,0575	21,4204	19,9149	18,5294	17,2532	16,0767
41	32,3224	27,7567	23,9114	22,2190	20,6621	19,2285	17,9075	16,6893	15,5649
42	30,9410	26,6310	22,9909	21,3856	19,9069	18,5435	17,2857	16,1243	15,0512
43	29,5771	25,5145	22,0740	20,5536	19,1512	17,8568	16,6610	15,5555	14,5329
44	28,2382	24,4141	21,1665	19,7285	18,4005	17,1731	16,0379	14,9872	14,0141
45	26,9208	23,3266	20,2661	18,9082	17,6525	16,4906	15,4146	14,4176	13,4931
46	25,6255	22,2530	19,3734	18,0933	16,9081	15,8100	14,7919	13,8474	12,9706
47	24,3541	21,1947	18,4901	17,2854	16,1686	15,1326	14,1710	13,2778	12,4478
48	23,1090	20,1544	17,6183	16,4866	15,4360	14,4604	13,5537	12,7106	11,9261
49	21,8904	19,1323	16,7586	15,6972	14,7109	13,7938	12,9404	12,1461	11,4061
50	20,6999	18,1298	15,9123	14,9189	13,9946	13,1341	12,3326	11,5855	10,8890
51	19,5348	17,1450	15,0778	14,1500	13,2857	12,4801	11,7288	11,0279	10,3735
52	18,3979	16,1805	14,2575	13,3929	12,5864	11,8339	11,1313	10,4751	9,8617
53	17,2894	15,2366	13,4520	12,6481	11,8974	11,1960	10,5405	9,9276	9,3541
54	16,2097	14,3139	12,6617	11,9161	11,2191	10,5671	9,9571	9,3860	8,8511

T3 Aufgeschobene Leibrente

T3.4 Mann aufgeschoben um 15 Jahre

Sterbetafel 2019/2021 Deutschland, Statistisches Bundesamt   monatlich vorschüssig

Alter	1,75%	2,00%	2,25%	2,50%	2,75%	3,00%	3,25%	3,50%	4,00%
0	29,2415	26,4367	23,9572	21,7596	19,8070	18,0677	16,5148	15,1250	12,7574
1	29,0750	26,3051	23,8537	21,6789	19,7447	18,0203	16,4793	15,0991	12,7454
2	28,8135	26,0874	23,6722	21,5272	19,6177	17,9139	16,3900	15,0240	12,6919
3	28,5444	25,8625	23,4840	21,3694	19,4852	17,8024	16,2960	14,9446	12,6349
4	28,2704	25,6331	23,2915	21,2076	19,3490	17,6875	16,1989	14,8624	12,5757
5	27,9918	25,3991	23,0947	21,0419	19,2091	17,5692	16,0987	14,7774	12,5141
6	27,7081	25,1604	22,8935	20,8720	19,0654	17,4474	15,9953	14,6895	12,4502
7	27,4193	24,9168	22,6876	20,6977	18,9176	17,3219	15,8885	14,5984	12,3836
8	27,1258	24,6686	22,4774	20,5194	18,7661	17,1929	15,7785	14,5044	12,3147
9	26,8268	24,4151	22,2622	20,3364	18,6102	17,0599	15,6648	14,4070	12,2429
10	26,5230	24,1570	22,0426	20,1491	18,4503	16,9231	15,5477	14,3065	12,1684
11	26,2140	23,8938	21,8181	19,9573	18,2862	16,7824	15,4269	14,2026	12,0912
12	25,8998	23,6256	21,5887	19,7610	18,1177	16,6377	15,3023	14,0953	12,0110
13	25,5808	23,3527	21,3549	19,5603	17,9452	16,4892	15,1743	13,9847	11,9281
14	25,2569	23,0749	21,1164	19,3551	17,7685	16,3367	15,0425	13,8706	11,8422
15	24,9281	22,7924	20,8732	19,1455	17,5875	16,1802	14,9070	13,7530	11,7533
16	24,5946	22,5052	20,6254	18,9315	17,4024	16,0198	14,7678	13,6321	11,6615
17	24,2572	22,2140	20,3738	18,7136	17,2136	15,8559	14,6253	13,5080	11,5670
18	23,9154	21,9183	20,1177	18,4915	17,0206	15,6881	14,4791	13,3804	11,4695
19	23,5703	21,6193	19,8582	18,2661	16,8244	15,5171	14,3299	13,2501	11,3695
20	23,2204	21,3154	19,5939	18,0359	16,6237	15,3419	14,1767	13,1159	11,2662
21	22,8640	21,0051	19,3234	17,7997	16,4173	15,1612	14,0183	12,9769	11,1587
22	22,5014	20,6887	19,0469	17,5578	16,2053	14,9752	13,8549	12,8332	11,0470
23	22,1328	20,3663	18,7645	17,3101	15,9878	14,7840	13,6865	12,6847	10,9311
24	21,7583	20,0379	18,4763	17,0568	15,7649	14,5875	13,5131	12,5315	10,8110
25	21,3783	19,7040	18,1825	16,7980	15,5366	14,3859	13,3348	12,3736	10,6868
26	20,9917	19,3635	17,8822	16,5329	15,3022	14,1784	13,1509	12,2104	10,5578
27	20,5994	19,0171	17,5761	16,2620	15,0622	13,9655	12,9618	12,0423	10,4243
28	20,2007	18,6645	17,2637	15,9849	14,8162	13,7468	12,7672	11,8688	10,2860
29	19,7962	18,3058	16,9453	15,7019	14,5643	13,5224	12,5670	11,6900	10,1429
30	19,3857	17,9410	16,6207	15,4128	14,3065	13,2922	12,3612	11,5059	9,9949
31	18,9698	17,5705	16,2904	15,1179	14,0430	13,0565	12,1501	11,3165	9,8421
32	18,5483	17,1943	15,9542	14,8173	13,7737	12,8151	11,9334	11,1218	9,6844
33	18,1208	16,8119	15,6118	14,5103	13,4982	12,5675	11,7108	10,9214	9,5213
34	17,6879	16,4239	15,2636	14,1975	13,2169	12,3143	11,4826	10,7155	9,3532
35	17,2499	16,0304	14,9098	13,8790	12,9300	12,0555	11,2489	10,5043	9,1801
36	16,8068	15,6316	14,5504	13,5549	12,6373	11,7910	11,0096	10,2876	9,0018
37	16,3598	15,2285	14,1865	13,2260	12,3398	11,5216	10,7654	10,0660	8,8189
38	15,9089	14,8209	13,8178	12,8922	12,0373	11,2471	10,5162	9,8395	8,6312
39	15,4520	14,4072	13,4428	12,5519	11,7283	10,9662	10,2606	9,6067	8,4376
40	14,9913	13,9891	13,0631	12,2067	11,4142	10,6802	9,9999	9,3689	8,2391
41	14,5264	13,5665	12,6785	11,8564	11,0948	10,3888	9,7338	9,1257	8,0354
42	14,0589	13,1406	12,2902	11,5021	10,7713	10,0931	9,4633	8,8780	7,8273
43	13,5862	12,7092	11,8961	11,1419	10,4417	9,7913	9,1866	8,6242	7,6133
44	13,1122	12,2758	11,4995	10,7787	10,1088	9,4859	8,9063	8,3667	7,3954
45	12,6354	11,8390	11,0991	10,4113	9,7715	9,1759	8,6213	8,1044	7,1728
46	12,1562	11,3993	10,6953	10,0401	9,4301	8,8617	8,3319	7,8377	6,9456
47	11,6759	10,9577	10,2890	9,6661	9,0855	8,5441	8,0388	7,5671	6,7145
48	11,1959	10,5157	9,8817	9,2905	8,7390	8,2241	7,7431	7,2937	6,4803
49	10,7166	10,0735	9,4736	8,9136	8,3906	7,9019	7,4450	7,0176	6,2431
50	10,2391	9,6324	9,0658	8,5364	8,0415	7,5785	7,1453	6,7397	6,0037
51	9,7624	9,1913	8,6574	8,1580	7,6906	7,2531	6,8433	6,4592	5,7614
52	9,2883	8,7519	8,2499	7,7799	7,3396	6,9270	6,5402	6,1773	5,5172
53	8,8173	8,3147	7,8439	7,4026	6,9888	6,6007	6,2364	5,8944	5,2714
54	8,3500	7,8802	7,4397	7,0264	6,6386	6,2744	5,9323	5,6108	5,0244

T3 Aufgeschobene Leibrente

T3.4 Mann aufgeschoben um 15 Jahre

Sterbetafel 2019/2021 Deutschland, Statistisches Bundesamt   monatlich vorschüssig

Alter	-1,00%	-0,50%	0,00%	0,25%	0,50%	0,75%	1,00%	1,25%	1,50%
55	15,1598	13,4135	11,8879	11,1981	10,5526	9,9481	9,3819	8,8513	8,3538
56	14,1422	12,5378	11,1327	10,4964	9,9001	9,3412	8,8171	8,3253	7,8638
57	13,1555	11,6857	10,3955	9,8102	9,2611	8,7458	8,2621	7,8078	7,3810
58	12,1987	10,8566	9,6758	9,1391	8,6352	8,1617	7,7168	7,2985	6,9051
59	11,2731	10,0519	8,9749	8,4846	8,0237	7,5902	7,1824	6,7986	6,4373
60	10,3805	9,2732	8,2945	7,8482	7,4282	7,0328	6,6604	6,3096	5,9790
61	9,5189	8,5191	7,6334	7,2289	6,8478	6,4887	6,1501	5,8308	5,5296
62	8,6905	7,7916	6,9937	6,6287	6,2844	5,9597	5,6532	5,3639	5,0908
63	7,8947	7,0906	6,3753	6,0475	5,7381	5,4460	5,1700	4,9093	4,6628
64	7,1315	6,4162	5,7785	5,4859	5,2094	4,9480	4,7009	4,4672	4,2461
65	6,4015	5,7690	5,2041	4,9445	4,6989	4,4666	4,2467	4,0386	3,8416
66	5,7054	5,1500	4,6530	4,4243	4,2078	4,0027	3,8085	3,6245	3,4501
67	5,0452	4,5613	4,1274	3,9275	3,7380	3,5584	3,3882	3,2267	3,0736
68	4,4207	4,0028	3,6274	3,4541	3,2898	3,1340	2,9861	2,8458	2,7125
69	3,8344	3,4769	3,1553	3,0067	2,8656	2,7317	2,6046	2,4838	2,3690
70	3,2882	2,9858	2,7133	2,5872	2,4675	2,3537	2,2456	2,1428	2,0451
71	2,7842	2,5315	2,3034	2,1978	2,0974	2,0019	1,9111	1,8247	1,7425
72	2,3249	2,1165	1,9282	1,8409	1,7578	1,6787	1,6035	1,5319	1,4637
73	1,9120	1,7427	1,5894	1,5183	1,4506	1,3861	1,3248	1,2663	1,2106
74	1,5457	1,4104	1,2878	1,2308	1,1765	1,1248	1,0756	1,0286	0,9839
75	1,2279	1,1215	1,0251	0,9802	0,9374	0,8967	0,8578	0,8208	0,7854
76	0,9565	0,8745	0,8001	0,7654	0,7323	0,7008	0,6707	0,6421	0,6147
77	0,7303	0,6683	0,6120	0,5857	0,5606	0,5367	0,5139	0,4921	0,4714
78	0,5459	0,4999	0,4581	0,4386	0,4200	0,4023	0,3853	0,3691	0,3537
79	0,3987	0,3654	0,3351	0,3210	0,3075	0,2946	0,2823	0,2705	0,2593
80	0,2846	0,2610	0,2395	0,2295	0,2199	0,2108	0,2020	0,1937	0,1857
81	0,1986	0,1823	0,1674	0,1604	0,1538	0,1474	0,1414	0,1355	0,1300
82	0,1355	0,1244	0,1143	0,1096	0,1051	0,1008	0,0966	0,0927	0,0889
83	0,0903	0,0830	0,0763	0,0732	0,0702	0,0673	0,0646	0,0619	0,0594
84	0,0589	0,0541	0,0498	0,0477	0,0458	0,0439	0,0422	0,0405	0,0388
85	0,0376	0,0346	0,0318	0,0305	0,0293	0,0281	0,0270	0,0259	0,0248
86	0,0235	0,0216	0,0199	0,0191	0,0183	0,0176	0,0169	0,0162	0,0156
87	0,0145	0,0133	0,0123	0,0118	0,0113	0,0108	0,0104	0,0100	0,0096
88	0,0088	0,0081	0,0074	0,0071	0,0068	0,0066	0,0063	0,0061	0,0058
89	0,0052	0,0048	0,0044	0,0043	0,0041	0,0039	0,0038	0,0036	0,0035
90	0,0031	0,0029	0,0026	0,0025	0,0024	0,0023	0,0022	0,0022	0,0021
91	0,0018	0,0017	0,0016	0,0015	0,0014	0,0014	0,0013	0,0013	0,0012
92	0,0011	0,0010	0,0009	0,0009	0,0008	0,0008	0,0008	0,0007	0,0007
93	0,0006	0,0006	0,0005	0,0005	0,0005	0,0005	0,0005	0,0004	0,0004
94	0,0004	0,0003	0,0003	0,0003	0,0003	0,0003	0,0003	0,0003	0,0002
95	0,0002	0,0002	0,0002	0,0002	0,0002	0,0002	0,0002	0,0001	0,0001

T3   Aufgeschobene Leibrente

T3.4 Mann aufgeschoben um 15 Jahre

Sterbetafel 2019/2021 Deutschland, Statistisches Bundesamt   monatlich vorschüssig

Alter	1,75%	2,00%	2,25%	2,50%	2,75%	3,00%	3,25%	3,50%	4,00%
55	7,8871	7,4493	7,0383	6,6523	6,2897	5,9489	5,6285	5,3271	4,7767
56	7,4305	7,0235	6,6411	6,2816	5,9435	5,6255	5,3263	5,0445	4,5293
57	6,9798	6,6026	6,2479	5,9141	5,5999	5,3041	5,0254	4,7629	4,2821
58	6,5349	6,1866	5,8586	5,5497	5,2587	4,9845	4,7259	4,4821	4,0350
59	6,0970	5,7764	5,4743	5,1895	4,9210	4,6676	4,4286	4,2030	3,7887
60	5,6673	5,3734	5,0962	4,8347	4,5878	4,3547	4,1345	3,9265	3,5442
61	5,2454	4,9772	4,7239	4,4847	4,2587	4,0451	3,8433	3,6524	3,3011
62	4,8328	4,5891	4,3587	4,1410	3,9351	3,7404	3,5562	3,3818	3,0605
63	4,4298	4,2095	4,0011	3,8040	3,6174	3,4407	3,2735	3,1150	2,8227
64	4,0370	3,8390	3,6515	3,4740	3,3059	3,1466	2,9956	2,8525	2,5881
65	3,6549	3,4781	3,3106	3,1518	3,0013	2,8586	2,7232	2,5948	2,3573
66	3,2848	3,1281	2,9794	2,8385	2,7047	2,5778	2,4573	2,3429	2,1311
67	2,9283	2,7905	2,6597	2,5355	2,4176	2,3056	2,1992	2,0981	1,9107
68	2,5861	2,4659	2,3519	2,2435	2,1405	2,0426	1,9495	1,8610	1,6968
69	2,2600	2,1564	2,0579	1,9643	1,8752	1,7905	1,7099	1,6333	1,4909
70	1,9521	1,8638	1,7797	1,6997	1,6236	1,5512	1,4822	1,4165	1,2944
71	1,6643	1,5899	1,5190	1,4516	1,3874	1,3262	1,2679	1,2124	1,1091
72	1,3988	1,3370	1,2781	1,2220	1,1686	1,1176	1,0691	1,0228	0,9366
73	1,1575	1,1069	1,0587	1,0128	0,9690	0,9272	0,8873	0,8493	0,7785
74	0,9412	0,9005	0,8617	0,8247	0,7894	0,7557	0,7236	0,6929	0,6357
75	0,7517	0,7195	0,6889	0,6596	0,6316	0,6049	0,5794	0,5551	0,5097
76	0,5886	0,5636	0,5398	0,5171	0,4954	0,4746	0,4548	0,4359	0,4005
77	0,4515	0,4325	0,4144	0,3971	0,3806	0,3648	0,3497	0,3353	0,3083
78	0,3389	0,3248	0,3113	0,2984	0,2861	0,2743	0,2631	0,2523	0,2322
79	0,2485	0,2382	0,2284	0,2190	0,2101	0,2015	0,1933	0,1854	0,1708
80	0,1781	0,1708	0,1638	0,1571	0,1507	0,1446	0,1388	0,1332	0,1227
81	0,1247	0,1196	0,1147	0,1101	0,1057	0,1014	0,0973	0,0934	0,0861
82	0,0853	0,0819	0,0786	0,0754	0,0724	0,0695	0,0667	0,0640	0,0591
83	0,0570	0,0547	0,0525	0,0504	0,0484	0,0465	0,0447	0,0429	0,0396
84	0,0373	0,0358	0,0344	0,0330	0,0317	0,0304	0,0292	0,0281	0,0259
85	0,0238	0,0229	0,0220	0,0211	0,0203	0,0195	0,0187	0,0180	0,0166
86	0,0150	0,0144	0,0138	0,0133	0,0127	0,0122	0,0118	0,0113	0,0104
87	0,0092	0,0089	0,0085	0,0082	0,0079	0,0075	0,0072	0,0070	0,0064
88	0,0056	0,0054	0,0052	0,0050	0,0048	0,0046	0,0044	0,0042	0,0039
89	0,0033	0,0032	0,0031	0,0030	0,0029	0,0027	0,0026	0,0025	0,0023
90	0,0020	0,0019	0,0018	0,0018	0,0017	0,0016	0,0016	0,0015	0,0014
91	0,0012	0,0011	0,0011	0,0010	0,0010	0,0010	0,0009	0,0009	0,0008
92	0,0007	0,0007	0,0006	0,0006	0,0006	0,0006	0,0005	0,0005	0,0005
93	0,0004	0,0004	0,0004	0,0004	0,0003	0,0003	0,0003	0,0003	0,0003
94	0,0002	0,0002	0,0002	0,0002	0,0002	0,0002	0,0002	0,0002	0,0002
95	0,0001	0,0001	0,0001	0,0001	0,0001	0,0001	0,0001	0,0001	0,0001

T3 Aufgeschobene Leibrente

T3.5 Frau aufgeschoben um 3 Jahre

Sterbetafel 2019/2021 Deutschland, Statistisches Bundesamt   monatlich vorschüssig

Alter	-1,00%	-0,50%	0,00%	0,25%	0,50%	0,75%	1,00%	1,25%	1,50%
0	129,2984	101,1421	80,4324	72,1644	65,0041	58,7828	53,3595	48,6162	44,4539
1	127,3459	99,9114	79,6621	71,5576	64,5280	58,4111	53,0713	48,3947	44,2857
2	125,0727	98,4193	78,6782	70,7571	63,8759	57,8793	52,6370	48,0397	43,9951
3	122,8120	96,9268	77,6878	69,9488	63,2154	57,3388	52,1942	47,6763	43,6966
4	120,5716	95,4399	76,6961	69,1372	62,5504	56,7932	51,7459	47,3075	43,3927
5	118,3524	93,9595	75,7035	68,3229	61,8815	56,2429	51,2927	46,9337	43,0839
6	116,1517	92,4836	74,7086	67,5045	61,2073	55,6869	50,8333	46,5537	42,7691
7	113,9725	91,0147	73,7134	66,6838	60,5295	55,1263	50,3692	46,1688	42,4495
8	111,8147	89,5528	72,7180	65,8607	59,8481	54,5614	49,9002	45,7789	42,1249
9	109,6785	88,0983	71,7226	65,0357	59,1634	53,9924	49,4266	45,3842	41,7955
10	107,5628	86,6504	70,7267	64,2082	58,4748	53,4187	48,9479	44,9843	41,4608
11	105,4676	85,2091	69,7304	63,3781	57,7824	52,8403	48,4642	44,5791	41,1209
12	103,3955	83,7769	68,7355	62,5474	57,0878	52,2588	47,9767	44,1698	40,7768
13	101,3431	82,3510	67,7400	61,7140	56,3892	51,6724	47,4838	43,7550	40,4272
14	99,3133	80,9339	66,7459	60,8798	55,6884	51,0828	46,9871	43,3360	40,0732
15	97,3059	79,5257	65,7533	60,0449	54,9852	50,4899	46,4865	42,9127	39,7149
16	95,3193	78,1252	64,7612	59,2084	54,2791	49,8930	45,9812	42,4845	39,3515
17	93,3532	76,7322	63,7696	58,3703	53,5698	49,2919	45,4713	42,0513	38,9831
18	91,4066	75,3460	62,7779	57,5300	52,8569	48,6864	44,9563	41,6128	38,6091
19	89,4815	73,9686	61,7878	56,6890	52,1418	48,0775	44,4373	41,1697	38,2304
20	87,5775	72,5996	60,7990	55,8472	51,4242	47,4652	43,9140	40,7221	37,8470
21	85,6920	71,2369	59,8098	55,0029	50,7027	46,8479	43,3853	40,2687	37,4576
22	83,8255	69,8813	58,8207	54,1567	49,9779	46,2263	42,8515	39,8097	37,0626
23	81,9769	68,5319	57,8313	53,3080	49,2490	45,5996	42,3120	39,3447	36,6613
24	80,1459	67,1885	56,8412	52,4566	48,5160	44,9678	41,7668	38,8736	36,2537
25	78,3324	65,8511	55,8506	51,6025	47,7788	44,3308	41,2157	38,3962	35,8397
26	76,5385	64,5217	54,8611	50,7474	47,0390	43,6900	40,6600	37,9137	35,4202
27	74,7620	63,1986	53,8714	49,8900	46,2953	43,0442	40,0985	37,4250	34,9944
28	73,0051	61,8836	52,8830	49,0316	45,5491	42,3946	39,5325	36,9313	34,5631
29	71,2678	60,5770	51,8961	48,1726	44,8005	41,7415	38,9621	36,4324	34,1264
30	69,5476	59,2768	50,9092	47,3113	44,0481	41,0835	38,3859	35,9274	33,6831
31	67,8462	57,9845	49,9235	46,4491	43,2930	40,4216	37,8050	35,4170	33,2342
32	66,1645	56,7009	48,9398	45,5866	42,5360	39,7564	37,2199	34,9017	32,7799
33	64,5004	55,4246	47,9569	44,7228	41,7759	39,0869	36,6296	34,3807	32,3195
34	62,8540	54,1556	46,9749	43,8575	41,0128	38,4132	36,0342	33,8538	31,8528
35	61,2260	52,8947	45,9944	42,9917	40,2474	37,7358	35,4340	33,3216	31,3803
36	59,6180	51,6434	45,0169	42,1264	39,4807	37,0558	34,8303	32,7850	30,9029
37	58,0259	50,3983	44,0394	41,2590	38,7103	36,3708	34,2206	32,2418	30,4184
38	56,4529	49,1622	43,0645	40,3919	37,9383	35,6829	33,6069	31,6938	29,9286
39	54,8960	47,9328	42,0899	39,5231	37,1629	34,9902	32,9876	31,1395	29,4319
40	53,3582	46,7127	41,1183	38,6548	36,3863	34,2949	32,3644	30,5804	28,9299
41	51,8363	45,4992	40,1473	37,7849	35,6063	33,5949	31,7356	30,0150	28,4209
42	50,3334	44,2952	39,1794	36,9159	34,8254	32,8924	31,1031	29,4450	27,9068
43	48,8472	43,0989	38,2130	36,0462	34,0420	32,1861	30,4657	28,8693	27,3862
44	47,3798	41,9121	37,2499	35,1774	33,2576	31,4773	29,8246	28,2889	26,8604
45	45,9298	40,7338	36,2892	34,3088	32,4716	30,7654	29,1793	27,7034	26,3286
46	44,4967	39,5637	35,3306	33,4401	31,6837	30,0501	28,5294	27,1124	25,7908
47	43,0833	38,4044	34,3766	32,5737	30,8961	29,3336	27,8770	26,5179	25,2485
48	41,6867	37,2535	33,4251	31,7075	30,1069	28,6140	27,2203	25,9181	24,7002
49	40,3121	36,1156	32,4803	30,8456	29,3199	27,8949	26,5628	25,3163	24,1490
50	38,9571	34,9890	31,5407	29,9864	28,5339	27,1751	25,9031	24,7113	23,5937
51	37,6196	33,8717	30,6046	29,1286	27,7472	26,4532	25,2401	24,1019	23,0332
52	36,3005	32,7647	29,6729	28,2731	26,9609	25,7300	24,5745	23,4888	22,4681
53	34,9984	31,6670	28,7449	27,4189	26,1741	25,0048	23,9055	22,8714	21,8977
54	33,7176	30,5825	27,8241	26,5696	25,3902	24,2808	23,2363	22,2523	21,3247

T3 Aufgeschobene Leibrente

T3.5 Frau aufgeschoben um 3 Jahre

Sterbetafel 2019/2021 Deutschland, Statistisches Bundesamt   monatlich vorschüssig

Alter	1,75%	2,00%	2,25%	2,50%	2,75%	3,00%	3,25%	3,50%	4,00%
0	40,7894	37,5525	34,6839	32,1334	29,8585	27,8230	25,9960	24,3511	21,5203
1	40,6637	37,4607	34,6190	32,0900	29,8320	27,8099	25,9934	24,3567	21,5372
2	40,4255	37,2652	34,4584	31,9579	29,7233	27,7202	25,9194	24,2956	21,4954
3	40,1799	37,0628	34,2915	31,8199	29,6091	27,6256	25,8409	24,2303	21,4501
4	39,9292	36,8557	34,1201	31,6779	29,4912	27,5276	25,7593	24,1622	21,4025
5	39,6737	36,6441	33,9445	31,5320	29,3698	27,4264	25,6748	24,0916	21,3528
6	39,4126	36,4271	33,7639	31,3815	29,2441	27,3213	25,5867	24,0177	21,3005
7	39,1467	36,2056	33,5791	31,2271	29,1149	27,2130	25,4957	23,9411	21,2460
8	38,8761	35,9796	33,3901	31,0687	28,9820	27,1013	25,4017	23,8618	21,1893
9	38,6008	35,7491	33,1969	30,9064	28,8455	26,9863	25,3047	23,7798	21,1303
10	38,3203	35,5138	32,9990	30,7399	28,7051	26,8677	25,2043	23,6947	21,0688
11	38,0348	35,2735	32,7966	30,5690	28,5606	26,7453	25,1005	23,6065	21,0048
12	37,7451	35,0293	32,5903	30,3946	28,4129	26,6200	24,9939	23,5158	20,9387
13	37,4500	34,7798	32,3791	30,2155	28,2608	26,4906	24,8837	23,4217	20,8698
14	37,1506	34,5262	32,1639	30,0327	28,1052	26,3580	24,7705	23,3249	20,7986
15	36,8468	34,2682	31,9447	29,8459	27,9460	26,2220	24,6542	23,2252	20,7251
16	36,5380	34,0055	31,7207	29,6549	27,7826	26,0822	24,5343	23,1223	20,6488
17	36,2241	33,7378	31,4921	29,4592	27,6151	25,9384	24,4108	23,0160	20,5697
18	35,9048	33,4647	31,2583	29,2588	27,4430	25,7904	24,2833	22,9060	20,4875
19	35,5808	33,1871	31,0200	29,0541	27,2668	25,6386	24,1523	22,7928	20,4026
20	35,2519	32,9046	30,7772	28,8449	27,0865	25,4829	24,0177	22,6762	20,3148
21	34,9171	32,6164	30,5287	28,6304	26,9010	25,3224	23,8785	22,5554	20,2233
22	34,5766	32,3225	30,2747	28,4107	26,7106	25,1572	23,7350	22,4305	20,1283
23	34,2299	32,0226	30,0149	28,1853	26,5148	24,9868	23,5866	22,3011	20,0294
24	33,8768	31,7163	29,7489	27,9540	26,3134	24,8112	23,4332	22,1669	19,9263
25	33,5173	31,4037	29,4767	27,7167	26,1062	24,6301	23,2747	22,0279	19,8190
26	33,1522	31,0855	29,1991	27,4741	25,8940	24,4441	23,1115	21,8846	19,7079
27	32,7806	30,7609	28,9151	27,2253	25,6758	24,2525	22,9430	21,7362	19,5923
28	32,4034	30,4306	28,6255	26,9711	25,4524	24,0559	22,7697	21,5832	19,4727
29	32,0206	30,0947	28,3304	26,7115	25,2237	23,8541	22,5915	21,4257	19,3489
30	31,6312	29,7521	28,0286	26,4454	24,9887	23,6464	22,4076	21,2626	19,2203
31	31,2358	29,4035	27,7209	26,1734	24,7480	23,4331	22,2184	21,0945	19,0871
32	30,8349	29,0492	27,4074	25,8958	24,5018	23,2145	22,0240	20,9215	18,9495
33	30,4275	28,6884	27,0875	25,6117	24,2493	22,9898	21,8239	20,7429	18,8068
34	30,0137	28,3210	26,7610	25,3212	23,9905	22,7590	21,6177	20,5586	18,6589
35	29,5938	27,9474	26,4282	25,0244	23,7255	22,5221	21,4057	20,3687	18,5059
36	29,1685	27,5682	26,0897	24,7219	23,4549	22,2798	21,1884	20,1737	18,3482
37	28,7360	27,1816	25,7438	24,4121	23,1771	22,0304	20,9643	19,9719	18,1842
38	28,2977	26,7891	25,3918	24,0961	22,8931	21,7749	20,7342	19,7645	18,0151
39	27,8522	26,3891	25,0323	23,7727	22,6018	21,5122	20,4971	19,5502	17,8395
40	27,4010	25,9831	24,6666	23,4430	22,3042	21,2434	20,2539	19,3300	17,6584
41	26,9424	25,5695	24,2933	23,1056	21,9990	20,9670	20,0033	19,1027	17,4705
42	26,4782	25,1499	23,9137	22,7618	21,6874	20,6842	19,7465	18,8691	17,2768
43	26,0071	24,7232	23,5267	22,4106	21,3683	20,3940	19,4824	18,6284	17,0763
44	25,5302	24,2903	23,1334	22,0528	21,0426	20,0972	19,2116	18,3812	16,8696
45	25,0468	23,8505	22,7329	21,6879	20,7096	19,7932	18,9337	18,1269	16,6561
46	24,5569	23,4038	22,3252	21,3154	20,3691	19,4815	18,6482	17,8652	16,4355
47	24,0618	22,9515	21,9116	20,9368	20,0223	19,1635	18,3564	17,5971	16,2087
48	23,5602	22,4921	21,4906	20,5507	19,6678	18,8378	18,0569	17,3214	15,9745
49	23,0549	22,0286	21,0650	20,1596	19,3081	18,5067	17,7518	17,0401	15,7347
50	22,5449	21,5597	20,6336	19,7624	18,9421	18,1691	17,4402	16,7523	15,4884
51	22,0289	21,0844	20,1954	19,3580	18,5687	17,8240	17,1210	16,4568	15,2347
52	21,5076	20,6031	19,7508	18,9469	18,1883	17,4718	16,7946	16,1542	14,9738
53	20,9803	20,1153	19,2992	18,5285	17,8004	17,1119	16,4604	15,8436	14,7050
54	20,4496	19,6234	18,8429	18,1051	17,4070	16,7463	16,1203	15,5270	14,4301

T3 Aufgeschobene Leibrente

T3.5 Frau aufgeschoben um 3 Jahre

Sterbetafel 2019/2021 Deutschland, Statistisches Bundesamt   monatlich vorschüssig

Alter	-1,00%	-0,50%	0,00%	0,25%	0,50%	0,75%	1,00%	1,25%	1,50%
55	32,4559	29,5094	26,9091	25,7238	24,6079	23,5566	22,5656	21,6307	20,7481
56	31,2140	28,4485	26,0006	24,8821	23,8277	22,8330	21,8940	21,0070	20,1685
57	29,9912	27,3994	25,0981	24,0444	23,0496	22,1098	21,2214	20,3810	19,5856
58	28,7884	26,3629	24,2029	23,2116	22,2744	21,3878	20,5485	19,7536	19,0001
59	27,6076	25,3411	23,3166	22,3855	21,5039	20,6688	19,8771	19,1263	18,4137
60	26,4469	24,3325	22,4381	21,5649	20,7371	19,9517	19,2062	18,4982	17,8255
61	25,3077	23,3383	21,5686	20,7512	19,9750	19,2377	18,5369	17,8705	17,2364
62	24,1862	22,3553	20,7053	19,9415	19,2152	18,5244	17,8669	17,2407	16,6442
63	23,0848	21,3860	19,8505	19,1381	18,4599	17,8138	17,1980	16,6109	16,0509
64	22,0054	20,4320	19,0058	18,3427	17,7105	17,1075	16,5320	15,9826	15,4578
65	20,9433	19,4894	18,1677	17,5519	16,9640	16,4024	15,8658	15,3529	14,8622
66	19,9024	18,5618	17,3396	16,7690	16,2235	15,7017	15,2025	14,7246	14,2669
67	18,8796	17,6465	16,5191	15,9917	15,4868	15,0032	14,5399	14,0958	13,6700
68	17,8747	16,7435	15,7064	15,2201	14,7540	14,3071	13,8783	13,4667	13,0717
69	16,8873	15,8525	14,9011	14,4542	14,0252	13,6132	13,2175	12,8373	12,4718
70	15,9234	14,9793	14,1090	13,6993	13,3055	12,9269	12,5627	12,2124	11,8752
71	14,9797	14,1210	13,3273	12,9529	12,5926	12,2457	11,9117	11,5899	11,2798
72	14,0555	13,2771	12,5556	12,2147	11,8861	11,5694	11,2640	10,9695	10,6853
73	13,1535	12,4502	11,7967	11,4873	11,1887	10,9005	10,6223	10,3537	10,0942
74	12,2677	11,6350	11,0454	10,7658	10,4956	10,2345	9,9821	9,7381	9,5022
75	11,4051	10,8381	10,3084	10,0566	9,8130	9,5774	9,3494	9,1287	8,9150
76	10,5601	10,0542	9,5805	9,3549	9,1365	8,9249	8,7199	8,5212	8,3287
77	9,7368	9,2877	8,8661	8,6650	8,4700	8,2809	8,0975	7,9195	7,7469
78	8,9371	8,5404	8,1670	7,9886	7,8155	7,6473	7,4841	7,3255	7,1715
79	8,1569	7,8085	7,4800	7,3227	7,1698	7,0213	6,8769	6,7365	6,5999
80	7,4075	7,1032	6,8155	6,6776	6,5434	6,4129	6,2858	6,1622	6,0418
81	6,6898	6,4255	6,1751	6,0548	5,9377	5,8236	5,7125	5,6042	5,4987
82	6,0064	5,7781	5,5614	5,4572	5,3556	5,2565	5,1599	5,0657	4,9738
83	5,3588	5,1629	4,9765	4,8867	4,7991	4,7136	4,6302	4,5487	4,4692
84	4,7544	4,5871	4,4277	4,3508	4,2756	4,2022	4,1305	4,0605	3,9920
85	4,1957	4,0535	3,9178	3,8522	3,7881	3,7254	3,6642	3,6042	3,5456
86	3,6807	3,5605	3,4456	3,3900	3,3356	3,2823	3,2302	3,1792	3,1293
87	3,2117	3,1105	3,0136	2,9667	2,9207	2,8757	2,8316	2,7884	2,7462
88	2,7860	2,7012	2,6199	2,5805	2,5418	2,5040	2,4669	2,4305	2,3948
89	2,4028	2,3321	2,2642	2,2312	2,1989	2,1672	2,1361	2,1056	2,0757
90	2,0630	2,0043	1,9477	1,9202	1,8932	1,8668	1,8408	1,8153	1,7903
91	1,7657	1,7169	1,6699	1,6470	1,6246	1,6025	1,5809	1,5596	1,5388
92	1,5048	1,4644	1,4254	1,4064	1,3878	1,3695	1,3515	1,3338	1,3164
93	1,2814	1,2479	1,2155	1,1998	1,1843	1,1691	1,1541	1,1394	1,1249
94	1,0881	1,0604	1,0335	1,0205	1,0076	0,9950	0,9825	0,9703	0,9583
95	0,9247	0,9016	0,8793	0,8685	0,8578	0,8472	0,8369	0,8267	0,8167
96	0,7877	0,7685	0,7499	0,7408	0,7319	0,7231	0,7145	0,7060	0,6976
97	0,6750	0,6589	0,6433	0,6357	0,6282	0,6208	0,6135	0,6064	0,5993
98	0,5779	0,5644	0,5513	0,5449	0,5386	0,5324	0,5263	0,5203	0,5143
99	0,4967	0,4853	0,4742	0,4688	0,4635	0,4582	0,4531	0,4480	0,4430
100	0,4226	0,4130	0,4038	0,3992	0,3948	0,3904	0,3860	0,3818	0,3776
101	0,3609	0,3529	0,3451	0,3413	0,3375	0,3338	0,3302	0,3266	0,3230
102	0,3098	0,3030	0,2964	0,2932	0,2900	0,2868	0,2837	0,2807	0,2777
103	0,2674	0,2616	0,2560	0,2532	0,2505	0,2478	0,2452	0,2426	0,2400
104	0,2321	0,2272	0,2224	0,2200	0,2177	0,2154	0,2131	0,2109	0,2087
105	0,2026	0,1983	0,1942	0,1922	0,1902	0,1882	0,1863	0,1843	0,1825
106	0,1770	0,1734	0,1698	0,1681	0,1664	0,1647	0,1630	0,1613	0,1597
107	0,1538	0,1508	0,1477	0,1463	0,1448	0,1434	0,1420	0,1406	0,1392

T3 Aufgeschobene Leibrente

T3.5 Frau aufgeschoben um 3 Jahre

Sterbetafel 2019/2021 Deutschland, Statistisches Bundesamt   monatlich vorschüssig

Alter	1,75%	2,00%	2,25%	2,50%	2,75%	3,00%	3,25%	3,50%	4,00%
55	19,9145	19,1264	18,3810	17,6755	17,0073	16,3739	15,7733	15,2034	14,1480
56	19,3754	18,6248	17,9139	17,2403	16,6014	15,9953	15,4198	14,8731	13,8592
57	18,8322	18,1183	17,4414	16,7991	16,1893	15,6101	15,0595	14,5359	13,5631
58	18,2857	17,6077	16,9641	16,3527	15,7715	15,2188	14,6928	14,1920	13,2603
59	17,7372	17,0944	16,4833	15,9022	15,3491	14,8225	14,3209	13,842/	12,9516
60	17,1859	16,5774	15,9983	15,4469	14,9214	14,4206	13,9429	13,4871	12,6362
61	16,6327	16,0578	15,5099	14,9875	14,4892	14,0137	13,5596	13,1258	12,3148
62	16,0756	15,5334	15,0160	14,5222	14,0505	13,5999	13,1691	12,7571	11,9856
63	15,5163	15,0060	14,5184	14,0524	13,6069	13,1807	12,7728	12,3823	11,6498
64	14,9563	14,4769	14,0183	13,5795	13,1595	12,7572	12,3718	12,0024	11,3084
65	14,3928	13,9434	13,5131	13,1009	12,7058	12,3270	11,9637	11,6150	10,9590
66	13,8285	13,4083	13,0055	12,6191	12,2483	11,8924	11,5506	11,2224	10,6036
67	13,2616	12,8697	12,4935	12,1322	11,7852	11,4517	11,1311	10,8227	10,2406
68	12,6922	12,3277	11,9774	11,6405	11,3166	11,0049	10,7050	10,4162	9,8701
69	12,1204	11,7823	11,4570	11,1439	10,8424	10,5520	10,2723	10,0026	9,4919
70	11,5506	11,2380	10,9368	10,6465	10,3668	10,0970	9,8368	9,5857	9,1094
71	10,9809	10,6927	10,4148	10,1466	9,8878	9,6380	9,3967	9,1637	8,7209
72	10,4111	10,1464	9,8907	9,6438	9,4053	9,1747	8,9518	8,7363	8,3262
73	9,8435	9,6011	9,3669	9,1404	8,9213	8,7093	8,5041	8,3056	7,9271
74	9,2739	9,0531	8,8393	8,6324	8,4320	8,2380	8,0500	7,8678	7,5200
75	8,7081	8,5076	8,3134	8,1251	7,9427	7,7658	7,5942	7,4277	7,1095
76	8,1420	7,9609	7,7853	7,6149	7,4495	7,2890	7,1332	6,9819	6,6923
77	7,5792	7,4165	7,2585	7,1051	6,9560	6,8111	6,6704	6,5336	6,2712
78	7,0218	6,8763	6,7349	6,5975	6,4638	6,3338	6,2073	6,0842	5,8479
79	6,4671	6,3379	6,2121	6,0897	5,9706	5,8547	5,7417	5,6318	5,4202
80	5,9246	5,8104	5,6993	5,5909	5,4854	5,3826	5,2823	5,1846	4,9964
81	5,3959	5,2957	5,1980	5,1027	5,0097	4,9191	4,8306	4,7443	4,5779
82	4,8842	4,7967	4,7113	4,6280	4,5467	4,4673	4,3897	4,3140	4,1678
83	4,3915	4,3157	4,2416	4,1692	4,0985	4,0294	3,9619	3,8959	3,7683
84	3,9251	3,8598	3,7958	3,7333	3,6722	3,6124	3,5540	3,4968	3,3861
85	3,4883	3,4322	3,3773	3,3236	3,2711	3,2197	3,1693	3,1200	3,0245
86	3,0805	3,0327	2,9858	2,9400	2,8950	2,8510	2,8079	2,7657	2,6838
87	2,7047	2,6641	2,6244	2,5854	2,5472	2,5097	2,4730	2,4370	2,3671
88	2,3599	2,3256	2,2920	2,2590	2,2267	2,1950	2,1639	2,1334	2,0741
89	2,0463	2,0175	1,9893	1,9616	1,9344	1,9077	1,8814	1,8557	1,8057
90	1,7658	1,7417	1,7180	1,6948	1,6719	1,6495	1,6275	1,6059	1,5638
91	1,5183	1,4981	1,4784	1,4589	1,4398	1,4211	1,4026	1,3845	1,3492
92	1,2994	1,2826	1,2661	1,2499	1,2340	1,2183	1,2029	1,1878	1,1583
93	1,1107	1,0967	1,0830	1,0695	1,0562	1,0431	1,0303	1,0176	0,9929
94	0,9465	0,9348	0,9234	0,9121	0,9011	0,8902	0,8794	0,8689	0,8483
95	0,8068	0,7971	0,7876	0,7782	0,7689	0,7598	0,7509	0,7421	0,7248
96	0,6894	0,6812	0,6733	0,6654	0,6576	0,6500	0,6425	0,6351	0,6207
97	0,5924	0,5856	0,5788	0,5722	0,5657	0,5593	0,5529	0,5467	0,5345
98	0,5085	0,5027	0,4971	0,4915	0,4860	0,4805	0,4752	0,4699	0,4596
99	0,4380	0,4331	0,4283	0,4236	0,4190	0,4144	0,4098	0,4054	0,3966
100	0,3734	0,3693	0,3653	0,3613	0,3574	0,3536	0,3498	0,3460	0,3387
101	0,3195	0,3161	0,3127	0,3093	0,3060	0,3028	0,2996	0,2964	0,2902
102	0,2747	0,2718	0,2689	0,2661	0,2633	0,2605	0,2578	0,2551	0,2498
103	0,2375	0,2350	0,2326	0,2301	0,2277	0,2254	0,2231	0,2208	0,2163
104	0,2065	0,2044	0,2023	0,2002	0,1982	0,1961	0,1941	0,1922	0,1883
105	0,1806	0,1787	0,1769	0,1751	0,1734	0,1716	0,1699	0,1682	0,1648
106	0,1581	0,1565	0,1550	0,1534	0,1519	0,1504	0,1489	0,1474	0,1446
107	0,1378	0,1365	0,1351	0,1338	0,1325	0,1312	0,1300	0,1287	0,1263

T3 Aufgeschobene Leibrente

T3.6 Frau aufgeschoben um 5 Jahre

Sterbetafel 2019/2021 Deutschland, Statistisches Bundesamt   monatlich vorschüssig

Alter	-1,00%	-0,50%	0,00%	0,25%	0,50%	0,75%	1,00%	1,25%	1,50%
0	127,2240	99,1086	78,4389	70,1905	63,0496	56,8474	51,4430	46,7183	42,5745
1	125,2658	97,8723	77,6632	69,5783	62,5681	56,4704	51,1495	46,4916	42,4011
2	122,9923	96,3800	76,6789	68,7775	61,9157	55,9383	50,7150	46,1364	42,1103
3	120,7315	94,8874	75,6885	67,9691	61,2551	55,3977	50,2720	45,7729	41,8116
4	118,4910	93,4004	74,6966	67,1575	60,5900	54,8520	49,8237	45,4040	41,5077
5	116,2717	91,9199	73,7040	66,3431	59,9210	54,3017	49,3704	45,0301	41,1988
6	114,0710	90,4440	72,7091	65,5247	59,2469	53,7456	48,9110	44,6501	40,8840
7	111,8918	88,9751	71,7139	64,7039	58,5690	53,1851	48,4468	44,2652	40,5643
8	109,7339	87,5132	70,7184	63,8809	57,8876	52,6202	47,9779	43,8753	40,2397
9	107,5978	86,0587	69,7231	63,0559	57,2030	52,0512	47,5043	43,4806	39,9103
10	105,4822	84,6108	68,7272	62,2284	56,5144	51,4775	47,0257	43,0807	39,5757
11	103,3871	83,1697	67,7310	61,3984	55,8221	50,8992	46,5420	42,6756	39,2359
12	101,3151	81,7375	66,7362	60,5678	55,1276	50,3178	46,0546	42,2664	38,8919
13	99,2628	80,3118	65,7408	59,7345	54,4292	49,7315	45,5619	41,8517	38,5424
14	97,2331	78,8948	64,7468	58,9004	53,7284	49,1420	45,0652	41,4328	38,1886
15	95,2258	77,4867	63,7543	58,0656	53,0253	48,5492	44,5647	41,0096	37,8303
16	93,2393	76,0862	62,7623	57,2292	52,3193	47,9523	44,0595	40,5815	37,4670
17	91,2733	74,6933	61,7708	56,3912	51,6101	47,3514	43,5497	40,1484	37,0986
18	89,3267	73,3073	60,7793	55,5510	50,8973	46,7460	43,0348	39,7100	36,7247
19	87,4017	71,9299	59,7891	54,7101	50,1822	46,1371	42,5158	39,2670	36,3461
20	85,4977	70,5609	58,8003	53,8682	49,4646	45,5248	41,9926	38,8193	35,9627
21	83,6122	69,1982	57,8111	53,0239	48,7431	44,9075	41,4639	38,3659	35,5733
22	81,7457	67,8426	56,8221	52,1777	48,0183	44,2858	40,9300	37,9069	35,1782
23	79,8971	66,4932	55,8326	51,3290	47,2894	43,6592	40,3906	37,4420	34,7770
24	78,0662	65,1499	54,8427	50,4777	46,5565	43,0274	39,8454	36,9709	34,3695
25	76,2528	63,8126	53,8522	49,6238	45,8195	42,3906	39,2944	36,4937	33,9556
26	74,4590	62,4833	52,8628	48,7688	45,0798	41,7499	38,7388	36,0113	33,5362
27	72,6828	61,1604	51,8733	47,9115	44,3363	41,1043	38,1776	35,5228	33,1106
28	70,9261	59,8457	50,8850	47,0534	43,5902	40,4549	37,6118	35,0292	32,6794
29	69,1890	58,5393	49,8984	46,1945	42,8418	39,8020	37,0415	34,5305	32,2429
30	67,4690	57,2393	48,9117	45,3335	42,0896	39,1442	36,4655	34,0257	31,7999
31	65,7679	55,9472	47,9262	44,4715	41,3348	38,4825	35,8849	33,5156	31,3512
32	64,0864	54,6639	46,9428	43,6093	40,5781	37,8176	35,3001	33,0006	30,8972
33	62,4227	53,3879	45,9602	42,7457	39,8183	37,1485	34,7101	32,4798	30,4370
34	60,7766	52,1193	44,9785	41,8808	39,0555	36,4751	34,1149	31,9533	29,9707
35	59,1490	50,8587	43,9984	41,0153	38,2904	35,7980	33,5151	31,4214	29,4985
36	57,5413	49,6077	43,0212	40,1504	37,5241	35,1183	32,9117	30,8851	29,0214
37	55,9496	48,3630	42,0441	39,2834	36,7540	34,4337	32,3024	30,3423	28,5373
38	54,3770	47,1274	41,0696	38,4166	35,9824	33,7461	31,6891	29,7947	28,0478
39	52,8207	45,8984	40,0956	37,5483	35,2075	33,0540	31,0702	29,2408	27,5516
40	51,2834	44,6788	39,1245	36,6806	34,4314	32,3591	30,4476	28,6822	27,0501
41	49,7622	43,4660	38,1541	35,8113	33,6521	31,6597	29,8193	28,1174	26,5417
42	48,2599	42,2627	37,1868	34,9429	32,8717	30,9579	29,1875	27,5480	26,0282
43	46,7746	41,0672	36,2212	34,0740	32,0891	30,2523	28,5508	26,9730	25,5083
44	45,3080	39,8812	35,2589	33,2060	31,3055	29,5443	27,9105	26,3934	24,9833
45	43,8591	38,7040	34,2992	32,3384	30,5205	28,8334	27,2662	25,8089	24,4525
46	42,4273	37,5352	33,3419	31,4710	29,7339	28,1194	26,6175	25,2191	23,9158
47	41,0153	36,3772	32,3893	30,6059	28,9475	27,4041	25,9664	24,6258	23,3748
48	39,6202	35,2278	31,4392	29,7411	28,1598	26,6859	25,3110	24,0274	22,8279
49	38,2470	34,0914	30,4958	28,8806	27,3742	25,9682	24,6549	23,4270	22,2780
50	36,8936	32,9662	29,5577	28,0229	26,5896	25,2499	23,9967	22,8234	21,7242
51	35,5580	31,8508	28,6234	27,1669	25,8048	24,5298	23,3354	22,2158	21,1653
52	34,2409	30,7458	27,6937	26,3133	25,0204	23,8085	22,6717	21,6046	20,6021
53	32,9413	29,6505	26,7680	25,4614	24,2359	23,0855	22,0050	20,9893	20,0338
54	31,6630	28,5684	25,8497	24,6145	23,4543	22,3638	21,3381	20,3726	19,4632

T3 Aufgeschobene Leibrente

T3.6 Frau aufgeschoben um 5 Jahre

Sterbetafel 2019/2021 Deutschland, Statistisches Bundesamt   monatlich vorschüssig

Alter	1,75%	2,00%	2,25%	2,50%	2,75%	3,00%	3,25%	3,50%	4,00%
0	38,9282	35,7092	32,8584	30,3255	28,0679	26,0495	24,2394	22,6112	19,8132
1	38,7973	35,6123	32,7885	30,2770	28,0365	26,0315	24,2320	22,6120	19,8255
2	38,5589	35,4166	32,6277	30,1447	27,9275	25,9416	24,1577	22,5507	19,7834
3	38,3132	35,2142	32,4606	30,0066	27,8132	25,8469	24,0791	22,4853	19,7380
4	38,0624	35,0069	32,2891	29,8645	27,6952	25,7488	23,9974	22,4172	19,6904
5	37,8069	34,7952	32,1135	29,7185	27,5737	25,6475	23,9129	22,3464	19,6406
6	37,5457	34,5782	31,9329	29,5680	27,4481	25,5424	23,8248	22,2725	19,5883
7	37,2798	34,3568	31,7481	29,4136	27,3188	25,4341	23,7338	22,1960	19,5338
8	37,0092	34,1307	31,5591	29,2553	27,1860	25,3224	23,6398	22,1166	19,4770
9	36,7339	33,9003	31,3658	29,0930	27,0495	25,2074	23,5428	22,0346	19,4181
10	36,4535	33,6650	31,1681	28,9265	26,9091	25,0889	23,4424	21,9496	19,3567
11	36,1681	33,4248	30,9657	28,7557	26,7647	24,9666	23,3387	21,8615	19,2927
12	35,8784	33,1807	30,7595	28,5814	26,6170	24,8413	23,2323	21,7708	19,2267
13	35,5835	32,9313	30,5485	28,4024	26,4651	24,7121	23,1221	21,6769	19,1579
14	35,2841	32,6777	30,3333	28,2197	26,3096	24,5795	23,0090	21,5801	19,0868
15	34,9804	32,4199	30,1141	28,0330	26,1504	24,4436	22,8927	21,4805	19,0133
16	34,6717	32,1572	29,8903	27,8420	25,9872	24,3039	22,7730	21,3777	18,9372
17	34,3579	31,8896	29,6617	27,6465	25,8197	24,1602	22,6496	21,2715	18,8582
18	34,0387	31,6167	29,4280	27,4461	25,6477	24,0123	22,5222	21,1616	18,7760
19	33,7147	31,3390	29,1898	27,2415	25,4716	23,8605	22,3912	21,0485	18,6911
20	33,3858	31,0566	28,9469	27,0323	25,2912	23,7048	22,2565	20,9318	18,6033
21	33,0510	30,7683	28,6984	26,8178	25,1058	23,5443	22,1174	20,8110	18,5118
22	32,7105	30,4745	28,4445	26,5980	24,9153	23,3790	21,9738	20,6861	18,4168
23	32,3638	30,1745	28,1846	26,3726	24,7196	23,2087	21,8255	20,5567	18,3179
24	32,0108	29,8684	27,9188	26,1414	24,5182	23,0332	21,6721	20,4226	18,2149
25	31,6514	29,5559	27,6467	25,9042	24,3112	22,8522	21,5137	20,2837	18,1077
26	31,2864	29,2378	27,3691	25,6617	24,0990	22,6663	21,3507	20,1405	17,9967
27	30,9150	28,9133	27,0853	25,4132	23,8810	22,4749	21,1823	19,9923	17,8813
28	30,5380	28,5833	26,7960	25,1592	23,6578	22,2784	21,0092	19,8395	17,7618
29	30,1554	28,2475	26,5010	24,8997	23,4292	22,0768	20,8312	19,6821	17,6382
30	29,7662	27,9051	26,1994	24,6338	23,1944	21,8693	20,6475	19,5192	17,5098
31	29,3711	27,5568	25,8919	24,3620	22,9540	21,6563	20,4585	19,3514	17,3768
32	28,9704	27,2027	25,5788	24,0846	22,7080	21,4379	20,2644	19,1786	17,2395
33	28,5633	26,8422	25,2591	23,8009	22,4558	21,2135	20,0645	19,0003	17,0970
34	28,1498	26,4751	24,9329	23,5107	22,1973	20,9829	19,8586	18,8163	16,9494
35	27,7302	26,1018	24,6004	23,2142	21,9327	20,7464	19,6470	18,6267	16,7967
36	27,3052	25,7230	24,2622	22,9120	21,6624	20,5043	19,4299	18,4319	16,6392
37	26,8731	25,3367	23,9167	22,6025	21,3849	20,2553	19,2061	18,2305	16,4757
38	26,4352	24,9445	23,5650	22,2869	21,1013	20,0002	18,9764	18,0234	16,3068
39	25,9901	24,5450	23,2060	21,9639	20,8104	19,7379	18,7397	17,8096	16,1317
40	25,5394	24,1395	22,8408	21,6347	20,5133	19,4695	18,4970	17,5898	15,9510
41	25,0814	23,7265	22,4680	21,2978	20,2086	19,1937	18,2470	17,3630	15,7637
42	24,6178	23,3075	22,0890	20,9547	19,8976	18,9115	17,9907	17,1300	15,5705
43	24,1474	22,8815	21,7028	20,6042	19,5792	18,6220	17,7272	16,8900	15,3707
44	23,6713	22,4493	21,3101	20,2471	19,2542	18,3259	17,4572	16,6435	15,1647
45	23,1889	22,0106	20,9107	19,8831	18,9222	18,0228	17,1802	16,3901	14,9521
46	22,7001	21,5649	20,5041	19,5118	18,5828	17,7123	16,8958	16,1295	14,7325
47	22,2063	21,1138	20,0917	19,1344	18,2371	17,3954	16,6051	15,8625	14,5068
48	21,7060	20,6559	19,6720	18,7496	17,8840	17,0710	16,3069	15,5881	14,2738
49	21,2020	20,1936	19,2477	18,3597	17,5255	16,7411	16,0031	15,3080	14,0353
50	20,6934	19,7261	18,8177	17,9639	17,1608	16,4049	15,6928	15,0215	13,7903
51	20,1791	19,2524	18,3811	17,5611	16,7890	16,0614	15,3752	14,7276	13,5381
52	19,6597	18,7730	17,9383	17,1519	16,4105	15,7110	15,0506	14,4267	13,2789
53	19,1345	18,2873	17,4888	16,7356	16,0246	15,3531	14,7184	14,1181	13,0121
54	18,6061	17,7977	17,0348	16,3143	15,6335	14,9896	14,3804	13,8037	12,7392

T3.6 Frau aufgeschoben um 5 Jahre

Sterbetafel 2019/2021 Deutschland, Statistisches Bundesamt   monatlich vorschüssig

Alter	-1,00%	-0,50%	0,00%	0,25%	0,50%	0,75%	1,00%	1,25%	1,50%
55	30,4042	27,4982	24,9374	23,7714	22,6747	21,6423	20,6700	19,7535	18,8892
56	29,1655	26,4405	24,0319	22,9329	21,8976	20,9217	20,0014	19,1327	18,3125
57	27,9463	25,3948	23,1330	22,0986	21,1228	20,2018	19,3320	18,5100	17,7328
58	26,7473	24,3621	22,2413	21,2693	20,3512	19,4834	18,6627	17,8861	17,1508
59	25,5704	23,3441	21,3589	20,4470	19,5844	18,7681	17,9949	17,2624	16,5680
60	24,4142	22,3398	20,4845	19,6306	18,8217	18,0550	17,3281	16,6383	15,9836
61	23,2795	21,3501	19,6195	18,8212	18,0640	17,3454	16,6630	16,0148	15,3987
62	22,1631	20,3722	18,7611	18,0164	17,3090	16,6368	15,9977	15,3897	14,8112
63	21,0673	19,4082	17,9115	17,2182	16,5588	15,9313	15,3339	14,7650	14,2228
64	19,9934	18,4597	17,0722	16,4282	15,8147	15,2303	14,6731	14,1417	13,6348
65	18,9376	17,5232	16,2401	15,6433	15,0741	14,5310	14,0126	13,5177	13,0448
66	17,9035	16,6023	15,4186	14,8669	14,3400	13,8366	13,3555	12,8956	12,4557
67	16,8885	15,6946	14,6056	14,0969	13,6106	13,1453	12,7001	12,2739	11,8658
68	15,8923	14,8002	13,8012	13,3337	12,8861	12,4574	12,0466	11,6529	11,2754
69	14,9149	13,9189	13,0055	12,5772	12,1666	11,7728	11,3950	11,0325	10,6845
70	13,9614	13,0560	12,2234	11,8322	11,4567	11,0961	10,7498	10,4171	10,0973
71	13,0291	12,2089	11,4527	11,0967	10,7545	10,4256	10,1093	9,8050	9,5123
72	12,1176	11,3774	10,6932	10,3705	10,0600	9,7611	9,4733	9,1962	8,9292
73	11,2293	10,5640	9,9475	9,6562	9,3755	9,1050	8,8443	8,5930	8,3505
74	10,3595	9,7644	9,2115	8,9498	8,6974	8,4539	8,2189	7,9920	7,7729
75	9,5144	8,9846	8,4912	8,2572	8,0313	7,8131	7,6022	7,3985	7,2016
76	8,6903	8,2213	7,7835	7,5755	7,3745	7,1801	6,9920	6,8101	6,6341
77	7,8920	7,4792	7,0930	6,9093	6,7314	6,5593	6,3926	6,2312	6,0749
78	7,1216	6,7606	6,4221	6,2608	6,1045	5,9531	5,8063	5,6640	5,5260
79	6,3772	6,0638	5,7694	5,6289	5,4926	5,3604	5,2321	5,1076	4,9868
80	5,6697	5,3995	5,1452	5,0236	4,9056	4,7910	4,6797	4,5716	4,4666
81	5,0012	4,7701	4,5520	4,4476	4,3462	4,2476	4,1518	4,0586	3,9680
82	4,3748	4,1785	3,9931	3,9042	3,8177	3,7335	3,6517	3,5721	3,4946
83	3,7924	3,6271	3,4707	3,3956	3,3225	3,2513	3,1820	3,1146	3,0488
84	3,2594	3,1213	2,9904	2,9275	2,8662	2,8065	2,7483	2,6916	2,6363
85	2,7773	2,6628	2,5541	2,5018	2,4508	2,4011	2,3526	2,3053	2,2592
86	2,3449	2,2508	2,1612	2,1181	2,0760	2,0350	1,9949	1,9558	1,9176
87	1,9630	1,8861	1,8129	1,7776	1,7431	1,7095	1,6766	1,6445	1,6132
88	1,6284	1,5661	1,5067	1,4781	1,4501	1,4227	1,3960	1,3699	1,3443
89	1,3391	1,2890	1,2412	1,2181	1,1956	1,1735	1,1519	1,1308	1,1102
90	1,0929	1,0529	1,0146	0,9961	0,9780	0,9604	0,9431	0,9261	0,9096
91	0,8865	0,8547	0,8242	0,8095	0,7950	0,7809	0,7671	0,7536	0,7404
92	0,7146	0,6894	0,6652	0,6536	0,6421	0,6309	0,6199	0,6092	0,5987
93	0,5752	0,5552	0,5361	0,5268	0,5177	0,5088	0,5001	0,4916	0,4833
94	0,4616	0,4458	0,4307	0,4234	0,4162	0,4092	0,4023	0,3955	0,3889
95	0,3706	0,3581	0,3461	0,3403	0,3346	0,3291	0,3236	0,3182	0,3130
96	0,2969	0,2871	0,2776	0,2730	0,2685	0,2641	0,2598	0,2556	0,2514
97	0,2385	0,2307	0,2232	0,2195	0,2159	0,2124	0,2090	0,2056	0,2023
98	0,1913	0,1851	0,1792	0,1763	0,1734	0,1707	0,1679	0,1652	0,1626
99	0,1541	0,1492	0,1444	0,1421	0,1399	0,1376	0,1355	0,1333	0,1312
100	0,1230	0,1191	0,1153	0,1135	0,1117	0,1100	0,1082	0,1066	0,1049
101	0,0987	0,0956	0,0926	0,0911	0,0897	0,0883	0,0870	0,0856	0,0843
102	0,0797	0,0772	0,0748	0,0737	0,0725	0,0714	0,0703	0,0692	0,0682
103	0,0647	0,0627	0,0608	0,0599	0,0590	0,0581	0,0572	0,0563	0,0555
104	0,0527	0,0511	0,0496	0,0488	0,0481	0,0474	0,0467	0,0460	0,0453
105	0,0429	0,0416	0,0404	0,0398	0,0392	0,0386	0,0380	0,0374	0,0369

T3 Aufgeschobene Leibrente

T3.6 Frau aufgeschoben um 5 Jahre

Sterbetafel 2019/2021 Deutschland, Statistisches Bundesamt   monatlich vorschüssig

Alter	1,75%	2,00%	2,25%	2,50%	2,75%	3,00%	3,25%	3,50%	4,00%
55	18,0735	17,3033	16,5754	15,8872	15,2361	14,6198	14,0359	13,4825	12,4596
56	17,5374	16,8045	16,1111	15,4548	14,8331	14,2439	13,6851	13,1549	12,1733
57	16,9974	16,3012	15,6417	15,0167	14,4240	13,8616	13,3277	12,8206	11,8802
58	16,4542	15,7940	15,1678	14,5736	14,0095	13,4736	12,9643	12,4799	11,5805
59	15,9093	15,2841	14,6905	14,1266	13,5905	13,0808	12,5957	12,1339	11,2750
60	15,3618	14,7710	14,2093	13,6750	13,1666	12,6825	12,2214	11,7819	10,9633
61	14,8128	14,2554	13,7249	13,2197	12,7383	12,2795	11,8420	11,4245	10,6456
62	14,2603	13,7356	13,2355	12,7588	12,3040	11,8701	11,4558	11,0601	10,3206
63	13,7060	13,2130	12,7427	12,2938	11,8651	11,4556	11,0641	10,6899	9,9893
64	13,1509	12,6889	12,2476	11,8258	11,4225	11,0369	10,6678	10,3146	9,6524
65	12,5930	12,1610	11,7479	11,3526	10,9742	10,6120	10,2650	9,9325	9,3081
66	12,0348	11,6319	11,2462	10,8767	10,5226	10,1832	9,8577	9,5455	8,9583
67	11,4748	11,1002	10,7410	10,3966	10,0661	9,7490	9,4447	9,1523	8,6017
68	10,9133	10,5660	10,2326	9,9125	9,6051	9,3098	9,0260	8,7532	8,2384
69	10,3504	10,0294	9,7210	9,4245	9,1395	8,8654	8,6016	8,3479	7,8683
70	9,7899	9,4943	9,2099	8,9362	8,6728	8,4192	8,1749	7,9396	7,4943
71	9,2305	8,9592	8,6979	8,4462	8,2037	7,9699	7,7445	7,5272	7,1153
72	8,6720	8,4240	8,1849	7,9544	7,7320	7,5174	7,3103	7,1104	6,7309
73	8,1166	7,8910	7,6732	7,4629	7,2598	7,0637	6,8742	6,6911	6,3430
74	7,5614	7,3571	7,1596	6,9688	6,7843	6,6060	6,4335	6,2667	5,9491
75	7,0112	6,8271	6,6490	6,4767	6,3100	6,1486	5,9924	5,8412	5,5529
76	6,4638	6,2989	6,1392	5,9846	5,8349	5,6898	5,5492	5,4129	5,1527
77	5,9234	5,7766	5,6343	5,4964	5,3627	5,2331	5,1073	4,9853	4,7521
78	5,3922	5,2624	5,1365	5,0143	4,8958	4,7807	4,6690	4,5605	4,3528
79	4,8695	4,7557	4,6451	4,5377	4,4334	4,3321	4,2336	4,1379	3,9545
80	4,3645	4,2654	4,1690	4,0753	3,9842	3,8957	3,8095	3,7257	3,5649
81	3,8799	3,7942	3,7109	3,6298	3,5509	3,4741	3,3994	3,3266	3,1868
82	3,4191	3,3457	3,2742	3,2046	3,1368	3,0708	3,0065	2,9439	2,8233
83	2,9848	2,9225	2,8617	2,8025	2,7448	2,6885	2,6337	2,5802	2,4772
84	2,5824	2,5298	2,4786	2,4286	2,3799	2,3324	2,2860	2,2408	2,1535
85	2,2142	2,1702	2,1274	2,0856	2,0448	2,0050	1,9661	1,9281	1,8548
86	1,8803	1,8440	1,8084	1,7738	1,7399	1,7068	1,6745	1,6429	1,5819
87	1,5826	1,5527	1,5235	1,4949	1,4670	1,4398	1,4131	1,3871	1,3367
88	1,3194	1,2950	1,2712	1,2479	1,2251	1,2028	1,1810	1,1597	1,1185
89	1,0900	1,0703	1,0510	1,0322	1,0137	0,9956	0,9780	0,9607	0,9272
90	0,8934	0,8775	0,8620	0,8469	0,8320	0,8175	0,8032	0,7893	0,7623
91	0,7274	0,7148	0,7024	0,6902	0,6783	0,6667	0,6553	0,6441	0,6225
92	0,5884	0,5783	0,5685	0,5588	0,5493	0,5401	0,5310	0,5221	0,5048
93	0,4751	0,4671	0,4592	0,4515	0,4440	0,4366	0,4294	0,4223	0,4085
94	0,3824	0,3761	0,3699	0,3638	0,3578	0,3519	0,3462	0,3405	0,3296
95	0,3079	0,3028	0,2979	0,2930	0,2883	0,2836	0,2791	0,2746	0,2659
96	0,2473	0,2433	0,2394	0,2356	0,2318	0,2281	0,2245	0,2209	0,2140
97	0,1991	0,1959	0,1928	0,1897	0,1867	0,1838	0,1809	0,1781	0,1726
98	0,1600	0,1575	0,1550	0,1526	0,1502	0,1479	0,1456	0,1433	0,1389
99	0,1292	0,1272	0,1252	0,1232	0,1213	0,1194	0,1176	0,1158	0,1123
100	0,1033	0,1017	0,1001	0,0986	0,0970	0,0956	0,0941	0,0927	0,0899
101	0,0830	0,0817	0,0805	0,0792	0,0780	0,0769	0,0757	0,0745	0,0723
102	0,0671	0,0661	0,0651	0,0641	0,0632	0,0622	0,0613	0,0604	0,0586
103	0,0546	0,0538	0,0530	0,0522	0,0514	0,0507	0,0499	0,0492	0,0477
104	0,0446	0,0439	0,0433	0,0426	0,0420	0,0414	0,0408	0,0402	0,0390
105	0,0364	0,0358	0,0353	0,0348	0,0343	0,0338	0,0333	0,0328	0,0319

T3.7 Frau aufgeschoben um 10 Jahre

Sterbetafel 2019/2021 Deutschland, Statistisches Bundesamt   monatlich vorschüssig

Alter	-1,00%	-0,50%	0,00%	0,25%	0,50%	0,75%	1,00%	1,25%	1,50%
0	121,8533	93,9363	73,4565	65,3000	58,2489	52,1347	46,8165	42,1761	38,1148
1	119,8800	92,6855	72,6668	64,6741	57,7540	51,7446	46,5101	41,9367	37,9289
2	117,6057	91,1925	71,6819	63,8726	57,1010	51,2119	46,0749	41,5808	37,6374
3	115,3446	89,6996	70,6911	63,0639	56,4401	50,6710	45,6317	41,2171	37,3385
4	113,1039	88,2124	69,6991	62,2521	55,7749	50,1251	45,1831	40,8480	37,0344
5	110,8845	86,7317	68,7063	61,4376	55,1057	49,5746	44,7297	40,4739	36,7254
6	108,6839	85,2559	67,7115	60,6192	54,4316	49,0186	44,2704	40,0940	36,4107
7	106,5048	83,7871	66,7164	59,7986	53,7539	48,4582	43,8064	39,7092	36,0911
8	104,3472	82,3254	65,7212	58,9758	53,0728	47,8935	43,3376	39,3195	35,7667
9	102,2114	80,8713	64,7261	58,1511	52,3883	47,3248	42,8643	38,9251	35,4376
10	100,0962	79,4238	63,7306	57,3239	51,7002	46,7515	42,3860	38,5256	35,1033
11	98,0015	77,9831	62,7349	56,4945	51,0083	46,1737	41,9028	38,1209	34,7639
12	95,9300	76,5514	61,7405	55,6642	50,3142	45,5926	41,4157	37,7121	34,4203
13	93,8783	75,1262	60,7456	54,8314	49,6162	45,0068	40,9235	37,2978	34,0712
14	91,8490	73,7097	59,7521	53,9978	48,9159	44,4177	40,4272	36,8793	33,7178
15	89,8421	72,3019	58,7599	53,1633	48,2131	43,8252	39,9270	36,4564	33,3598
16	87,8559	70,9017	57,7681	52,3271	47,5073	43,2286	39,4221	36,0286	32,9968
17	85,8901	69,5090	56,7769	51,4893	46,7983	42,6279	38,9125	35,5957	32,6286
18	83,9438	68,1232	55,7855	50,6494	46,0858	42,0227	38,3978	35,1574	32,2549
19	82,0190	66,7460	54,7956	49,8086	45,3709	41,4140	37,8790	34,7146	31,8764
20	80,1151	65,3771	53,8069	48,9669	44,6534	40,8017	37,3558	34,2671	31,4931
21	78,2298	64,0147	52,8179	48,1228	43,9321	40,1847	36,8273	33,8138	31,1039
22	76,3636	62,6593	51,8292	47,2769	43,2075	39,5633	36,2938	33,3551	30,7091
23	74,5155	61,3104	50,8402	46,4286	42,4791	38,9370	35,7547	32,8906	30,3083
24	72,6853	59,9677	49,8508	45,5779	41,7468	38,3059	35,2101	32,4201	29,9013
25	70,8727	58,6313	48,8611	44,7247	41,0105	37,6698	34,6599	31,9435	29,4881
26	69,0799	57,3029	47,8726	43,8706	40,2716	37,0299	34,1050	31,4619	29,0695
27	67,3048	55,9811	46,8840	43,0143	39,5291	36,3852	33,5447	30,9743	28,6447
28	65,5492	54,6674	45,8969	42,1572	38,7841	35,7369	32,9799	30,4817	28,2146
29	63,8133	53,3622	44,9114	41,2994	38,0367	35,0850	32,4107	29,9841	27,7790
30	62,0948	52,0636	43,9260	40,4397	37,2858	34,4285	31,8360	29,4805	27,3372
31	60,3952	50,7730	42,9420	39,5792	36,5324	33,7681	31,2566	28,9716	26,8897
32	58,7153	49,4912	41,9600	38,7183	35,7770	33,1046	30,6731	28,4579	26,4370
33	57,0532	48,2168	40,9790	37,8563	35,0188	32,4369	30,0846	27,9386	25,9783
34	55,4091	46,9500	39,9990	36,9932	34,2577	31,7652	29,4911	27,4136	25,5135
35	53,7835	45,6914	39,0209	36,1295	33,4944	31,0899	28,8931	26,8835	25,0430
36	52,1779	44,4425	38,0456	35,2665	32,7300	30,4121	28,2914	26,3490	24,5676
37	50,5888	43,2002	37,0708	34,4018	31,9621	29,7296	27,6843	25,8083	24,0856
38	49,0189	41,9671	36,0987	33,5375	31,1929	29,0444	27,0733	25,2629	23,5983
39	47,4656	40,7412	35,1277	32,6720	30,4208	28,3550	26,4571	24,7116	23,1047
40	45,9318	39,5249	34,1597	31,8074	29,6478	27,6631	25,8374	24,1560	22,6060
41	44,4147	38,3161	33,1931	30,9419	28,8721	26,9674	25,2127	23,5946	22,1011
42	42,9170	37,1171	32,2301	30,0776	28,0958	26,2695	24,5847	23,0290	21,5912
43	41,4369	35,9266	31,2692	29,2133	27,3177	25,5684	23,9524	22,4583	21,0757
44	39,9759	34,7461	30,3122	28,3505	26,5392	24,8653	23,3170	21,8835	20,5553
45	38,5333	33,5749	29,3583	27,4886	25,7598	24,1599	22,6780	21,3043	20,0297
46	37,1086	32,4129	28,4076	26,6276	24,9794	23,4521	22,0354	20,7205	19,4988
47	35,7042	31,2623	27,4619	25,7694	24,1999	22,7435	21,3908	20,1335	18,9640
48	34,3178	30,1211	26,5199	24,9124	23,4198	22,0328	20,7429	19,5424	18,4242
49	32,9537	28,9935	25,5849	24,0602	22,6424	21,3231	20,0945	18,9496	17,8819
50	31,6103	27,8779	24,6560	23,2116	21,8667	20,6134	19,4448	18,3544	17,3362
51	30,2859	26,7733	23,7321	22,3658	21,0918	19,9031	18,7932	17,7562	16,7867
52	28,9814	25,6804	22,8141	21,5235	20,3186	19,1927	18,1402	17,1555	16,2337
53	27,6958	24,5985	21,9013	20,6844	19,5465	18,4820	17,4855	16,5520	15,6770
54	26,4326	23,5310	20,9969	19,8512	18,7784	17,7735	16,8315	15,9479	15,1188

T3 Aufgeschobene Leibrente

T3.7 Frau aufgeschoben um 10 Jahre

Sterbetafel 2019/2021 Deutschland, Statistisches Bundesamt   monatlich vorschüssig

Alter	1,75%	2,00%	2,25%	2,50%	2,75%	3,00%	3,25%	3,50%	4,00%
0	34,5492	31,4093	28,6358	26,1787	23,9953	22,0495	20,3105	18,7519	16,0889
1	34,4061	31,3004	28,5541	26,1186	23,9525	22,0203	20,2921	18,7420	16,0908
2	34,1671	31,1041	28,3927	25,9857	23,8429	21,9299	20,2173	18,6801	16,0482
3	33,9211	30,9013	28,2254	25,8474	23,7284	21,8349	20,1384	18,6144	16,0025
4	33,6701	30,6939	28,0537	25,7051	23,6102	21,7367	20,0566	18,5462	15,9548
5	33,4145	30,4821	27,8780	25,5590	23,4886	21,6353	19,9719	18,4753	15,9049
6	33,1534	30,2652	27,6974	25,4086	23,3630	21,5302	19,8839	18,4015	15,8526
7	32,8876	30,0438	27,5128	25,2543	23,2339	21,4220	19,7930	18,3250	15,7982
8	32,6172	29,8180	27,3239	25,0961	23,1012	21,3105	19,6992	18,2459	15,7417
9	32,3421	29,5878	27,1309	24,9341	22,9650	21,1957	19,6024	18,1641	15,6829
10	32,0621	29,3528	26,9335	24,7679	22,8249	21,0774	19,5023	18,0793	15,6218
11	31,7770	29,1131	26,7315	24,5975	22,6809	20,9556	19,3990	17,9916	15,5582
12	31,4878	28,8692	26,5257	24,4235	22,5335	20,8306	19,2928	17,9013	15,4924
13	31,1932	28,6203	26,3150	24,2450	22,3820	20,7017	19,1831	17,8077	15,4240
14	30,8943	28,3671	26,1003	24,0625	22,2268	20,5695	19,0703	17,7112	15,3532
15	30,5908	28,1096	25,8814	23,8762	22,0679	20,4339	18,9543	17,6119	15,2800
16	30,2824	27,8471	25,6578	23,6854	21,9049	20,2944	18,8348	17,5093	15,2041
17	29,9688	27,5797	25,4294	23,4901	21,7376	20,1509	18,7115	17,4033	15,1252
18	29,6498	27,3070	25,1959	23,2899	21,5658	20,0032	18,5843	17,2936	15,0433
19	29,3259	27,0295	24,9578	23,0854	21,3898	19,8516	18,4535	17,1805	14,9585
20	28,9972	26,7471	24,7150	22,8763	21,2095	19,6959	18,3189	17,0640	14,8707
21	28,6625	26,4591	24,4667	22,6620	21,0243	19,5356	18,1799	16,9434	14,7794
22	28,3223	26,1654	24,2130	22,4424	20,8341	19,3706	18,0366	16,8186	14,6846
23	27,9760	25,8659	23,9535	22,2174	20,6387	19,2006	17,8886	16,6896	14,5861
24	27,6235	25,5603	23,6882	21,9867	20,4378	19,0255	17,7357	16,5560	14,4835
25	27,2648	25,2484	23,4167	21,7502	20,2314	18,8452	17,5779	16,4177	14,3769
26	26,9005	24,9311	23,1399	21,5084	20,0199	18,6600	17,4155	16,2751	14,2665
27	26,5300	24,6075	22,8570	21,2606	19,8028	18,4694	17,2480	16,1277	14,1518
28	26,1540	24,2783	22,5685	21,0075	19,5804	18,2737	17,0757	15,9757	14,0332
29	25,7723	23,9435	22,2744	20,7489	19,3527	18,0730	16,8985	15,8191	13,9104
30	25,3843	23,6023	21,9740	20,4841	19,1190	17,8666	16,7159	15,6573	13,7829
31	24,9904	23,2551	21,6677	20,2136	18,8797	17,6546	16,5280	15,4905	13,6510
32	24,5909	22,9023	21,3557	19,9373	18,6349	17,4374	16,3350	15,3189	13,5147
33	24,1852	22,5432	21,0374	19,6549	18,3840	17,2143	16,1363	15,1417	13,3734
34	23,7733	22,1776	20,7127	19,3661	18,1269	16,9851	15,9318	14,9591	13,2271
35	23,3554	21,8060	20,3818	19,0712	17,8638	16,7501	15,7217	14,7709	13,0758
36	22,9321	21,4287	20,0453	18,7707	17,5951	16,5096	15,5062	14,5776	12,9198
37	22,5020	21,0445	19,7017	18,4631	17,3195	16,2623	15,2841	14,3780	12,7579
38	22,0662	20,6544	19,3521	18,1495	17,0379	16,0092	15,0563	14,1728	12,5909
39	21,6237	20,2574	18,9955	17,8289	16,7493	15,7493	14,8219	13,9612	12,4179
40	21,1757	19,8546	18,6330	17,5023	16,4548	15,4834	14,5817	13,7439	12,2395
41	20,7211	19,4449	18,2634	17,1686	16,1532	15,2106	14,3347	13,5200	12,0550
42	20,2611	19,0295	17,8879	16,8289	15,8456	14,9317	14,0816	13,2902	11,8649
43	19,7949	18,6075	17,5057	16,4823	15,5311	14,6460	13,8219	13,0538	11,6686
44	19,3233	18,1798	17,1175	16,1296	15,2103	14,3541	13,5559	12,8113	11,4665
45	18,8461	17,7461	16,7229	15,7704	14,8830	14,0556	13,2834	12,5624	11,2582
46	18,3630	17,3060	16,3218	15,4045	14,5489	13,7502	13,0042	12,3068	11,0434
47	17,8753	16,8610	15,9153	15,0329	14,2089	13,4390	12,7190	12,0452	10,8229
48	17,3820	16,4098	15,5024	14,6547	13,8622	13,1209	12,4270	11,7769	10,5958
49	16,8854	15,9548	15,0851	14,2718	13,5106	12,7977	12,1297	11,5033	10,3635
50	16,3848	15,4952	14,6629	13,8835	13,1534	12,4688	11,8266	11,2238	10,1253
51	15,8796	15,0305	14,2350	13,4894	12,7900	12,1336	11,5171	10,9379	9,8807
52	15,3703	14,5610	13,8019	13,0896	12,4208	11,7923	11,2015	10,6458	9,6300
53	14,8564	14,0864	13,3634	12,6840	12,0454	11,4448	10,8795	10,3471	9,3728
54	14,3402	13,6087	12,9211	12,2743	11,6656	11,0924	10,5524	10,0433	9,1102

T3.7 Frau aufgeschoben um 10 Jahre

Sterbetafel 2019/2021 Deutschland, Statistisches Bundesamt   monatlich vorschüssig

Alter	-1,00%	-0,50%	0,00%	0,25%	0,50%	0,75%	1,00%	1,25%	1,50%
55	25,1903	22,4766	20,0999	19,0230	18,0134	17,0664	16,1775	15,3427	14,5584
56	23,9695	21,4361	19,2109	18,2006	17,2522	16,3613	15,5241	14,7369	13,9963
57	22,7697	20,4091	18,3300	17,3840	16,4947	15,6584	14,8714	14,1305	13,4327
58	21,5918	19,3966	17,4578	16,5738	15,7418	14,9583	14,2201	13,5242	12,8680
59	20,4371	18,4000	16,5958	15,7716	14,9948	14,2624	13,5714	12,9192	12,3035
60	19,3047	17,4186	15,7436	14,9768	14,2533	13,5701	12,9249	12,3152	11,7388
61	18,1956	16,4535	14,9022	14,1906	13,5183	12,8827	12,2817	11,7131	11,1749
62	17,1075	15,5027	14,0699	13,4114	12,7884	12,1988	11,6405	11,1117	10,6106
63	16,0424	14,5683	13,2487	12,6411	12,0656	11,5201	11,0031	10,5127	10,0475
64	15,0017	13,6518	12,4401	11,8812	11,3511	10,8481	10,3707	9,9174	9,4869
65	13,9829	12,7509	11,6422	11,1298	10,6433	10,1811	9,7418	9,3243	8,9274
66	12,9889	11,8685	10,8578	10,3897	9,9448	9,5216	9,1190	8,7359	8,3712
67	12,0181	11,0033	10,0856	9,6599	9,2547	8,8689	8,5014	8,1513	7,8177
68	11,0710	10,1560	9,3266	8,9411	8,5738	8,2237	7,8898	7,5714	7,2676
69	10,1480	9,3271	8,5813	8,2340	7,9028	7,5866	7,2849	6,9968	6,7216
70	9,2537	8,5210	7,8538	7,5426	7,2454	6,9616	6,6903	6,4310	6,1831
71	8,3875	7,7375	7,1441	6,8670	6,6020	6,3486	6,1062	5,8743	5,6524
72	7,5509	6,9780	6,4539	6,2087	5,9741	5,7494	5,5343	5,3283	5,1309
73	6,7474	6,2461	5,7865	5,5712	5,3649	5,1672	4,9777	4,7961	4,6219
74	5,9766	5,5416	5,1420	4,9545	4,7747	4,6022	4,4368	4,2780	4,1256
75	5,2453	4,8712	4,5268	4,3650	4,2097	4,0606	3,9174	3,7799	3,6478
76	4,5546	4,2360	3,9423	3,8041	3,6713	3,5438	3,4211	3,3033	3,1900
77	3,9098	3,6415	3,3937	3,2770	3,1648	3,0568	2,9530	2,8531	2,7570
78	3,3148	3,0915	2,8849	2,7875	2,6937	2,6035	2,5166	2,4330	2,3525
79	2,7703	2,5870	2,4171	2,3369	2,2597	2,1853	2,1136	2,0446	1,9780
80	2,2822	2,1338	1,9960	1,9308	1,8681	1,8076	1,7493	1,6930	1,6388
81	1,8514	1,7329	1,6228	1,5706	1,5204	1,4719	1,4252	1,3801	1,3365
82	1,4777	1,3845	1,2979	1,2568	1,2172	1,1790	1,1421	1,1064	1,0720
83	1,1595	1,0874	1,0203	0,9885	0,9577	0,9281	0,8994	0,8718	0,8450
84	0,8950	0,8401	0,7889	0,7646	0,7412	0,7185	0,6966	0,6755	0,6550
85	0,6796	0,6384	0,6000	0,5817	0,5641	0,5471	0,5306	0,5147	0,4993
86	0,5074	0,4770	0,4486	0,4352	0,4221	0,4095	0,3973	0,3855	0,3741
87	0,3732	0,3511	0,3304	0,3206	0,3111	0,3019	0,2930	0,2843	0,2760
88	0,2706	0,2547	0,2398	0,2328	0,2259	0,2193	0,2129	0,2067	0,2007
89	0,1938	0,1825	0,1720	0,1669	0,1621	0,1574	0,1528	0,1484	0,1441
90	0,1374	0,1295	0,1220	0,1185	0,1151	0,1118	0,1086	0,1055	0,1024
91	0,0963	0,0908	0,0857	0,0832	0,0808	0,0785	0,0763	0,0741	0,0720
92	0,0668	0,0630	0,0595	0,0578	0,0561	0,0545	0,0530	0,0515	0,0501
93	0,0461	0,0435	0,0411	0,0399	0,0388	0,0377	0,0366	0,0356	0,0346
94	0,0316	0,0298	0,0281	0,0273	0,0266	0,0258	0,0251	0,0244	0,0237
95	0,0216	0,0204	0,0192	0,0187	0,0182	0,0177	0,0172	0,0167	0,0162
96	0,0147	0,0139	0,0131	0,0128	0,0124	0,0121	0,0117	0,0114	0,0111
97	0,0101	0,0096	0,0090	0,0088	0,0085	0,0083	0,0081	0,0078	0,0076
98	0,0069	0,0066	0,0062	0,0060	0,0059	0,0057	0,0055	0,0054	0,0053
99	0,0048	0,0045	0,0043	0,0042	0,0040	0,0039	0,0038	0,0037	0,0036
100	0,0032	0,0031	0,0029	0,0028	0,0027	0,0027	0,0026	0,0025	0,0025

T3   Aufgeschobene Leibrente

T3.7 Frau aufgeschoben um 10 Jahre

Sterbetafel 2019/2021 Deutschland, Statistisches Bundesamt   monatlich vorschüssig

Alter	1,75%	2,00%	2,25%	2,50%	2,75%	3,00%	3,25%	3,50%	4,00%
55	13,8210	13,1273	12,4745	11,8598	11,2806	10,7346	10,2197	9,7338	8,8418
56	13,2992	12,6427	12,0241	11,4409	10,8909	10,3718	9,8818	9,4188	8,5677
57	12,7750	12,1548	11,5699	11,0178	10,4964	10,0039	9,5385	9,0983	8,2878
58	12,2488	11,6643	11,1123	10,5907	10,0976	9,6313	9,1902	8,7726	8,0025
59	11,7218	11,1721	10,6523	10,1606	9,6953	9,2548	8,8376	8,4423	7,7122
60	11,1936	10,6778	10,1896	9,7272	9,2892	8,8741	8,4805	8,1072	7,4167
61	10,6652	10,1825	9,7251	9,2914	8,8801	8,4899	8,1195	7,7678	7,1165
62	10,1355	9,6850	9,2576	8,8520	8,4669	8,1012	7,7537	7,4234	6,8107
63	9,6060	9,1868	8,7887	8,4105	8,0510	7,7092	7,3841	7,0749	6,5003
64	9,0778	8,6890	8,3194	7,9678	7,6333	7,3149	7,0118	6,7231	6,1861
65	8,5497	8,1904	7,8484	7,5228	7,2127	6,9172	6,6356	6,3671	5,8670
66	8,0239	7,6931	7,3779	7,0774	6,7910	6,5178	6,2572	6,0085	5,5444
67	7,4996	7,1964	6,9071	6,6311	6,3676	6,1161	5,8760	5,6466	5,2180
68	6,9777	6,7010	6,4368	6,1844	5,9433	5,7129	5,4927	5,2821	4,8881
69	6,4588	6,2076	5,9675	5,7380	5,5185	5,3085	5,1076	4,9154	4,5551
70	5,9460	5,7193	5,5023	5,2947	5,0960	4,9057	4,7235	4,5489	4,2214
71	5,4399	5,2365	5,0417	4,8550	4,6762	4,5049	4,3406	4,1832	3,8873
72	4,9418	4,7606	4,5869	4,4203	4,2606	4,1074	3,9604	3,8193	3,5539
73	4,4548	4,2946	4,1408	3,9933	3,8517	3,7157	3,5852	3,4598	3,2236
74	3,9794	3,8389	3,7041	3,5745	3,4501	3,3305	3,2156	3,1051	2,8968
75	3,5209	3,3990	3,2817	3,1691	3,0607	2,9566	2,8563	2,7600	2,5780
76	3,0810	2,9763	2,8755	2,7785	2,6852	2,5954	2,5090	2,4258	2,2685
77	2,6645	2,5755	2,4898	2,4073	2,3279	2,2513	2,1776	2,1066	1,9723
78	2,2749	2,2002	2,1282	2,0589	1,9921	1,9277	1,8656	1,8058	1,6924
79	1,9139	1,8521	1,7925	1,7351	1,6797	1,6262	1,5747	1,5250	1,4307
80	1,5865	1,5361	1,4875	1,4405	1,3953	1,3516	1,3094	1,2687	1,1914
81	1,2945	1,2540	1,2149	1,1771	1,1407	1,1055	1,0715	1,0386	0,9763
82	1,0388	1,0068	0,9758	0,9459	0,9170	0,8891	0,8621	0,8361	0,7865
83	0,8192	0,7943	0,7702	0,7469	0,7244	0,7026	0,6816	0,6612	0,6225
84	0,6353	0,6162	0,5977	0,5798	0,5626	0,5459	0,5297	0,5141	0,4844
85	0,4844	0,4700	0,4561	0,4426	0,4296	0,4170	0,4048	0,3930	0,3705
86	0,3631	0,3524	0,3421	0,3321	0,3224	0,3130	0,3040	0,2952	0,2785
87	0,2680	0,2602	0,2526	0,2453	0,2382	0,2314	0,2247	0,2183	0,2061
88	0,1949	0,1893	0,1838	0,1786	0,1735	0,1685	0,1637	0,1591	0,1502
89	0,1400	0,1360	0,1321	0,1284	0,1247	0,1212	0,1178	0,1145	0,1082
90	0,0995	0,0967	0,0940	0,0913	0,0888	0,0863	0,0839	0,0815	0,0771
91	0,0700	0,0680	0,0661	0,0642	0,0624	0,0607	0,0590	0,0574	0,0543
92	0,0486	0,0473	0,0460	0,0447	0,0435	0,0423	0,0411	0,0400	0,0378
93	0,0336	0,0327	0,0318	0,0309	0,0301	0,0292	0,0284	0,0277	0,0262
94	0,0231	0,0224	0,0218	0,0212	0,0206	0,0201	0,0195	0,0190	0,0180
95	0,0158	0,0154	0,0149	0,0145	0,0141	0,0137	0,0134	0,0130	0,0123
96	0,0108	0,0105	0,0102	0,0099	0,0097	0,0094	0,0092	0,0089	0,0084
97	0,0074	0,0072	0,0070	0,0068	0,0067	0,0065	0,0063	0,0061	0,0058
98	0,0051	0,0050	0,0048	0,0047	0,0046	0,0045	0,0043	0,0042	0,0040
99	0,0035	0,0034	0,0033	0,0033	0,0032	0,0031	0,0030	0,0029	0,0028
100	0,0024	0,0023	0,0023	0,0022	0,0022	0,0021	0,0020	0,0020	0,0019

T3 Aufgeschobene Leibrente

T3.8 Frau aufgeschoben um 15 Jahre

Sterbetafel 2019/2021 Deutschland, Statistisches Bundesamt   monatlich vorschüssig

Alter	-1,00%	-0,50%	0,00%	0,25%	0,50%	0,75%	1,00%	1,25%	1,50%
0	116,2074	88,6343	68,4756	60,4716	53,5680	47,5963	42,4158	37,9087	33,9762
1	114,2185	87,3688	67,6721	59,8323	53,0601	47,1936	42,0973	37,6575	33,7789
2	111,9437	85,8753	66,6867	59,0303	52,4066	46,6604	41,6617	37,3012	33,4870
3	109,6825	84,3822	65,6958	58,2216	51,7456	46,1194	41,2183	36,9373	33,1880
4	107,4419	82,8951	64,7038	57,4098	51,0804	45,5736	40,7698	36,5683	32,8840
5	105,2226	81,4147	63,7112	56,5955	50,4114	45,0233	40,3166	36,1944	32,5751
6	103,0224	79,9393	62,7168	55,7775	49,7377	44,4676	39,8576	35,8148	32,2607
7	100,8439	78,4709	61,7222	54,9573	49,0605	43,9077	39,3940	35,4304	31,9415
8	98,6869	77,0098	60,7275	54,1350	48,3798	43,3434	38,9257	35,0412	31,6175
9	96,5517	75,5562	59,7330	53,3108	47,6959	42,7752	38,4528	34,6472	31,2889
10	94,4371	74,1093	58,7380	52,4842	47,0082	42,2024	37,9751	34,2482	30,9551
11	92,3431	72,6693	57,7429	51,6553	46,3170	41,6251	37,4924	33,8440	30,6162
12	90,2722	71,2381	56,7490	50,8256	45,6233	41,0445	37,0058	33,4356	30,2729
13	88,2211	69,8135	55,7547	49,9933	44,9258	40,4593	36,5140	33,0219	29,9244
14	86,1924	68,3975	54,7616	49,1601	44,2259	39,8706	36,0182	32,6037	29,5713
15	84,1860	66,9902	53,7699	48,3261	43,5236	39,2785	35,5183	32,1812	29,2137
16	82,2003	65,5906	52,7786	47,4904	42,8183	38,6823	35,0139	31,7538	28,8511
17	80,2352	64,1985	51,7879	46,6532	42,1098	38,0821	34,5048	31,3214	28,4834
18	78,2897	62,8134	50,7973	45,8139	41,3979	37,4776	33,9907	30,8837	28,1102
19	76,3656	61,4369	49,8080	44,9738	40,6836	36,8695	33,4725	30,4415	27,7324
20	74,4626	60,0688	48,8200	44,1327	39,9668	36,2579	32,9499	29,9945	27,3496
21	72,5782	58,7073	47,8319	43,2895	39,2464	35,6416	32,4222	29,5420	26,9611
22	70,7132	57,3530	46,8442	42,4445	38,5228	35,0211	31,8895	29,0842	26,5672
23	68,8666	56,0054	45,8564	41,5975	37,7955	34,3960	31,3516	28,6207	26,1673
24	67,0380	54,6643	44,8685	40,7482	37,0645	33,7662	30,8083	28,1515	25,7616
25	65,2274	53,3297	43,8806	39,8967	36,3299	33,1316	30,2595	27,6764	25,3498
26	63,4366	52,0033	42,8939	39,0443	35,5927	32,4934	29,7063	27,1964	24,9327
27	61,6639	50,6837	41,9074	38,1901	34,8522	31,8507	29,1479	26,7106	24,5097
28	59,9108	49,3724	40,9225	37,3351	34,1092	31,2044	28,5850	26,2198	24,0814
29	58,1776	48,0696	39,9393	36,4796	33,3641	30,5546	28,0178	25,7242	23,6478
30	56,4621	46,7739	38,9566	35,6225	32,6157	29,9005	27,4455	25,2229	23,2082
31	54,7659	45,4864	37,9755	34,7648	31,8650	29,2428	26,8687	24,7165	22,7631
32	53,0894	44,2079	36,9966	33,9069	31,1125	28,5821	26,2879	24,2055	22,3129
33	51,4313	42,9373	36,0191	33,0483	30,3575	27,9176	25,7024	23,6891	21,8571
34	49,7916	41,6746	35,0431	32,1889	29,6002	27,2494	25,1124	23,1675	21,3955
35	48,1711	40,4207	34,0693	31,3295	28,8410	26,5781	24,5182	22,6411	20,9287
36	46,5709	39,1768	33,0988	30,4711	28,0810	25,9046	23,9208	22,1106	20,4572
37	44,9880	37,9405	32,1295	29,6118	27,3184	25,2272	23,3185	21,5747	19,9798
38	43,4250	36,7138	31,1635	28,7533	26,5548	24,5475	22,7129	21,0345	19,4976
39	41,8796	35,4953	30,1993	27,8945	25,7892	23,8643	22,1027	20,4891	19,0096
40	40,3544	34,2870	29,2389	27,0372	25,0232	23,1793	21,4896	19,9399	18,5171
41	38,8469	33,0872	28,2808	26,1799	24,2555	22,4912	20,8724	19,3857	18,0192
42	37,3597	31,8981	27,3270	25,3246	23,4879	21,8017	20,2526	18,8280	17,5170
43	35,8913	30,7186	26,3765	24,4703	22,7195	21,1101	19,6294	18,2662	17,0100
44	34,4434	29,5503	25,4308	23,6186	21,9517	20,4174	19,0041	17,7011	16,4991
45	33,0152	28,3926	24,4897	22,7690	21,1842	19,7236	18,3763	17,1327	15,9840
46	31,6066	27,2458	23,5532	21,9218	20,4172	19,0286	17,7462	16,5610	15,4649
47	30,2199	26,1117	22,6231	21,0786	19,6522	18,3342	17,1153	15,9874	14,9430
48	28,8531	24,9890	21,6983	20,2383	18,8884	17,6392	16,4826	15,4109	14,4174
49	27,5101	23,8811	20,7819	19,4041	18,1283	16,9463	15,8505	14,8340	13,8904
50	26,1896	22,7870	19,8731	18,5750	17,3715	16,2550	15,2186	14,2560	13,3615
51	24,8903	21,7059	18,9713	17,7506	16,6173	15,5647	14,5864	13,6766	12,8301
52	23,6131	20,6386	18,0773	16,9316	15,8667	14,8763	13,9546	13,0965	12,2971
53	22,3575	19,5849	17,1909	16,1180	15,1194	14,1895	13,3231	12,5155	11,7623
54	21,1262	18,5473	16,3146	15,3120	14,3777	13,5065	12,6939	11,9355	11,2273

T3   Aufgeschobene Leibrente

T3.8   Frau aufgeschoben um 15 Jahre

Sterbetafel 2019/2021 Deutschland, Statistisches Bundesamt   monatlich vorschüssig

Alter	1,75%	2,00%	2,25%	2,50%	2,75%	3,00%	3,25%	3,50%	4,00%
0	30,5353	27,5159	24,8590	22,5146	20,4403	18,6001	16,9632	15,5035	13,0288
1	30,3811	27,3962	24,7668	22,4444	20,3876	18,5614	16,9355	15,4845	13,0221
2	30,1416	27,1995	24,6050	22,3111	20,2777	18,4705	16,8604	15,4223	12,9792
3	29,8956	26,9967	24,4376	22,1727	20,1631	18,3755	16,7815	15,3566	12,9335
4	29,6447	26,7893	24,2660	22,0305	20,0450	18,2773	16,6997	15,2884	12,8858
5	29,3891	26,5776	24,0904	21,8845	19,9235	18,1760	16,6151	15,2177	12,8360
6	29,1284	26,3610	23,9101	21,7344	19,7982	18,0713	16,5274	15,1441	12,7840
7	28,8630	26,1400	23,7258	21,5804	19,6694	17,9633	16,4368	15,0679	12,7299
8	28,5929	25,9146	23,5374	21,4226	19,5371	17,8522	16,3433	14,9891	12,6736
9	28,3183	25,6848	23,3448	21,2610	19,4012	17,7378	16,2468	14,9076	12,6152
10	28,0387	25,4503	23,1478	21,0952	19,2615	17,6199	16,1472	14,8233	12,5544
11	27,7541	25,2110	22,9463	20,9253	19,1180	17,4985	16,0443	14,7359	12,4912
12	27,4653	24,9675	22,7408	20,7516	18,9710	17,3738	15,9384	14,6459	12,4257
13	27,1712	24,7191	22,5306	20,5735	18,8198	17,2454	15,8291	14,5527	12,3576
14	26,8726	24,4663	22,3162	20,3914	18,6650	17,1135	15,7166	14,4566	12,2872
15	26,5696	24,2090	22,0976	20,2054	18,5065	16,9782	15,6009	14,3575	12,2142
16	26,2615	23,9470	21,8744	20,0150	18,3438	16,8390	15,4817	14,2552	12,1386
17	25,9484	23,6800	21,6464	19,8201	18,1769	16,6959	15,3588	14,1496	12,0601
18	25,6299	23,4078	21,4134	19,6204	18,0055	16,5487	15,2321	14,0403	11,9786
19	25,3066	23,1308	21,1759	19,4164	17,8300	16,3975	15,1017	13,9277	11,8942
20	24,9784	22,8490	20,9336	19,2078	17,6503	16,2423	14,9676	13,8116	11,8068
21	24,6445	22,5616	20,6860	18,9941	17,4656	16,0826	14,8292	13,6915	11,7161
22	24,3050	22,2688	20,4330	18,7753	17,2762	15,9183	14,6865	13,5675	11,6219
23	23,9597	21,9702	20,1745	18,5512	17,0816	15,7492	14,5393	13,4392	11,5241
24	23,6085	21,6657	19,9102	18,3216	16,8818	15,5751	14,3875	13,3066	11,4224
25	23,2511	21,3552	19,6401	18,0863	16,6766	15,3959	14,2308	13,1694	11,3169
26	22,8883	21,0393	19,3647	17,8458	16,4664	15,2120	14,0696	13,0280	11,2076
27	22,5195	20,7174	19,0833	17,5996	16,2508	15,0228	13,9035	12,8819	11,0942
28	22,1452	20,3899	18,7965	17,3481	16,0299	14,8287	13,7327	12,7314	10,9768
29	21,7655	20,0569	18,5042	17,0913	15,8039	14,6296	13,5571	12,5763	10,8555
30	21,3795	19,7178	18,2058	16,8284	15,5722	14,4250	13,3762	12,4163	10,7297
31	20,9880	19,3729	17,9017	16,5600	15,3349	14,2151	13,1902	12,2513	10,5995
32	20,5910	19,0225	17,5920	16,2860	15,0923	14,0000	12,9993	12,0817	10,4651
33	20,1881	18,6660	17,2763	16,0061	14,8439	13,7792	12,8030	11,9068	10,3259
34	19,7793	18,3035	16,9546	15,7202	14,5895	13,5527	12,6011	11,7267	10,1820
35	19,3649	17,9353	16,6270	15,4285	14,3295	13,3207	12,3938	11,5414	10,0334
36	18,9454	17,5618	16,2940	15,1314	14,0642	13,0835	12,1815	11,3511	9,8802
37	18,5197	17,1818	15,9546	14,8279	13,7925	12,8400	11,9632	11,1551	9,7217
38	18,0888	16,7964	15,6096	14,5187	13,5152	12,5911	11,7394	10,9538	9,5583
39	17,6519	16,4047	15,2582	14,2032	13,2315	12,3359	11,5096	10,7467	9,3895
40	17,2099	16,0078	14,9013	13,8820	12,9423	12,0751	11,2743	10,5342	9,2158
41	16,7621	15,6047	14,5381	13,5546	12,6467	11,8082	11,0329	10,3157	9,0364
42	16,3095	15,1965	14,1696	13,2216	12,3456	11,5356	10,7861	10,0919	8,8519
43	15,8516	14,7826	13,7952	12,8826	12,0384	11,2571	10,5332	9,8622	8,6619
44	15,3892	14,3638	13,4156	12,5382	11,7258	10,9730	10,2749	9,6271	8,4667
45	14,9221	13,9399	13,0306	12,1883	11,4075	10,6832	10,0109	9,3864	8,2661
46	14,4504	13,5109	12,6402	11,8327	11,0834	10,3876	9,7411	9,1399	8,0600
47	13,9752	13,0779	12,2454	11,4725	10,7545	10,0870	9,4662	8,8884	7,8489
48	13,4958	12,6402	11,8455	11,1069	10,4200	9,7808	9,1857	8,6313	7,6323
49	13,0141	12,1996	11,4422	10,7376	10,0815	9,4704	8,9008	8,3696	7,4112
50	12,5296	11,7557	11,0352	10,3640	9,7385	9,1553	8,6111	8,1031	7,1853
51	12,0421	11,3080	10,6239	9,9860	9,3908	8,8352	8,3163	7,8315	6,9542
52	11,5520	10,8573	10,2090	9,6038	9,0387	8,5105	8,0168	7,5549	6,7181
53	11,0594	10,4032	9,7903	9,2175	8,6820	8,1811	7,7123	7,2734	6,4769
54	10,5657	9,9474	9,3692	8,8283	8,3221	7,8480	7,4039	6,9878	6,2315

T3 Aufgeschobene Leibrente

T3.8 Frau aufgeschoben um 15 Jahre

Sterbetafel 2019/2021 Deutschland, Statistisches Bundesamt   monatlich vorschüssig

Alter	-1,00%	-0,50%	0,00%	0,25%	0,50%	0,75%	1,00%	1,25%	1,50%
55	19,9184	17,5253	15,4480	14,5133	13,6412	12,8270	12,0667	11,3562	10,6920
56	18,7349	16,5197	14,5918	13,7227	12,9108	12,1519	11,4423	10,7785	10,1572
57	17,5757	15,5308	13,7465	12,9406	12,1868	11,4814	10,8210	10,2025	9,6230
58	16,4418	14,5596	12,9131	12,1680	11,4702	10,8165	10,2038	9,6293	9,0904
59	15,3347	13,6076	12,0930	11,4064	10,7626	10,1587	9,5920	9,0601	8,5606
60	14,2540	12,6747	11,2863	10,6557	10,0637	9,5078	8,9856	8,4949	8,0335
61	13,2008	11,7621	10,4941	9,9172	9,3750	8,8652	8,3858	7,9348	7,5104
62	12,1739	10,8687	9,7157	9,1901	8,6957	8,2303	7,7921	7,3795	6,9907
63	11,1755	9,9969	8,9532	8,4767	8,0279	7,6050	7,2064	6,8306	6,4762
64	10,2071	9,1481	8,2082	7,7784	7,3730	6,9907	6,6300	6,2896	5,9682
65	9,2680	8,3219	7,4804	7,0949	6,7310	6,3874	6,0629	5,7564	5,4667
66	8,3616	7,5217	6,7730	6,4295	6,1049	5,7981	5,5081	5,2338	4,9743
67	7,4890	6,7486	6,0872	5,7833	5,4958	5,2239	4,9665	4,7229	4,4922
68	6,6523	6,0048	5,4253	5,1586	4,9061	4,6670	4,4405	4,2259	4,0225
69	5,8546	5,2934	4,7902	4,5582	4,3384	4,1301	3,9326	3,7453	3,5676
70	5,1016	4,6198	4,1870	3,9872	3,7978	3,6180	3,4475	3,2856	3,1319
71	4,3959	3,9867	3,6185	3,4483	3,2868	3,1334	2,9877	2,8494	2,7179
72	3,7409	3,3975	3,0880	2,9447	2,8087	2,6794	2,5565	2,4397	2,3286
73	3,1406	2,8562	2,5994	2,4804	2,3673	2,2598	2,1575	2,0602	1,9676
74	2,5963	2,3642	2,1543	2,0570	1,9643	1,8762	1,7923	1,7125	1,6364
75	2,1114	1,9249	1,7561	1,6777	1,6031	1,5320	1,4643	1,3999	1,3384
76	1,6861	1,5389	1,4054	1,3434	1,2843	1,2280	1,1744	1,1232	1,0745
77	1,3207	1,2066	1,1031	1,0549	1,0090	0,9653	0,9235	0,8837	0,8458
78	1,0135	0,9268	0,8481	0,8114	0,7765	0,7431	0,7113	0,6810	0,6520
79	0,7607	0,6963	0,6377	0,6104	0,5843	0,5595	0,5358	0,5131	0,4915
80	0,5584	0,5116	0,4689	0,4490	0,4300	0,4118	0,3945	0,3780	0,3622
81	0,4006	0,3673	0,3369	0,3227	0,3091	0,2962	0,2838	0,2720	0,2607
82	0,2809	0,2577	0,2365	0,2266	0,2172	0,2082	0,1996	0,1913	0,1834
83	0,1927	0,1769	0,1624	0,1557	0,1492	0,1431	0,1372	0,1315	0,1262
84	0,1295	0,1190	0,1093	0,1048	0,1005	0,0964	0,0924	0,0886	0,0850
85	0,0854	0,0785	0,0722	0,0692	0,0664	0,0637	0,0611	0,0586	0,0562
86	0,0551	0,0507	0,0466	0,0447	0,0429	0,0412	0,0395	0,0379	0,0364
87	0,0349	0,0321	0,0295	0,0283	0,0272	0,0261	0,0250	0,0240	0,0231
88	0,0217	0,0200	0,0184	0,0176	0,0169	0,0162	0,0156	0,0150	0,0144
89	0,0133	0,0122	0,0112	0,0108	0,0104	0,0099	0,0095	0,0092	0,0088
90	0,0080	0,0074	0,0068	0,0065	0,0063	0,0060	0,0058	0,0055	0,0053
91	0,0048	0,0044	0,0041	0,0039	0,0037	0,0036	0,0034	0,0033	0,0032
92	0,0028	0,0026	0,0024	0,0023	0,0022	0,0021	0,0020	0,0020	0,0019
93	0,0017	0,0015	0,0014	0,0014	0,0013	0,0013	0,0012	0,0012	0,0011
94	0,0010	0,0009	0,0008	0,0008	0,0008	0,0007	0,0007	0,0007	0,0007
95	0,0006	0,0005	0,0005	0,0005	0,0004	0,0004	0,0004	0,0004	0,0004

T3   Aufgeschobene Leibrente

T3.8 Frau aufgeschoben um 15 Jahre

Sterbetafel 2019/2021 Deutschland, Statistisches Bundesamt   monatlich vorschüssig

Alter	1,75%	2,00%	2,25%	2,50%	2,75%	3,00%	3,25%	3,50%	4,00%
55	10,0709	9,4896	8,9456	8,4360	7,9586	7,5111	7,0915	6,6979	5,9815
56	9,5755	9,0306	8,5199	8,0412	7,5922	7,1709	6,7755	6,4041	5,7274
57	9,0798	8,5704	8,0926	7,6441	7,2230	6,8275	6,4559	6,1066	5,4692
58	8,5847	8,1100	7,6642	7,2453	6,8517	6,4816	6,1335	5,8060	5,2074
59	8,0913	7,6503	7,2357	6,8459	6,4790	6,1338	5,8088	5,5027	4,9426
60	7,5997	7,1915	6,8074	6,4458	6,1052	5,7844	5,4821	5,1971	4,6748
61	7,1108	6,7345	6,3800	6,0459	5,7310	5,4340	5,1539	4,8895	4,4045
62	6,6243	6,2789	5,9532	5,6459	5,3560	5,0823	4,8240	4,5799	4,1315
63	6,1418	5,8263	5,5285	5,2473	4,9817	4,7307	4,4935	4,2693	3,8568
64	5,6647	5,3780	5,1071	4,8511	4,6090	4,3801	4,1636	3,9587	3,5812
65	5,1928	4,9339	4,6890	4,4573	4,2380	4,0305	3,8341	3,6480	3,3048
66	4,7288	4,4965	4,2765	4,0682	3,8710	3,6841	3,5070	3,3392	3,0291
67	4,2738	4,0669	3,8708	3,6849	3,5088	3,3417	3,1833	3,0330	2,7551
68	3,8297	3,6470	3,4736	3,3092	3,1532	3,0051	2,8646	2,7312	2,4842
69	3,3991	3,2391	3,0873	2,9432	2,8063	2,6764	2,5529	2,4356	2,2181
70	2,9860	2,8474	2,7158	2,5907	2,4719	2,3589	2,2515	2,1494	1,9598
71	2,5930	2,4743	2,3614	2,2541	2,1520	2,0549	1,9625	1,8746	1,7114
72	2,2230	2,1225	2,0269	1,9360	1,8494	1,7670	1,6886	1,6139	1,4750
73	1,8794	1,7956	1,7157	1,6397	1,5673	1,4983	1,4326	1,3699	1,2534
74	1,5640	1,4951	1,4294	1,3668	1,3071	1,2503	1,1961	1,1444	1,0481
75	1,2799	1,2241	1,1709	1,1202	1,0719	1,0257	0,9818	0,9398	0,8616
76	1,0280	0,9837	0,9414	0,9011	0,8626	0,8259	0,7908	0,7574	0,6949
77	0,8096	0,7750	0,7420	0,7106	0,6805	0,6518	0,6245	0,5983	0,5494
78	0,6244	0,5980	0,5728	0,5487	0,5257	0,5038	0,4828	0,4628	0,4253
79	0,4708	0,4511	0,4323	0,4143	0,3971	0,3806	0,3649	0,3499	0,3218
80	0,3471	0,3327	0,3189	0,3057	0,2931	0,2811	0,2696	0,2586	0,2380
81	0,2500	0,2397	0,2298	0,2204	0,2114	0,2028	0,1945	0,1866	0,1719
82	0,1759	0,1687	0,1618	0,1552	0,1489	0,1429	0,1371	0,1316	0,1213
83	0,1210	0,1161	0,1114	0,1069	0,1026	0,0984	0,0945	0,0907	0,0836
84	0,0816	0,0783	0,0751	0,0721	0,0692	0,0664	0,0638	0,0613	0,0565
85	0,0540	0,0518	0,0497	0,0477	0,0458	0,0440	0,0423	0,0406	0,0374
86	0,0349	0,0335	0,0322	0,0309	0,0297	0,0285	0,0274	0,0263	0,0243
87	0,0222	0,0213	0,0204	0,0196	0,0188	0,0181	0,0174	0,0167	0,0154
88	0,0138	0,0132	0,0127	0,0122	0,0117	0,0113	0,0108	0,0104	0,0096
89	0,0084	0,0081	0,0078	0,0075	0,0072	0,0069	0,0066	0,0064	0,0059
90	0,0051	0,0049	0,0047	0,0045	0,0044	0,0042	0,0040	0,0039	0,0036
91	0,0031	0,0029	0,0028	0,0027	0,0026	0,0025	0,0024	0,0023	0,0021
92	0,0018	0,0017	0,0017	0,0016	0,0015	0,0015	0,0014	0,0014	0,0013
93	0,0011	0,0010	0,0010	0,0010	0,0009	0,0009	0,0008	0,0008	0,0008
94	0,0006	0,0006	0,0006	0,0006	0,0005	0,0005	0,0005	0,0005	0,0004
95	0,0004	0,0004	0,0003	0,0003	0,0003	0,0003	0,0003	0,0003	0,0003

T4   Verbundene lebenslange Leibrente Mann/Frau bis Tod des Zuerststerbenden

T4.1 Mann ist 10 Jahre älter als Frau

Sterbetafel 2019/2021 Deutschland, Statistisches Bundesamt   monatlich vorschüssig

Alter Mann/Frau		-1,00%	-0,50%	0,00%	0,25%	0,50%	0,75%	1,00%	1,25%	1,50%
28	18	65,1313	56,4859	49,3600	46,2693	43,4502	40,8749	38,5187	36,3596	34,3781
29	19	63,5254	55,2409	48,3905	45,4123	42,6917	40,2028	37,9224	35,8300	33,9072
30	20	61,9370	54,0036	47,4223	44,5543	41,9306	39,5268	37,3213	35,2948	33,4302
31	21	60,3662	52,7740	46,4555	43,6956	41,1670	38,8470	36,7154	34,7542	32,9472
32	22	58,8130	51,5523	45,4904	42,8364	40,4012	38,1637	36,1050	34,2082	32,4584
33	23	57,2749	50,3366	44,5252	41,9750	39,6315	37,4752	35,4884	33,6555	31,9622
34	24	55,7535	49,1281	43,5612	41,1125	38,8591	36,7826	34,8668	33,0968	31,4596
35	25	54,2492	47,9274	42,5988	40,2495	38,0843	36,0863	34,2403	32,5326	30,9509
36	26	52,7631	46,7357	41,6391	39,3869	37,3082	35,3873	33,6100	31,9636	30,4366
37	27	51,2972	45,5548	40,6839	38,5265	36,5323	34,6869	32,9771	31,3911	29,9182
38	28	49,8522	44,3855	39,7339	37,6688	35,7573	33,9858	32,3422	30,8156	29,3960
39	29	48,4216	43,2222	38,7840	36,8093	34,9787	33,2798	31,7014	30,2333	28,8663
40	30	47,0095	42,0684	37,8378	35,9511	34,1995	32,5717	31,0572	29,6467	28,3316
41	31	45,6150	40,9238	36,8947	35,0938	33,4194	31,8612	30,4094	29,0555	27,7916
42	32	44,2424	39,7923	35,9583	34,2408	32,6417	31,1513	29,7609	28,4625	27,2488
43	33	42,8818	38,6650	35,0209	33,3847	31,8591	30,4354	29,1052	27,8615	26,6973
44	34	41,5436	37,5514	34,0909	32,5337	31,0797	29,7208	28,4495	27,2592	26,1436
45	35	40,2224	36,4470	33,1643	31,6839	30,2995	29,0039	27,7903	26,6524	25,5845
46	36	38,9194	35,3527	32,2422	30,8362	29,5197	28,2859	27,1285	26,0419	25,0209
47	37	37,6336	34,2680	31,3239	29,9903	28,7397	27,5660	26,4636	25,4273	24,4522
48	38	36,3702	33,1976	30,4141	29,1504	27,9637	26,8485	25,7995	24,8121	23,8820
49	39	35,1268	32,1396	29,5108	28,3147	27,1900	26,1316	25,1347	24,1951	23,3088
50	40	33,9071	31,0974	28,6175	27,4868	26,4220	25,4185	24,4722	23,5791	22,7355
51	41	32,7038	30,0647	27,7284	26,6608	25,6541	24,7041	23,8070	22,9592	22,1574
52	42	31,5229	29,0469	26,8485	25,8418	24,8912	23,9929	23,1435	22,3397	21,5786
53	43	30,3624	28,0424	25,9766	25,0285	24,1320	23,2838	22,4806	21,7197	20,9982
54	44	29,2235	27,0526	25,1138	24,2222	23,3779	22,5780	21,8196	21,1001	20,4171
55	45	28,1067	26,0779	24,2609	23,4235	22,6295	21,8762	21,1610	20,4817	19,8360
56	46	27,0159	25,1223	23,4216	22,6361	21,8903	21,1818	20,5084	19,8678	19,2582
57	47	25,9505	24,1854	22,5956	21,8598	21,1602	20,4948	19,8614	19,2582	18,6835
58	48	24,9060	23,2632	21,7793	21,0911	20,4360	19,8119	19,2172	18,6501	18,1091
59	49	23,8879	22,3610	20,9779	20,3352	19,7224	19,1380	18,5804	18,0480	17,5394
60	50	22,8982	21,4809	20,1934	19,5939	19,0217	18,4751	17,9530	17,4538	16,9764
61	51	21,9310	20,6175	19,4211	18,8628	18,3292	17,8189	17,3308	16,8636	16,4162
62	52	20,9909	19,7754	18,6652	18,1461	17,6493	17,1736	16,7180	16,2813	15,8627
63	53	20,0748	18,9519	17,9234	17,4416	16,9798	16,5371	16,1126	15,7052	15,3142
64	54	19,1841	18,1484	17,1972	16,7507	16,3223	15,9110	15,5161	15,1366	14,7720
65	55	18,3178	17,3642	16,4861	16,0731	15,6762	15,2949	14,9282	14,5754	14,2361
66	56	17,4748	16,5985	15,7894	15,4081	15,0413	14,6883	14,3485	14,0213	13,7060
67	57	16,6560	15,8523	15,1083	14,7569	14,4185	14,0925	13,7782	13,4752	13,1830
68	58	15,8562	15,1207	14,4382	14,1152	13,8038	13,5034	13,2134	12,9335	12,6633
69	59	15,0785	14,4071	13,7824	13,4862	13,2002	12,9240	12,6572	12,3993	12,1499
70	60	14,3206	13,7092	13,1389	12,8680	12,6061	12,3529	12,1079	11,8708	11,6414
71	61	13,5800	13,0249	12,5057	12,2587	12,0196	11,7880	11,5638	11,3466	11,1361
72	62	12,8560	12,3535	11,8823	11,6578	11,4401	11,2291	11,0245	10,8261	10,6336
73	63	12,1512	11,6978	11,2716	11,0680	10,8705	10,6789	10,4928	10,3121	10,1367
74	64	11,4613	11,0537	10,6695	10,4858	10,3072	10,1338	9,9652	9,8013	9,6420
75	65	10,7927	10,4274	10,0824	9,9170	9,7562	9,5997	9,4475	9,2993	9,1551
76	66	10,1372	9,8112	9,5026	9,3544	9,2102	9,0697	8,9328	8,7995	8,6696
77	67	9,5030	9,2132	8,9382	8,8060	8,6771	8,5514	8,4288	8,3093	8,1927
78	68	8,8888	8,6322	8,3882	8,2707	8,1560	8,0440	7,9347	7,8280	7,7238
79	69	8,2839	8,0581	7,8428	7,7389	7,6374	7,5383	7,4414	7,3466	7,2541

T4   Verbundene lebenslange Leibrente Mann/Frau bis Tod des Zuerststerbenden

T4.1 Mann ist 10 Jahre älter als Frau

Sterbetafel 2019/2021 Deutschland, Statistisches Bundesamt   monatlich vorschüssig

Alter Mann/Frau		1,75%	2,00%	2,25%	2,50%	2,75%	3,00%	3,25%	3,50%	4,00%
28	18	32,5570	30,8807	29,3353	27,9086	26,5896	25,3683	24,2358	23,1843	21,2962
29	19	32,1376	30,5068	29,0016	27,6104	26,3227	25,1292	24,0213	22,9917	21,1402
30	20	31,7120	30,1265	28,6614	27,3057	26,0494	24,8838	23,8007	22,7930	20,9786
31	21	31,2800	29,7397	28,3146	26,9943	25,7696	24,6320	23,5738	22,5884	20,8114
32	22	30,8418	29,3463	27,9611	26,6764	25,4832	24,3737	23,3406	22,3776	20,6385
33	23	30,3959	28,9452	27,5999	26,3506	25,1891	24,1078	23,1000	22,1595	20,4588
34	24	29,9433	28,5371	27,2314	26,0175	24,8877	23,8348	22,8524	21,9346	20,2727
35	25	29,4840	28,1220	26,8558	25,6774	24,5792	23,5547	22,5978	21,7029	20,0801
36	26	29,0188	27,7006	26,4738	25,3306	24,2641	23,2680	22,3366	21,4648	19,8814
37	27	28,5488	27,2741	26,0862	24,9781	23,9431	22,9754	22,0697	21,2209	19,6772
38	28	28,0744	26,8427	25,6936	24,6203	23,6167	22,6773	21,7972	20,9715	19,4676
39	29	27,5921	26,4032	25,2925	24,2540	23,2818	22,3708	21,5162	20,7139	19,2501
40	30	27,1043	25,9575	24,8851	23,8810	22,9401	22,0574	21,2285	20,4494	19,0261
41	31	26,6104	25,5055	24,4709	23,5011	22,5913	21,7368	20,9336	20,1778	18,7951
42	32	26,1131	25,0494	24,0522	23,1164	22,2375	21,4111	20,6334	19,9009	18,5587
43	33	25,6066	24,5838	23,6237	22,7218	21,8736	21,0752	20,3232	19,6141	18,3128
44	34	25,0971	24,1145	23,1911	22,3226	21,5049	20,7344	20,0078	19,3219	18,0614
45	35	24,5815	23,6387	22,7515	21,9160	21,1286	20,3858	19,6846	19,0220	17,8024
46	36	24,0607	23,1569	22,3055	21,5028	20,7454	20,0301	19,3541	18,7147	17,5359
47	37	23,5340	22,6688	21,8527	21,0823	20,3546	19,6667	19,0158	18,3994	17,2615
48	38	23,0050	22,1775	21,3961	20,6576	19,9593	19,2983	18,6722	18,0788	16,9815
49	39	22,4721	21,6817	20,9344	20,2274	19,5580	18,9237	18,3222	17,7516	16,6948
50	40	21,9382	21,1841	20,4702	19,7940	19,1531	18,5451	17,9680	17,4198	16,4031
51	41	21,3987	20,6801	19,9991	19,3534	18,7405	18,1586	17,6055	17,0797	16,1029
52	42	20,8575	20,1737	19,5249	18,9090	18,3238	17,7674	17,2382	16,7344	15,7972
53	43	20,3137	19,6639	19,0467	18,4599	17,9019	17,3707	16,8649	16,3829	15,4849
54	44	19,7684	19,1517	18,5652	18,0071	17,4757	16,9693	16,4866	16,0261	15,1668
55	45	19,2220	18,6376	18,0812	17,5510	17,0456	16,5636	16,1035	15,6642	14,8432
56	46	18,6777	18,1247	17,5974	17,0945	16,6145	16,1562	15,7183	15,2998	14,5163
57	47	18,1355	17,6128	17,1139	16,6375	16,1823	15,7471	15,3310	14,9327	14,1861
58	48	17,5926	17,0994	16,6281	16,1775	15,7465	15,3340	14,9390	14,5607	13,8504
59	49	17,0533	16,5886	16,1439	15,7184	15,3109	14,9204	14,5462	14,1873	13,5125
60	50	16,5195	16,0822	15,6634	15,2620	14,8772	14,5082	14,1541	13,8141	13,1740
61	51	15,9875	15,5767	15,1828	14,8049	14,4422	14,0940	13,7595	13,4381	12,8318
62	52	15,4612	15,0759	14,7060	14,3507	14,0094	13,6813	13,3658	13,0623	12,4890
63	53	14,9386	14,5779	14,2311	13,8978	13,5771	13,2685	12,9715	12,6854	12,1443
64	54	14,4214	14,0842	13,7598	13,4475	13,1468	12,8571	12,5779	12,3088	11,7988
65	55	13,9094	13,5948	13,2918	12,9997	12,7182	12,4468	12,1849	11,9321	11,4526
66	56	13,4022	13,1093	12,8268	12,5543	12,2913	12,0374	11,7922	11,5554	11,1053
67	57	12,9010	12,6288	12,3661	12,1123	11,8671	11,6302	11,4011	11,1796	10,7579
68	58	12,4022	12,1499	11,9061	11,6703	11,4423	11,2217	11,0083	10,8016	10,4076
69	59	11,9088	11,6755	11,4498	11,2313	11,0198	10,8149	10,6164	10,4240	10,0568
70	60	11,4193	11,2041	10,9957	10,7938	10,5980	10,4083	10,2242	10,0457	9,7043
71	61	10,9321	10,7343	10,5424	10,3563	10,1758	10,0005	9,8304	9,6652	9,3488
72	62	10,4469	10,2656	10,0895	9,9186	9,7526	9,5913	9,4345	9,2821	8,9899
73	63	9,9662	9,8006	9,6396	9,4831	9,3310	9,1830	9,0390	8,8989	8,6298
74	64	9,4870	9,3363	9,1896	9,0469	8,9079	8,7727	8,6410	8,5127	8,2659
75	65	9,0147	8,8780	8,7449	8,6151	8,4887	8,3655	8,2455	8,1284	7,9028
76	66	8,5429	8,4195	8,2991	8,1818	8,0673	7,9556	7,8466	7,7402	7,5350
77	67	8,0789	7,9679	7,8595	7,7538	7,6505	7,5496	7,4511	7,3549	7,1689
78	68	7,6221	7,5226	7,4255	7,3306	7,2378	7,1471	7,0585	6,9718	6,8040
79	69	7,1635	7,0750	6,9885	6,9038	6,8209	6,7399	6,6605	6,5829	6,4325

T4   Verbundene lebenslange Leibrente Mann/Frau bis Tod des Zuerststerbenden

T4.1 Mann ist 10 Jahre älter als Frau

Sterbetafel 2019/2021 Deutschland, Statistisches Bundesamt   monatlich vorschüssig

Alter Mann/Frau	-1,00%	-0,50%	0,00%	0,25%	0,50%	0,75%	1,00%	1,25%	1,50%
80 70	7,7023	7,5043	7,3152	7,2237	7,1343	7,0469	6,9613	6,8776	6,7957
81 71	7,1459	6,9730	6,8075	6,7274	6,6490	6,5722	6,4970	6,4233	6,3512
82 72	6,6153	6,4650	6,3207	6,2508	6,1823	6,1152	6,0493	5,9848	5,9215
83 73	6,1039	5,9739	5,8489	5,7882	5,7287	5,6703	5,6130	5,5568	5,5016
84 74	5,6191	5,5071	5,3992	5,3468	5,2952	5,2447	5,1950	5,1462	5,0983
85 75	5,1666	5,0704	4,9775	4,9323	4,8878	4,8442	4,8012	4,7590	4,7175
86 76	4,7426	4,6602	4,5806	4,5417	4,5035	4,4660	4,4290	4,3926	4,3568
87 77	4,3486	4,2783	4,2101	4,1768	4,1441	4,1118	4,0801	4,0488	4,0180
88 78	3,9788	3,9189	3,8608	3,8324	3,8044	3,7769	3,7497	3,7229	3,6966
89 79	3,6389	3,5880	3,5385	3,5143	3,4904	3,4669	3,4437	3,4208	3,3982
90 80	3,3320	3,2887	3,2466	3,2260	3,2056	3,1855	3,1657	3,1461	3,1268
91 81	3,0546	3,0178	2,9819	2,9643	2,9469	2,9297	2,9128	2,8961	2,8795
92 82	2,7925	2,7613	2,7308	2,7159	2,7011	2,6865	2,6720	2,6578	2,6437
93 83	2,5656	2,5390	2,5130	2,5002	2,4875	2,4750	2,4627	2,4504	2,4384
94 84	2,3531	2,3304	2,3082	2,2973	2,2865	2,2759	2,2653	2,2549	2,2445
95 85	2,1709	2,1514	2,1324	2,1231	2,1138	2,1046	2,0956	2,0866	2,0777
96 86	1,9979	1,9813	1,9651	1,9570	1,9491	1,9412	1,9334	1,9257	1,9181
97 87	1,8571	1,8427	1,8286	1,8217	1,8148	1,8080	1,8012	1,7945	1,7879
98 88	1,7199	1,7075	1,6953	1,6894	1,6834	1,6775	1,6717	1,6659	1,6602
99 89	1,5981	1,5874	1,5769	1,5717	1,5666	1,5614	1,5564	1,5513	1,5464
100 90	1,4903	1,4809	1,4718	1,4672	1,4627	1,4583	1,4539	1,4495	1,4451
101 91	1,3954	1,3873	1,3792	1,3753	1,3713	1,3674	1,3635	1,3597	1,3558
102 92	1,3104	1,3032	1,2961	1,2926	1,2892	1,2857	1,2823	1,2789	1,2755
103 93	1,2377	1,2313	1,2250	1,2219	1,2188	1,2157	1,2127	1,2097	1,2067
104 94	1,1728	1,1671	1,1615	1,1587	1,1559	1,1532	1,1504	1,1477	1,1450
105 95	1,1142	1,1091	1,1041	1,1016	1,0991	1,0966	1,0942	1,0917	1,0893
106 96	1,0625	1,0578	1,0533	1,0510	1,0487	1,0465	1,0443	1,0421	1,0399
107 97	1,0227	1,0185	1,0143	1,0122	1,0101	1,0081	1,0060	1,0040	1,0020
108 98	0,9735	0,9697	0,9659	0,9640	0,9622	0,9603	0,9585	0,9567	0,9548
109 99	0,9566	0,9530	0,9495	0,9477	0,9460	0,9443	0,9425	0,9408	0,9391
110 100	0,8632	0,8603	0,8573	0,8558	0,8544	0,8529	0,8515	0,8501	0,8486

T4   Verbundene lebenslange Leibrente Mann/Frau bis Tod des Zuerststerbenden

T4.1 Mann ist 10 Jahre älter als Frau

Sterbetafel 2019/2021 Deutschland, Statistisches Bundesamt   monatlich vorschüssig

Alter Mann/Frau	1,75%	2,00%	2,25%	2,50%	2,75%	3,00%	3,25%	3,50%	4,00%
80 70	6,7156	6,6371	6,5603	6,4851	6,4115	6,3393	6,2687	6,1995	6,0652
81 71	6,2805	6,2113	6,1434	6,0769	6,0117	5,9478	5,8852	5,8238	5,7044
82 72	5,8595	5,7987	5,7390	5,6805	5,6230	5,5667	5,5114	5,4571	5,3515
83 73	5,4474	5,3942	5,3421	5,2908	5,2405	5,1911	5,1425	5,0948	5,0020
84 74	5,0512	5,0049	4,9595	4,9148	4,8709	4,8278	4,7854	4,7437	4,6623
85 75	4,6767	4,6366	4,5972	4,5584	4,5202	4,4826	4,4457	4,4094	4,3384
86 76	4,3216	4,2869	4,2528	4,2192	4,1861	4,1536	4,1215	4,0900	4,0283
87 77	3,9877	3,9578	3,9284	3,8994	3,8709	3,8427	3,8150	3,7877	3,7342
88 78	3,6705	3,6449	3,6196	3,5947	3,5702	3,5459	3,5221	3,4985	3,4524
89 79	3,3759	3,3540	3,3323	3,3109	3,2898	3,2690	3,2485	3,2282	3,1885
90 80	3,1077	3,0889	3,0703	3,0519	3,0338	3,0159	2,9983	2,9808	2,9466
91 81	2,8632	2,8471	2,8311	2,8154	2,7998	2,7845	2,7693	2,7543	2,7248
92 82	2,6297	2,6159	2,6023	2,5889	2,5756	2,5624	2,5494	2,5366	2,5113
93 83	2,4264	2,4146	2,4029	2,3913	2,3799	2,3686	2,3574	2,3463	2,3245
94 84	2,2343	2,2242	2,2142	2,2043	2,1945	2,1848	2,1751	2,1656	2,1469
95 85	2,0689	2,0601	2,0515	2,0430	2,0345	2,0261	2,0178	2,0096	1,9934
96 86	1,9105	1,9030	1,8956	1,8882	1,8809	1,8737	1,8666	1,8595	1,8455
97 87	1,7813	1,7748	1,7683	1,7619	1,7556	1,7493	1,7431	1,7369	1,7247
98 88	1,6545	1,6488	1,6432	1,6377	1,6322	1,6267	1,6213	1,6160	1,6054
99 89	1,5414	1,5365	1,5317	1,5268	1,5220	1,5173	1,5126	1,5079	1,4987
100 90	1,4408	1,4365	1,4323	1,4281	1,4239	1,4197	1,4156	1,4115	1,4034
101 91	1,3520	1,3483	1,3445	1,3408	1,3371	1,3335	1,3299	1,3263	1,3191
102 92	1,2721	1,2688	1,2655	1,2622	1,2590	1,2557	1,2525	1,2493	1,2430
103 93	1,2037	1,2007	1,1978	1,1948	1,1919	1,1890	1,1862	1,1833	1,1777
104 94	1,1424	1,1397	1,1371	1,1344	1,1318	1,1292	1,1267	1,1241	1,1190
105 95	1,0869	1,0845	1,0821	1,0798	1,0774	1,0751	1,0728	1,0704	1,0659
106 96	1,0377	1,0355	1,0334	1,0312	1,0291	1,0270	1,0249	1,0228	1,0187
107 97	1,0000	0,9980	0,9960	0,9941	0,9921	0,9902	0,9882	0,9863	0,9825
108 98	0,9530	0,9512	0,9494	0,9477	0,9459	0,9441	0,9424	0,9406	0,9372
109 99	0,9374	0,9357	0,9340	0,9324	0,9307	0,9291	0,9274	0,9258	0,9225
110 100	0,8472	0,8458	0,8444	0,8430	0,8416	0,8402	0,8389	0,8375	0,8348

T4.2 Mann ist 5 Jahre älter als Frau

Sterbetafel 2019/2021 Deutschland, Statistisches Bundesamt   monatlich vorschüssig

Alter Mann/Frau		-1,00%	-0,50%	0,00%	0,25%	0,50%	0,75%	1,00%	1,25%	1,50%
23	18	71,6197	61,4560	53,1851	49,6309	46,4081	43,4807	40,8172	38,3895	36,1731
24	19	69,9486	60,1856	52,2147	48,7814	45,6634	42,8271	40,2428	37,8842	35,7280
25	20	68,2970	58,9241	51,2467	47,9319	44,9171	42,1707	39,6647	37,3744	35,2779
26	21	66,6598	57,6670	50,2771	47,0789	44,1657	41,5081	39,0796	36,8572	34,8202
27	22	65,0396	56,4171	49,3083	46,2245	43,4114	40,8412	38,4894	36,3343	34,3562
28	23	63,4345	55,1724	48,3388	45,3673	42,6526	40,1688	37,8929	35,8043	33,8849
29	24	61,8454	53,9340	47,3693	44,5081	41,8902	39,4916	37,2905	35,2680	33,4067
30	25	60,2717	52,7014	46,3996	43,6465	41,1239	38,8091	36,6820	34,7248	32,9213
31	26	58,7169	51,4779	45,4326	42,7853	40,3561	38,1238	36,0697	34,1770	32,4306
32	27	57,1789	50,2617	44,4667	41,9231	39,5856	37,4344	35,4523	33,6233	31,9336
33	28	55,6577	49,0530	43,5021	41,0600	38,8124	36,7411	34,8298	33,0639	31,4302
34	29	54,1551	47,8534	42,5403	40,1974	38,0380	36,0450	34,2035	32,4997	30,9215
35	30	52,6696	46,6617	41,5804	39,3345	37,2614	35,3455	33,5726	31,9301	30,4066
36	31	51,2023	45,4791	40,6232	38,4721	36,4836	34,6431	32,9378	31,3557	29,8863
37	32	49,7571	44,3091	39,6723	37,6135	35,7075	33,9409	32,3018	30,7791	29,3630
38	33	48,3317	43,1500	38,7259	36,7571	34,9317	33,2376	31,6633	30,1990	28,8354
39	34	46,9199	41,9961	37,7792	35,8983	34,1520	32,5288	31,0185	29,6117	28,3000
40	35	45,5277	40,8532	36,8373	35,0420	33,3727	31,8189	30,3712	29,0210	27,7603
41	36	44,1545	39,7207	35,8998	34,1878	32,5937	31,1078	29,7214	28,4267	27,2162
42	37	42,8009	38,5993	34,9673	33,3364	31,8155	30,3959	29,0696	27,8292	26,6681
43	38	41,4608	37,4836	34,0352	32,4831	31,0338	29,6791	28,4117	27,2248	26,1123
44	39	40,1421	36,3810	33,1100	31,6345	30,2547	28,9632	27,7533	26,6187	25,5539
45	40	38,8414	35,2885	32,1892	30,7880	29,4759	28,2460	27,0922	26,0088	24,9908
46	41	37,5563	34,2040	31,2709	29,9419	28,6956	27,5258	26,4270	25,3938	24,4217
47	42	36,2908	33,1314	30,3586	29,0996	27,9172	26,8059	25,7605	24,7764	23,8491
48	43	35,0463	32,0719	29,4538	28,2624	27,1419	26,0873	25,0940	24,1576	23,2743
49	44	33,8236	31,0266	28,5574	27,4312	26,3707	25,3711	24,4284	23,5385	22,6980
50	45	32,6237	29,9965	27,6703	26,6071	25,6045	24,6582	23,7645	22,9199	22,1210
51	46	31,4409	28,9766	26,7882	25,7859	24,8393	23,9447	23,0987	22,2981	21,5400
52	47	30,2811	27,9724	25,9162	24,9724	24,0799	23,2352	22,4354	21,6775	20,9589
53	48	29,1416	26,9817	25,0523	24,1649	23,3244	22,5281	21,7730	21,0566	20,3764
54	49	28,0261	26,0078	24,1999	23,3665	22,5762	21,8264	21,1144	20,4381	19,7952
55	50	26,9340	25,0507	23,3588	22,5772	21,8351	21,1300	20,4597	19,8221	19,2153
56	51	25,8682	24,1130	22,5318	21,7998	21,1038	20,4417	19,8115	19,2112	18,6391
57	52	24,8267	23,1933	21,7175	21,0330	20,3812	19,7604	19,1686	18,6043	18,0658
58	53	23,8062	22,2885	20,9134	20,2742	19,6649	19,0836	18,5289	17,9993	17,4933
59	54	22,8118	21,4035	20,1241	19,5282	18,9593	18,4159	17,8967	17,4003	16,9255
60	55	21,8451	20,5403	19,3515	18,7966	18,2663	17,7591	17,2738	16,8093	16,3645
61	56	20,9021	19,6950	18,5923	18,0766	17,5830	17,1103	16,6576	16,2236	15,8075
62	57	19,9862	18,8713	17,8500	17,3714	16,9127	16,4729	16,0511	15,6463	15,2578
63	58	19,0958	18,0677	17,1233	16,6799	16,2544	15,8459	15,4537	15,0767	14,7145
64	59	18,2311	17,2846	16,4129	16,0028	15,6088	15,2301	14,8659	14,5155	14,1784
65	60	17,3912	16,5215	15,7184	15,3398	14,9756	14,6250	14,2876	13,9625	13,6494
66	61	16,5755	15,7779	15,0394	14,6906	14,3546	14,0309	13,7188	13,4178	13,1275
67	62	15,7829	15,0529	14,3753	14,0546	13,7453	13,4469	13,1589	12,8809	12,6124
68	63	15,0094	14,3430	13,7227	13,4286	13,1446	12,8703	12,6052	12,3490	12,1012
69	64	14,2583	13,6513	13,0849	12,8158	12,5557	12,3041	12,0607	11,8251	11,5971
70	65	13,5251	12,9739	12,4581	12,2127	11,9751	11,7450	11,5221	11,3062	11,0970
71	66	12,8096	12,3104	11,8422	11,6190	11,4026	11,1929	10,9895	10,7922	10,6007
72	67	12,1105	11,6600	11,2364	11,0341	10,8378	10,6472	10,4622	10,2825	10,1079
73	68	11,4293	11,0241	10,6421	10,4594	10,2818	10,1092	9,9415	9,7785	9,6199
74	69	10,7603	10,3974	10,0544	9,8900	9,7301	9,5745	9,4231	9,2758	9,1323

T4 Verbundene lebenslange Leibrente Mann/Frau bis Tod des Zuerststerbenden

T4.2 Mann ist 5 Jahre älter als Frau

Sterbetafel 2019/2021 Deutschland, Statistisches Bundesamt   monatlich vorschüssig

Alter Mann/Frau		1,75%	2,00%	2,25%	2,50%	2,75%	3,00%	3,25%	3,50%	4,00%
23	18	34,1462	32,2895	30,5859	29,0201	27,5788	26,2497	25,0224	23,8871	21,8595
24	19	33,7536	31,9428	30,2793	28,7486	27,3380	26,0360	24,8324	23,7180	21,7250
25	20	33,3558	31,5907	29,9673	28,4718	27,0921	25,8173	24,6376	23,5442	21,5862
26	21	32,9501	31,2307	29,6475	28,1873	26,8388	25,5913	24,4358	23,3638	21,4414
27	22	32,5380	30,8642	29,3211	27,8964	26,5790	25,3591	24,2280	23,1776	21,2913
28	23	32,1183	30,4900	28,9871	27,5978	26,3118	25,1198	24,0132	22,9847	21,1350
29	24	31,6915	30,1086	28,6458	27,2921	26,0376	24,8735	23,7917	22,7852	20,9727
30	25	31,2572	29,7195	28,2968	26,9787	25,7558	24,6198	23,5631	22,5789	20,8040
31	26	30,8172	29,3245	27,9418	26,6592	25,4679	24,3601	23,3285	22,3667	20,6299
32	27	30,3705	28,9226	27,5797	26,3326	25,1730	24,0934	23,0871	22,1480	20,4496
33	28	29,9170	28,5136	27,2104	25,9988	24,8709	23,8197	22,8388	21,9225	20,2628
34	29	29,4577	28,0985	26,8348	25,6585	24,5623	23,5395	22,5841	21,6907	20,0702
35	30	28,9919	27,6765	26,4521	25,3111	24,2465	23,2522	22,3224	21,4520	19,8709
36	31	28,5200	27,2482	26,0629	24,9569	23,9240	22,9581	22,0539	21,2066	19,6654
37	32	28,0445	26,8157	25,6691	24,5981	23,5965	22,6590	21,7804	20,9563	19,4549
38	33	27,5642	26,3780	25,2698	24,2334	23,2631	22,3539	21,5009	20,7000	19,2387
39	34	27,0756	25,9316	24,8615	23,8597	22,9207	22,0398	21,2125	20,4348	19,0140
40	35	26,5821	25,4798	24,4476	23,4800	22,5721	21,7194	20,9178	20,1634	18,7831
41	36	26,0835	25,0225	24,0277	23,0941	22,2171	21,3924	20,6164	19,8854	18,5457
42	37	25,5802	24,5599	23,6021	22,7021	21,8558	21,0592	20,3086	19,6009	18,3019
43	38	25,0686	24,0886	23,1675	22,3010	21,4852	20,7165	19,9914	19,3070	18,0490
44	39	24,5536	23,6132	22,7283	21,8949	21,1094	20,3683	19,6686	19,0074	17,7903
45	40	24,0333	23,1319	22,2828	21,4821	20,7265	20,0129	19,3384	18,7004	17,5241
46	41	23,5062	22,6433	21,8294	21,0611	20,3353	19,6490	18,9996	18,3847	17,2492
47	42	22,9748	22,1498	21,3707	20,6343	19,9378	19,2786	18,6541	18,0621	16,9675
48	43	22,4403	21,6524	20,9074	20,2025	19,5350	18,9024	18,3026	17,7334	16,6793
49	44	21,9034	21,1518	20,4403	19,7663	19,1273	18,5212	17,9457	17,3991	16,3852
50	45	21,3650	20,6489	19,9702	19,3265	18,7156	18,1354	17,5840	17,0597	16,0857
51	46	20,8215	20,1402	19,4938	18,8799	18,2967	17,7421	17,2146	16,7124	15,7780
52	47	20,2771	19,6298	19,0148	18,4301	17,8740	17,3447	16,8406	16,3602	15,4650
53	48	19,7302	19,1160	18,5318	17,9758	17,4463	16,9418	16,4608	16,0019	15,1455
54	49	19,1836	18,6017	18,0474	17,5194	17,0159	16,5357	16,0773	15,6395	14,8213
55	50	18,6374	18,0867	17,5617	17,0608	16,5828	16,1263	15,6901	15,2731	14,4926
56	51	18,0937	17,5733	17,0767	16,6023	16,1491	15,7157	15,3013	14,9046	14,1609
57	52	17,5518	17,0608	16,5916	16,1430	15,7139	15,3032	14,9099	14,5331	13,8257
58	53	17,0096	16,5471	16,1047	15,6811	15,2755	14,8868	14,5143	14,1570	13,4851
59	54	16,4712	16,0362	15,6195	15,2202	14,8374	14,4702	14,1178	13,7796	13,1424
60	55	15,9382	15,5297	15,1379	14,7621	14,4013	14,0549	13,7221	13,4022	12,7989
61	56	15,4084	15,0253	14,6576	14,3043	13,9649	13,6387	13,3249	13,0231	12,4528
62	57	14,8846	14,5260	14,1814	13,8500	13,5312	13,2244	12,9290	12,6446	12,1064
63	58	14,3661	14,0311	13,7086	13,3983	13,0994	12,8114	12,5339	12,2663	11,7593
64	59	13,8539	13,5413	13,2402	12,9500	12,6703	12,4005	12,1402	11,8889	11,4122
65	60	13,3476	13,0566	12,7759	12,5052	12,2438	11,9915	11,7478	11,5124	11,0650
66	61	12,8474	12,5771	12,3160	12,0638	11,8202	11,5847	11,3571	11,1369	10,7178
67	62	12,3530	12,1023	11,8600	11,6257	11,3991	11,1798	10,9676	10,7621	10,3704
68	63	11,8616	11,6298	11,4055	11,1884	10,9781	10,7744	10,5771	10,3859	10,0207
69	64	11,3763	11,1625	10,9553	10,7546	10,5600	10,3713	10,1883	10,0107	9,6712
70	65	10,8941	10,6974	10,5067	10,3216	10,1420	9,9677	9,7985	9,6341	9,3194
71	66	10,4150	10,2346	10,0595	9,8895	9,7243	9,5638	9,4078	9,2561	8,9652
72	67	9,9384	9,7736	9,6134	9,4577	9,3062	9,1589	9,0156	8,8762	8,6083
73	68	9,4657	9,3156	9,1696	9,0275	8,8892	8,7545	8,6233	8,4955	8,2497
74	69	8,9926	8,8566	8,7241	8,5950	8,4692	8,3465	8,2270	8,1104	7,8858

T4   Verbundene lebenslange Leibrente Mann/Frau bis Tod des Zuerststerbenden

T4.2 Mann ist 5 Jahre älter als Frau

Sterbetafel 2019/2021 Deutschland, Statistisches Bundesamt   monatlich vorschüssig

Alter Mann/Frau		-1,00%	-0,50%	0,00%	0,25%	0,50%	0,75%	1,00%	1,25%	1,50%
75	70	10,1155	9,7914	9,4845	9,3371	9,1936	9,0538	8,9176	8,7849	8,6556
76	71	9,4831	9,1951	8,9218	8,7902	8,6620	8,5370	8,4151	8,2961	8,1801
77	72	8,8719	8,6171	8,3746	8,2577	8,1436	8,0323	7,9236	7,8174	7,7138
78	73	8,2824	8,0578	7,8437	7,7403	7,6392	7,5405	7,4440	7,3497	7,2575
79	74	7,7011	7,5044	7,3165	7,2256	7,1367	7,0497	6,9646	6,8813	6,7998
80	75	7,1422	6,9708	6,8066	6,7271	6,6492	6,5730	6,4983	6,4251	6,3534
81	76	6,6051	6,4565	6,3138	6,2446	6,1767	6,1102	6,0450	5,9811	5,9184
82	77	6,0928	5,9646	5,8412	5,7813	5,7225	5,6648	5,6081	5,5526	5,4980
83	78	5,5984	5,4885	5,3825	5,3309	5,2803	5,2305	5,1816	5,1336	5,0864
84	79	5,1274	5,0336	4,9430	4,8989	4,8555	4,8129	4,7709	4,7297	4,6891
85	80	4,6878	4,6081	4,5310	4,4934	4,4564	4,4199	4,3841	4,3488	4,3141
86	81	4,2783	4,2108	4,1454	4,1134	4,0820	4,0510	4,0204	3,9904	3,9607
87	82	3,8984	3,8415	3,7862	3,7592	3,7325	3,7062	3,6803	3,6548	3,6296
88	83	3,5420	3,4942	3,4476	3,4248	3,4024	3,3802	3,3583	3,3367	3,3154
89	84	3,2195	3,1793	3,1402	3,1210	3,1020	3,0833	3,0649	3,0466	3,0286
90	85	2,9312	2,8974	2,8644	2,8482	2,8323	2,8165	2,8009	2,7855	2,7702
91	86	2,6725	2,6441	2,6163	2,6027	2,5892	2,5758	2,5627	2,5496	2,5367
92	87	2,4327	2,4088	2,3854	2,3739	2,3625	2,3513	2,3402	2,3292	2,3183
93	88	2,2273	2,2071	2,1873	2,1775	2,1679	2,1584	2,1489	2,1396	2,1303
94	89	2,0360	2,0189	2,0022	1,9940	1,9858	1,9777	1,9697	1,9618	1,9540
95	90	1,8727	1,8582	1,8440	1,8369	1,8300	1,8231	1,8163	1,8095	1,8028
96	91	1,7213	1,7089	1,6968	1,6908	1,6849	1,6790	1,6732	1,6674	1,6617
97	92	1,5970	1,5863	1,5759	1,5707	1,5656	1,5605	1,5555	1,5505	1,5456
98	93	1,4810	1,4718	1,4628	1,4584	1,4540	1,4496	1,4452	1,4409	1,4367
99	94	1,3785	1,3706	1,3628	1,3590	1,3551	1,3513	1,3476	1,3438	1,3401
100	95	1,2889	1,2820	1,2752	1,2718	1,2685	1,2652	1,2619	1,2586	1,2553
101	96	1,2100	1,2039	1,1980	1,1950	1,1920	1,1891	1,1862	1,1833	1,1805
102	97	1,1438	1,1384	1,1331	1,1305	1,1278	1,1252	1,1226	1,1201	1,1175
103	98	1,0861	1,0813	1,0765	1,0741	1,0717	1,0694	1,0671	1,0648	1,0625
104	99	1,0412	1,0368	1,0324	1,0303	1,0281	1,0260	1,0239	1,0218	1,0197
105	100	0,9949	0,9909	0,9870	0,9850	0,9831	0,9811	0,9792	0,9773	0,9754
106	101	0,9549	0,9512	0,9476	0,9458	0,9440	0,9422	0,9405	0,9387	0,9370
107	102	0,9236	0,9202	0,9168	0,9152	0,9135	0,9119	0,9103	0,9086	0,9070
108	103	0,8851	0,8820	0,8790	0,8774	0,8759	0,8744	0,8730	0,8715	0,8700
109	104	0,8709	0,8680	0,8651	0,8637	0,8622	0,8608	0,8594	0,8580	0,8566
110	105	0,7969	0,7945	0,7920	0,7908	0,7896	0,7884	0,7872	0,7860	0,7849

T4 **Verbundene lebenslange Leibrente Mann/Frau bis Tod des Zuerststerbenden**

T4.2 Mann ist 5 Jahre älter als Frau

Sterbetafel 2019/2021 Deutschland, Statistisches Bundesamt   monatlich vorschüssig

Alter Mann/Frau	1,75%	2,00%	2,25%	2,50%	2,75%	3,00%	3,25%	3,50%	4,00%
75 70	8,5295	8,4066	8,2867	8,1698	8,0558	7,9445	7,8359	7,7299	7,5254
76 71	8,0669	7,9563	7,8484	7,7431	7,6402	7,5398	7,4416	7,3458	7,1605
77 72	7,6125	7,5135	7,4168	7,3223	7,2299	7,1396	7,0513	6,9649	6,7978
78 73	7,1673	7,0791	6,9928	6,9084	6,8258	6,7450	6,6659	6,5884	6,4384
79 74	6,7200	6,6419	6,5654	6,4905	6,4172	6,3453	6,2749	6,2059	6,0720
80 75	6,2832	6,2144	6,1469	6,0808	6,0159	5,9524	5,8900	5,8289	5,7101
81 76	5,8569	5,7966	5,7374	5,6793	5,6223	5,5664	5,5115	5,4576	5,3528
82 77	5,4444	5,3918	5,3402	5,2894	5,2396	5,1907	5,1426	5,0953	5,0033
83 78	5,0401	4,9945	4,9497	4,9057	4,8624	4,8199	4,7780	4,7369	4,6566
84 79	4,6492	4,6100	4,5714	4,5334	4,4960	4,4592	4,4230	4,3874	4,3178
85 80	4,2799	4,2462	4,2131	4,1804	4,1483	4,1166	4,0855	4,0547	3,9947
86 81	3,9316	3,9028	3,8745	3,8465	3,8190	3,7919	3,7651	3,7388	3,6871
87 82	3,6048	3,5803	3,5562	3,5324	3,5089	3,4857	3,4629	3,4403	3,3961
88 83	3,2944	3,2737	3,2532	3,2330	3,2131	3,1934	3,1740	3,1548	3,1171
89 84	3,0109	2,9933	2,9760	2,9588	2,9419	2,9252	2,9087	2,8924	2,8604
90 85	2,7552	2,7403	2,7256	2,7111	2,6967	2,6825	2,6685	2,6546	2,6274
91 86	2,5240	2,5114	2,4989	2,4866	2,4744	2,4623	2,4504	2,4386	2,4154
92 87	2,3075	2,2969	2,2863	2,2759	2,2655	2,2553	2,2452	2,2352	2,2155
93 88	2,1212	2,1121	2,1031	2,0943	2,0855	2,0768	2,0681	2,0596	2,0427
94 89	1,9462	1,9385	1,9309	1,9233	1,9158	1,9084	1,9011	1,8938	1,8795
95 90	1,7962	1,7896	1,7831	1,7766	1,7702	1,7638	1,7575	1,7513	1,7390
96 91	1,6560	1,6504	1,6448	1,6393	1,6338	1,6283	1,6230	1,6176	1,6070
97 92	1,5407	1,5358	1,5310	1,5262	1,5214	1,5167	1,5120	1,5074	1,4982
98 93	1,4324	1,4282	1,4240	1,4199	1,4158	1,4117	1,4076	1,4036	1,3957
99 94	1,3364	1,3327	1,3291	1,3255	1,3219	1,3184	1,3148	1,3113	1,3044
100 95	1,2521	1,2489	1,2457	1,2426	1,2394	1,2363	1,2332	1,2301	1,2240
101 96	1,1776	1,1748	1,1720	1,1692	1,1664	1,1637	1,1609	1,1582	1,1528
102 97	1,1150	1,1125	1,1099	1,1075	1,1050	1,1025	1,1001	1,0977	1,0928
103 98	1,0602	1,0579	1,0556	1,0534	1,0512	1,0490	1,0468	1,0446	1,0402
104 99	1,0176	1,0155	1,0135	1,0114	1,0094	1,0074	1,0053	1,0033	0,9994
105 100	0,9735	0,9716	0,9697	0,9679	0,9660	0,9642	0,9624	0,9606	0,9570
106 101	0,9353	0,9335	0,9318	0,9301	0,9284	0,9268	0,9251	0,9234	0,9201
107 102	0,9054	0,9038	0,9023	0,9007	0,8991	0,8975	0,8960	0,8945	0,8914
108 103	0,8685	0,8671	0,8656	0,8642	0,8628	0,8613	0,8599	0,8585	0,8557
109 104	0,8553	0,8539	0,8525	0,8512	0,8498	0,8485	0,8471	0,8458	0,8431
110 105	0,7837	0,7825	0,7814	0,7802	0,7791	0,7779	0,7768	0,7757	0,7734

T4.3 Mann und Frau sind gleich alt

Sterbetafel 2019/2021 Deutschland, Statistisches Bundesamt   monatlich vorschüssig

Alter Mann/Frau		-1,00%	-0,50%	0,00%	0,25%	0,50%	0,75%	1,00%	1,25%	1,50%
18	18	77,4142	65,8193	56,4862	52,5075	48,9177	45,6729	42,7344	40,0684	37,6451
19	19	75,6860	64,5275	55,5160	51,6651	48,1855	45,0356	42,1790	39,5838	37,2218
20	20	73,9793	63,2458	54,5491	50,8238	47,4525	44,3963	41,6207	39,0956	36,7944
21	21	72,2870	61,9684	53,5803	49,9786	46,7144	43,7508	41,0555	38,6002	36,3595
22	22	70,6107	60,6967	52,6110	49,1309	45,9721	43,1001	40,4844	38,0982	35,9179
23	23	68,9501	59,4305	51,6411	48,2805	45,2256	42,4440	39,9071	37,5897	35,4693
24	24	67,3052	58,1699	50,6706	47,4275	44,4750	41,7827	39,3238	37,0745	35,0137
25	25	65,6773	56,9162	49,7008	46,5730	43,7212	41,1170	38,7352	36,5534	34,5519
26	26	64,0652	55,6686	48,7307	45,7162	42,9636	40,4462	38,1406	36,0258	34,0831
27	27	62,4695	54,4273	47,7609	44,8576	42,2024	39,7707	37,5404	35,4919	33,6076
28	28	60,8904	53,1931	46,7919	43,9975	41,4382	39,0909	36,9350	34,9521	33,1257
29	29	59,3294	51,9671	45,8248	43,1371	40,6719	38,4076	36,3250	34,4070	32,6380
30	30	57,7839	50,7472	44,8577	42,2747	39,9019	37,7194	35,7092	33,8553	32,1432
31	31	56,2571	49,5363	43,8934	41,4127	39,1305	37,0284	35,0895	33,2988	31,6430
32	32	54,7492	48,3349	42,9321	40,5514	38,3581	36,3349	34,4661	32,7380	31,1378
33	33	53,2572	47,1403	41,9716	39,6888	37,5826	35,6369	33,8373	32,1708	30,6257
34	34	51,7825	45,9539	41,0133	38,8262	36,8052	34,9357	33,2041	31,5984	30,1077
35	35	50,3263	44,7769	40,0581	37,9644	36,0269	34,2320	32,5673	31,0215	29,5845
36	36	48,8896	43,6103	39,1072	37,1045	35,2486	33,5269	31,9277	30,4408	29,0568
37	37	47,4723	42,4542	38,1605	36,2466	34,4704	32,8202	31,2854	29,8564	28,5246
38	38	46,0763	41,3104	37,2198	35,3923	33,6938	32,1136	30,6418	29,2697	27,9891
39	39	44,6930	40,1714	36,2784	34,5352	32,9128	31,4012	29,9914	28,6753	27,4454
40	40	43,3302	39,0443	35,3427	33,6816	32,1333	30,6887	29,3395	28,0783	26,8982
41	41	41,9836	37,9252	34,4095	32,8282	31,3521	29,9730	28,6833	27,4760	26,3448
42	42	40,6589	36,8197	33,4836	31,9797	30,5739	29,2586	28,0269	26,8724	25,7892
43	43	39,3465	35,7189	32,5572	31,1287	29,7915	28,5386	27,3638	26,2611	25,2252
44	44	38,0575	34,6333	31,6397	30,2842	29,0135	27,8213	26,7018	25,6497	24,6601
45	45	36,7855	33,5570	30,7260	29,4414	28,2354	27,1023	26,0368	25,0342	24,0899
46	46	35,5300	32,4898	29,8160	28,6000	27,4568	26,3813	25,3686	24,4143	23,5144
47	47	34,2948	31,4354	28,9130	27,7633	26,6810	25,6613	24,6999	23,7928	22,9363
48	48	33,0805	30,3943	28,0176	26,9320	25,9085	24,9430	24,0315	23,1703	22,3561
49	49	31,8906	29,3699	27,1331	26,1092	25,1425	24,2294	23,3661	22,5495	21,7764
50	50	30,7249	28,3623	26,2597	25,2952	24,3833	23,5207	22,7042	21,9308	21,1976
51	51	29,5770	27,3658	25,3922	24,4849	23,6260	22,8123	22,0412	21,3097	20,6155
52	52	28,4510	26,3843	24,5343	23,6820	22,8740	22,1077	21,3803	20,6896	20,0332
53	53	27,3454	25,4165	23,6849	22,8855	22,1266	21,4058	20,7209	20,0695	19,4498
54	54	26,2633	24,4656	22,8471	22,0983	21,3865	20,7096	20,0655	19,4522	18,8680
55	55	25,2041	23,5311	22,0206	21,3203	20,6537	20,0189	19,4141	18,8376	18,2876
56	56	24,1723	22,6174	21,2095	20,5555	19,9321	19,3377	18,7706	18,2293	17,7123
57	57	23,1649	21,7220	20,4118	19,8018	19,2198	18,6640	18,1331	17,6257	17,1405
58	58	22,1803	20,8434	19,6261	19,0583	18,5157	17,9969	17,5007	17,0258	16,5712
59	59	21,2220	19,9852	18,8560	18,3282	17,8232	17,3397	16,8767	16,4330	16,0078
60	60	20,2916	19,1492	18,1033	17,6134	17,1441	16,6942	16,2628	15,8489	15,4518
61	61	19,3858	18,3324	17,3653	16,9115	16,4760	16,0582	15,6570	15,2716	14,9013
62	62	18,5055	17,5358	16,6432	16,2234	15,8202	15,4328	15,0603	14,7021	14,3575
63	63	17,6503	16,7593	15,9369	15,5495	15,1768	14,8182	14,4731	14,1407	13,8206
64	64	16,8206	16,0034	15,2472	14,8902	14,5464	14,2152	13,8960	13,5883	13,2916
65	65	16,0131	15,2654	14,5715	14,2433	13,9269	13,6216	13,3271	13,0428	12,7683
66	66	15,2297	14,5469	13,9116	13,6105	13,3199	13,0392	12,7680	12,5059	12,2526
67	67	14,4688	13,8468	13,2665	12,9910	12,7247	12,4672	12,2181	11,9771	11,7439
68	68	13,7252	13,1601	12,6317	12,3803	12,1370	11,9015	11,6734	11,4525	11,2384
69	69	13,0001	12,4884	12,0086	11,7799	11,5583	11,3435	11,1352	10,9333	10,7374

T4 Verbundene lebenslange Leibrente Mann/Frau bis Tod des Zuerststerbenden

T4.3 Mann und Frau sind gleich alt

Sterbetafel 2019/2021 Deutschland, Statistisches Bundesamt   monatlich vorschüssig

Alter Mann/Frau		1,75%	2,00%	2,25%	2,50%	2,75%	3,00%	3,25%	3,50%	4,00%
18	18	35,4385	33,4254	31,5857	29,9012	28,3563	26,9368	25,6303	24,4257	22,2841
19	19	35,0681	33,1010	31,3011	29,6514	28,1365	26,7433	25,4596	24,2750	22,1661
20	20	34,6935	32,7723	31,0122	29,3972	27,9126	26,5457	25,2851	24,1207	22,0448
21	21	34,3114	32,4360	30,7159	29,1358	27,6817	26,3415	25,1042	23,9602	21,9182
22	22	33,9223	32,0928	30,4128	28,8677	27,4443	26,1310	24,9174	23,7941	21,7864
23	23	33,5261	31,7424	30,1026	28,5927	27,2002	25,9141	24,7243	23,6221	21,6492
24	24	33,1228	31,3849	29,7853	28,3107	26,9493	25,6905	24,5249	23,4439	21,5064
25	25	32,7129	31,0208	29,4614	28,0222	26,6919	25,4607	24,3194	23,2599	21,3584
26	26	32,2959	30,6494	29,1302	27,7264	26,4276	25,2240	24,1073	23,0696	21,2045
27	27	31,8719	30,2708	28,7918	27,4236	26,1563	24,9806	23,8886	22,8729	21,0448
28	28	31,4412	29,8854	28,4465	27,1139	25,8781	24,7305	23,6634	22,6699	20,8791
29	29	31,0043	29,4936	28,0947	26,7977	25,5934	24,4740	23,4320	22,4608	20,7079
30	30	30,5600	29,0942	27,7352	26,4737	25,3012	24,2100	23,1933	22,2447	20,5301
31	31	30,1100	28,6887	27,3695	26,1435	25,0027	23,9398	22,9484	22,0226	20,3466
32	32	29,6544	28,2774	26,9978	25,8071	24,6979	23,6635	22,6975	21,7945	20,1575
33	33	29,1915	27,8586	26,6183	25,4630	24,3855	23,3795	22,4391	21,5590	19,9614
34	34	28,7222	27,4330	26,2319	25,1118	24,0660	23,0884	22,1736	21,3167	19,7588
35	35	28,2472	27,0013	25,8392	24,7541	23,7398	22,7907	21,9016	21,0679	19,5499
36	36	27,7671	26,5640	25,4405	24,3903	23,4074	22,4867	21,6233	20,8129	19,3350
37	37	27,2819	26,1212	25,0361	24,0204	23,0689	22,1765	21,3388	20,5516	19,1140
38	38	26,7928	25,6740	24,6267	23,6454	22,7250	21,8608	21,0487	20,2848	18,8876
39	39	26,2949	25,2177	24,2081	23,2610	22,3716	21,5356	20,7492	20,0086	18,6522
40	40	25,7928	24,7566	23,7843	22,8710	22,0124	21,2046	20,4437	19,7265	18,4108
41	41	25,2841	24,2883	23,3529	22,4732	21,6453	20,8654	20,1301	19,4362	18,1615
42	42	24,7722	23,8164	22,9173	22,0708	21,2732	20,5211	19,8112	19,1406	17,9067
43	43	24,2514	23,3350	22,4719	21,6584	20,8911	20,1666	19,4821	18,8347	17,6419
44	44	23,7285	22,8508	22,0232	21,2423	20,5047	19,8076	19,1482	18,5240	17,3720
45	45	23,1999	22,3603	21,5677	20,8188	20,1108	19,4408	18,8065	18,2053	17,0941
46	46	22,6652	21,8630	21,1049	20,3878	19,7090	19,0660	18,4565	17,8782	16,8078
47	47	22,1269	21,3616	20,6373	19,9515	19,3015	18,6851	18,1001	17,5446	16,5148
48	48	21,5857	20,8564	20,1653	19,5102	18,8886	18,2985	17,7378	17,2049	16,2152
49	49	21,0441	20,3498	19,6913	19,0662	18,4725	17,9082	17,3715	16,8608	15,9110
50	50	20,5023	19,8423	19,2155	18,6199	18,0535	17,5146	17,0015	16,5126	15,6022
51	51	19,9563	19,3298	18,7342	18,1674	17,6279	17,1140	16,6242	16,1570	15,2856
52	52	19,4090	18,8152	18,2500	17,7115	17,1983	16,7089	16,2420	15,7962	14,9633
53	53	18,8598	18,2978	17,7622	17,2514	16,7640	16,2987	15,8542	15,4294	14,6346
54	54	18,3110	17,7799	17,2731	16,7893	16,3271	15,8853	15,4629	15,0587	14,3013
55	55	17,7627	17,2615	16,7828	16,3251	15,8875	15,4687	15,0678	14,6839	13,9633
56	56	17,2183	16,7461	16,2944	15,8622	15,4484	15,0520	14,6721	14,3079	13,6233
57	57	16,6763	16,2320	15,8066	15,3990	15,0083	14,6337	14,2744	13,9294	13,2800
58	58	16,1358	15,7185	15,3185	14,9348	14,5667	14,2133	13,8738	13,5477	12,9328
59	59	15,5999	15,2087	14,8332	14,4726	14,1262	13,7933	13,4732	13,1654	12,5841
60	60	15,0704	14,7041	14,3521	14,0138	13,6884	13,3753	13,0740	12,7839	12,2352
61	61	14,5453	14,2030	13,8737	13,5568	13,2516	12,9578	12,6746	12,4017	11,8847
62	62	14,0258	13,7065	13,3990	13,1027	12,8171	12,5417	12,2761	12,0198	11,5337
63	63	13,5122	13,2149	12,9283	12,6518	12,3850	12,1274	11,8788	11,6386	11,1823
64	64	13,0053	12,7291	12,4624	12,2049	11,9561	11,7158	11,4835	11,2588	10,8314
65	65	12,5032	12,2471	11,9996	11,7603	11,5289	11,3051	11,0885	10,8789	10,4794
66	66	12,0077	11,7707	11,5415	11,3197	11,1049	10,8970	10,6955	10,5004	10,1278
67	67	11,5182	11,2995	11,0878	10,8826	10,6838	10,4911	10,3042	10,1229	9,7764
68	68	11,0309	10,8298	10,6347	10,4456	10,2620	10,0839	9,9110	9,7432	9,4218
69	69	10,5473	10,3628	10,1837	10,0098	9,8409	9,6769	9,5174	9,3625	9,0654

T4   Verbundene lebenslange Leibrente Mann/Frau bis Tod des Zuerststerbenden

T4.3 Mann und Frau sind gleich alt

Sterbetafel 2019/2021 Deutschland, Statistisches Bundesamt   monatlich vorschüssig

Alter Mann/Frau		-1,00%	-0,50%	0,00%	0,25%	0,50%	0,75%	1,00%	1,25%	1,50%
70	70	12,2968	11,8346	11,4003	11,1928	10,9916	10,7963	10,6067	10,4226	10,2439
71	71	11,6101	11,1942	10,8023	10,6148	10,4327	10,2558	10,0838	9,9167	9,7542
72	72	10,9402	10,5673	10,2151	10,0463	9,8821	9,7225	9,5671	9,4159	9,2687
73	73	10,2905	9,9574	9,6420	9,4906	9,3432	9,1996	9,0597	8,9235	8,7907
74	74	9,6517	9,3556	9,0746	8,9394	8,8076	8,6792	8,5539	8,4317	8,3125
75	75	9,0360	8,7738	8,5244	8,4043	8,2870	8,1725	8,0608	7,9517	7,8451
76	76	8,4301	8,1993	7,9793	7,8730	7,7693	7,6679	7,5688	7,4719	7,3772
77	77	7,8452	7,6430	7,4497	7,3563	7,2649	7,1756	7,0881	7,0025	6,9188
78	78	7,2805	7,1043	6,9355	6,8538	6,7738	6,6954	6,6186	6,5435	6,4698
79	79	6,7229	6,5705	6,4242	6,3533	6,2837	6,2155	6,1487	6,0832	6,0189
80	80	6,1889	6,0579	5,9318	5,8705	5,8104	5,7514	5,6936	5,6367	5,5810
81	81	5,6809	5,5688	5,4607	5,4081	5,3564	5,3057	5,2558	5,2069	5,1588
82	82	5,1998	5,1043	5,0122	4,9672	4,9231	4,8797	4,8370	4,7950	4,7537
83	83	4,7383	4,6576	4,5795	4,5414	4,5040	4,4671	4,4308	4,3950	4,3599
84	84	4,3086	4,2407	4,1749	4,1427	4,1110	4,0798	4,0491	4,0188	3,9889
85	85	3,9140	3,8570	3,8016	3,7745	3,7478	3,7215	3,6955	3,6699	3,6447
86	86	3,5513	3,5035	3,4571	3,4343	3,4119	3,3897	3,3679	3,3463	3,3251
87	87	3,2219	3,1820	3,1431	3,1241	3,1052	3,0866	3,0683	3,0501	3,0322
88	88	2,9184	2,8851	2,8526	2,8367	2,8209	2,8054	2,7900	2,7748	2,7598
89	89	2,6454	2,6176	2,5905	2,5772	2,5640	2,5509	2,5381	2,5253	2,5127
90	90	2,4036	2,3804	2,3577	2,3465	2,3354	2,3245	2,3137	2,3030	2,2924
91	91	2,1916	2,1721	2,1530	2,1436	2,1343	2,1251	2,1160	2,1069	2,0980
92	92	1,9948	1,9785	1,9624	1,9545	1,9467	1,9390	1,9313	1,9237	1,9162
93	93	1,8321	1,8183	1,8047	1,7980	1,7913	1,7847	1,7782	1,7718	1,7653
94	94	1,6813	1,6696	1,6580	1,6523	1,6467	1,6411	1,6355	1,6300	1,6246
95	95	1,5542	1,5442	1,5343	1,5294	1,5246	1,5198	1,5150	1,5103	1,5056
96	96	1,4362	1,4276	1,4191	1,4149	1,4107	1,4066	1,4025	1,3984	1,3944
97	97	1,3453	1,3378	1,3303	1,3267	1,3230	1,3194	1,3158	1,3122	1,3087
98	98	1,2587	1,2521	1,2456	1,2424	1,2392	1,2360	1,2329	1,2298	1,2267
99	99	1,1900	1,1841	1,1783	1,1755	1,1726	1,1698	1,1670	1,1642	1,1615
100	100	1,1222	1,1170	1,1119	1,1094	1,1068	1,1043	1,1019	1,0994	1,0970
101	101	1,0633	1,0587	1,0541	1,0518	1,0496	1,0474	1,0452	1,0429	1,0408
102	102	1,0124	1,0082	1,0041	1,0021	1,0001	0,9981	0,9961	0,9941	0,9921
103	103	0,9686	0,9649	0,9611	0,9593	0,9575	0,9556	0,9538	0,9520	0,9502
104	104	0,9311	0,9276	0,9242	0,9225	0,9209	0,9192	0,9175	0,9159	0,9142
105	105	0,8982	0,8950	0,8919	0,8903	0,8888	0,8872	0,8857	0,8842	0,8826
106	106	0,8702	0,8672	0,8643	0,8628	0,8614	0,8599	0,8585	0,8571	0,8557
107	107	0,8491	0,8463	0,8435	0,8422	0,8408	0,8395	0,8381	0,8368	0,8354
108	108	0,8212	0,8186	0,8160	0,8148	0,8135	0,8122	0,8110	0,8097	0,8085
109	109	0,8132	0,8108	0,8083	0,8071	0,8059	0,8046	0,8034	0,8022	0,8011
110	110	0,7582	0,7560	0,7539	0,7528	0,7518	0,7507	0,7496	0,7486	0,7476

T4   Verbundene lebenslange Leibrente Mann/Frau bis Tod des Zuerststerbenden

T4.3 Mann und Frau sind gleich alt

Sterbetafel 2019/2021 Deutschland, Statistisches Bundesamt   monatlich vorschüssig

Alter Mann/Frau	1,75%	2,00%	2,25%	2,50%	2,75%	3,00%	3,25%	3,50%	4,00%
70 70	10,0703	9,9016	9,7376	9,5783	9,4233	9,2726	9,1260	8,9834	8,7096
71 71	9,5961	9,4424	9,2929	9,1474	9,0057	8,8678	8,7336	8,6028	8,3513
72 72	9,1254	8,9859	8,8500	8,7177	8,5887	8,4630	8,3405	8,2211	7,9910
73 73	8,6613	8,5352	8,4122	8,2922	8,1752	8,0611	7,9498	7,8411	7,6315
74 74	8,1962	8,0828	7,9720	7,8639	7,7583	7,6552	7,5545	7,4561	7,2661
75 75	7,7410	7,6393	7,5400	7,4429	7,3480	7,2553	7,1646	7,0759	6,9044
76 76	7,2846	7,1941	7,1055	7,0188	6,9341	6,8511	6,7700	6,6905	6,5366
77 77	6,8368	6,7566	6,6780	6,6011	6,5258	6,4520	6,3797	6,3089	6,1714
78 78	6,3977	6,3270	6,2577	6,1897	6,1231	6,0579	5,9938	5,9310	5,8091
79 79	5,9559	5,8940	5,8334	5,7739	5,7155	5,6581	5,6019	5,5467	5,4392
80 80	5,5262	5,4725	5,4197	5,3679	5,3169	5,2669	5,2178	5,1695	5,0755
81 81	5,1115	5,0650	5,0193	4,9744	4,9303	4,8869	4,8442	4,8023	4,7204
82 82	4,7131	4,6732	4,6339	4,5952	4,5572	4,5198	4,4829	4,4467	4,3758
83 83	4,3252	4,2911	4,2576	4,2245	4,1920	4,1599	4,1283	4,0972	4,0364
84 84	3,9595	3,9306	3,9020	3,8739	3,8461	3,8188	3,7919	3,7653	3,7133
85 85	3,6198	3,5953	3,5711	3,5472	3,5236	3,5004	3,4775	3,4549	3,4106
86 86	3,3041	3,2833	3,2629	3,2427	3,2228	3,2031	3,1837	3,1645	3,1269
87 87	3,0146	2,9971	2,9798	2,9628	2,9460	2,9294	2,9129	2,8967	2,8648
88 88	2,7449	2,7303	2,7158	2,7014	2,6873	2,6732	2,6594	2,6457	2,6188
89 89	2,5002	2,4879	2,4757	2,4637	2,4517	2,4399	2,4283	2,4167	2,3940
90 90	2,2819	2,2715	2,2612	2,2511	2,2410	2,2311	2,2212	2,2114	2,1922
91 91	2,0892	2,0804	2,0717	2,0631	2,0546	2,0462	2,0378	2,0296	2,0133
92 92	1,9087	1,9013	1,8940	1,8867	1,8795	1,8724	1,8654	1,8584	1,8446
93 93	1,7590	1,7527	1,7464	1,7403	1,7341	1,7280	1,7220	1,7160	1,7042
94 94	1,6192	1,6138	1,6085	1,6032	1,5980	1,5928	1,5876	1,5825	1,5724
95 95	1,5009	1,4963	1,4917	1,4872	1,4827	1,4782	1,4738	1,4694	1,4607
96 96	1,3904	1,3864	1,3824	1,3785	1,3746	1,3708	1,3670	1,3632	1,3556
97 97	1,3052	1,3017	1,2982	1,2948	1,2914	1,2880	1,2846	1,2813	1,2747
98 98	1,2236	1,2205	1,2175	1,2144	1,2114	1,2085	1,2055	1,2026	1,1968
99 99	1,1587	1,1560	1,1533	1,1506	1,1479	1,1453	1,1426	1,1400	1,1348
100 100	1,0945	1,0921	1,0897	1,0873	1,0849	1,0826	1,0802	1,0779	1,0733
101 101	1,0386	1,0364	1,0343	1,0321	1,0300	1,0279	1,0258	1,0237	1,0196
102 102	0,9901	0,9882	0,9863	0,9843	0,9824	0,9805	0,9786	0,9767	0,9730
103 103	0,9484	0,9467	0,9449	0,9431	0,9414	0,9397	0,9379	0,9362	0,9328
104 104	0,9126	0,9110	0,9093	0,9077	0,9061	0,9045	0,9029	0,9014	0,8982
105 105	0,8811	0,8796	0,8781	0,8766	0,8752	0,8737	0,8722	0,8708	0,8679
106 106	0,8542	0,8528	0,8514	0,8501	0,8487	0,8473	0,8459	0,8446	0,8419
107 107	0,8341	0,8328	0,8315	0,8302	0,8289	0,8276	0,8263	0,8250	0,8224
108 108	0,8073	0,8060	0,8048	0,8036	0,8024	0,8012	0,8000	0,7988	0,7964
109 109	0,7999	0,7987	0,7975	0,7963	0,7952	0,7940	0,7929	0,7917	0,7894
110 110	0,7465	0,7455	0,7445	0,7434	0,7424	0,7414	0,7404	0,7394	0,7374

T4.4 Mann ist 5 Jahre jünger als Frau

Sterbetafel 2019/2021 Deutschland, Statistisches Bundesamt   monatlich vorschüssig

Alter Mann/Frau		-1,00%	-0,50%	0,00%	0,25%	0,50%	0,75%	1,00%	1,25%	1,50%
18	23	73,5059	62,9015	54,2976	50,6086	47,2681	44,2381	41,4849	38,9788	36,6938
19	24	71,8158	61,6237	53,3270	49,7612	46,5275	43,5899	40,9170	38,4806	36,2562
20	25	70,1443	60,3538	52,3579	48,9131	45,7844	42,9381	40,3446	37,9773	35,8132
21	26	68,4888	59,0897	51,3883	48,0625	45,0373	42,2812	39,7662	37,4676	35,3633
22	27	66,8483	57,8307	50,4178	47,2089	44,2857	41,6186	39,1814	36,9508	34,9062
23	28	65,2252	56,5790	49,4482	46,3541	43,5312	40,9519	38,5916	36,4284	34,4429
24	29	63,6200	55,3350	48,4799	45,4984	42,7742	40,2815	37,9971	35,9006	33,9738
25	30	62,0318	54,0982	47,5126	44,6416	42,0144	39,6068	37,3975	35,3671	33,4985
26	31	60,4593	52,8675	46,5453	43,7826	41,2507	38,9272	36,7919	34,8269	33,0161
27	32	58,9052	51,6454	45,5802	42,9236	40,4854	38,2445	36,1823	34,2819	32,5284
28	33	57,3668	50,4297	44,6155	42,0628	39,7165	37,5570	35,5669	33,7304	32,0336
29	34	55,8450	49,2213	43,6519	41,2010	38,9449	36,8655	34,9464	33,1731	31,5324
30	35	54,3403	48,0206	42,6899	40,3386	38,1709	36,1701	34,3211	32,6101	31,0251
31	36	52,8556	46,8305	41,7321	39,4780	37,3969	35,4733	33,6930	32,0435	30,5133
32	37	51,3870	45,6475	40,7754	38,6164	36,6202	34,7723	33,0598	31,4709	29,9949
33	38	49,9358	44,4730	39,8212	37,7550	35,8418	34,0683	32,4223	30,8931	29,4708
34	39	48,5009	43,3061	38,8686	36,8931	35,0612	33,3605	31,7800	30,3096	28,9402
35	40	47,0854	42,1497	37,9203	36,0332	34,2806	32,6513	31,1350	29,7224	28,4051
36	41	45,6861	41,0012	36,9740	35,1730	33,4980	31,9386	30,4853	29,1297	27,8637
37	42	44,3089	39,8657	36,0345	34,3172	32,7178	31,2266	29,8350	28,5351	27,3196
38	43	42,9509	38,7410	35,0998	33,4639	31,9381	30,5136	29,1824	27,9372	26,7713
39	44	41,6084	37,6238	34,1669	32,6103	31,1564	29,7970	28,5250	27,3335	26,2165
40	45	40,2850	36,5177	33,2391	31,7595	30,3755	29,0797	27,8655	26,7267	25,6576
41	46	38,9787	35,4207	32,3148	30,9100	29,5941	28,3604	27,2027	26,1154	25,0934
42	47	37,6950	34,3381	31,3988	30,0665	28,8166	27,6431	26,5405	25,5036	24,5277
43	48	36,4238	33,2608	30,4830	29,2210	28,0355	26,9209	25,8721	24,8846	23,9539
44	49	35,1786	32,2014	29,5788	28,3847	27,2614	26,2038	25,2073	24,2678	23,3812
45	50	33,9525	31,1535	28,6806	27,5522	26,4891	25,4869	24,5414	23,6486	22,8051
46	51	32,7436	30,1157	27,7871	26,7222	25,7176	24,7691	23,8731	23,0260	22,2246
47	52	31,5540	29,0901	26,9002	25,8966	24,9485	24,0522	23,2043	22,4016	21,6413
48	53	30,3851	28,0780	26,0214	25,0769	24,1834	23,3375	22,5362	21,7767	21,0563
49	54	29,2400	27,0825	25,1537	24,2659	23,4249	22,6277	21,8715	21,1538	20,4722
50	55	28,1184	26,1035	24,2970	23,4637	22,6732	21,9229	21,2102	20,5330	19,8889
51	56	27,0164	25,1376	23,4481	22,6672	21,9254	21,2204	20,5498	19,9117	19,3042
52	57	25,9365	24,1872	22,6097	21,8790	21,1839	20,5224	19,8924	19,2922	18,7200
53	58	24,8789	23,2527	21,7821	21,0994	20,4492	19,8295	19,2386	18,6749	18,1368
54	59	23,8453	22,3359	20,9670	20,3303	19,7229	19,1434	18,5900	18,0615	17,5563
55	60	22,8351	21,4364	20,1643	19,5714	19,0051	18,4639	17,9466	17,4519	16,9784
56	61	21,8529	20,5587	19,3783	18,8270	18,2998	17,7953	17,3124	16,8500	16,4070
57	62	20,8933	19,6979	18,6047	18,0930	17,6030	17,1336	16,6837	16,2523	15,8385
58	63	19,9563	18,8542	17,8436	17,3696	16,9151	16,4792	16,0608	15,6592	15,2734
59	64	19,0451	18,0309	17,0983	16,6600	16,2393	15,8351	15,4468	15,0735	14,7146
60	65	18,1585	17,2270	16,3680	15,9636	15,5748	15,2009	14,8412	14,4950	14,1616
61	66	17,2960	16,4422	15,6527	15,2803	14,9218	14,5765	14,2440	13,9236	13,6147
62	67	16,4581	15,6771	14,9531	14,6108	14,2809	13,9629	13,6561	13,3602	13,0746
63	68	15,6425	14,9297	14,2673	13,9535	13,6507	13,3584	13,0761	12,8035	12,5400
64	69	14,8476	14,1988	13,5942	13,3073	13,0301	12,7622	12,5031	12,2526	12,0102
65	70	14,0787	13,4896	12,9391	12,6774	12,4242	12,1792	11,9420	11,7123	11,4899
66	71	13,3319	12,7984	12,2986	12,0605	11,8299	11,6064	11,3899	11,1800	10,9764
67	72	12,6073	12,1255	11,6730	11,4571	11,2477	11,0446	10,8474	10,6561	10,4704
68	73	11,9028	11,4691	11,0609	10,8657	10,6761	10,4921	10,3132	10,1395	9,9706
69	74	11,2145	10,8257	10,4587	10,2829	10,1120	9,9459	9,7843	9,6271	9,4741

T4   Verbundene lebenslange Leibrente Mann/Frau bis Tod des Zuerststerbenden

T4.4 Mann ist 5 Jahre jünger als Frau

Sterbetafel 2019/2021 Deutschland, Statistisches Bundesamt   monatlich vorschüssig

Alter Mann/Frau		1,75%	2,00%	2,25%	2,50%	2,75%	3,00%	3,25%	3,50%	4,00%
18	23	34,6068	32,6974	30,9475	29,3411	27,8640	26,5035	25,2484	24,0886	22,0203
19	24	34,2220	32,3586	30,6488	29,0774	27,6308	26,2971	25,0655	23,9263	21,8919
20	25	33,8315	32,0139	30,3442	28,8079	27,3922	26,0854	24,8775	23,7591	21,7592
21	26	33,4340	31,6623	30,0328	28,5317	27,1469	25,8674	24,6833	23,5860	21,6211
22	27	33,0291	31,3032	29,7139	28,2482	26,8945	25,6424	24,4825	23,4066	21,4773
23	28	32,6178	30,9376	29,3885	27,9583	26,6358	25,4113	24,2758	23,2215	21,3282
24	29	32,2004	30,5657	29,0568	27,6620	26,3710	25,1742	24,0633	23,0307	21,1740
25	30	31,7764	30,1871	28,7184	27,3591	26,0995	24,9306	23,8445	22,8339	21,0142
26	31	31,3452	29,8011	28,3725	27,0488	25,8207	24,6799	23,6187	22,6304	20,8481
27	32	30,9081	29,4091	28,0204	26,7322	25,5358	24,4231	23,3870	22,4211	20,6767
28	33	30,4637	29,0095	27,6607	26,4081	25,2433	24,1589	23,1481	22,2048	20,4988
29	34	30,0126	28,6030	27,2939	26,0768	24,9437	23,8877	22,9023	21,9817	20,3145
30	35	29,5548	28,1895	26,9200	25,7383	24,6370	23,6094	22,6496	21,7519	20,1238
31	36	29,0921	27,7707	26,5406	25,3942	24,3245	23,3254	22,3911	21,5164	19,9277
32	37	28,6224	27,3446	26,1536	25,0424	24,0044	23,0338	22,1251	21,2736	19,7246
33	38	28,1464	26,9118	25,7598	24,6836	23,6772	22,7350	21,8521	21,0238	19,5149
34	39	27,6634	26,4718	25,3584	24,3171	23,3422	22,4286	21,5714	20,7665	19,2979
35	40	27,1753	26,0261	24,9511	23,9445	23,0010	22,1157	21,2844	20,5028	19,0748
36	41	26,6804	25,5732	24,5363	23,5641	22,6519	21,7950	20,9894	20,2313	18,8440
37	42	26,1820	25,1163	24,1170	23,1790	22,2978	21,4691	20,6892	19,9545	18,6080
38	43	25,6788	24,6540	23,6918	22,7877	21,9373	21,1368	20,3825	19,6711	18,3655
39	44	25,1684	24,1840	23,2588	22,3882	21,5685	20,7960	20,0672	19,3793	18,1147
40	45	24,6532	23,7087	22,8199	21,9826	21,1933	20,4485	19,7453	19,0807	17,8571
41	46	24,1320	23,2269	22,3740	21,5696	20,8105	20,0934	19,4155	18,7742	17,5917
42	47	23,6084	22,7418	21,9243	21,1524	20,4231	19,7333	19,0806	18,4625	17,3209
43	48	23,0762	22,2477	21,4652	20,7254	20,0257	19,3632	18,7356	18,1405	17,0400
44	49	22,5439	21,7527	21,0045	20,2963	19,6257	18,9900	18,3871	17,8150	16,7551
45	50	22,0075	21,2529	20,5384	19,8613	19,2194	18,6103	18,0319	17,4824	16,4630
46	51	21,4659	20,7471	20,0658	19,4194	18,8058	18,2229	17,6689	17,1419	16,1628
47	52	20,9206	20,2369	19,5880	18,9718	18,3861	17,8291	17,2992	16,7945	15,8554
48	53	20,3726	19,7233	19,1063	18,5195	17,9613	17,4298	16,9235	16,4410	15,5415
49	54	19,8244	19,2085	18,6226	18,0647	17,5334	17,0269	16,5439	16,0831	15,2227
50	55	19,2762	18,6928	18,1371	17,6075	17,1024	16,6205	16,1604	15,7209	14,8992
51	56	18,7254	18,1738	17,6476	17,1456	16,6663	16,2084	15,7709	15,3524	14,5688
52	57	18,1742	17,6533	17,1560	16,6809	16,2267	15,7924	15,3769	14,9791	14,2331
53	58	17,6230	17,1320	16,6626	16,2137	15,7841	15,3728	14,9789	14,6014	13,8923
54	59	17,0733	16,6112	16,1690	15,7455	15,3398	14,9510	14,5781	14,2204	13,5475
55	60	16,5252	16,0910	15,6751	15,2763	14,8938	14,5268	14,1745	13,8362	13,1987
56	61	15,9823	15,5751	15,1844	14,8095	14,4495	14,1037	13,7713	13,4518	12,8489
57	62	15,4414	15,0601	14,6939	14,3421	14,0038	13,6786	13,3657	13,0645	12,4953
58	63	14,9027	14,5465	14,2039	13,8743	13,5572	13,2519	12,9578	12,6745	12,1382
59	64	14,3693	14,0370	13,7171	13,4090	13,1122	12,8261	12,5503	12,2843	11,7800
60	65	13,8406	13,5313	13,2332	12,9458	12,6685	12,4011	12,1429	11,8937	11,4204
61	66	13,3168	13,0295	12,7523	12,4847	12,2264	11,9768	11,7357	11,5026	11,0594
62	67	12,7989	12,5326	12,2754	12,0268	11,7865	11,5542	11,3295	11,1120	10,6979
63	68	12,2854	12,0392	11,8011	11,5708	11,3479	11,1321	10,9232	10,7209	10,3348
64	69	11,7757	11,5487	11,3289	11,1160	10,9098	10,7100	10,5163	10,3285	9,9696
65	70	11,2744	11,0656	10,8632	10,6670	10,4766	10,2920	10,1129	9,9390	9,6062
66	71	10,7790	10,5875	10,4016	10,2212	10,0461	9,8760	9,7108	9,5503	9,2426
67	72	10,2901	10,1150	9,9448	9,7795	9,6188	9,4626	9,3107	9,1629	8,8794
68	73	9,8065	9,6468	9,4916	9,3406	9,1937	9,0507	8,9115	8,7760	8,5155
69	74	9,3253	9,1804	9,0393	8,9019	8,7681	8,6377	8,5107	8,3869	8,1486

T4   Verbundene lebenslange Leibrente Mann/Frau bis Tod des Zuerststerbenden

T4.4 Mann ist 5 Jahre jünger als Frau

Sterbetafel 2019/2021 Deutschland, Statistisches Bundesamt   monatlich vorschüssig

Alter Mann/Frau	-1,00%	-0,50%	0,00%	0,25%	0,50%	0,75%	1,00%	1,25%	1,50%
70 75	10,5471	10,1997	9,8711	9,7134	9,5599	9,4105	9,2650	9,1233	8,9853
71 76	9,8929	9,5840	9,2911	9,1503	9,0131	8,8793	8,7490	8,6219	8,4979
72 77	9,2561	8,9827	8,7228	8,5976	8,4755	8,3564	8,2401	8,1266	8,0158
73 78	8,6383	8,3974	8,1679	8,0572	7,9490	7,8434	7,7402	7,6394	7,5409
74 79	8,0303	7,8194	7,6180	7,5207	7,4255	7,3325	7,2415	7,1524	7,0653
75 80	7,4476	7,2638	7,0879	7,0027	6,9194	6,8378	6,7579	6,6797	6,6031
76 81	6,8828	6,7235	6,5708	6,4967	6,4242	6,3531	6,2834	6,2151	6,1481
77 82	6,3432	6,2059	6,0740	6,0099	5,9471	5,8854	5,8249	5,7656	5,7074
78 83	5,8271	5,7095	5,5961	5,5410	5,4869	5,4337	5,3816	5,3303	5,2800
79 84	5,3338	5,2335	5,1367	5,0896	5,0433	4,9977	4,9530	4,9090	4,8657
80 85	4,8719	4,7868	4,7045	4,6644	4,6249	4,5861	4,5479	4,5103	4,4733
81 86	4,4411	4,3692	4,2995	4,2655	4,2320	4,1990	4,1665	4,1345	4,1030
82 87	4,0442	3,9836	3,9248	3,8960	3,8677	3,8398	3,8122	3,7851	3,7584
83 88	3,6725	3,6217	3,5723	3,5481	3,5242	3,5007	3,4775	3,4546	3,4320
84 89	3,3304	3,2879	3,2465	3,2262	3,2061	3,1864	3,1669	3,1476	3,1286
85 90	3,0207	2,9851	2,9505	2,9335	2,9167	2,9001	2,8837	2,8675	2,8515
86 91	2,7433	2,7136	2,6845	2,6703	2,6562	2,6422	2,6285	2,6149	2,6014
87 92	2,4922	2,4673	2,4430	2,4310	2,4192	2,4075	2,3959	2,3845	2,3732
88 93	2,2691	2,2483	2,2278	2,2178	2,2078	2,1980	2,1882	2,1786	2,1690
89 94	2,0694	2,0518	2,0346	2,0262	2,0178	2,0095	2,0013	1,9931	1,9850
90 95	1,8946	1,8798	1,8652	1,8580	1,8509	1,8439	1,8369	1,8300	1,8232
91 96	1,7418	1,7292	1,7168	1,7107	1,7046	1,6986	1,6927	1,6868	1,6809
92 97	1,6068	1,5960	1,5854	1,5801	1,5750	1,5698	1,5647	1,5596	1,5546
93 98	1,4938	1,4844	1,4752	1,4707	1,4662	1,4617	1,4573	1,4529	1,4485
94 99	1,3975	1,3893	1,3813	1,3773	1,3734	1,3695	1,3656	1,3618	1,3580
95 100	1,3066	1,2995	1,2925	1,2890	1,2856	1,2822	1,2788	1,2755	1,2721
96 101	1,2221	1,2159	1,2098	1,2068	1,2038	1,2008	1,1978	1,1949	1,1920
97 102	1,1557	1,1502	1,1448	1,1421	1,1394	1,1368	1,1341	1,1315	1,1289
98 103	1,0926	1,0877	1,0829	1,0805	1,0781	1,0758	1,0734	1,0711	1,0688
99 104	1,0383	1,0339	1,0295	1,0274	1,0253	1,0231	1,0210	1,0189	1,0169
100 105	0,9916	0,9876	0,9837	0,9818	0,9798	0,9779	0,9760	0,9741	0,9722
101 106	0,9513	0,9477	0,9441	0,9423	0,9405	0,9388	0,9370	0,9353	0,9336
102 107	0,9164	0,9131	0,9098	0,9081	0,9065	0,9049	0,9033	0,9017	0,9001
103 108	0,8860	0,8829	0,8799	0,8783	0,8768	0,8753	0,8739	0,8724	0,8709
104 109	0,8588	0,8560	0,8531	0,8517	0,8503	0,8489	0,8475	0,8462	0,8448
105 110	0,8398	0,8371	0,8344	0,8331	0,8318	0,8305	0,8292	0,8279	0,8266

T4   Verbundene lebenslange Leibrente Mann/Frau bis Tod des Zuerststerbenden

T4.4 Mann ist 5 Jahre jünger als Frau

Sterbetafel 2019/2021 Deutschland, Statistisches Bundesamt   monatlich vorschüssig

Alter Mann/Frau	1,75%	2,00%	2,25%	2,50%	2,75%	3,00%	3,25%	3,50%	4,00%
70 75	8,8508	8,7198	8,5921	8,4675	8,3461	8,2278	8,1123	7,9996	7,7824
71 76	8,3770	8,2591	8,1440	8,0317	7,9221	7,8151	7,7106	7,6086	7,4116
72 77	7,9077	7,8020	7,6988	7,5980	7,4996	7,4033	7,3092	7,2173	7,0395
73 78	7,4446	7,3504	7,2583	7,1683	7,0803	6,9941	6,9098	6,8274	6,6677
74 79	6,9801	6,8967	6,8151	6,7352	6,6570	6,5804	6,5054	6,4319	6,2894
75 80	6,5281	6,4546	6,3826	6,3120	6,2428	6,1751	6,1086	6,0435	5,9170
76 81	6,0824	6,0180	5,9549	5,8930	5,8322	5,7726	5,7141	5,6567	5,5451
77 82	5,6502	5,5941	5,5390	5,4850	5,4319	5,3798	5,3286	5,2783	5,1804
78 83	5,2305	5,1819	5,1342	5,0873	5,0412	4,9959	4,9513	4,9075	4,8221
79 84	4,8232	4,7814	4,7403	4,6998	4,6600	4,6209	4,5824	4,5445	4,4705
80 85	4,4369	4,4010	4,3658	4,3310	4,2969	4,2632	4,2300	4,1974	4,1336
81 86	4,0720	4,0414	4,0113	3,9816	3,9524	3,9236	3,8952	3,8672	3,8124
82 87	3,7320	3,7060	3,6804	3,6551	3,6302	3,6056	3,5814	3,5575	3,5106
83 88	3,4097	3,3877	3,3660	3,3446	3,3235	3,3026	3,2821	3,2617	3,2219
84 89	3,1098	3,0913	3,0729	3,0549	3,0370	3,0194	3,0019	2,9847	2,9509
85 90	2,8357	2,8201	2,8046	2,7894	2,7743	2,7594	2,7447	2,7301	2,7015
86 91	2,5881	2,5749	2,5619	2,5490	2,5363	2,5237	2,5113	2,4990	2,4747
87 92	2,3620	2,3509	2,3399	2,3291	2,3183	2,3077	2,2972	2,2868	2,2663
88 93	2,1596	2,1502	2,1410	2,1318	2,1227	2,1137	2,1048	2,0960	2,0787
89 94	1,9771	1,9691	1,9613	1,9535	1,9459	1,9382	1,9307	1,9232	1,9085
90 95	1,8164	1,8096	1,8030	1,7964	1,7898	1,7833	1,7769	1,7705	1,7580
91 96	1,6751	1,6694	1,6637	1,6580	1,6524	1,6469	1,6414	1,6359	1,6251
92 97	1,5496	1,5447	1,5398	1,5349	1,5301	1,5253	1,5206	1,5159	1,5066
93 98	1,4442	1,4399	1,4356	1,4314	1,4272	1,4231	1,4189	1,4148	1,4067
94 99	1,3542	1,3504	1,3467	1,3430	1,3393	1,3356	1,3320	1,3284	1,3213
95 100	1,2688	1,2655	1,2623	1,2590	1,2558	1,2526	1,2494	1,2463	1,2400
96 101	1,1891	1,1862	1,1833	1,1805	1,1777	1,1749	1,1721	1,1693	1,1638
97 102	1,1263	1,1237	1,1212	1,1187	1,1161	1,1136	1,1112	1,1087	1,1038
98 103	1,0665	1,0642	1,0619	1,0596	1,0574	1,0552	1,0530	1,0507	1,0464
99 104	1,0148	1,0127	1,0107	1,0086	1,0066	1,0046	1,0026	1,0006	0,9967
100 105	0,9703	0,9685	0,9666	0,9648	0,9629	0,9611	0,9593	0,9575	0,9539
101 106	0,9319	0,9302	0,9285	0,9268	0,9251	0,9234	0,9218	0,9201	0,9169
102 107	0,8985	0,8970	0,8954	0,8938	0,8923	0,8908	0,8892	0,8877	0,8847
103 108	0,8694	0,8680	0,8665	0,8651	0,8637	0,8622	0,8608	0,8594	0,8566
104 109	0,8434	0,8421	0,8407	0,8394	0,8380	0,8367	0,8354	0,8341	0,8314
105 110	0,8253	0,8240	0,8228	0,8215	0,8202	0,8190	0,8177	0,8165	0,8140

T4 Verbundene lebenslange Leibrente Mann/Frau bis Tod des Zuerststerbenden

T4.5 Mann ist 10 Jahre jünger als Frau

Sterbetafel 2019/2021 Deutschland, Statistisches Bundesamt   monatlich vorschüssig

Alter Mann/Frau		-1,00%	-0,50%	0,00%	0,25%	0,50%	0,75%	1,00%	1,25%	1,50%
18	28	68,5407	59,1441	51,4411	48,1136	45,0863	42,3278	39,8103	37,5090	35,4021
19	29	66,9024	57,8871	50,4726	47,2620	44,3367	41,6672	39,2275	36,9943	34,9469
20	30	65,2825	56,6384	49,5058	46,4100	43,5850	41,0033	38,6404	36,4745	34,4863
21	31	63,6783	55,3955	48,5388	45,5556	42,8293	40,3342	38,0473	35,9482	34,0187
22	32	62,0914	54,1601	47,5730	44,7003	42,0710	39,6612	37,4493	35,4163	33,5451
23	33	60,5207	52,9312	46,6075	43,8432	41,3094	38,9836	36,8458	34,8782	33,0648
24	34	58,9664	51,7092	45,6428	42,9847	40,5446	38,3015	36,2370	34,3341	32,5780
25	35	57,4305	50,4959	44,6805	42,1264	39,7782	37,6165	35,6241	33,7851	32,0857
26	36	55,9119	49,2904	43,7199	41,2675	39,0095	36,9279	35,0065	33,2307	31,5875
27	37	54,4086	48,0913	42,7595	40,4069	38,2374	36,2345	34,3832	32,6698	31,0822
28	38	52,9226	46,9003	41,8012	39,5460	37,4633	35,5378	33,7553	32,1035	30,5709
29	39	51,4521	45,7159	40,8437	38,6837	36,6861	34,8365	33,1220	31,5310	30,0528
30	40	49,9996	44,5405	39,8889	37,8220	35,9076	34,1325	32,4848	30,9536	29,5291
31	41	48,5636	43,3729	38,9360	36,9599	35,1269	33,4249	31,8428	30,3706	28,9991
32	42	47,1466	42,2154	37,9870	36,0995	34,3461	32,7156	31,1979	29,7836	28,4644
33	43	45,7452	41,0651	37,0395	35,2383	33,5627	32,0023	30,5478	29,1906	27,9230
34	44	44,3626	39,9250	36,0961	34,3790	32,7793	31,2874	29,8949	28,5937	27,3769
35	45	42,9979	38,7945	35,1564	33,5211	31,9954	30,5706	29,2387	27,9926	26,8256
36	46	41,6505	37,6731	34,2198	32,6642	31,2106	29,8513	28,5789	27,3867	26,2689
37	47	40,3255	36,5656	33,2911	31,8126	30,4292	29,1336	27,9192	26,7798	25,7101
38	48	39,0196	35,4691	32,3675	30,9640	29,6487	28,4153	27,2575	26,1698	25,1472
39	49	37,7325	34,3836	31,4491	30,1182	28,8693	27,6963	26,5938	25,5567	24,5804
40	50	36,4665	33,3112	30,5380	29,2774	28,0928	26,9787	25,9301	24,9423	24,0112
41	51	35,2181	32,2490	29,6315	28,4391	27,3169	26,2600	25,2639	24,3244	23,4375
42	52	33,9910	31,2004	28,7329	27,6063	26,5445	25,5432	24,5982	23,7056	22,8620
43	53	32,7771	30,1582	27,8355	26,7727	25,7697	24,8224	23,9272	23,0805	22,2793
44	54	31,5882	29,1334	26,9497	25,9483	25,0019	24,1069	23,2599	22,4578	21,6977
45	55	30,4181	28,1203	26,0702	25,1281	24,2364	23,3920	22,5918	21,8331	21,1131
46	56	29,2671	27,1195	25,1978	24,3127	23,4739	22,6784	21,9236	21,2069	20,5261
47	57	28,1358	26,1316	24,3330	23,5028	22,7149	21,9668	21,2559	20,5801	19,9371
48	58	27,0273	25,1598	23,4789	22,7013	21,9624	21,2598	20,5913	19,9550	19,3488
49	59	25,9430	24,2053	22,6368	21,9097	21,2178	20,5589	19,9313	19,3330	18,7624
50	60	24,8827	23,2683	21,8069	21,1281	20,4812	19,8644	19,2760	18,7144	18,1782
51	61	23,8433	22,3462	20,9870	20,3543	19,7506	19,1742	18,6236	18,0974	17,5944
52	62	22,8243	21,4384	20,1767	19,5881	19,0257	18,4881	17,9739	17,4818	17,0108
53	63	21,8274	20,5469	19,3778	18,8313	18,3084	17,8079	17,3286	16,8693	16,4291
54	64	20,8542	19,6732	18,5920	18,0856	17,6003	17,1353	16,6893	16,2615	15,8509
55	65	19,9013	18,8144	17,8166	17,3482	16,8990	16,4677	16,0537	15,6561	15,2739
56	66	18,9753	17,9769	17,0578	16,6255	16,2103	15,8112	15,4276	15,0587	14,7038
57	67	18,0712	17,1562	16,3114	15,9134	15,5305	15,1621	14,8075	14,4660	14,1371
58	68	17,1869	16,3503	15,5759	15,2102	14,8580	14,5187	14,1917	13,8765	13,5724
59	69	16,3232	15,5602	14,8520	14,5170	14,1939	13,8823	13,5815	13,2913	13,0109
60	70	15,4877	14,7934	14,1473	13,8411	13,5454	13,2598	12,9838	12,7171	12,4593
61	71	14,6744	14,0443	13,4564	13,1772	12,9073	12,6462	12,3937	12,1494	11,9129
62	72	13,8848	13,3146	12,7811	12,5273	12,2816	12,0437	11,8133	11,5901	11,3738
63	73	13,1200	12,6053	12,1227	11,8926	11,6696	11,4534	11,2437	11,0404	10,8432
64	74	12,3730	11,9102	11,4750	11,2672	11,0655	10,8697	10,6797	10,4951	10,3159
65	75	11,6505	11,2356	10,8445	10,6574	10,4756	10,2989	10,1272	9,9602	9,7979
66	76	10,9455	10,5750	10,2249	10,0571	9,8939	9,7351	9,5806	9,4302	9,2838
67	77	10,2624	9,9329	9,6208	9,4709	9,3249	9,1828	9,0443	8,9093	8,7778
68	78	9,5985	9,3067	9,0296	8,8963	8,7664	8,6397	8,5161	8,3955	8,2779
69	79	8,9490	8,6919	8,4472	8,3293	8,2142	8,1019	7,9922	7,8851	7,7805

T4 Verbunde lebenslange Leibrente Mann/Frau bis Tod des Zuerststerbenden

T4.5 Mann ist 10 Jahre jünger als Frau

Sterbetafel 2019/2021 Deutschland, Statistisches Bundesamt   monatlich vorschüssig

Alter Mann/Frau		1,75%	2,00%	2,25%	2,50%	2,75%	3,00%	3,25%	3,50%	4,00%
18	28	33,4702	31,6959	30,0639	28,5605	27,1734	25,8918	24,7057	23,6065	21,6383
19	29	33,0672	31,3387	29,7469	28,2789	26,9229	25,6686	24,5067	23,4288	21,4960
20	30	32,6585	30,9756	29,4240	27,9913	26,6665	25,4397	24,3022	23,2458	21,3489
21	31	32,2426	30,6053	29,0938	27,6966	26,4031	25,2041	24,0911	23,0565	21,1960
22	32	31,8204	30,2285	28,7571	27,3954	26,1334	24,9622	23,8739	22,8613	21,0378
23	33	31,3912	29,8445	28,4133	27,0871	25,8566	24,7135	23,6501	22,6597	20,8735
24	34	30,9551	29,4535	28,0623	26,7717	25,5728	24,4578	23,4196	22,4515	20,7033
25	35	30,5133	29,0565	27,7051	26,4500	25,2828	24,1961	23,1830	22,2375	20,5275
26	36	30,0650	28,6528	27,3411	26,1215	24,9860	23,9276	22,9399	22,0171	20,3457
27	37	29,6094	28,2414	26,9694	25,7852	24,6814	23,6514	22,6893	21,7894	20,1571
28	38	29,1473	27,8234	26,5908	25,4419	24,3699	23,3684	22,4318	21,5550	19,9621
29	39	28,6779	27,3977	26,2044	25,0908	24,0505	23,0775	22,1667	21,3130	19,7600
30	40	28,2025	26,9657	25,8114	24,7329	23,7242	22,7798	21,8947	21,0644	19,5514
31	41	27,7203	26,5264	25,4109	24,3674	23,3903	22,4745	21,6152	20,8083	19,3357
32	42	27,2327	26,0815	25,0044	23,9956	23,0500	22,1627	21,3293	20,5457	19,1138
33	43	26,7379	25,6288	24,5899	23,6158	22,7015	21,8427	21,0351	20,2750	18,8840
34	44	26,2377	25,1703	24,1692	23,2294	22,3463	21,5158	20,7341	19,9976	18,6475
35	45	25,7318	24,7055	23,7419	22,8361	21,9841	21,1819	20,4259	19,7129	18,4039
36	46	25,2197	24,2341	23,3075	22,4355	21,6143	20,8402	20,1100	19,4205	18,1528
37	47	24,7047	23,7591	22,8690	22,0305	21,2397	20,4936	19,7889	19,1228	17,8962
38	48	24,1850	23,2788	22,4248	21,6192	20,8587	20,1402	19,4610	18,8182	17,6328
39	49	23,6605	22,7931	21,9746	21,2016	20,4711	19,7801	19,1261	18,5066	17,3623
40	50	23,1328	22,3035	21,5200	20,7791	20,0782	19,4144	18,7855	18,1891	17,0857
41	51	22,5999	21,8080	21,0589	20,3499	19,6781	19,0414	18,4373	17,8639	16,8014
42	52	22,0641	21,3090	20,5938	19,9159	19,2730	18,6629	18,0835	17,5329	16,5110
43	53	21,5205	20,8015	20,1197	19,4727	18,8584	18,2747	17,7197	17,1918	16,2105
44	54	20,9771	20,2933	19,6440	19,0273	18,4409	17,8832	17,3524	16,8469	15,9057
45	55	20,4296	19,7803	19,1631	18,5760	18,0173	17,4852	16,9782	16,4948	15,5935
46	56	19,8788	19,2632	18,6773	18,1193	17,5877	17,0808	16,5973	16,1359	15,2741
47	57	19,3252	18,7425	18,1872	17,6577	17,1527	16,6706	16,2103	15,7704	14,9477
48	58	18,7712	18,2204	17,6949	17,1933	16,7143	16,2565	15,8189	15,4003	14,6161
49	59	18,2180	17,6982	17,2017	16,7273	16,2736	15,8396	15,4242	15,0265	14,2802
50	60	17,6659	17,1762	16,7079	16,2598	15,8308	15,4201	15,0264	14,6491	13,9400
51	61	17,1132	16,6526	16,2117	15,7893	15,3845	14,9964	14,6241	14,2668	13,5943
52	62	16,5597	16,1274	15,7130	15,3156	14,9343	14,5683	14,2168	13,8792	13,2427
53	63	16,0070	15,6020	15,2134	14,8402	14,4818	14,1373	13,8061	13,4877	12,8863
54	64	15,4567	15,0781	14,7142	14,3645	14,0282	13,7046	13,3932	13,0934	12,5265
55	65	14,9066	14,5534	14,2135	13,8865	13,5717	13,2684	12,9762	12,6946	12,1613
56	66	14,3621	14,0332	13,7165	13,4113	13,1171	12,8334	12,5599	12,2959	11,7951
57	67	13,8201	13,5146	13,2200	12,9358	12,6616	12,3969	12,1413	11,8944	11,4254
58	68	13,2791	12,9960	12,7227	12,4588	12,2039	11,9575	11,7194	11,4891	11,0509
59	69	12,7402	12,4786	12,2258	11,9813	11,7449	11,5162	11,2949	11,0807	10,6724
60	70	12,2099	11,9687	11,7354	11,5095	11,2908	11,0790	10,8738	10,6750	10,2955
61	71	11,6839	11,4622	11,2474	11,0392	10,8375	10,6419	10,4522	10,2682	9,9165
62	72	11,1641	10,9608	10,7637	10,5724	10,3869	10,2068	10,0319	9,8621	9,5370
63	73	10,6517	10,4659	10,2855	10,1103	9,9401	9,7748	9,6141	9,4579	9,1584
64	74	10,1418	9,9725	9,8081	9,6482	9,4927	9,3414	9,1943	9,0511	8,7761
65	75	9,6400	9,4864	9,3370	9,1915	9,0499	8,9120	8,7778	8,6470	8,3954
66	76	9,1412	9,0024	8,8672	8,7354	8,6070	8,4818	8,3598	8,2409	8,0117
67	77	8,6496	8,5246	8,4027	8,2838	8,1679	8,0547	7,9443	7,8365	7,6286
68	78	8,1631	8,0511	7,9418	7,8350	7,7308	7,6289	7,5295	7,4323	7,2445
69	79	7,6783	7,5784	7,4809	7,3855	7,2923	7,2011	7,1120	7,0249	6,8562

T4 Verbundene lebenslange Leibrente Mann/Frau bis Tod des Zuerststerbenden

T4.5 Mann ist 10 Jahre jünger als Frau

Sterbetafel 2019/2021 Deutschland, Statistisches Bundesamt   monatlich vorschüssig

Alter Mann/Frau	-1,00%	-0,50%	0,00%	0,25%	0,50%	0,75%	1,00%	1,25%	1,50%
70 80	8,3237	8,0981	7,8830	7,7792	7,6777	7,5786	7,4816	7,3869	7,2943
71 81	7,7205	7,5236	7,3354	7,2444	7,1554	7,0683	6,9831	6,8997	6,8181
72 82	7,1410	6,9699	6,8060	6,7267	6,6489	6,5728	6,4983	6,4253	6,3537
73 83	6,5852	6,4373	6,2954	6,2265	6,1590	6,0928	6,0280	5,9644	5,9020
74 84	6,0574	5,9302	5,8077	5,7483	5,6899	5,6326	5,5764	5,5213	5,4671
75 85	5,5646	5,4554	5,3502	5,2990	5,2487	5,1993	5,1508	5,1031	5,0563
76 86	5,0988	5,0056	4,9155	4,8716	4,8285	4,7861	4,7444	4,7034	4,6631
77 87	4,6682	4,5887	4,5119	4,4743	4,4374	4,4011	4,3654	4,3302	4,2956
78 88	4,2681	4,2006	4,1352	4,1032	4,0717	4,0407	4,0102	3,9802	3,9506
79 89	3,8921	3,8350	3,7796	3,7525	3,7258	3,6994	3,6735	3,6479	3,6227
80 90	3,5471	3,4989	3,4521	3,4291	3,4065	3,3841	3,3621	3,3404	3,3189
81 91	3,2355	3,1948	3,1551	3,1357	3,1165	3,0976	3,0789	3,0604	3,0422
82 92	2,9506	2,9162	2,8827	2,8663	2,8500	2,8340	2,8181	2,8025	2,7870
83 93	2,6950	2,6660	2,6377	2,6237	2,6100	2,5964	2,5829	2,5696	2,5565
84 94	2,4616	2,4371	2,4131	2,4013	2,3897	2,3782	2,3667	2,3555	2,3443
85 95	2,2535	2,2327	2,2123	2,2023	2,1924	2,1826	2,1729	2,1633	2,1538
86 96	2,0679	2,0502	2,0329	2,0244	2,0159	2,0076	1,9993	1,9911	1,9829
87 97	1,9090	1,8939	1,8790	1,8717	1,8644	1,8572	1,8501	1,8430	1,8360
88 98	1,7649	1,7519	1,7391	1,7328	1,7265	1,7203	1,7142	1,7081	1,7021
89 99	1,6461	1,6348	1,6237	1,6182	1,6127	1,6073	1,6020	1,5967	1,5914
90 100	1,5283	1,5186	1,5089	1,5042	1,4995	1,4948	1,4902	1,4856	1,4810
91 101	1,4259	1,4174	1,4090	1,4049	1,4008	1,3967	1,3926	1,3886	1,3847
92 102	1,3317	1,3243	1,3170	1,3133	1,3098	1,3062	1,3027	1,2992	1,2957
93 103	1,2535	1,2470	1,2405	1,2373	1,2342	1,2310	1,2279	1,2248	1,2217
94 104	1,1815	1,1757	1,1700	1,1671	1,1643	1,1615	1,1588	1,1560	1,1533
95 105	1,1222	1,1170	1,1118	1,1093	1,1068	1,1043	1,1018	1,0993	1,0969
96 106	1,0662	1,0615	1,0569	1,0546	1,0524	1,0501	1,0479	1,0457	1,0435
97 107	1,0228	1,0185	1,0143	1,0122	1,0102	1,0081	1,0061	1,0041	1,0020
98 108	0,9799	0,9760	0,9722	0,9703	0,9684	0,9666	0,9647	0,9629	0,9610
99 109	0,9412	0,9377	0,9342	0,9325	0,9308	0,9291	0,9274	0,9257	0,9240
100 110	0,9126	0,9093	0,9061	0,9045	0,9030	0,9014	0,8998	0,8983	0,8967

T4 Verbundene lebenslange Leibrente Mann/Frau bis Tod des Zuerststerbenden

T4.5 Mann ist 10 Jahre jünger als Frau

Sterbetafel 2019/2021 Deutschland, Statistisches Bundesamt   monatlich vorschüssig

Alter Mann/Frau	1,75%	2,00%	2,25%	2,50%	2,75%	3,00%	3,25%	3,50%	4,00%
70 80	7,2037	7,1151	7,0284	6,9436	6,8606	6,7795	6,7000	6,6222	6,4714
71 81	6,7382	6,6599	6,5834	6,5084	6,4349	6,3629	6,2924	6,2233	6,0893
72 82	6,2836	6,2149	6,1476	6,0816	6,0169	5,9534	5,8912	5,8302	5,7116
73 83	5,8408	5,7808	5,7219	5,6641	5,6074	5,5517	5,4971	5,4435	5,3392
74 84	5,4140	5,3618	5,3105	5,2602	5,2108	5,1622	5,1145	5,0676	4,9763
75 85	5,0103	4,9650	4,9206	4,8769	4,8339	4,7917	4,7502	4,7093	4,6297
76 86	4,6234	4,5844	4,5460	4,5083	4,4711	4,4346	4,3986	4,3632	4,2941
77 87	4,2615	4,2280	4,1950	4,1625	4,1304	4,0989	4,0678	4,0373	3,9774
78 88	3,9214	3,8926	3,8643	3,8364	3,8089	3,7818	3,7551	3,7287	3,6772
79 89	3,5978	3,5733	3,5491	3,5253	3,5017	3,4785	3,4557	3,4331	3,3888
80 90	3,2978	3,2769	3,2563	3,2360	3,2159	3,1961	3,1765	3,1572	3,1194
81 91	3,0242	3,0064	2,9889	2,9716	2,9544	2,9375	2,9208	2,9043	2,8720
82 92	2,7717	2,7566	2,7417	2,7270	2,7124	2,6980	2,6838	2,6697	2,6420
83 93	2,5435	2,5307	2,5180	2,5054	2,4930	2,4807	2,4685	2,4565	2,4329
84 94	2,3333	2,3223	2,3115	2,3008	2,2903	2,2798	2,2694	2,2592	2,2390
85 95	2,1444	2,1351	2,1259	2,1167	2,1077	2,0988	2,0899	2,0811	2,0639
86 96	1,9749	1,9669	1,9591	1,9512	1,9435	1,9358	1,9282	1,9207	1,9059
87 97	1,8291	1,8222	1,8154	1,8087	1,8020	1,7954	1,7888	1,7823	1,7695
88 98	1,6961	1,6902	1,6843	1,6784	1,6727	1,6669	1,6613	1,6556	1,6445
89 99	1,5862	1,5810	1,5759	1,5708	1,5658	1,5607	1,5558	1,5509	1,5411
90 100	1,4765	1,4720	1,4676	1,4631	1,4588	1,4544	1,4501	1,4458	1,4373
91 101	1,3807	1,3768	1,3729	1,3690	1,3652	1,3614	1,3576	1,3539	1,3465
92 102	1,2922	1,2888	1,2854	1,2820	1,2787	1,2753	1,2720	1,2687	1,2622
93 103	1,2186	1,2156	1,2126	1,2096	1,2066	1,2037	1,2007	1,1978	1,1921
94 104	1,1506	1,1479	1,1452	1,1425	1,1399	1,1373	1,1347	1,1321	1,1269
95 105	1,0944	1,0920	1,0896	1,0872	1,0848	1,0825	1,0801	1,0778	1,0732
96 106	1,0413	1,0391	1,0369	1,0348	1,0326	1,0305	1,0284	1,0263	1,0221
97 107	1,0000	0,9980	0,9961	0,9941	0,9921	0,9902	0,9882	0,9863	0,9825
98 108	0,9592	0,9574	0,9556	0,9538	0,9520	0,9502	0,9484	0,9467	0,9432
99 109	0,9223	0,9206	0,9190	0,9173	0,9157	0,9141	0,9125	0,9109	0,9077
100 110	0,8952	0,8937	0,8922	0,8906	0,8891	0,8876	0,8862	0,8847	0,8817

T5   Verbundene temporäre Leibrente Mann/Frau bis Tod des Zuerststerbenden

T5.1 Mann bis 66. Lebensjahr - Mann ist 5 Jahre älter als Frau

Sterbetafel 2019/2021 Deutschland, Statistisches Bundesamt   monatlich vorschüssig

Alter Mann/Frau		-1,00%	-0,50%	0,00%	0,25%	0,50%	0,75%	1,00%	1,25%	1,50%
23	18	51,0369	45,6796	41,0629	38,9953	37,0712	35,2792	33,6086	32,0501	30,5949
24	19	49,5601	44,4792	40,0857	38,1132	36,2746	34,5594	32,9581	31,4620	30,0629
25	20	48,1000	43,2866	39,1102	37,2304	35,4755	33,8358	32,3026	30,8679	29,5243
26	21	46,6527	42,0984	38,1333	36,3442	34,6712	33,1056	31,6394	30,2654	28,9768
27	22	45,2202	40,9165	37,1569	35,4562	33,8634	32,3704	30,9701	29,6559	28,4214
28	23	43,8011	39,7398	36,1798	34,5654	33,0509	31,6292	30,2936	29,0382	27,8573
29	24	42,3959	38,5687	35,2026	33,6723	32,2343	30,8824	29,6104	28,4129	27,2848
30	25	41,0041	37,4030	34,2250	32,7766	31,4134	30,1297	28,9201	27,7796	26,7036
31	26	39,6283	36,2451	33,2492	31,8804	30,5901	29,3730	28,2245	27,1399	26,1151
32	27	38,2669	35,0936	32,2740	30,9826	29,7633	28,6114	27,5226	26,4929	25,5185
33	28	36,9197	33,9485	31,2996	30,0833	28,9330	27,8447	26,8144	25,8385	24,9136
34	29	35,5880	32,8111	30,3269	29,1835	28,1004	27,0739	26,1007	25,1775	24,3012
35	30	34,2707	31,6804	29,3554	28,2825	27,2646	26,2984	25,3809	24,5092	23,6807
36	31	32,9683	30,5570	28,3855	27,3809	26,4263	25,5187	24,6556	23,8342	23,0523
37	32	31,6833	29,4435	27,4195	26,4809	25,5875	24,7369	23,9265	23,1543	22,4180
38	33	30,4141	28,3384	26,4564	25,5814	24,7473	23,9517	23,1927	22,4683	21,7766
39	34	29,1567	27,2380	25,4926	24,6791	23,9023	23,1603	22,4512	21,7734	21,1253
40	35	27,9148	26,1460	24,5315	23,7771	23,0557	22,3654	21,7048	21,0724	20,4666
41	36	26,6877	25,0618	23,5728	22,8753	22,2072	21,5670	20,9533	20,3648	19,8004
42	37	25,4757	23,9859	22,6168	21,9739	21,3572	20,7652	20,1968	19,6510	19,1267
43	38	24,2750	22,9146	21,6603	21,0699	20,5025	19,9570	19,4325	18,9280	18,4426
44	39	23,0902	21,8525	20,7075	20,1672	19,6471	19,1463	18,6641	18,1995	17,7518
45	40	21,9190	20,7975	19,7565	19,2640	18,7893	18,3314	17,8898	17,4637	17,0524
46	41	20,7599	19,7482	18,8061	18,3593	17,9279	17,5112	17,1085	16,7195	16,3434
47	42	19,6149	18,7068	17,8582	17,4549	17,0647	16,6873	16,3220	15,9685	15,6263
48	43	18,4844	17,6736	16,9135	16,5513	16,2004	15,8603	15,5307	15,2112	14,9015
49	44	17,3686	16,6490	15,9722	15,6488	15,3350	15,0305	14,7349	14,4478	14,1691
50	45	16,2675	15,6331	15,0344	14,7476	14,4689	14,1980	13,9346	13,6785	13,4294
51	46	15,1780	14,6229	14,0974	13,8451	13,5994	13,3603	13,1274	12,9005	12,6796
52	47	14,1023	13,6208	13,1635	12,9433	12,7287	12,5194	12,3152	12,1161	11,9218
53	48	13,0387	12,6252	12,2312	12,0410	11,8553	11,6740	11,4968	11,3236	11,1545
54	49	11,9882	11,6372	11,3015	11,1392	10,9804	10,8250	10,6729	10,5242	10,3786
55	50	10,9498	10,6559	10,3738	10,2370	10,1030	9,9717	9,8430	9,7169	9,5932
56	51	9,9239	9,6816	9,4483	9,3350	9,2237	9,1145	9,0073	8,9020	8,7987
57	52	8,9085	8,7127	8,5236	8,4314	8,3408	8,2518	8,1642	8,0781	7,9934
58	53	7,9015	7,7471	7,5974	7,5243	7,4523	7,3815	7,3117	7,2429	7,1752
59	54	6,9032	6,7852	6,6704	6,6142	6,5587	6,5041	6,4501	6,3969	6,3444
60	55	5,9127	5,8261	5,7415	5,7000	5,6591	5,6185	5,5785	5,5390	5,4999
61	56	4,9271	4,8670	4,8081	4,7792	4,7505	4,7221	4,6941	4,6663	4,6388
62	57	3,9452	3,9068	3,8690	3,8504	3,8319	3,8136	3,7955	3,7775	3,7597
63	58	2,9644	2,9428	2,9216	2,9111	2,9006	2,8903	2,8800	2,8698	2,8596
64	59	1,9820	1,9725	1,9632	1,9585	1,9539	1,9492	1,9447	1,9401	1,9356
65	60	0,9951	0,9928	0,9905	0,9894	0,9883	0,9871	0,9860	0,9849	0,9838

T5.1 Mann bis 66. Lebensjahr - Mann ist 5 Jahre älter als Frau

Sterbetafel 2019/2021 Deutschland, Statistisches Bundesamt   monatlich vorschüssig

Alter Mann/Frau		1,75%	2,00%	2,25%	2,50%	2,75%	3,00%	3,25%	3,50%	4,00%
23	18	29,2350	27,9632	26,7726	25,6573	24,6115	23,6301	22,7085	21,8422	20,2599
24	19	28,7537	27,5274	26,3780	25,2997	24,2875	23,3363	22,4420	21,6003	20,0604
25	20	28,2652	27,0842	25,9757	24,9345	23,9557	23,0349	22,1679	21,3510	19,8540
26	21	27,7673	26,6314	25,5637	24,5594	23,6141	22,7237	21,8843	21,0925	19,6388
27	22	27,2612	26,1699	25,1428	24,1754	23,2636	22,4036	21,5920	20,8253	19,4154
28	23	26,7458	25,6989	24,7121	23,7815	22,9032	22,0737	21,2898	20,5486	19,1829
29	24	26,2215	25,2185	24,2719	23,3778	22,5330	21,7340	20,9780	20,2622	18,9412
30	25	25,6878	24,7284	23,8216	22,9640	22,1524	21,3840	20,6560	19,9659	18,6898
31	26	25,1463	24,2299	23,3626	22,5412	21,7628	21,0249	20,3248	19,6604	18,4296
32	27	24,5960	23,7221	22,8939	22,1084	21,3631	20,6556	19,9835	19,3448	18,1595
33	28	24,0367	23,2049	22,4153	21,6655	20,9531	20,2758	19,6317	19,0188	17,8793
34	29	23,4692	22,6787	21,9274	21,2129	20,5332	19,8861	19,2698	18,6827	17,5891
35	30	22,8927	22,1431	21,4295	20,7500	20,1027	19,4856	18,8971	18,3357	17,2882
36	31	22,3077	21,5982	20,9219	20,2770	19,6617	19,0744	18,5137	17,9780	16,9765
37	32	21,7158	21,0457	20,4061	19,7952	19,2117	18,6539	18,1206	17,6105	16,6550
38	33	21,1159	20,4845	19,8809	19,3037	18,7515	18,2230	17,7170	17,2323	16,3228
39	34	20,5052	19,9118	19,3438	18,7997	18,2785	17,7790	17,3001	16,8408	15,9772
40	35	19,8863	19,3301	18,7969	18,2855	17,7949	17,3240	16,8720	16,4378	15,6200
41	36	19,2588	18,7390	18,2399	17,7605	17,3000	16,8574	16,4319	16,0227	15,2504
42	37	18,6228	18,1384	17,6727	17,2248	16,7939	16,3791	15,9799	15,5954	14,8682
43	38	17,9755	17,5258	17,0928	16,6757	16,2738	15,8866	15,5132	15,1532	14,4709
44	39	17,3203	16,9043	16,5031	16,1161	15,7427	15,3824	15,0345	14,6986	14,0607
45	40	16,6555	16,2722	15,9020	15,5444	15,1988	14,8649	14,5421	14,2299	13,6359
46	41	15,9798	15,6283	15,2882	14,9593	14,6409	14,3328	14,0346	13,7458	13,1952
47	42	15,2949	14,9740	14,6632	14,3620	14,0702	13,7873	13,5131	13,2472	12,7392
48	43	14,6011	14,3097	14,0271	13,7529	13,4867	13,2284	12,9776	12,7341	12,2678
49	44	13,8984	13,6355	13,3800	13,1318	12,8905	12,6560	12,4279	12,2062	11,7808
50	45	13,1870	12,9513	12,7219	12,4987	12,2814	12,0699	11,8639	11,6634	11,2778
51	46	12,4643	12,2546	12,0502	11,8510	11,6568	11,4675	11,2829	11,1029	10,7561
52	47	11,7322	11,5472	11,3666	11,1904	11,0183	10,8503	10,6863	10,5261	10,2168
53	48	10,9892	10,8276	10,6696	10,5152	10,3643	10,2167	10,0724	9,9312	9,6580
54	49	10,2360	10,0965	9,9600	9,8263	9,6953	9,5671	9,4415	9,3186	9,0801
55	50	9,4720	9,3532	9,2367	9,1224	9,0104	8,9005	8,7927	8,6870	8,4815
56	51	8,6973	8,5977	8,4998	8,4038	8,3094	8,2167	8,1257	8,0362	7,8620
57	52	7,9102	7,8283	7,7477	7,6685	7,5906	7,5139	7,4385	7,3643	7,2195
58	53	7,1085	7,0428	6,9781	6,9144	6,8516	6,7897	6,7288	6,6687	6,5512
59	54	6,2926	6,2416	6,1912	6,1414	6,0924	6,0439	5,9961	5,9490	5,8565
60	55	5,4613	5,4232	5,3855	5,3482	5,3114	5,2750	5,2390	5,2035	5,1336
61	56	4,6116	4,5847	4,5580	4,5316	4,5055	4,4796	4,4540	4,4287	4,3788
62	57	3,7420	3,7245	3,7071	3,6899	3,6728	3,6559	3,6391	3,6225	3,5896
63	58	2,8495	2,8395	2,8296	2,8197	2,8099	2,8002	2,7905	2,7809	2,7619
64	59	1,9311	1,9266	1,9221	1,9177	1,9132	1,9088	1,9045	1,9001	1,8915
65	60	0,9827	0,9816	0,9805	0,9794	0,9783	0,9772	0,9761	0,9750	0,9729

T5   Verbundene temporäre Leibrente Mann/Frau bis Tod des Zuerststerbenden

T5.2 Mann bis 67. Lebensjahr – Mann ist 5 Jahre älter als Frau

Sterbetafel 2019/2021 Deutschland, Statistisches Bundesamt   monatlich vorschüssig

Alter Mann/Frau		-1,00%	-0,50%	0,00%	0,25%	0,50%	0,75%	1,00%	1,25%	1,50%
23	18	52,2714	46,6714	41,8605	39,7110	37,7135	35,8557	34,1263	32,5150	31,0126
24	19	50,7830	45,4666	40,8838	38,8310	36,9204	35,1406	33,4812	31,9330	30,4871
25	20	49,3114	44,2696	39,9088	37,9505	36,1249	34,4216	32,8312	31,3450	29,9551
26	21	47,8527	43,0771	38,9324	37,0665	35,3243	33,6962	32,1737	30,7488	29,4143
27	22	46,4089	41,8910	37,9565	36,1808	34,5201	32,9658	31,5101	30,1456	28,8658
28	23	44,9786	40,7099	36,9798	35,2922	33,7113	32,2294	30,8393	29,5344	28,3086
29	24	43,5624	39,5347	36,0031	34,4014	32,8985	31,4875	30,1619	28,9156	27,7432
30	25	42,1598	38,3648	35,0261	33,5080	32,0813	30,7398	29,4775	28,2889	27,1691
31	26	40,7732	37,2027	34,0508	32,6141	31,2618	29,9881	28,7878	27,6560	26,5880
32	27	39,4012	36,0471	33,0763	31,7188	30,4389	29,2316	28,0920	27,0158	25,9988
33	28	38,0436	34,8981	32,1026	30,8219	29,6126	28,4700	27,3899	26,3683	25,4015
34	29	36,7016	33,7567	31,1306	29,9246	28,7839	27,7045	26,6825	25,7144	24,7969
35	30	35,3742	32,6222	30,1598	29,0262	27,9522	26,9344	25,9692	25,0535	24,1843
36	31	34,0619	31,4951	29,1907	28,1272	27,1181	26,1601	25,2503	24,3858	23,5640
37	32	32,7673	30,3780	28,2258	27,2300	26,2836	25,3838	24,5279	23,7134	22,9380
38	33	31,4888	29,2695	27,2637	26,3334	25,4478	24,6045	23,8010	23,0353	22,3051
39	34	30,2221	28,1658	26,3010	25,4340	24,6073	23,8188	23,0664	22,3483	21,6625
40	35	28,9711	27,0706	25,3412	24,5351	23,7653	23,0299	22,3272	21,6553	21,0127
41	36	27,7353	25,9834	24,3839	23,6365	22,9216	22,2376	21,5829	20,9561	20,3556
42	37	26,5149	24,9045	23,4295	22,7385	22,0765	21,4421	20,8340	20,2508	19,6913
43	38	25,3058	23,8305	22,4746	21,8378	21,2269	20,6404	20,0773	19,5365	19,0169
44	39	24,1129	22,7658	21,5236	20,9388	20,3767	19,8364	19,3168	18,8169	18,3360
45	40	22,9340	21,7084	20,5746	20,0395	19,5244	19,0283	18,5506	18,0904	17,6468
46	41	21,7673	20,6570	19,6263	19,1387	18,6685	18,2151	17,7777	17,3556	16,9483
47	42	20,6151	19,6136	18,6808	18,2384	17,8112	17,3985	16,9998	16,6145	16,2420
48	43	19,4778	18,5788	17,7387	17,3393	16,9530	16,5792	16,2175	15,8673	15,5284
49	44	18,3556	17,5529	16,8003	16,4416	16,0941	15,7573	15,4309	15,1145	14,8077
50	45	17,2485	16,5361	15,8658	15,5456	15,2349	14,9333	14,6405	14,3562	14,0801
51	46	16,1534	15,5253	14,9325	14,6485	14,3726	14,1043	13,8434	13,5897	13,3430
52	47	15,0726	14,5231	14,0026	13,7528	13,5095	13,2726	13,0419	12,8173	12,5984
53	48	14,0045	13,5278	13,0748	12,8568	12,6442	12,4369	12,2347	12,0374	11,8450
54	49	12,9501	12,5406	12,1503	11,9619	11,7780	11,5983	11,4227	11,2512	11,0836
55	50	11,9085	11,5608	11,2282	11,0674	10,9100	10,7561	10,6054	10,4580	10,3137
56	51	10,8802	10,5888	10,3093	10,1737	10,0409	9,9107	9,7831	9,6581	9,5355
57	52	9,8633	9,6231	9,3918	9,2794	9,1690	9,0607	8,9544	8,8501	8,7476
58	53	8,8554	8,6612	8,4736	8,3822	8,2924	8,2040	8,1172	8,0318	7,9478
59	54	7,8574	7,7042	7,5557	7,4831	7,4117	7,3414	7,2721	7,2039	7,1367
60	55	6,8683	6,7511	6,6371	6,5813	6,5262	6,4719	6,4184	6,3655	6,3134
61	56	5,8852	5,7992	5,7152	5,6739	5,6332	5,5929	5,5532	5,5139	5,4750
62	57	4,9073	4,8475	4,7890	4,7602	4,7317	4,7035	4,6756	4,6479	4,6206
63	58	3,9319	3,8937	3,8561	3,8375	3,8192	3,8009	3,7829	3,7650	3,7472
64	59	2,9566	2,9351	2,9140	2,9035	2,8931	2,8828	2,8725	2,8623	2,8522
65	60	1,9785	1,9690	1,9596	1,9550	1,9504	1,9458	1,9412	1,9366	1,9321
66	61	0,9942	0,9919	0,9896	0,9885	0,9874	0,9863	0,9851	0,9840	0,9829

T5.2 Mann bis 67. Lebensjahr – Mann ist 5 Jahre älter als Frau

Sterbetafel 2019/2021 Deutschland, Statistisches Bundesamt   monatlich vorschüssig

Alter Mann	/Frau	1,75%	2,00%	2,25%	2,50%	2,75%	3,00%	3,25%	3,50%	4,00%
23	18	29,6103	28,3005	27,0759	25,9300	24,8568	23,8509	22,9072	22,0210	20,4050
24	19	29,1357	27,8717	26,6883	25,5795	24,5397	23,5639	22,6472	21,7855	20,2114
25	20	28,6542	27,4356	26,2932	25,2214	24,2150	23,2693	22,3800	21,5429	20,0111
26	21	28,1634	26,9900	25,8885	24,8537	23,8808	22,9654	22,1034	21,2912	19,8023
27	22	27,6645	26,5360	25,4752	24,4772	23,5378	22,6527	21,8183	21,0311	19,5856
28	23	27,1564	26,0725	25,0522	24,0910	23,1851	22,3304	21,5237	20,7616	19,3600
29	24	26,6395	25,5998	24,6198	23,6953	22,8228	21,9986	21,2196	20,4829	19,1255
30	25	26,1134	25,1176	24,1775	23,2896	22,4504	21,6567	20,9057	20,1944	18,8816
31	26	25,5797	24,6272	23,7268	22,8752	22,0692	21,3060	20,5828	19,8971	18,6291
32	27	25,0373	24,1276	23,2666	22,4510	21,6782	20,9453	20,2500	19,5900	18,3672
33	28	24,4861	23,6188	22,7967	22,0170	21,2770	20,5745	19,9071	19,2728	18,0954
34	29	23,9268	23,1013	22,3177	21,5735	20,8663	20,1940	19,5544	18,9458	17,8141
35	30	23,3588	22,5746	21,8290	21,1200	20,4453	19,8030	19,1913	18,6083	17,5224
36	31	22,7825	22,0388	21,3308	20,6566	20,0142	19,4017	18,8177	18,2604	17,2203
37	32	22,1994	21,4956	20,8247	20,1848	19,5743	18,9915	18,4349	17,9032	16,9090
38	33	21,6087	20,9440	20,3096	19,7036	19,1246	18,5711	18,0419	17,5357	16,5873
39	34	21,0073	20,3812	19,7826	19,2102	18,6624	18,1381	17,6361	17,1552	16,2527
40	35	20,3980	19,8096	19,2463	18,7068	18,1899	17,6944	17,2194	16,7637	15,9068
41	36	19,7803	19,2289	18,7002	18,1931	17,7066	17,2396	16,7912	16,3606	15,5492
42	37	19,1545	18,6392	18,1443	17,6691	17,2124	16,7735	16,3516	15,9458	15,1796
43	38	18,5176	18,0376	17,5760	17,1320	16,7048	16,2936	15,8978	15,5165	14,7954
44	39	17,8731	17,4274	16,9982	16,5848	16,1865	15,8026	15,4324	15,0755	14,3990
45	40	17,2193	16,8071	16,4095	16,0260	15,6559	15,2988	14,9539	14,6209	13,9886
46	41	16,5550	16,1753	15,8085	15,4542	15,1118	14,7809	14,4609	14,1516	13,5628
47	42	15,8818	15,5336	15,1967	14,8708	14,5554	14,2501	13,9545	13,6684	13,1226
48	43	15,2002	14,8823	14,5744	14,2760	13,9869	13,7066	13,4349	13,1714	12,6679
49	44	14,5102	14,2216	13,9416	13,6699	13,4062	13,1503	12,9018	12,6605	12,1984
50	45	13,8120	13,5515	13,2984	13,0525	12,8134	12,5810	12,3551	12,1354	11,7138
51	46	13,1030	12,8695	12,6422	12,4211	12,2059	11,9963	11,7923	11,5936	11,2115
52	47	12,3852	12,1774	11,9749	11,7776	11,5852	11,3976	11,2148	11,0364	10,6927
53	48	11,6572	11,4739	11,2950	11,1204	10,9499	10,7835	10,6209	10,4622	10,1557
54	49	10,9198	10,7597	10,6032	10,4503	10,3007	10,1544	10,0114	9,8715	9,6007
55	50	10,1724	10,0342	9,8988	9,7663	9,6365	9,5095	9,3850	9,2631	9,0267
56	51	9,4153	9,2975	9,1820	9,0687	8,9577	8,8487	8,7419	8,6370	8,4333
57	52	8,6470	8,5482	8,4512	8,3559	8,2623	8,1704	8,0801	7,9914	7,8186
58	53	7,8652	7,7839	7,7041	7,6255	7,5482	7,4721	7,3973	7,3237	7,1800
59	54	7,0705	7,0053	6,9411	6,8778	6,8155	6,7541	6,6936	6,6339	6,5173
60	55	6,2620	6,2112	6,1612	6,1118	6,0630	6,0149	5,9675	5,9206	5,8288
61	56	5,4367	5,3988	5,3613	5,3243	5,2877	5,2515	5,2158	5,1805	5,1110
62	57	4,5935	4,5667	4,5402	4,5140	4,4880	4,4623	4,4368	4,4116	4,3620
63	58	3,7296	3,7122	3,6949	3,6778	3,6608	3,6439	3,6272	3,6106	3,5779
64	59	2,8422	2,8322	2,8223	2,8125	2,8027	2,7930	2,7834	2,7738	2,7549
65	60	1,9276	1,9231	1,9187	1,9142	1,9098	1,9054	1,9011	1,8967	1,8881
66	61	0,9818	0,9807	0,9796	0,9785	0,9774	0,9763	0,9752	0,9742	0,9720

T6   Verbundene lebenslange Leibrente Mann/Frau bis Tod des Überlebenden

T6.1 Mann ist 10 Jahre älter als Frau

Sterbetafel 2019/2021 Deutschland, Statistisches Bundesamt   monatlich vorschüssig

Alter Mann/Frau		-1,00%	-0,50%	0,00%	0,25%	0,50%	0,75%	1,00%	1,25%	1,50%
28	18	97,5420	80,7569	67,6328	62,1565	57,2823	52,9346	49,0478	45,5656	42,4389
29	19	95,5778	79,3602	66,6362	61,3135	56,5686	52,3298	48,5349	45,1301	42,0689
30	20	93,6339	77,9711	65,6399	60,4687	55,8516	51,7207	48,0170	44,6895	41,6936
31	21	91,7095	76,5888	64,6437	59,6219	55,1311	51,1071	47,4941	44,2433	41,3127
32	22	89,8045	75,2137	63,6477	58,7730	54,4071	50,4891	46,9660	43,7918	40,9261
33	23	87,9184	73,8454	62,6516	57,9221	53,6795	49,8664	46,4327	43,3345	40,5338
34	24	86,0510	72,4839	61,6554	57,0689	52,9482	49,2390	45,8940	42,8716	40,1356
35	25	84,2022	71,1291	60,6593	56,2137	52,2133	48,6070	45,3499	42,4029	39,7315
36	26	82,3726	69,7816	59,6636	55,3567	51,4751	47,9705	44,8007	41,9286	39,3216
37	27	80,5616	68,4411	58,6681	54,4978	50,7334	47,3295	44,2462	41,4486	38,9056
38	28	78,7696	67,1081	57,6733	53,6373	49,9885	46,6841	43,6866	40,9629	38,4838
39	29	76,9962	65,7824	56,6790	52,7751	49,2402	46,0343	43,1218	40,4715	38,0559
40	30	75,2409	64,4635	55,6849	51,9110	48,4885	45,3797	42,5514	39,9741	37,6218
41	31	73,5039	63,1520	54,6913	51,0452	47,7335	44,7208	41,9758	39,4709	37,1816
42	32	71,7858	61,8482	53,6988	50,1783	46,9756	44,0577	41,3952	38,9621	36,7353
43	33	70,0851	60,5512	52,7066	49,3094	46,2141	43,3898	40,8090	38,4471	36,2826
44	34	68,4025	59,2616	51,7152	48,4390	45,4495	42,7175	40,2174	37,9262	35,8235
45	35	66,7378	57,9793	50,7245	47,5673	44,6817	42,0409	39,6206	37,3994	35,3581
46	36	65,0915	56,7050	49,7351	46,6945	43,9112	41,3601	39,0187	36,8668	34,8865
47	37	63,4621	55,4375	48,7461	45,8199	43,1372	40,6746	38,4111	36,3279	34,4081
48	38	61,8509	54,1779	47,7585	44,9445	42,3606	39,9852	37,7986	35,7833	33,9235
49	39	60,2568	52,9255	46,7717	44,0675	41,5808	39,2912	37,1805	35,2324	33,4322
50	40	58,6808	51,6814	45,7867	43,1901	40,7986	38,5934	36,5576	34,6759	32,9347
51	41	57,1214	50,4442	44,8023	42,3111	40,0131	37,8910	35,9290	34,1130	32,4302
52	42	55,5801	49,2153	43,8198	41,4316	39,2254	37,1849	35,2956	33,5445	31,9195
53	43	54,0558	47,9941	42,8386	40,5513	38,4349	36,4746	34,6570	32,9698	31,4021
54	44	52,5493	46,7812	41,8595	39,6706	37,6423	35,7608	34,0136	32,3896	30,8784
55	45	51,0602	45,5765	40,8823	38,7896	36,8474	35,0432	33,3653	31,8035	30,3482
56	46	49,5885	44,3801	39,9071	37,9083	36,0505	34,3220	32,7123	31,2117	29,8116
57	47	48,1352	43,1931	38,9349	37,0277	35,2522	33,5979	32,0551	30,6149	29,2692
58	48	46,6989	42,0141	37,9648	36,1468	34,4519	32,8703	31,3931	30,0122	28,7202
59	49	45,2821	40,8458	36,9989	35,2677	33,6513	32,1407	30,7279	29,4052	28,1660
60	50	43,8842	39,6875	36,0368	34,3900	32,8502	31,4090	30,0591	28,7937	27,6064
61	51	42,5036	38,5382	35,0777	33,5130	32,0478	30,6745	29,3863	28,1770	27,0408
62	52	41,1413	37,3987	34,1223	32,6375	31,2449	29,9378	28,7099	27,5556	26,4697
63	53	39,7962	36,2683	33,1702	31,7629	30,4410	29,1985	28,0296	26,9293	25,8926
64	54	38,4706	35,1492	32,2231	30,8909	29,6378	28,4581	27,3469	26,2992	25,3109
65	55	37,1634	34,0404	31,2806	30,0212	28,8348	27,7163	26,6612	25,6651	24,7242
66	56	35,8749	32,9424	30,3430	29,1540	28,0324	26,9734	25,9730	25,0273	24,1327
67	57	34,6048	31,8552	29,4103	28,2895	27,2306	26,2294	25,2823	24,3857	23,5364
68	58	33,3531	30,7788	28,4827	27,4278	26,4296	25,4845	24,5892	23,7405	22,9355
69	59	32,1211	29,7146	27,5615	26,5701	25,6307	24,7399	23,8949	23,0928	22,3309
70	60	30,9080	28,6619	26,6463	25,7161	24,8334	23,9952	23,1990	22,4422	21,7223
71	61	29,7141	27,6212	25,7374	24,8662	24,0382	23,2509	22,5020	21,7891	21,1102
72	62	28,5374	26,5910	24,8337	24,0192	23,2440	22,5059	21,8027	21,1325	20,4934
73	63	27,3798	25,5728	23,9367	23,1766	22,4522	21,7616	21,1027	20,4739	19,8734
74	64	26,2417	24,5675	23,0471	22,3393	21,6637	21,0187	20,4025	19,8137	19,2507
75	65	25,1216	23,5738	22,1639	21,5061	20,8775	20,2764	19,7015	19,1513	18,6245
76	66	24,0209	22,5929	21,2885	20,6785	20,0948	19,5360	19,0007	18,4877	17,9960
77	67	22,9389	21,6245	20,4204	19,8562	19,3155	18,7972	18,3000	17,8229	17,3650
78	68	21,8753	20,6686	19,5599	19,0393	18,5397	18,0601	17,5995	17,1570	16,7317
79	69	20,8288	19,7239	18,7059	18,2269	17,7665	17,3241	16,8985	16,4892	16,0952

T6 Verbundene lebenslange Leibrente Mann/Frau bis Tod des Überlebenden

T6.1 Mann ist 10 Jahre älter als Frau

Sterbetafel 2019/2021 Deutschland, Statistisches Bundesamt   monatlich vorschüssig

Alter Mann/Frau		1,75%	2,00%	2,25%	2,50%	2,75%	3,00%	3,25%	3,50%	4,00%
28	18	39,6253	37,0878	34,7944	32,7170	30,8313	29,1159	27,5521	26,1236	23,6161
29	19	39,3106	36,8200	34,5662	32,5224	30,6653	28,9740	27,4308	26,0197	23,5398
30	20	38,9906	36,5469	34,3330	32,3231	30,4947	28,8280	27,3056	25,9123	23,4606
31	21	38,6651	36,2685	34,0946	32,1189	30,3195	28,6776	27,1764	25,8012	23,3781
32	22	38,3340	35,9846	33,8510	31,9096	30,1396	28,5228	27,0430	25,6862	23,2925
33	23	37,9971	35,6950	33,6019	31,6951	29,9547	28,3633	26,9054	25,5672	23,2034
34	24	37,6543	35,3996	33,3471	31,4752	29,7648	28,1991	26,7632	25,4441	23,1107
35	25	37,3055	35,0984	33,0867	31,2499	29,5696	28,0299	26,6165	25,3167	23,0144
36	26	36,9509	34,7914	32,8206	31,0191	29,3693	27,8559	26,4651	25,1850	22,9144
37	27	36,5902	34,4783	32,5487	30,7827	29,1636	27,6767	26,3089	25,0487	22,8104
38	28	36,2235	34,1593	32,2709	30,5406	28,9524	27,4923	26,1479	24,9078	22,7024
39	29	35,8507	33,8341	31,9871	30,2926	28,7356	27,3026	25,9817	24,7622	22,5902
40	30	35,4715	33,5026	31,6970	30,0386	28,5130	27,1074	25,8103	24,6116	22,4736
41	31	35,0860	33,1648	31,4007	29,7785	28,2845	26,9065	25,6335	24,4559	22,3525
42	32	34,6943	32,8207	31,0982	29,5124	28,0501	26,6999	25,4513	24,2950	22,2269
43	33	34,2959	32,4699	30,7891	29,2397	27,8094	26,4873	25,2633	24,1287	22,0963
44	34	33,8910	32,1125	30,4734	28,9606	27,5625	26,2686	25,0695	23,9568	21,9607
45	35	33,4796	31,7484	30,1510	28,6749	27,3091	26,0437	24,8697	23,7792	21,8200
46	36	33,0616	31,3778	29,8220	28,3826	27,0493	25,8126	24,6639	23,5958	21,6741
47	37	32,6366	31,0000	29,4858	28,0833	26,7826	25,5747	24,4517	23,4062	21,5225
48	38	32,2051	30,6154	29,1429	27,7773	26,5092	25,3304	24,2331	23,2105	21,3653
49	39	31,7666	30,2237	28,7927	27,4640	26,2288	25,0791	24,0078	23,0084	21,2021
50	40	31,3214	29,8251	28,4356	27,1438	25,9414	24,8211	23,7759	22,7998	21,0331
51	41	30,8690	29,4191	28,0710	26,8161	25,6466	24,5557	23,5369	22,5844	20,8576
52	42	30,4099	29,0061	27,6992	26,4811	25,3447	24,2833	23,2909	22,3622	20,6758
53	43	29,9437	28,5857	27,3199	26,1386	25,0352	24,0035	23,0377	22,1328	20,4874
54	44	29,4707	28,1583	26,9332	25,7887	24,7183	23,7163	22,7772	21,8964	20,2922
55	45	28,9908	27,7235	26,5391	25,4312	24,3938	23,4215	22,5093	21,6527	20,0901
56	46	28,5039	27,2814	26,1375	25,0660	24,0616	23,1190	22,2337	21,4015	19,8809
57	47	28,0106	26,8325	25,7287	24,6935	23,7219	22,8091	21,9507	21,1429	19,6647
58	48	27,5102	26,3761	25,3121	24,3130	23,3742	22,4911	21,6598	20,8765	19,4408
59	49	27,0039	25,9132	24,8887	23,9255	23,0193	22,1658	21,3615	20,6028	19,2099
60	50	26,4916	25,4438	24,4584	23,5308	22,6569	21,8330	21,0556	20,3215	18,9716
61	51	25,9725	24,9672	24,0205	23,1282	22,2865	21,4921	20,7416	20,0321	18,7254
62	52	25,4472	24,4838	23,5753	22,7180	21,9084	21,1433	20,4197	19,7348	18,4713
63	53	24,9153	23,9932	23,1226	22,3000	21,5222	20,7862	20,0894	19,4291	18,2090
64	54	24,3779	23,4965	22,6632	21,8749	21,1286	20,4216	19,7514	19,1156	17,9389
65	55	23,8347	22,9933	22,1968	21,4423	20,7273	20,0490	19,4053	18,7940	17,6606
66	56	23,2858	22,4838	21,7235	21,0025	20,3183	19,6686	19,0512	18,4642	17,3741
67	57	22,7314	21,9679	21,2434	20,5554	19,9016	19,2801	18,6889	18,1261	17,0792
68	58	22,1714	21,4459	20,7564	20,1009	19,4773	18,8837	18,3183	17,7795	16,7757
69	59	21,6069	20,9184	20,2633	19,6398	19,0458	18,4798	17,9400	17,4251	16,4641
70	60	21,0373	20,3852	19,7639	19,1717	18,6069	18,0681	17,5537	17,0623	16,1438
71	61	20,4633	19,8465	19,2583	18,6969	18,1609	17,6488	17,1594	16,6914	15,8151
72	62	19,8837	19,3016	18,7457	18,2145	17,7068	17,2211	16,7563	16,3114	15,4770
73	63	19,2998	18,7515	18,2272	17,7256	17,2455	16,7858	16,3453	15,9232	15,1301
74	64	18,7121	18,1967	17,7032	17,2305	16,7775	16,3432	15,9266	15,5269	14,7747
75	65	18,1200	17,6365	17,1730	16,7285	16,3021	15,8927	15,4996	15,1220	14,4102
76	66	17,5244	17,0719	16,6376	16,2206	15,8200	15,4351	15,0650	14,7090	14,0370
77	67	16,9253	16,5029	16,0969	15,7066	15,3313	14,9701	14,6225	14,2879	13,6549
78	68	16,3227	15,9294	15,5509	15,1866	14,8358	14,4979	14,1723	13,8584	13,2638
79	69	15,7159	15,3507	14,9988	14,6597	14,3328	14,0176	13,7134	13,4199	12,8630

T6 Verbundene lebenslange Leibrente Mann/Frau bis Tod des Überlebenden

T6.1 Mann ist 10 Jahre älter als Frau

Sterbetafel 2019/2021 Deutschland, Statistisches Bundesamt   monatlich vorschüssig

Alter Mann/Frau		-1,00%	-0,50%	0,00%	0,25%	0,50%	0,75%	1,00%	1,25%	1,50%
80	70	19,8050	18,7958	17,8635	17,4239	17,0008	16,5936	16,2016	15,8239	15,4600
81	71	18,8023	17,8832	17,0317	16,6294	16,2418	15,8681	15,5079	15,1605	14,8253
82	72	17,8205	16,9860	16,2107	15,8436	15,4895	15,1477	14,8178	14,4992	14,1914
83	73	16,8610	16,1056	15,4019	15,0680	14,7455	14,4339	14,1327	13,8414	13,5597
84	74	15,9208	15,2394	14,6029	14,3004	14,0078	13,7247	13,4506	13,1854	12,9285
85	75	15,0057	14,3931	13,8194	13,5462	13,2816	13,0252	12,7768	12,5360	12,3026
86	76	14,1113	13,5628	13,0477	12,8019	12,5636	12,3324	12,1081	11,8904	11,6791
87	77	13,2413	12,7519	12,2913	12,0710	11,8572	11,6496	11,4479	11,2519	11,0614
88	78	12,3959	11,9612	11,5509	11,3543	11,1633	10,9776	10,7969	10,6212	10,4502
89	79	11,5725	11,1881	10,8243	10,6498	10,4799	10,3146	10,1536	9,9968	9,8440
90	80	10,7807	10,4421	10,1209	9,9665	9,8160	9,6694	9,5265	9,3871	9,2512
91	81	10,0207	9,7235	9,4410	9,3050	9,1723	9,0428	8,9165	8,7932	8,6728
92	82	9,2918	9,0321	8,7847	8,6654	8,5488	8,4350	8,3238	8,2151	8,1089
93	83	8,5981	8,3721	8,1562	8,0520	7,9500	7,8503	7,7528	7,6574	7,5641
94	84	7,9426	7,7465	7,5588	7,4679	7,3790	7,2920	7,2068	7,1234	7,0417
95	85	7,3308	7,1610	6,9981	6,9192	6,8419	6,7661	6,6918	6,6191	6,5477
96	86	6,7569	6,6103	6,4693	6,4009	6,3338	6,2680	6,2035	6,1401	6,0780
97	87	6,2288	6,1022	5,9803	5,9211	5,8630	5,8059	5,7498	5,6948	5,6408
98	88	5,7361	5,6271	5,5219	5,4707	5,4204	5,3710	5,3224	5,2747	5,2278
99	89	5,2820	5,1881	5,0974	5,0532	5,0097	4,9670	4,9249	4,8836	4,8429
100	90	4,8681	4,7872	4,7089	4,6706	4,6330	4,5960	4,5596	4,5237	4,4884
101	91	4,4943	4,4245	4,3567	4,3236	4,2910	4,2589	4,2273	4,1962	4,1655
102	92	4,1545	4,0941	4,0354	4,0067	3,9784	3,9505	3,9230	3,8959	3,8692
103	93	3,8538	3,8012	3,7501	3,7251	3,7004	3,6761	3,6521	3,6284	3,6050
104	94	3,5812	3,5353	3,4907	3,4688	3,4472	3,4259	3,4049	3,3841	3,3636
105	95	3,3375	3,2974	3,2582	3,2390	3,2200	3,2013	3,1828	3,1645	3,1465
106	96	3,1215	3,0860	3,0515	3,0345	3,0178	3,0012	2,9849	2,9687	2,9527
107	97	2,9358	2,9043	2,8736	2,8585	2,8436	2,8288	2,8143	2,7999	2,7856
108	98	2,7600	2,7321	2,7047	2,6913	2,6780	2,6649	2,6519	2,6390	2,6263
109	99	2,6171	2,5920	2,5675	2,5555	2,5435	2,5317	2,5201	2,5085	2,4971
110	100	2,4282	2,4062	2,3847	2,3741	2,3636	2,3532	2,3429	2,3327	2,3227

T6   Verbundene lebenslange Leibrente Mann/Frau bis Tod des Überlebenden

T6.1 Mann ist 10 Jahre älter als Frau

Sterbetafel 2019/2021 Deutschland, Statistisches Bundesamt   monatlich vorschüssig

Alter Mann/Frau	1,75%	2,00%	2,25%	2,50%	2,75%	3,00%	3,25%	3,50%	4,00%
80 70	15,1092	14,7709	14,4447	14,1299	13,8261	13,5327	13,2494	12,9757	12,4554
81 71	14,5018	14,1894	13,8878	13,5965	13,3149	13,0428	12,7796	12,5251	12,0406
82 72	13,8940	13,6065	13,3286	13,0597	12,7997	12,5480	12,3044	12,0685	11,6186
83 73	13,2871	13,0234	12,7681	12,5208	12,2814	12,0494	11,8246	11,6067	11,1904
84 74	12,6796	12,4385	12,2049	11,9783	11,7587	11,5457	11,3390	11,1384	10,7547
85 75	12,0762	11,8565	11,6434	11,4366	11,2358	11,0409	10,8515	10,6676	10,3151
86 76	11,4740	11,2747	11,0812	10,8931	10,7103	10,5327	10,3599	10,1919	9,8695
87 77	10,8762	10,6962	10,5211	10,3508	10,1851	10,0239	9,8670	9,7142	9,4204
88 78	10,2838	10,1218	9,9641	9,8106	9,6610	9,5153	9,3733	9,2350	8,9686
89 79	9,6952	9,5502	9,4088	9,2711	9,1367	9,0057	8,8779	8,7532	8,5128
90 80	9,1187	8,9894	8,8632	8,7401	8,6199	8,5026	8,3880	8,2762	8,0601
91 81	8,5552	8,4404	8,3283	8,2187	8,1117	8,0071	7,9049	7,8049	7,6116
92 82	8,0051	7,9036	7,8044	7,7074	7,6125	7,5196	7,4288	7,3399	7,1678
93 83	7,4729	7,3835	7,2961	7,2105	7,1267	7,0446	6,9643	6,8855	6,7329
94 84	6,9617	6,8833	6,8066	6,7313	6,6576	6,5853	6,5145	6,4450	6,3102
95 85	6,4778	6,4092	6,3419	6,2760	6,2113	6,1478	6,0855	6,0244	5,9056
96 86	6,0170	5,9572	5,8985	5,8408	5,7842	5,7286	5,6741	5,6205	5,5161
97 87	5,5877	5,5355	5,4843	5,4340	5,3845	5,3359	5,2882	5,2412	5,1497
98 88	5,1817	5,1363	5,0917	5,0479	5,0048	4,9624	4,9207	4,8797	4,7996
99 89	4,8029	4,7635	4,7247	4,6866	4,6491	4,6121	4,5757	4,5399	4,4700
100 90	4,4537	4,4195	4,3858	4,3526	4,3199	4,2877	4,2559	4,2247	4,1635
101 91	4,1352	4,1054	4,0761	4,0472	4,0186	3,9905	3,9628	3,9355	3,8820
102 92	3,8428	3,8169	3,7912	3,7660	3,7411	3,7165	3,6922	3,6683	3,6215
103 93	3,5820	3,5592	3,5368	3,5146	3,4928	3,4712	3,4499	3,4289	3,3877
104 94	3,3434	3,3235	3,3037	3,2843	3,2651	3,2461	3,2273	3,2088	3,1724
105 95	3,1286	3,1110	3,0936	3,0765	3,0595	3,0427	3,0261	3,0098	2,9776
106 96	2,9369	2,9213	2,9059	2,8906	2,8756	2,8607	2,8460	2,8314	2,8028
107 97	2,7715	2,7576	2,7438	2,7302	2,7167	2,7034	2,6902	2,6772	2,6515
108 98	2,6137	2,6013	2,5890	2,5768	2,5648	2,5528	2,5410	2,5294	2,5064
109 99	2,4857	2,4745	2,4635	2,4525	2,4416	2,4309	2,4202	2,4097	2,3889
110 100	2,3127	2,3028	2,2930	2,2834	2,2738	2,2643	2,2549	2,2456	2,2272

T6.2 Mann ist 5 Jahre älter als Frau

Sterbetafel 2019/2021 Deutschland, Statistisches Bundesamt   monatlich vorschüssig

Alter Mann/Frau		-1,00%	-0,50%	0,00%	0,25%	0,50%	0,75%	1,00%	1,25%	1,50%
23	18	99,5328	82,2057	68,6905	63,0613	58,0569	53,5981	49,6168	46,0538	42,8581
24	19	97,5483	80,8015	67,6936	62,2202	57,3468	52,9981	49,1093	45,6243	42,4943
25	20	95,5844	79,4048	66,6970	61,3775	56,6335	52,3938	48,5970	45,1896	42,1252
26	21	93,6399	78,0149	65,7004	60,5325	55,9165	51,7850	48,0796	44,7495	41,7505
27	22	91,7149	76,6322	64,7039	59,6856	55,1961	51,1717	47,5571	44,3039	41,3703
28	23	89,8091	75,2562	63,7074	58,8365	54,4720	50,5538	47,0293	43,8528	40,9844
29	24	87,9222	73,8871	62,7108	57,9852	53,7443	49,9312	46,4963	43,3961	40,5927
30	25	86,0540	72,5247	61,7142	57,1318	53,0130	49,3040	45,9579	42,9336	40,1951
31	26	84,2052	71,1696	60,7179	56,2766	52,2783	48,6723	45,4144	42,4656	39,7918
32	27	82,3749	69,8214	59,7218	55,4194	51,5400	48,0360	44,8655	41,9918	39,3825
33	28	80,5634	68,4804	58,7260	54,5603	50,7984	47,3952	44,3114	41,5123	38,9672
34	29	78,7709	67,1468	57,7308	53,6996	50,0534	46,7500	43,7522	41,0272	38,5461
35	30	76,9965	65,8200	56,7358	52,8370	49,3050	46,1001	43,1875	40,5361	38,1187
36	31	75,2406	64,5005	55,7413	51,9726	48,5532	45,4458	42,6175	40,0393	37,6853
37	32	73,5036	63,1886	54,7476	51,1069	47,7984	44,7872	42,0424	39,5367	37,2458
38	33	71,7848	61,8840	53,7546	50,2396	47,0403	44,1241	41,4620	39,0283	36,8002
39	34	70,0834	60,5862	52,7618	49,3703	46,2786	43,4563	40,8760	38,5138	36,3480
40	35	68,4002	59,2959	51,7698	48,4996	45,5139	42,7840	40,2847	37,9933	35,8896
41	36	66,7353	58,0132	50,7789	47,6277	44,7462	42,1076	39,6883	37,4671	35,4249
42	37	65,0878	56,7376	49,7885	46,7542	43,9751	41,4266	39,0864	36,9346	34,9536
43	38	63,4577	55,4693	48,7989	45,8792	43,2009	40,7411	38,4790	36,3961	34,4758
44	39	61,8450	54,2082	47,8101	45,0027	42,4235	40,0511	37,8661	35,8514	33,9914
45	40	60,2500	52,9548	46,8226	44,1252	41,6433	39,3569	37,2481	35,3008	33,5004
46	41	58,6716	51,7083	45,8356	43,2461	40,8597	38,6580	36,6243	34,7437	33,0026
47	42	57,1110	50,4697	44,8501	42,3661	40,0735	37,9551	35,9955	34,1807	32,4983
48	43	55,5676	49,2388	43,8658	41,4852	39,2845	37,2480	35,3614	33,6117	31,9873
49	44	54,0420	48,0161	42,8834	40,6038	38,4932	36,5371	34,7223	33,0369	31,4700
50	45	52,5340	46,8016	41,9028	39,7219	37,6995	35,8224	34,0783	32,4562	30,9461
51	46	51,0426	45,5946	40,9236	38,8390	36,9031	35,1035	33,4290	31,8694	30,4154
52	47	49,5694	44,3965	39,9469	37,9564	36,1049	34,3813	32,7752	31,2771	29,8785
53	48	48,1131	43,2064	38,9720	37,0732	35,3045	33,6554	32,1164	30,6789	29,3350
54	49	46,6757	42,0261	38,0006	36,1912	34,5031	32,9268	31,4537	30,0758	28,7857
55	50	45,2565	40,8552	37,0323	35,3099	33,7005	32,1955	30,7869	29,4675	28,2306
56	51	43,8552	39,6935	36,0671	34,4293	32,8967	31,4614	30,1161	28,8541	27,6694
57	52	42,4719	38,5412	35,1051	33,5497	32,0920	30,7247	29,4413	28,2357	27,1024
58	53	41,1057	37,3978	34,1461	32,6707	31,2858	29,9850	28,7623	27,6120	26,5291
59	54	39,7587	36,2651	33,1916	31,7938	30,4798	29,2438	28,0802	26,9841	25,9508
60	55	38,4304	35,1430	32,2417	30,9191	29,6740	28,5010	27,3953	26,3521	25,3673
61	56	37,1206	34,0313	31,2962	30,0465	28,8683	27,7567	26,7073	25,7159	24,7787
62	57	35,8296	32,9304	30,3557	29,1766	28,0632	27,0113	26,0168	25,0759	24,1853
63	58	34,5574	31,8407	29,4204	28,3095	27,2590	26,2650	25,3239	24,4324	23,5873
64	59	33,3049	30,7629	28,4912	27,4462	26,4564	25,5186	24,6294	23,7859	22,9852
65	60	32,0716	29,6967	27,5679	26,5863	25,6554	24,7720	23,9332	23,1365	22,3791
66	61	30,8576	28,6426	26,6510	25,7306	24,8564	24,0256	23,2358	22,4844	21,7692
67	62	29,6617	27,5994	25,7395	24,8780	24,0586	23,2788	22,5364	21,8291	21,1550
68	63	28,4842	26,5677	24,8340	24,0292	23,2626	22,5320	21,8354	21,1710	20,5368
69	64	27,3264	25,5487	23,9357	23,1853	22,4695	21,7863	21,1341	20,5111	19,9156
70	65	26,1860	24,5404	23,0430	22,3448	21,6779	21,0405	20,4310	19,8481	19,2903
71	66	25,0644	23,5446	22,1574	21,5092	20,8891	20,2957	19,7275	19,1834	18,6619
72	67	23,9605	22,5600	21,2780	20,6776	20,1025	19,5514	19,0230	18,5162	18,0299
73	68	22,8744	21,5870	20,4052	19,8505	19,3185	18,8079	18,3177	17,8469	17,3947
74	69	21,8051	20,6250	19,5384	19,0274	18,5365	18,0647	17,6113	17,1752	16,7557

T6 Verbundene lebenslange Leibrente Mann/Frau bis Tod des Überlebenden

T6.2 Mann ist 5 Jahre älter als Frau

Sterbetafel 2019/2021 Deutschland, Statistisches Bundesamt   monatlich vorschüssig

Alter Mann/Frau		1,75%	2,00%	2,25%	2,50%	2,75%	3,00%	3,25%	3,50%	4,00%
23	18	39,9856	37,3977	35,0612	32,9469	31,0295	29,2869	27,6998	26,2512	23,7117
24	19	39,6771	37,1360	34,8389	32,7579	30,8688	29,1501	27,5832	26,1517	23,6392
25	20	39,3634	36,8691	34,6117	32,5644	30,7037	29,0092	27,4629	26,0488	23,5638
26	21	39,0442	36,5969	34,3794	32,3660	30,5341	28,8641	27,3386	25,9424	23,4854
27	22	38,7194	36,3193	34,1420	32,1627	30,3599	28,7147	27,2104	25,8322	23,4039
28	23	38,3890	36,0362	33,8992	31,9543	30,1809	28,5608	27,0780	25,7182	23,3192
29	24	38,0528	35,7475	33,6509	31,7407	29,9970	28,4024	26,9413	25,6002	23,2310
30	25	37,7108	35,4529	33,3971	31,5218	29,8081	28,2392	26,8002	25,4781	23,1394
31	26	37,3629	35,1527	33,1377	31,2976	29,6141	28,0712	26,6546	25,3519	23,0442
32	27	37,0091	34,8465	32,8726	31,0678	29,4148	27,8982	26,5044	25,2212	22,9452
33	28	36,6492	34,5344	32,6017	30,8325	29,2102	27,7201	26,3493	25,0861	22,8423
34	29	36,2833	34,2162	32,3249	30,5914	29,0001	27,5369	26,1894	24,9464	22,7355
35	30	35,9111	33,8919	32,0419	30,3444	28,7843	27,3483	26,0244	24,8019	22,6244
36	31	35,5327	33,5612	31,7529	30,0915	28,5629	27,1542	25,8542	24,6525	22,5091
37	32	35,1481	33,2245	31,4577	29,8326	28,3356	26,9546	25,6787	24,4981	22,3893
38	33	34,7572	32,8812	31,1562	29,5675	28,1024	26,7492	25,4977	24,3385	22,2649
39	34	34,3596	32,5313	30,8480	29,2959	27,8628	26,5378	25,3110	24,1735	22,1357
40	35	33,9554	32,1748	30,5333	29,0179	27,6171	26,3204	25,1184	24,0029	22,0015
41	36	33,5449	31,8118	30,2120	28,7334	27,3650	26,0968	24,9201	23,8267	21,8622
42	37	33,1274	31,4418	29,8839	28,4421	27,1062	25,8668	24,7155	23,6446	21,7176
43	38	32,7032	31,0648	29,5487	28,1439	26,8407	25,6302	24,5045	23,4564	21,5674
44	39	32,2720	30,6808	29,2065	27,8387	26,5683	25,3870	24,2871	23,2620	21,4115
45	40	31,8341	30,2899	28,8572	27,5265	26,2890	25,1369	24,0631	23,0612	21,2499
46	41	31,3889	29,8915	28,5004	27,2068	26,0023	24,8797	23,8322	22,8536	21,0820
47	42	30,9368	29,4860	28,1365	26,8799	25,7085	24,6154	23,5943	22,6395	20,9079
48	43	30,4777	29,0732	27,7651	26,5455	25,4073	24,3439	23,3494	22,4183	20,7274
49	44	30,0117	28,6532	27,3864	26,2038	25,0987	24,0651	23,0973	22,1903	20,5403
50	45	29,5388	28,2260	27,0002	25,8545	24,7826	23,7788	22,8379	21,9550	20,3465
51	46	29,0586	27,7912	26,6062	25,4973	24,4586	23,4847	22,5707	21,7122	20,1456
52	47	28,5716	27,3492	26,2049	25,1327	24,1270	23,1830	22,2961	21,4621	19,9376
53	48	28,0775	26,8997	25,7958	24,7600	23,7875	22,8734	22,0136	21,2042	19,7223
54	49	27,5770	26,4434	25,3795	24,3801	23,4404	22,5562	21,7236	20,9388	19,4997
55	50	27,0700	25,9801	24,9559	23,9925	23,0856	22,2313	21,4258	20,6657	19,2697
56	51	26,5563	25,5097	24,5247	23,5972	22,7229	21,8984	21,1200	20,3847	19,0320
57	52	26,0361	25,0321	24,0861	23,1941	22,3524	21,5574	20,8062	20,0957	18,7864
58	53	25,5089	24,5471	23,6397	22,7829	21,9734	21,2081	20,4839	19,7982	18,5326
59	54	24,9760	24,0557	23,1863	22,3645	21,5870	20,8510	20,1537	19,4928	18,2709
60	55	24,4371	23,5577	22,7259	21,9385	21,1928	20,4859	19,8156	19,1794	18,0011
61	56	23,8922	23,0531	22,2583	21,5051	20,7908	20,1129	19,4692	18,8576	17,7231
62	57	23,3417	22,5421	21,7839	21,0643	20,3810	19,7319	19,1147	18,5277	17,4368
63	58	22,7857	22,0250	21,3026	20,6162	19,9637	19,3429	18,7521	18,1894	17,1421
64	59	22,2248	21,5021	20,8150	20,1613	19,5390	18,9464	18,3816	17,8432	16,8392
65	60	21,6588	20,9734	20,3209	19,6994	19,1070	18,5421	18,0031	17,4886	16,5278
66	61	21,0882	20,4393	19,8207	19,2307	18,6677	18,1301	17,6167	17,1260	16,2080
67	62	20,5122	19,8990	19,3136	18,7546	18,2205	17,7100	17,2217	16,7546	15,8791
68	63	19,9313	19,3529	18,8000	18,2714	17,7658	17,2818	16,8184	16,3745	15,5413
69	64	19,3464	18,8019	18,2808	17,7819	17,3041	16,8462	16,4073	15,9864	15,1948
70	65	18,7563	18,2448	17,7547	17,2849	16,8344	16,4022	15,9874	15,5891	14,8389
71	66	18,1621	17,6827	17,2228	16,7814	16,3576	15,9505	15,5593	15,1833	14,4738
72	67	17,5632	17,1150	16,6845	16,2708	15,8731	15,4906	15,1226	14,7685	14,0992
73	68	16,9600	16,5420	16,1401	15,7533	15,3811	15,0226	14,6774	14,3448	13,7150
74	69	16,3519	15,9633	15,5890	15,2285	14,8810	14,5461	14,2231	13,9115	13,3206

T6 Verbundene lebenslange Leibrente Mann/Frau bis Tod des Überlebenden

T6.2 Mann ist 5 Jahre älter als Frau

Sterbetafel 2019/2021 Deutschland, Statistisches Bundesamt   monatlich vorschüssig

Alter Mann/Frau	-1,00%	-0,50%	0,00%	0,25%	0,50%	0,75%	1,00%	1,25%	1,50%
75 70	20,7574	19,6783	18,6819	18,2123	17,7606	17,3259	16,9075	16,5046	16,1165
76 71	19,7282	18,7443	17,8333	17,4030	16,9886	16,5893	16,2044	15,8333	15,4753
77 72	18,7188	17,8245	16,9941	16,6011	16,2220	15,8563	15,5033	15,1626	14,8335
78 73	17,7310	16,9206	16,1660	15,8082	15,4626	15,1287	14,8060	14,4941	14,1925
79 74	16,7597	16,0280	15,3449	15,0203	14,7063	14,4026	14,1088	13,8244	13,5490
80 75	15,8114	15,1531	14,5367	14,2433	13,9591	13,6839	13,4172	13,1588	12,9083
81 76	14,8836	14,2935	13,7397	13,4754	13,2193	12,9708	12,7298	12,4959	12,2690
82 77	13,9796	13,4527	12,9569	12,7199	12,4899	12,2665	12,0495	11,8387	11,6339
83 78	13,0989	12,6304	12,1884	11,9768	11,7710	11,5710	11,3766	11,1874	11,0034
84 79	12,2407	11,8261	11,4339	11,2457	11,0626	10,8844	10,7109	10,5419	10,3774
85 80	11,4138	11,0482	10,7016	10,5350	10,3727	10,2145	10,0603	9,9100	9,7634
86 81	10,6188	10,2977	9,9925	9,8456	9,7023	9,5625	9,4260	9,2928	9,1629
87 82	9,8572	9,5763	9,3087	9,1796	9,0536	8,9305	8,8103	8,6928	8,5780
88 83	9,1285	8,8837	8,6500	8,5371	8,4268	8,3189	8,2133	8,1101	8,0091
89 84	8,4410	8,2283	8,0248	7,9264	7,8300	7,7357	7,6434	7,5530	7,4645
90 85	7,7970	7,6127	7,4359	7,3502	7,2663	7,1841	7,1035	7,0245	6,9471
91 86	7,1945	7,0351	6,8818	6,8075	6,7345	6,6630	6,5929	6,5240	6,4565
92 87	6,6325	6,4948	6,3622	6,2977	6,2345	6,1724	6,1115	6,0516	5,9928
93 88	6,1147	5,9958	5,8812	5,8254	5,7706	5,7167	5,6638	5,6118	5,5607
94 89	5,6334	5,5309	5,4319	5,3837	5,3363	5,2896	5,2437	5,1986	5,1542
95 90	5,1960	5,1075	5,0219	4,9802	4,9391	4,8986	4,8588	4,8196	4,7810
96 91	4,7959	4,7195	4,6454	4,6092	4,5735	4,5384	4,5039	4,4698	4,4363
97 92	4,4362	4,3700	4,3057	4,2742	4,2432	4,2127	4,1826	4,1529	4,1236
98 93	4,1101	4,0526	3,9966	3,9692	3,9422	3,9155	3,8892	3,8633	3,8378
99 94	3,8147	3,7645	3,7156	3,6917	3,6680	3,6447	3,6217	3,5990	3,5766
100 95	3,5507	3,5067	3,4638	3,4428	3,4220	3,4015	3,3813	3,3613	3,3416
101 96	3,3158	3,2770	3,2392	3,2207	3,2023	3,1842	3,1663	3,1487	3,1312
102 97	3,1124	3,0780	3,0444	3,0279	3,0116	2,9954	2,9795	2,9637	2,9482
103 98	2,9315	2,9007	2,8707	2,8559	2,8413	2,8269	2,8126	2,7985	2,7845
104 99	2,7761	2,7485	2,7214	2,7081	2,6950	2,6819	2,6691	2,6563	2,6437
105 100	2,6221	2,5972	2,5730	2,5610	2,5492	2,5375	2,5259	2,5144	2,5031
106 101	2,4854	2,4630	2,4411	2,4303	2,4196	2,4090	2,3986	2,3882	2,3779
107 102	2,3649	2,3446	2,3247	2,3149	2,3052	2,2956	2,2861	2,2766	2,2673
108 103	2,2453	2,2269	2,2089	2,2000	2,1912	2,1825	2,1738	2,1653	2,1568
109 104	2,1489	2,1322	2,1157	2,1076	2,0996	2,0916	2,0837	2,0759	2,0682
110 105	2,0068	1,9919	1,9772	1,9700	1,9628	1,9557	1,9487	1,9417	1,9348

T6   Verbundene lebenslange Leibrente Mann/Frau bis Tod des Überlebenden

T6.2 Mann ist 5 Jahre älter als Frau

Sterbetafel 2019/2021 Deutschland, Statistisches Bundesamt   monatlich vorschüssig

Alter Mann/Frau		1,75%	2,00%	2,25%	2,50%	2,75%	3,00%	3,25%	3,50%	4,00%
75	70	15,7426	15,3821	15,0346	14,6994	14,3759	14,0638	13,7624	13,4714	12,9185
76	71	15,1300	14,7967	14,4750	14,1643	13,8641	13,5741	13,2938	13,0227	12,5070
77	72	14,5156	14,2084	13,9115	13,6244	13,3467	13,0781	12,8182	12,5666	12,0871
78	73	13,9008	13,6186	13,3455	13,0811	12,8251	12,5771	12,3369	12,1041	11,6597
79	74	13,2824	13,0241	12,7739	12,5313	12,2962	12,0682	11,8470	11,6325	11,2222
80	75	12,6655	12,4299	12,2014	11,9797	11,7646	11,5557	11,3528	11,1559	10,7785
81	76	12,0487	11,8348	11,6270	11,4252	11,2291	11,0385	10,8532	10,6731	10,3274
82	77	11,4349	11,2414	11,0532	10,8703	10,6923	10,5191	10,3505	10,1865	9,8713
83	78	10,8243	10,6501	10,4804	10,3152	10,1544	9,9977	9,8451	9,6964	9,4101
84	79	10,2170	10,0608	9,9086	9,7603	9,6156	9,4746	9,3370	9,2028	8,9442
85	80	9,6205	9,4810	9,3450	9,2123	9,0827	8,9563	8,8328	8,7123	8,4796
86	81	9,0359	8,9120	8,7910	8,6728	8,5573	8,4444	8,3341	8,2263	8,0178
87	82	8,4657	8,3561	8,2488	8,1440	8,0414	7,9411	7,8430	7,7469	7,5610
88	83	7,9103	7,8137	7,7191	7,6265	7,5358	7,4471	7,3601	7,2750	7,1100
89	84	7,3778	7,2929	7,2097	7,1282	7,0483	6,9700	6,8933	6,8181	6,6721
90	85	6,8712	6,7968	6,7239	6,6524	6,5822	6,5133	6,4458	6,3795	6,2507
91	86	6,3903	6,3253	6,2615	6,1988	6,1373	6,0770	6,0177	5,9595	5,8461
92	87	5,9351	5,8784	5,8227	5,7680	5,7143	5,6614	5,6095	5,5585	5,4590
93	88	5,5104	5,4611	5,4125	5,3648	5,3178	5,2716	5,2262	5,1815	5,0944
94	89	5,1106	5,0676	5,0253	4,9838	4,9428	4,9025	4,8629	4,8238	4,7476
95	90	4,7431	4,7057	4,6689	4,6326	4,5969	4,5617	4,5271	4,4929	4,4262
96	91	4,4032	4,3706	4,3385	4,3069	4,2757	4,2450	4,2147	4,1849	4,1264
97	92	4,0948	4,0664	4,0383	4,0107	3,9834	3,9565	3,9300	3,9038	3,8525
98	93	3,8125	3,7876	3,7631	3,7389	3,7149	3,6913	3,6681	3,6451	3,6000
99	94	3,5545	3,5326	3,5111	3,4898	3,4688	3,4480	3,4275	3,4073	3,3675
100	95	3,3221	3,3029	3,2838	3,2651	3,2465	3,2282	3,2101	3,1922	3,1570
101	96	3,1139	3,0969	3,0800	3,0634	3,0469	3,0306	3,0145	2,9986	2,9674
102	97	2,9328	2,9175	2,9025	2,8876	2,8729	2,8583	2,8439	2,8297	2,8017
103	98	2,7707	2,7570	2,7435	2,7302	2,7170	2,7039	2,6909	2,6781	2,6529
104	99	2,6312	2,6189	2,6067	2,5946	2,5826	2,5708	2,5591	2,5475	2,5246
105	100	2,4918	2,4807	2,4697	2,4588	2,4480	2,4373	2,4268	2,4163	2,3956
106	101	2,3677	2,3577	2,3477	2,3378	2,3280	2,3183	2,3087	2,2992	2,2805
107	102	2,2580	2,2489	2,2398	2,2308	2,2219	2,2130	2,2043	2,1956	2,1785
108	103	2,1484	2,1400	2,1318	2,1236	2,1155	2,1075	2,0995	2,0916	2,0760
109	104	2,0605	2,0528	2,0453	2,0378	2,0304	2,0230	2,0157	2,0085	1,9942
110	105	1,9279	1,9211	1,9143	1,9076	1,9010	1,8944	1,8879	1,8814	1,8686

T6 Verbundene lebenslange Leibrente Mann/Frau bis Tod des Überlebenden

T6.3 Mann und Frau sind gleich alt

Sterbetafel 2019/2021 Deutschland, Statistisches Bundesamt | monatlich vorschüssig

Alter Mann/Frau		-1,00%	-0,50%	0,00%	0,25%	0,50%	0,75%	1,00%	1,25%	1,50%
18	18	102,6485	84,4213	70,2709	64,3977	59,1879	54,5561	50,4288	46,7427	43,4430
19	19	100,6331	83,0061	69,2740	63,5601	58,4835	53,9632	49,9294	46,3217	43,0879
20	20	98,6385	81,5985	68,2776	62,7207	57,7758	53,3662	49,4253	45,8958	42,7277
21	21	96,6636	80,1977	67,2810	61,8791	57,0646	52,7646	48,9162	45,4644	42,3620
22	22	94,7085	78,8040	66,2844	61,0354	56,3498	52,1586	48,4019	45,0277	41,9909
23	23	92,7727	77,4171	65,2878	60,1896	55,6314	51,5480	47,8825	44,5856	41,6142
24	24	90,8562	76,0371	64,2912	59,3417	54,9095	50,9328	47,3579	44,1379	41,2318
25	25	88,9589	74,6641	63,2946	58,4916	54,1839	50,3131	46,8281	43,6847	40,8438
26	26	87,0808	73,2981	62,2981	57,6396	53,4549	49,6888	46,2931	43,2259	40,4501
27	27	85,2215	71,9390	61,3017	56,7856	52,7223	49,0599	45,7529	42,7614	40,0504
28	28	83,3811	70,5870	60,3056	55,9296	51,9862	48,4264	45,2074	42,2913	39,6450
29	29	81,5597	69,2422	59,3098	55,0718	51,2468	47,7885	44,6567	41,8155	39,2336
30	30	79,7566	67,9042	58,3141	54,2120	50,5037	47,1459	44,1005	41,3338	38,8162
31	31	77,9721	66,5734	57,3189	53,3504	49,7573	46,4988	43,5391	40,8465	38,3928
32	32	76,2064	65,2500	56,3243	52,4872	49,0076	45,8473	42,9725	40,3533	37,9633
33	33	74,4587	63,9335	55,3299	51,6221	48,2544	45,1911	42,4004	39,8542	37,5276
34	34	72,7290	62,6241	54,3359	50,7551	47,4978	44,5304	41,8229	39,3492	37,0855
35	35	71,0174	61,3219	53,3425	49,8866	46,7379	43,8651	41,2401	38,8382	36,6373
36	36	69,3242	60,0273	52,3500	49,0167	45,9750	43,1955	40,6520	38,3214	36,1828
37	37	67,6488	58,7399	51,3581	48,1452	45,2088	42,5214	40,0586	37,7986	35,7219
38	38	65,9917	57,4602	50,3673	47,2726	44,4397	41,8431	39,4600	37,2699	35,2547
39	39	64,3513	56,1871	49,3767	46,3979	43,6669	41,1598	38,8555	36,7348	34,7807
40	40	62,7289	54,9217	48,3873	45,5221	42,8912	40,4724	38,2459	36,1938	34,3003
41	41	61,1234	53,6633	47,3984	44,6447	42,1122	39,7803	37,6306	35,6465	33,8131
42	42	59,5360	52,4129	46,4110	43,7665	41,3305	39,0842	37,0103	35,0934	33,3196
43	43	57,9648	51,1691	45,4240	42,8864	40,5453	38,3832	36,3841	34,5337	32,8190
44	44	56,4118	49,9336	44,4388	42,0058	39,7578	37,6784	35,7530	33,9682	32,3121
45	45	54,8756	48,7056	43,4546	41,1241	38,9673	36,9693	35,1165	33,3966	31,7983
46	46	53,3562	47,4849	42,4716	40,2411	38,1738	36,2558	34,4745	32,8186	31,2776
47	47	51,8544	46,2725	41,4905	39,3578	37,3781	35,5385	33,8276	32,2348	30,7505
48	48	50,3699	45,0681	40,5112	38,4740	36,5799	34,8174	33,1756	31,6450	30,2167
49	49	48,9040	43,8731	39,5348	37,5907	35,7804	34,0932	32,5194	31,0500	29,6769
50	50	47,4564	42,6872	38,5613	36,7079	34,9794	33,3661	31,8590	30,4498	29,1311
51	51	46,0256	41,5095	37,5898	35,8248	34,1762	32,6352	31,1935	29,8436	28,5786
52	52	44,6124	40,3406	36,6210	34,9421	33,3715	31,9013	30,5237	29,2320	28,0199
53	53	43,2164	39,1805	35,6548	34,0596	32,5652	31,1640	29,8494	28,6148	27,4547
54	54	41,8389	38,0302	34,6923	33,1785	31,7582	30,4245	29,1713	27,9929	26,8839
55	55	40,4795	36,8896	33,7334	32,2986	30,9504	29,6826	28,4895	27,3660	26,3073
56	56	39,1392	35,7597	32,7791	31,4209	30,1428	28,9391	27,8048	26,7350	25,7255
57	57	37,8173	34,6402	31,8291	30,5452	29,3352	28,1939	27,1168	26,0996	25,1384
58	58	36,5138	33,5310	30,8835	29,6716	28,5276	27,4471	26,4258	25,4600	24,5461
59	59	35,2297	32,4334	29,9435	28,8011	27,7211	26,6996	25,7327	24,8170	23,9493
60	60	33,9654	31,3476	29,0094	27,9342	26,9162	25,9518	25,0378	24,1709	23,3483
61	61	32,7203	30,2735	28,0812	27,0707	26,1126	25,2037	24,3410	23,5216	22,7431
62	62	31,4942	29,2108	27,1587	26,2107	25,3105	24,4553	23,6424	22,8693	22,1336
63	63	30,2874	28,1602	26,2427	25,3548	24,5105	23,7072	22,9425	22,2143	21,5204
64	64	29,1005	27,1223	25,3336	24,5036	23,7131	22,9599	22,2420	21,5573	20,9040
65	65	27,9320	26,0960	24,4307	23,6562	22,9176	22,2128	21,5400	20,8976	20,2837
66	66	26,7833	25,0825	23,5352	22,8139	22,1251	21,4669	20,8378	20,2362	19,6606
67	67	25,6535	24,0812	22,6466	21,9764	21,3354	20,7221	20,1350	19,5728	19,0342
68	68	24,5412	23,0911	21,7641	21,1428	20,5477	19,9775	19,4310	18,9069	18,4042
69	69	23,4469	22,1127	20,8882	20,3136	19,7625	19,2338	18,7262	18,2389	17,7708

T6 Verbundene lebenslange Leibrente Mann/Frau bis Tod des Überlebenden

T6.3 Mann und Frau sind gleich alt

Sterbetafel 2019/2021 Deutschland, Statistisches Bundesamt   monatlich vorschüssig

Alter Mann/Frau	1,75%	2,00%	2,25%	2,50%	2,75%	3,00%	3,25%	3,50%	4,00%
18 18	40,4826	37,8204	35,4209	33,2533	31,2908	29,5099	27,8902	26,4139	23,8309
19 19	40,1828	37,5671	35,2067	33,0720	31,1372	29,3797	27,7797	26,3201	23,7631
20 20	39,8779	37,3088	34,9878	32,8863	30,9795	29,2456	27,6657	26,2231	23,6926
21 21	39,5676	37,0454	34,7639	32,6959	30,8174	29,1076	27,5481	26,1227	23,6193
22 22	39,2520	36,7767	34,5350	32,5007	30,6509	28,9654	27,4266	26,0188	23,5432
23 23	38,9308	36,5026	34,3010	32,3007	30,4799	28,8190	27,3011	25,9112	23,4639
24 24	38,6040	36,2231	34,0617	32,0958	30,3041	28,6682	27,1717	25,8000	23,3815
25 25	38,2715	35,9380	33,8171	31,8857	30,1236	28,5129	27,0380	25,6848	23,2959
26 26	37,9334	35,6473	33,5670	31,6704	29,9381	28,3531	26,9000	25,5657	23,2068
27 27	37,5893	35,3509	33,3114	31,4498	29,7476	28,1884	26,7576	25,4424	23,1143
28 28	37,2393	35,0486	33,0501	31,2238	29,5520	28,0189	26,6107	25,3149	23,0181
29 29	36,8834	34,7405	32,7831	30,9923	29,3511	27,8444	26,4590	25,1830	22,9181
30 30	36,5214	34,4262	32,5102	30,7550	29,1447	27,6648	26,3025	25,0466	22,8141
31 31	36,1532	34,1059	32,2313	30,5120	28,9328	27,4799	26,1411	24,9055	22,7061
32 32	35,7789	33,7795	31,9464	30,2632	28,7153	27,2896	25,9745	24,7596	22,5939
33 33	35,3983	33,4466	31,6552	30,0082	28,4919	27,0938	25,8027	24,6087	22,4773
34 34	35,0111	33,1074	31,3576	29,7471	28,2626	26,8922	25,6254	24,4527	22,3562
35 35	34,6176	32,7616	31,0537	29,4797	28,0272	26,6848	25,4426	24,2914	22,2304
36 36	34,2176	32,4094	30,7433	29,2060	27,7856	26,4715	25,2541	24,1247	22,0998
37 37	33,8110	32,0505	30,4262	28,9257	27,5377	26,2521	25,0597	23,9524	21,9641
38 38	33,3979	31,6850	30,1026	28,6389	27,2834	26,0265	24,8594	23,7744	21,8234
39 39	32,9778	31,3123	29,7718	28,3451	27,0223	25,7942	24,6527	23,5904	21,6771
40 40	32,5509	30,9327	29,4341	28,0445	26,7545	25,5555	24,4397	23,4002	21,5253
41 41	32,1170	30,5460	29,0892	27,7367	26,4796	25,3099	24,2201	23,2037	21,3676
42 42	31,6764	30,1524	28,7373	27,4219	26,1979	25,0575	23,9939	23,0009	21,2042
43 43	31,2283	29,7511	28,3778	27,0996	25,9086	24,7978	23,7606	22,7912	21,0344
44 44	30,7736	29,3429	28,0111	26,7700	25,6123	24,5311	23,5205	22,5748	20,8584
45 45	30,3116	28,9272	27,6368	26,4329	25,3083	24,2570	23,2731	22,3514	20,6758
46 46	29,8423	28,5039	27,2549	26,0879	24,9967	23,9752	23,0182	22,1206	20,4864
47 47	29,3660	28,0734	26,8654	25,7354	24,6774	23,6859	22,7559	21,8827	20,2902
48 48	28,8826	27,6353	26,4682	25,3751	24,3504	23,3889	22,4859	21,6372	20,0868
49 49	28,3926	27,1903	26,0638	25,0074	24,0158	23,0843	22,2085	21,3844	19,8765
50 50	27,8960	26,7383	25,6521	24,6321	23,6736	22,7721	21,9235	21,1241	19,6590
51 51	27,3922	26,2785	25,2323	24,2487	23,3232	22,4517	21,6304	20,8557	19,4336
52 52	26,8814	25,8114	24,8049	23,8574	22,9648	22,1232	21,3291	20,5793	19,2006
53 53	26,3637	25,3368	24,3697	23,4580	22,5981	21,7864	21,0195	20,2946	18,9595
54 54	25,8395	24,8553	23,9270	23,0509	22,2235	21,4415	20,7019	20,0019	18,7105
55 55	25,3088	24,3666	23,4768	22,6360	21,8409	21,0885	20,3760	19,7009	18,4534
56 56	24,7722	23,8714	23,0196	22,2137	21,4506	20,7276	20,0421	19,3919	18,1883
57 57	24,2295	23,3694	22,5551	21,7837	21,0523	20,3585	19,7000	19,0745	17,9149
58 58	23,6807	22,8607	22,0834	21,3459	20,6460	19,9812	19,3494	18,7487	17,6330
59 59	23,1265	22,3459	21,6049	20,9011	20,2322	19,5961	18,9909	18,4147	17,3428
60 60	22,5672	21,8253	21,1200	20,4493	19,8110	19,2033	18,6244	18,0727	17,0444
61 61	22,0028	21,2987	20,6285	19,9903	19,3823	18,8027	18,2498	17,7223	16,7375
62 62	21,4333	20,7662	20,1304	19,5242	18,9460	18,3941	17,8670	17,3635	16,4220
63 63	20,8590	20,2281	19,6260	19,0513	18,5023	17,9777	17,4762	16,9964	16,0978
64 64	20,2804	19,6848	19,1158	18,5719	18,0516	17,5539	17,0775	16,6213	15,7652
65 65	19,6970	19,1359	18,5991	18,0853	17,5934	17,1221	16,6704	16,2374	15,4235
66 66	19,1096	18,5821	18,0768	17,5925	17,1282	16,6829	16,2556	15,8454	15,0732
67 67	18,5181	18,0232	17,5485	17,0930	16,6558	16,2359	15,8326	15,4450	14,7139
68 68	17,9217	17,4585	17,0137	16,5863	16,1756	15,7807	15,4009	15,0354	14,3450
69 69	17,3210	16,8886	16,4728	16,0728	15,6879	15,3174	14,9606	14,6169	13,9665

T6   Verbundene lebenslange Leibrente Mann/Frau bis Tod des Überlebenden

T6.3 Mann und Frau sind gleich alt

Sterbetafel 2019/2021 Deutschland, Statistisches Bundesamt   monatlich vorschüssig

Alter Mann/Frau	-1,00%	-0,50%	0,00%	0,25%	0,50%	0,75%	1,00%	1,25%	1,50%
70 70	22,3728	21,1482	20,0210	19,4910	18,9819	18,4928	18,0226	17,5706	17,1358
71 71	21,3170	20,1961	19,1613	18,6737	18,2047	17,7534	17,3192	16,9010	16,4983
72 72	20,2796	19,2565	18,3093	17,8620	17,4312	17,0161	16,6162	16,2305	15,8587
73 73	19,2625	18,3313	17,4668	17,0577	16,6632	16,2826	15,9153	15,5607	15,2184
74 74	18,2618	17,4172	16,6309	16,2580	15,8980	15,5501	15,2140	14,8891	14,5750
75 75	17,2832	16,5196	15,8067	15,4680	15,1404	14,8236	14,5170	14,2203	13,9331
76 76	16,3216	15,6339	14,9900	14,6835	14,3866	14,0991	13,8206	13,5508	13,2892
77 77	15,3822	14,7649	14,1856	13,9092	13,6412	13,3814	13,1293	12,8848	12,6474
78 78	14,4653	13,9136	13,3943	13,1461	12,9051	12,6712	12,4439	12,2232	12,0087
79 79	13,5662	13,0752	12,6119	12,3900	12,1744	11,9647	11,7609	11,5626	11,3697
80 80	12,6940	12,2589	11,8472	11,6497	11,4575	11,2704	11,0883	10,9109	10,7382
81 81	11,8508	11,4667	11,1024	10,9273	10,7567	10,5904	10,4284	10,2704	10,1163
82 82	11,0383	10,7006	10,3795	10,2249	10,0741	9,9269	9,7833	9,6432	9,5064
83 83	10,2547	9,9591	9,6773	9,5414	9,4087	9,2791	9,1524	9,0287	8,9078
84 84	9,5086	9,2506	9,0043	8,8852	8,7688	8,6550	8,5438	8,4349	8,3284
85 85	8,8031	8,5787	8,3639	8,2599	8,1582	8,0586	7,9611	7,8656	7,7721
86 86	8,1376	7,9428	7,7561	7,6655	7,5769	7,4900	7,4048	7,3213	7,2395
87 87	7,5145	7,3459	7,1838	7,1052	7,0280	6,9524	6,8781	6,8053	6,7339
88 88	6,9303	6,7846	6,6443	6,5761	6,5092	6,4434	6,3789	6,3155	6,2533
89 89	6,3888	6,2630	6,1417	6,0826	6,0246	5,9675	5,9115	5,8564	5,8023
90 90	5,8916	5,7829	5,6780	5,6268	5,5765	5,5270	5,4784	5,4305	5,3835
91 91	5,4378	5,3439	5,2530	5,2086	5,1650	5,1220	5,0797	5,0381	4,9971
92 92	5,0176	4,9364	4,8577	4,8193	4,7814	4,7441	4,7074	4,6712	4,6355
93 93	4,6449	4,5744	4,5059	4,4725	4,4395	4,4070	4,3749	4,3433	4,3122
94 94	4,3011	4,2398	4,1802	4,1510	4,1222	4,0939	4,0659	4,0383	4,0110
95 95	3,9957	3,9421	3,8900	3,8644	3,8392	3,8143	3,7898	3,7656	3,7416
96 96	3,7170	3,6701	3,6243	3,6019	3,5798	3,5579	3,5363	3,5150	3,4939
97 97	3,4792	3,4377	3,3972	3,3773	3,3577	3,3383	3,3191	3,3002	3,2815
98 98	3,2584	3,2217	3,1858	3,1682	3,1507	3,1335	3,1165	3,0997	3,0830
99 99	3,0666	3,0338	3,0018	2,9861	2,9705	2,9551	2,9399	2,9248	2,9099
100 100	2,8826	2,8534	2,8248	2,8107	2,7968	2,7831	2,7695	2,7560	2,7427
101 101	2,7189	2,6927	2,6670	2,6544	2,6419	2,6295	2,6173	2,6052	2,5932
102 102	2,5739	2,5502	2,5271	2,5156	2,5043	2,4932	2,4821	2,4711	2,4603
103 103	2,4458	2,4243	2,4032	2,3928	2,3825	2,3723	2,3623	2,3523	2,3424
104 104	2,3324	2,3127	2,2934	2,2839	2,2745	2,2652	2,2560	2,2468	2,2378
105 105	2,2311	2,2130	2,1953	2,1866	2,1780	2,1694	2,1609	2,1525	2,1441
106 106	2,1409	2,1243	2,1079	2,0999	2,0919	2,0840	2,0762	2,0684	2,0607
107 107	2,0598	2,0445	2,0294	2,0220	2,0147	2,0074	2,0001	1,9930	1,9858
108 108	1,9685	1,9546	1,9410	1,9342	1,9275	1,9209	1,9143	1,9078	1,9013
109 109	1,8907	1,8782	1,8658	1,8597	1,8537	1,8477	1,8417	1,8358	1,8300
110 110	1,7429	1,7323	1,7219	1,7168	1,7116	1,7066	1,7015	1,6965	1,6915

T6 Verbundene lebenslange Leibrente Mann/Frau bis Tod des Überlebenden

T6.3 Mann und Frau sind gleich alt

Sterbetafel 2019/2021 Deutschland, Statistisches Bundesamt   monatlich vorschüssig

Alter Mann/Frau	1,75%	2,00%	2,25%	2,50%	2,75%	3,00%	3,25%	3,50%	4,00%
70 70	16,7175	16,3149	15,9272	15,5538	15,1941	14,8474	14,5131	14,1907	13,5795
71 71	16,1104	15,7365	15,3761	15,0285	14,6932	14,3697	14,0574	13,7558	13,1832
72 72	15,5000	15,1538	14,8197	14,4971	14,1855	13,8845	13,5936	13,3124	12,7775
73 73	14,8877	14,5682	14,2594	13,9609	13,6723	13,3931	13,1230	12,8616	12,3635
74 74	14,2713	13,9774	13,6931	13,4179	13,1514	12,8934	12,6435	12,4013	11,9391
75 75	13,6550	13,3856	13,1247	12,8718	12,6267	12,3890	12,1585	11,9350	11,5076
76 76	13,0356	12,7896	12,5511	12,3196	12,0950	11,8770	11,6653	11,4598	11,0661
77 77	12,4170	12,1933	11,9761	11,7651	11,5601	11,3609	11,1672	10,9790	10,6179
78 78	11,8003	11,5977	11,4007	11,2091	11,0227	10,8414	10,6650	10,4933	10,1634
79 79	11,1820	10,9994	10,8216	10,6485	10,4799	10,3157	10,1558	9,9999	9,7000
80 80	10,5699	10,4059	10,2461	10,0904	9,9385	9,7905	9,6461	9,5053	9,2339
81 81	9,9661	9,8195	9,6765	9,5370	9,4009	9,2680	9,1382	9,0115	8,7669
82 82	9,3728	9,2424	9,1150	8,9906	8,8690	8,7502	8,6341	8,5206	8,3012
83 83	8,7896	8,6741	8,5611	8,4506	8,3426	8,2369	8,1336	8,0324	7,8366
84 84	8,2242	8,1222	8,0224	7,9248	7,8291	7,7355	7,6438	7,5540	7,3799
85 85	7,6805	7,5909	7,5030	7,4169	7,3325	7,2498	7,1688	7,0893	6,9350
86 86	7,1593	7,0806	7,0035	6,9279	6,8537	6,7809	6,7095	6,6394	6,5032
87 87	6,6638	6,5950	6,5274	6,4612	6,3961	6,3322	6,2694	6,2078	6,0878
88 88	6,1922	6,1322	6,0732	6,0153	5,9583	5,9024	5,8474	5,7934	5,6880
89 89	5,7491	5,6968	5,6454	5,5948	5,5451	5,4962	5,4481	5,4007	5,3084
90 90	5,3371	5,2916	5,2467	5,2026	5,1592	5,1164	5,0744	5,0330	4,9520
91 91	4,9568	4,9171	4,8779	4,8394	4,8015	4,7641	4,7273	4,6910	4,6201
92 92	4,6004	4,5658	4,5317	4,4981	4,4650	4,4323	4,4001	4,3684	4,3063
93 93	4,2815	4,2512	4,2213	4,1919	4,1629	4,1342	4,1060	4,0781	4,0235
94 94	3,9842	3,9577	3,9315	3,9057	3,8803	3,8552	3,8304	3,8059	3,7579
95 95	3,7180	3,6947	3,6717	3,6490	3,6266	3,6044	3,5826	3,5610	3,5186
96 96	3,4731	3,4526	3,4323	3,4122	3,3924	3,3729	3,3535	3,3344	3,2969
97 97	3,2630	3,2448	3,2267	3,2089	3,1913	3,1739	3,1566	3,1396	3,1061
98 98	3,0666	3,0503	3,0343	3,0184	3,0027	2,9871	2,9718	2,9566	2,9267
99 99	2,8952	2,8806	2,8662	2,8520	2,8379	2,8239	2,8102	2,7965	2,7696
100 100	2,7295	2,7165	2,7035	2,6908	2,6781	2,6656	2,6533	2,6410	2,6169
101 101	2,5813	2,5696	2,5580	2,5465	2,5351	2,5238	2,5126	2,5016	2,4798
102 102	2,4495	2,4389	2,4283	2,4179	2,4076	2,3974	2,3872	2,3772	2,3574
103 103	2,3326	2,3229	2,3133	2,3038	2,2944	2,2850	2,2758	2,2666	2,2485
104 104	2,2288	2,2199	2,2111	2,2024	2,1937	2,1852	2,1767	2,1682	2,1516
105 105	2,1359	2,1277	2,1196	2,1115	2,1036	2,0957	2,0878	2,0801	2,0647
106 106	2,0531	2,0455	2,0380	2,0306	2,0232	2,0159	2,0086	2,0015	1,9873
107 107	1,9788	1,9718	1,9649	1,9580	1,9512	1,9444	1,9377	1,9310	1,9179
108 108	1,8949	1,8885	1,8822	1,8759	1,8697	1,8635	1,8573	1,8513	1,8392
109 109	1,8242	1,8184	1,8126	1,8070	1,8013	1,7957	1,7901	1,7846	1,7737
110 110	1,6866	1,6817	1,6768	1,6720	1,6672	1,6624	1,6577	1,6530	1,6436

T6.4 Mann ist 5 Jahre jünger als Frau

Sterbetafel 2019/2021 Deutschland, Statistisches Bundesamt   monatlich vorschüssig

Alter Mann/Frau		-1,00%	-0,50%	0,00%	0,25%	0,50%	0,75%	1,00%	1,25%	1,50%
18	23	97,1271	80,5249	67,5129	62,0746	57,2296	52,9040	49,0340	45,5642	42,4466
19	24	95,1678	79,1298	66,5165	61,2316	56,5158	52,2991	48,5210	45,1288	42,0768
20	25	93,2284	77,7420	65,5204	60,3866	55,7986	51,6899	48,0031	44,6882	41,7015
21	26	91,3083	76,3611	64,5242	59,5397	55,0778	51,0761	47,4800	44,2420	41,3207
22	27	89,4072	74,9870	63,5281	58,6905	54,3534	50,4577	46,9517	43,7903	40,9342
23	28	87,5255	73,6201	62,5321	57,8394	53,6256	49,8348	46,4182	43,3330	40,5420
24	29	85,6629	72,2602	61,5363	56,9864	52,8943	49,2074	45,8795	42,8702	40,1440
25	30	83,8192	70,9074	60,5408	56,1314	52,1596	48,5755	45,3356	42,4017	39,7402
26	31	81,9940	69,5614	59,5454	55,2744	51,4212	47,9389	44,7864	41,9275	39,3304
27	32	80,1876	68,2226	58,5503	54,4156	50,6795	47,2978	44,2319	41,4476	38,9147
28	33	78,3994	66,8907	57,5554	53,5548	49,9342	46,6521	43,6720	40,9617	38,4929
29	34	76,6295	65,5658	56,5607	52,6921	49,1854	46,0017	43,1067	40,4700	38,0649
30	35	74,8777	64,2478	55,5664	51,8276	48,4332	45,3467	42,5360	39,9724	37,6307
31	36	73,1446	62,9374	54,5729	50,9616	47,6778	44,6874	41,9601	39,4691	37,1904
32	37	71,4291	61,6338	53,5796	50,0937	46,9189	44,0234	41,3787	38,9596	36,7438
33	38	69,7316	60,3374	52,5869	49,2241	46,1567	43,3548	40,7918	38,4442	36,2907
34	39	68,0515	59,0480	51,5946	48,3527	45,3910	42,6815	40,1994	37,9226	35,8312
35	40	66,3895	57,7660	50,6032	47,4800	44,6222	42,0039	39,6018	37,3951	35,3653
36	41	64,7448	56,4911	49,6123	46,6056	43,8501	41,3216	38,9985	36,8613	34,8927
37	42	63,1184	55,2241	48,6228	45,7302	43,0753	40,6353	38,3902	36,3218	34,4139
38	43	61,5099	53,9648	47,6344	44,8537	42,2975	39,9447	37,7766	35,7763	33,9286
39	44	59,9180	52,7124	46,6465	43,9756	41,5164	39,2495	37,1574	35,2245	33,4365
40	45	58,3437	51,4676	45,6599	43,0964	40,7324	38,5500	36,5329	34,6666	32,9378
41	46	56,7864	50,2302	44,6743	42,2159	39,9454	37,8461	35,9030	34,1025	32,4323
42	47	55,2473	49,0013	43,6906	41,3351	39,1561	37,1385	35,2682	33,5327	31,9205
43	48	53,7240	47,7788	42,7073	40,4524	38,3633	36,4260	34,6274	32,9561	31,4014
44	49	52,2195	46,5657	41,7268	39,5701	37,5690	35,7104	33,9824	32,3743	30,8764
45	50	50,7322	45,3605	40,7480	38,6873	36,7722	34,9908	33,3323	31,7866	30,3447
46	51	49,2616	44,1631	39,7707	37,8036	35,9728	34,2672	32,6769	31,1927	29,8062
47	52	47,8082	42,9738	38,7955	36,9197	35,1713	33,5399	32,0166	30,5929	29,2611
48	53	46,3725	41,7933	37,8227	36,0360	34,3679	32,8093	31,3517	29,9875	28,7095
49	54	44,9551	40,6223	36,8531	35,1530	33,5634	32,0759	30,6828	29,3770	28,1521
50	55	43,5560	39,4609	35,8870	34,2711	32,7580	31,3399	30,0099	28,7615	27,5888
51	56	42,1743	38,3083	34,9236	33,3897	31,9511	30,6009	29,3327	28,1406	27,0192
52	57	40,8105	37,1654	33,9638	32,5094	31,1434	29,8594	28,6516	27,5147	26,4437
53	58	39,4650	36,0324	33,0078	31,6306	30,3352	29,1157	27,9669	26,8841	25,8626
54	59	38,1382	34,9098	32,0562	30,7539	29,5270	28,3703	27,2792	26,2492	25,2762
55	60	36,8300	33,7979	31,1092	29,8794	28,7190	27,6234	26,5885	25,6101	24,6847
56	61	35,5420	32,6980	30,1683	29,0085	27,9125	26,8763	25,8960	24,9680	24,0889
57	62	34,2728	31,6091	29,2325	28,1403	27,1067	26,1281	25,2010	24,3221	23,4884
58	63	33,0222	30,5314	28,3019	27,2751	26,3020	25,3792	24,5037	23,6726	22,8832
59	64	31,7917	29,4660	27,3780	26,4141	25,4993	24,6306	23,8052	23,0206	22,2744
60	65	30,5810	28,4130	26,4607	25,5574	24,6989	23,8824	23,1056	22,3662	21,6619
61	66	29,3899	27,3725	25,5502	24,7052	23,9009	23,1349	22,4052	21,7095	21,0460
62	67	28,2191	26,3451	24,6472	23,8582	23,1060	22,3887	21,7044	21,0511	20,4273
63	68	27,0678	25,3303	23,7514	23,0160	22,3141	21,6437	21,0032	20,3910	19,8055
64	69	25,9358	24,3281	22,8628	22,1788	21,5250	20,8998	20,3016	19,7290	19,1807
65	70	24,8250	23,3404	21,9833	21,3485	20,7408	20,1588	19,6013	19,0669	18,5546
66	71	23,7342	22,3662	21,1122	20,5243	19,9608	19,4203	18,9019	18,4043	17,9266
67	72	22,6638	21,4062	20,2501	19,7069	19,1855	18,6848	18,2038	17,7416	17,2973
68	73	21,6129	20,4597	19,3964	18,8958	18,4147	17,9520	17,5069	17,0786	16,6664
69	74	20,5806	19,5259	18,5507	18,0906	17,6478	17,2214	16,8107	16,4150	16,0336

T6 Verbundene lebenslange Leibrente Mann/Frau bis Tod des Überlebenden

T6.4 Mann ist 5 Jahre jünger als Frau

Sterbetafel 2019/2021 Deutschland, Statistisches Bundesamt   monatlich vorschüssig

Alter Mann/Frau		1,75%	2,00%	2,25%	2,50%	2,75%	3,00%	3,25%	3,50%	4,00%
18	23	39,6393	37,1063	34,8157	32,7399	30,8550	29,1396	27,5754	26,1460	23,6365
19	24	39,3250	36,8388	34,5880	32,5459	30,6895	28,9984	27,4548	26,0430	23,5610
20	25	39,0053	36,5662	34,3553	32,3472	30,5196	28,8531	27,3304	25,9363	23,4825
21	26	38,6800	36,2881	34,1174	32,1435	30,3451	28,7034	27,2019	25,8260	23,4009
22	27	38,3490	36,0044	33,8741	31,9347	30,1657	28,5492	27,0693	25,7118	23,3161
23	28	38,0123	35,7152	33,6254	31,7207	29,9815	28,3905	26,9324	25,5937	23,2279
24	29	37,6699	35,4203	33,3713	31,5016	29,7924	28,2271	26,7912	25,4715	23,1362
25	30	37,3215	35,1196	33,1116	31,2770	29,5981	28,0589	26,6454	25,3451	23,0409
26	31	36,9672	34,8130	32,8460	31,0469	29,3985	27,8857	26,4949	25,2143	22,9419
27	32	36,6069	34,5004	32,5747	30,8112	29,1936	27,7074	26,3397	25,0791	22,8390
28	33	36,2403	34,1817	32,2973	30,5696	28,9831	27,5238	26,1795	24,9391	22,7320
29	34	35,8675	33,8567	32,0139	30,3222	28,7669	27,3348	26,0142	24,7944	22,6208
30	35	35,4884	33,5255	31,7242	30,0687	28,5450	27,1403	25,8436	24,6447	22,5053
31	36	35,1030	33,1879	31,4283	29,8092	28,3172	26,9403	25,6677	24,4900	22,3854
32	37	34,7111	32,8438	31,1260	29,5434	28,0833	26,7343	25,4863	24,3300	22,2607
33	38	34,3126	32,4931	30,8171	29,2711	27,8432	26,5224	25,2991	24,1646	22,1312
34	39	33,9075	32,1356	30,5015	28,9923	27,5967	26,3043	25,1061	23,9936	21,9967
35	40	33,4957	31,7715	30,1792	28,7069	27,3437	26,0800	24,9070	23,8168	21,8570
36	41	33,0770	31,4003	29,8499	28,4146	27,0841	25,8492	24,7017	23,6341	21,7120
37	42	32,6518	31,0225	29,5139	28,1156	26,8179	25,6121	24,4903	23,4454	21,5615
38	43	32,2198	30,6377	29,1710	27,8097	26,5449	25,3682	24,2724	23,2506	21,4054
39	44	31,7807	30,2455	28,8206	27,4965	26,2647	25,1174	24,0477	23,0491	21,2432
40	45	31,3346	29,8463	28,4631	27,1761	25,9773	24,8595	23,8162	22,8412	21,0750
41	46	30,8814	29,4397	28,0980	26,8482	25,6826	24,5945	23,5776	22,6263	20,9004
42	47	30,4214	29,0260	27,7258	26,5130	25,3807	24,3223	23,3321	22,4047	20,7196
43	48	29,9538	28,6045	27,3456	26,1699	25,0708	24,0422	23,0789	22,1756	20,5317
44	49	29,4797	28,1761	26,9583	25,8195	24,7537	23,7551	22,8186	21,9397	20,3373
45	50	28,9984	27,7403	26,5634	25,4615	24,4288	23,4601	22,5508	21,6962	20,1359
46	51	28,5099	27,2968	26,1605	25,0953	24,0959	23,1572	22,2750	21,4450	19,9271
47	52	28,0141	26,8457	25,7499	24,7213	23,7549	22,8463	21,9913	21,1860	19,7108
48	53	27,5114	26,3872	25,3315	24,3393	23,4060	22,5274	21,6996	20,9191	19,4870
49	54	27,0021	25,9217	24,9057	23,9497	23,0492	22,2006	21,4001	20,6444	19,2556
50	55	26,4863	25,4491	24,4725	23,5524	22,6847	21,8658	21,0926	20,3618	19,0164
51	56	25,9635	24,9691	24,0315	23,1469	22,3118	21,5227	20,7767	20,0708	18,7691
52	57	25,4342	24,4819	23,5829	22,7336	21,9308	21,1714	20,4525	19,7715	18,5137
53	58	24,8984	23,9876	23,1267	22,3124	21,5417	20,8118	20,1199	19,4638	18,2500
54	59	24,3565	23,4867	22,6634	21,8837	21,1448	20,4441	19,7792	19,1479	17,9780
55	60	23,8087	22,9791	22,1929	21,4473	20,7399	20,0682	19,4301	18,8236	17,6976
56	61	23,2558	22,4657	21,7159	21,0040	20,3277	19,6848	19,0733	18,4913	17,4091
57	62	22,6972	21,9458	21,2319	20,5532	19,9076	19,2932	18,7080	18,1505	17,1120
58	63	22,1330	21,4197	20,7410	20,0950	19,4797	18,8934	18,3344	17,8012	16,8062
59	64	21,5642	20,8881	20,2440	19,6301	19,0446	18,4861	17,9529	17,4437	16,4920
60	65	20,9908	20,3510	19,7408	19,1584	18,6023	18,0711	17,5635	17,0781	16,1694
61	66	20,4130	19,8087	19,2315	18,6800	18,1528	17,6486	17,1661	16,7043	15,8381
62	67	19,8312	19,2615	18,7167	18,1954	17,6965	17,2188	16,7611	16,3224	15,4984
63	68	19,2454	18,7093	18,1961	17,7044	17,2332	16,7814	16,3481	15,9323	15,1500
64	69	18,6555	18,1522	17,6697	17,2068	16,7628	16,3365	15,9272	15,5339	14,7927
65	70	18,0631	17,5916	17,1389	16,7042	16,2865	15,8852	15,4993	15,1282	14,4275
66	71	17,4678	17,0270	16,6033	16,1959	15,8041	15,4270	15,0641	14,7147	14,0538
67	72	16,8700	16,4589	16,0633	15,6825	15,3157	14,9624	14,6220	14,2937	13,6719
68	73	16,2695	15,8871	15,5187	15,1636	14,8213	14,4911	14,1725	13,8650	13,2815
69	74	15,6659	15,3113	14,9692	14,6390	14,3203	14,0126	13,7153	13,4281	12,8821

T6 Verbundene lebenslange Leibrente Mann/Frau bis Tod des Überlebenden

T6.4 Mann ist 5 Jahre jünger als Frau

Sterbetafel 2019/2021 Deutschland, Statistisches Bundesamt · monatlich vorschüssig

Alter Mann/Frau	-1,00%	-0,50%	0,00%	0,25%	0,50%	0,75%	1,00%	1,25%	1,50%
70 75	19,5688	18,6068	17,7148	17,2932	16,8867	16,4949	16,1170	15,7524	15,4005
71 76	18,5747	17,7000	16,8867	16,5014	16,1296	15,7706	15,4240	15,0891	14,7656
72 77	17,6004	16,8075	16,0683	15,7174	15,3783	15,0506	14,7336	14,4271	14,1305
73 78	16,6471	15,9307	15,2611	14,9426	14,6344	14,3361	14,0473	13,7676	13,4967
74 79	15,7114	15,0666	14,4622	14,1742	13,8952	13,6248	13,3626	13,1085	12,8620
75 80	14,8010	14,2225	13,6789	13,4194	13,1676	12,9233	12,6862	12,4560	12,2325
76 81	13,9120	13,3951	12,9081	12,6752	12,4489	12,2290	12,0154	11,8078	11,6060
77 82	13,0498	12,5896	12,1549	11,9466	11,7440	11,5469	11,3552	11,1686	10,9871
78 83	12,2144	11,8062	11,4196	11,2341	11,0534	10,8774	10,7060	10,5391	10,3764
79 84	11,4043	11,0438	10,7016	10,5370	10,3765	10,2201	10,0676	9,9188	9,7737
80 85	10,6265	10,3092	10,0073	9,8619	9,7199	9,5814	9,4462	9,3141	9,1852
81 86	9,8825	9,6042	9,3388	9,2108	9,0857	8,9634	8,8440	8,7272	8,6130
82 87	9,1747	8,9314	8,6989	8,5865	8,4766	8,3691	8,2639	8,1610	8,0603
83 88	8,4987	8,2868	8,0839	7,9856	7,8894	7,7952	7,7030	7,6127	7,5242
84 89	7,8605	7,6764	7,4998	7,4141	7,3302	7,2479	7,1673	7,0882	7,0107
85 90	7,2634	7,1037	6,9503	6,8758	6,8027	6,7309	6,6606	6,5915	6,5238
86 91	6,7078	6,5696	6,4364	6,3717	6,3081	6,2457	6,1844	6,1242	6,0650
87 92	6,1915	6,0719	5,9565	5,9003	5,8451	5,7908	5,7375	5,6851	5,6335
88 93	5,7147	5,6113	5,5113	5,4625	5,4146	5,3674	5,3211	5,2754	5,2305
89 94	5,2778	5,1883	5,1016	5,0593	5,0176	4,9766	4,9363	4,8965	4,8574
90 95	4,8819	4,8042	4,7288	4,6920	4,6558	4,6200	4,5849	4,5502	4,5160
91 96	4,5236	4,4561	4,3904	4,3583	4,3267	4,2955	4,2647	4,2344	4,2045
92 97	4,1970	4,1380	4,0807	4,0527	4,0250	3,9977	3,9708	3,9443	3,9181
93 98	3,9093	3,8577	3,8074	3,7827	3,7584	3,7344	3,7107	3,6874	3,6643
94 99	3,6483	3,6029	3,5586	3,5369	3,5155	3,4943	3,4734	3,4528	3,4324
95 100	3,4085	3,3685	3,3294	3,3103	3,2913	3,2726	3,2541	3,2358	3,2178
96 101	3,1875	3,1521	3,1175	3,1006	3,0838	3,0672	3,0508	3,0346	3,0186
97 102	2,9988	2,9673	2,9364	2,9213	2,9063	2,8915	2,8768	2,8624	2,8480
98 103	2,8214	2,7932	2,7657	2,7521	2,7387	2,7255	2,7124	2,6994	2,6866
99 104	2,6644	2,6392	2,6144	2,6022	2,5902	2,5782	2,5664	2,5547	2,5432
100 105	2,5255	2,5026	2,4803	2,4692	2,4583	2,4475	2,4368	2,4262	2,4157
101 106	2,4016	2,3809	2,3605	2,3505	2,3406	2,3308	2,3210	2,3114	2,3018
102 107	2,2902	2,2713	2,2528	2,2437	2,2346	2,2256	2,2167	2,2079	2,1992
103 108	2,1878	2,1705	2,1536	2,1453	2,1370	2,1288	2,1207	2,1127	2,1047
104 109	2,0887	2,0732	2,0578	2,0503	2,0428	2,0354	2,0280	2,0207	2,0134
105 110	1,9868	1,9729	1,9593	1,9525	1,9459	1,9392	1,9326	1,9261	1,9196

T6 Verbundene lebenslange Leibrente Mann/Frau bis Tod des Überlebenden

T6.4 Mann ist 5 Jahre jünger als Frau

Sterbetafel 2019/2021 Deutschland, Statistisches Bundesamt   monatlich vorschüssig

Alter Mann/Frau	1,75%	2,00%	2,25%	2,50%	2,75%	3,00%	3,25%	3,50%	4,00%
70 75	15,0609	14,7329	14,4161	14,1101	13,8142	13,5282	13,2517	12,9842	12,4748
71 76	14,4529	14,1505	13,8581	13,5753	13,3016	13,0367	12,7802	12,5319	12,0582
72 77	13,8436	13,5657	13,2968	13,0363	12,7839	12,5393	12,3023	12,0725	11,6335
73 78	13,2343	12,9799	12,7333	12,4942	12,2623	12,0373	11,8190	11,6071	11,2016
74 79	12,6228	12,3908	12,1656	11,9470	11,7348	11,5286	11,3283	11,1337	10,7608
75 80	12,0154	11,8045	11,5996	11,4004	11,2069	11,0186	10,8356	10,6575	10,3157
76 81	11,4097	11,2188	11,0331	10,8525	10,6767	10,5055	10,3389	10,1767	9,8647
77 82	10,8103	10,6382	10,4706	10,3073	10,1483	9,9933	9,8422	9,6950	9,4114
78 83	10,2179	10,0633	9,9126	9,7657	9,6224	9,4826	9,3463	9,2132	8,9565
79 84	9,6321	9,4940	9,3591	9,2275	9,0990	8,9735	8,8509	8,7312	8,5000
80 85	9,0592	8,9362	8,8160	8,6986	8,5838	8,4716	8,3619	8,2546	8,0471
81 86	8,5014	8,3923	8,2856	8,1812	8,0790	7,9791	7,8812	7,7855	7,6001
82 87	7,9617	7,8653	7,7708	7,6783	7,5878	7,4991	7,4122	7,3270	7,1619
83 88	7,4375	7,3525	7,2693	7,1877	7,1078	7,0294	6,9525	6,8771	6,7307
84 89	6,9347	6,8601	6,7870	6,7153	6,6449	6,5758	6,5081	6,4416	6,3122
85 90	6,4573	6,3920	6,3279	6,2650	6,2032	6,1425	6,0829	6,0243	5,9103
86 91	6,0070	5,9499	5,8938	5,8387	5,7845	5,7313	5,6790	5,6275	5,5272
87 92	5,5829	5,5330	5,4840	5,4358	5,3884	5,3418	5,2960	5,2508	5,1627
88 93	5,1864	5,1429	5,1001	5,0580	5,0166	4,9758	4,9356	4,8961	4,8188
89 94	4,8189	4,7810	4,7436	4,7068	4,6705	4,6348	4,5997	4,5650	4,4972
90 95	4,4824	4,4492	4,4165	4,3843	4,3526	4,3213	4,2904	4,2600	4,2004
91 96	4,1751	4,1460	4,1174	4,0891	4,0612	4,0337	4,0066	3,9798	3,9274
92 97	3,8922	3,8667	3,8416	3,8167	3,7922	3,7680	3,7442	3,7206	3,6744
93 98	3,6415	3,6190	3,5968	3,5748	3,5532	3,5318	3,5107	3,4898	3,4488
94 99	3,4122	3,3924	3,3727	3,3533	3,3341	3,3151	3,2964	3,2779	3,2415
95 100	3,2000	3,1823	3,1649	3,1477	3,1306	3,1138	3,0972	3,0807	3,0484
96 101	3,0028	2,9871	2,9716	2,9563	2,9412	2,9262	2,9114	2,8967	2,8679
97 102	2,8338	2,8198	2,8059	2,7922	2,7786	2,7652	2,7519	2,7388	2,7129
98 103	2,6739	2,6613	2,6488	2,6365	2,6243	2,6123	2,6003	2,5885	2,5652
99 104	2,5317	2,5204	2,5091	2,4980	2,4870	2,4761	2,4654	2,4547	2,4336
100 105	2,4054	2,3951	2,3849	2,3748	2,3648	2,3549	2,3451	2,3354	2,3163
101 106	2,2924	2,2830	2,2737	2,2645	2,2554	2,2464	2,2374	2,2286	2,2111
102 107	2,1906	2,1820	2,1735	2,1651	2,1567	2,1485	2,1403	2,1322	2,1161
103 108	2,0968	2,0890	2,0812	2,0735	2,0659	2,0583	2,0508	2,0434	2,0287
104 109	2,0063	1,9991	1,9921	1,9851	1,9781	1,9712	1,9644	1,9576	1,9442
105 110	1,9132	1,9068	1,9005	1,8942	1,8880	1,8818	1,8757	1,8696	1,8576

T6 Verbundene lebenslange Leibrente Mann/Frau bis Tod des Überlebenden

T6.5 Mann ist 10 Jahre jünger als Frau

Sterbetafel 2019/2021 Deutschland, Statistisches Bundesamt   monatlich vorschüssig

Alter Mann/Frau		-1,00%	-0,50%	0,00%	0,25%	0,50%	0,75%	1,00%	1,25%	1,50%
18	28	93,1202	77,6338	65,4207	60,2929	55,7112	51,6091	47,9288	44,6202	41,6397
19	29	91,2026	76,2545	64,4254	59,4464	54,9906	50,9952	47,4054	44,1736	41,2583
20	30	89,3049	74,8827	63,4305	58,5981	54,2668	50,3770	46,8771	43,7217	40,8714
21	31	87,4260	73,5176	62,4356	57,7477	53,5393	49,7542	46,3435	43,2641	40,4788
22	32	85,5660	72,1594	61,4408	56,8952	52,8083	49,1269	45,8046	42,8009	40,0803
23	33	83,7246	70,8082	60,4460	56,0408	52,0737	48,4949	45,2605	42,3320	39,6759
24	34	81,9018	69,4638	59,4515	55,1843	51,3356	47,8583	44,7110	41,8574	39,2656
25	35	80,0980	68,1268	58,4574	54,3262	50,5942	47,2173	44,1564	41,3771	38,8494
26	36	78,3123	66,7966	57,4634	53,4660	49,8493	46,5716	43,5963	40,8910	38,4271
27	37	76,5447	65,4732	56,4697	52,6039	49,1008	45,9213	43,0308	40,3989	37,9985
28	38	74,7951	64,1568	55,4762	51,7399	48,3488	45,2663	42,4599	39,9009	37,5638
29	39	73,0634	62,8473	54,4830	50,8740	47,5933	44,6066	41,8835	39,3968	37,1227
30	40	71,3496	61,5449	53,4903	50,0063	46,8344	43,9424	41,3017	38,8868	36,6753
31	41	69,6536	60,2495	52,4981	49,1370	46,0722	43,2736	40,7144	38,3708	36,2215
32	42	67,9757	58,9616	51,5067	48,2662	45,3068	42,6004	40,1218	37,8488	35,7614
33	43	66,3150	57,6805	50,5156	47,3936	44,5379	41,9224	39,5236	37,3206	35,2946
34	44	64,6720	56,4068	49,5254	46,5196	43,7659	41,2401	38,9201	36,7864	34,8214
35	45	63,0466	55,1405	48,5361	45,6442	42,9909	40,5533	38,3111	36,2461	34,3417
36	46	61,4387	53,8815	47,5477	44,7675	42,2127	39,8621	37,6968	35,6996	33,8553
37	47	59,8492	52,6309	46,5610	43,8902	41,4321	39,1671	37,0776	35,1476	33,3628
38	48	58,2777	51,3883	45,5758	43,0120	40,6489	38,4681	36,4533	34,5896	32,8638
39	49	56,7228	50,1528	44,5914	42,1325	39,8625	37,7646	35,8234	34,0254	32,3580
40	50	55,1859	48,9256	43,6089	41,2525	39,0738	37,0573	35,1887	33,4554	31,8459
41	51	53,6660	47,7059	42,6276	40,3716	38,2824	36,3458	34,5487	32,8793	31,3269
42	52	52,1642	46,4949	41,6487	39,4905	37,4889	35,6308	33,9039	32,2976	30,8018
43	53	50,6778	45,2904	40,6701	38,6077	36,6920	34,9109	33,2533	31,7091	30,2692
44	54	49,2104	44,0955	39,6948	37,7256	35,8939	34,1882	32,5985	31,1155	29,7308
45	55	47,7598	42,9086	38,7213	36,8432	35,0934	33,4618	31,9388	30,5160	29,1857
46	56	46,3262	41,7300	37,7498	35,9605	34,2909	32,7316	31,2742	29,9107	28,6340
47	57	44,9100	40,5599	36,7809	35,0779	33,4866	31,9982	30,6050	29,2997	28,0759
48	58	43,5123	39,3996	35,8155	34,1965	32,6814	31,2623	29,9320	28,6839	27,5120
49	59	42,1332	38,2494	34,8539	33,3166	31,8758	30,5242	29,2554	28,0633	26,9425
50	60	40,7732	37,1097	33,8966	32,4386	31,0700	29,7843	28,5756	27,4384	26,3678
51	61	39,4308	35,9793	32,9428	31,5617	30,2633	29,0419	27,8919	26,8086	25,7871
52	62	38,1066	34,8591	31,9931	30,6865	29,4564	28,2975	27,2050	26,1741	25,2010
53	63	36,8009	33,7494	31,0479	29,8136	28,6498	27,5517	26,5150	25,5356	24,6096
54	64	35,5143	32,6508	30,1079	28,9434	27,8438	26,8049	25,8226	24,8933	24,0136
55	65	34,2463	31,5630	29,1729	28,0759	27,0385	26,0570	25,1277	24,2472	23,4127
56	66	32,9995	30,4886	28,2453	27,2133	26,2360	25,3100	24,4320	23,5991	22,8085
57	67	31,7725	29,4264	27,3240	26,3547	25,4355	24,5632	23,7351	22,9484	22,2006
58	68	30,5643	28,3758	26,4087	25,4998	24,6366	23,8163	23,0365	22,2947	21,5887
59	69	29,3760	27,3378	25,5004	24,6495	23,8402	23,0702	22,3372	21,6389	20,9734
60	70	28,2102	26,3151	24,6015	23,8062	23,0489	22,3272	21,6392	20,9830	20,3568
61	71	27,0647	25,3057	23,7105	22,9686	22,2610	21,5859	20,9414	20,3259	19,7377
62	72	25,9413	24,3114	22,8291	22,1382	21,4784	20,8480	20,2454	19,6691	19,1177
63	73	24,8397	23,3324	21,9575	21,3154	20,7013	20,1137	19,5513	19,0128	18,4969
64	74	23,7585	22,3672	21,0947	20,4991	19,9287	19,3822	18,8585	18,3563	17,8746
65	75	22,6995	21,4180	20,2426	19,6913	19,1626	18,6554	18,1687	17,7015	17,2527
66	76	21,6612	20,4834	19,4000	18,8909	18,4020	17,9324	17,4811	17,0473	16,6302
67	77	20,6453	19,5652	18,5690	18,0998	17,6487	17,2149	16,7975	16,3957	16,0089
68	78	19,6496	18,6616	17,7478	17,3166	16,9015	16,5017	16,1166	15,7455	15,3877
69	79	18,6743	17,7729	16,9369	16,5417	16,1607	15,7933	15,4389	15,0970	14,7670

T6   Verbundene lebenslange Leibrente Mann/Frau bis Tod des Überlebenden

T6.5 Mann ist 10 Jahre jünger als Frau

Sterbetafel 2019/2021 Deutschland, Statistisches Bundesamt   monatlich vorschüssig

Alter Mann/Frau		1,75%	2,00%	2,25%	2,50%	2,75%	3,00%	3,25%	3,50%	4,00%
18	28	38,9492	36,5155	34,3096	32,3061	30,4828	28,8201	27,3008	25,9099	23,4615
19	29	38,6232	36,2367	34,0709	32,1016	30,3074	28,6695	27,1715	25,7988	23,3792
20	30	38,2918	35,9524	33,8270	31,8921	30,1273	28,5146	27,0382	25,6839	23,2936
21	31	37,9545	35,6625	33,5776	31,6774	29,9423	28,3551	26,9005	25,5650	23,2047
22	32	37,6114	35,3669	33,3227	31,4574	29,7523	28,1909	26,7584	25,4419	23,1123
23	33	37,2624	35,0655	33,0621	31,2319	29,5571	28,0217	26,6117	25,3147	23,0162
24	34	36,9074	34,7581	32,7957	31,0010	29,3567	27,8476	26,4604	25,1830	22,9163
25	35	36,5465	34,4448	32,5236	30,7644	29,1508	27,6684	26,3042	25,0468	22,8125
26	36	36,1793	34,1254	32,2454	30,5220	28,9395	27,4839	26,1431	24,9060	22,7046
27	37	35,8058	33,7996	31,9611	30,2737	28,7224	27,2940	25,9768	24,7603	22,5925
28	38	35,4260	33,4676	31,6706	30,0193	28,4995	27,0985	25,8053	24,6096	22,4760
29	39	35,0397	33,1290	31,3737	29,7587	28,2705	26,8973	25,6283	24,4538	22,3550
30	40	34,6470	32,7840	31,0703	29,4918	28,0355	26,6902	25,4457	24,2927	22,2292
31	41	34,2476	32,4323	30,7604	29,2184	27,7943	26,4772	25,2573	24,1261	22,0986
32	42	33,8418	32,0740	30,4439	28,9386	27,5467	26,2580	25,0632	23,9539	21,9629
33	43	33,4290	31,7088	30,1205	28,6520	27,2926	26,0325	24,8629	23,7759	21,8220
34	44	33,0096	31,3367	29,7902	28,3586	27,0318	25,8005	24,6564	23,5919	21,6757
35	45	32,5833	30,9577	29,4530	28,0584	26,7643	25,5619	24,4435	23,4019	21,5239
36	46	32,1502	30,5716	29,1086	27,7510	26,4898	25,3166	24,2241	23,2055	21,3663
37	47	31,7104	30,1788	28,7574	27,4369	26,2085	25,0646	23,9982	23,0029	21,2029
38	48	31,2639	29,7789	28,3991	27,1155	25,9202	24,8057	23,7656	22,7937	21,0334
39	49	30,8102	29,3716	28,0333	26,7867	25,6244	24,5396	23,5259	22,5777	20,8576
40	50	30,3496	28,9573	27,6602	26,4506	25,3214	24,2662	23,2791	22,3548	20,6754
41	51	29,8819	28,5355	27,2795	26,1069	25,0108	23,9853	23,0250	22,1247	20,4864
42	52	29,4075	28,1066	26,8916	25,7557	24,6928	23,6971	22,7636	21,8875	20,2907
43	53	28,9252	27,6695	26,4953	25,3962	24,3664	23,4006	22,4941	21,6424	20,0876
44	54	28,4365	27,2257	26,0919	25,0294	24,0326	23,0968	22,2173	21,3900	19,8775
45	55	27,9406	26,7742	25,6807	24,6546	23,6908	22,7848	21,9325	21,1298	19,6599
46	56	27,4375	26,3152	25,2616	24,2717	23,3408	22,4647	21,6395	20,8616	19,4345
47	57	26,9274	25,8487	24,8347	23,8808	22,9827	22,1364	21,3384	20,5852	19,2014
48	58	26,4108	25,3751	24,4004	23,4823	22,6168	21,8002	21,0293	20,3009	18,9605
49	59	25,8879	24,8948	23,9588	23,0761	22,2430	21,4561	20,7123	20,0087	18,7117
50	60	25,3590	24,4077	23,5101	22,6625	21,8616	21,1041	20,3873	19,7085	18,4551
51	61	24,8234	23,9135	23,0538	22,2409	21,4718	20,7437	20,0538	19,3997	18,1900
52	62	24,2815	23,4123	22,5900	21,8115	21,0741	20,3750	19,7119	19,0825	17,9165
53	63	23,7337	22,9045	22,1190	21,3745	20,6683	19,9981	19,3617	18,7569	17,6346
54	64	23,1802	22,3903	21,6411	20,9301	20,2549	19,6133	19,0032	18,4229	17,3442
55	65	22,6210	21,8697	21,1562	20,4781	19,8335	19,2202	18,6364	18,0803	17,0451
56	66	22,0576	21,3440	20,6655	20,0199	19,4053	18,8200	18,2621	17,7301	16,7381
57	67	21,4895	20,8128	20,1686	19,5548	18,9699	18,4121	17,8798	17,3717	16,4226
58	68	20,9163	20,2758	19,6651	19,0827	18,5268	17,9962	17,4893	17,0048	16,0983
59	69	20,3388	19,7335	19,1557	18,6039	18,0767	17,5728	17,0908	16,6297	15,7654
60	70	19,7589	19,1878	18,6420	18,1202	17,6210	17,1433	16,6858	16,2477	15,4251
61	71	19,1755	18,6377	18,1231	17,6305	17,1588	16,7067	16,2734	15,8579	15,0765
62	72	18,5899	18,0844	17,6002	17,1361	16,6911	16,2642	15,8545	15,4612	14,7203
63	73	18,0024	17,5283	17,0736	16,6372	16,2182	15,8159	15,4293	15,0577	14,3567
64	74	17,4124	16,9686	16,5425	16,1330	15,7395	15,3611	14,9971	14,6468	13,9850
65	75	16,8215	16,4070	16,0085	15,6252	15,2563	14,9012	14,5592	14,2298	13,6063
66	76	16,2289	15,8427	15,4709	15,1129	14,7679	14,4355	14,1150	13,8059	13,2200
67	77	15,6363	15,2773	14,9312	14,5976	14,2758	13,9654	13,6657	13,3764	12,8271
68	78	15,0426	14,7098	14,3886	14,0785	13,7791	13,4900	13,2105	12,9405	12,4269
69	79	14,4483	14,1406	13,8432	13,5559	13,2781	13,0095	12,7497	12,4983	12,0194

T6   Verbundene lebenslange Leibrente Mann/Frau bis Tod des Überlebenden

T6.5 Mann ist 10 Jahre jünger als Frau

Sterbetafel 2019/2021 Deutschland, Statistisches Bundesamt   monatlich vorschüssig

Alter Mann/Frau	-1,00%	-0,50%	0,00%	0,25%	0,50%	0,75%	1,00%	1,25%	1,50%
70 80	17,7216	16,9013	16,1386	15,7773	15,4285	15,0918	14,7667	14,4525	14,1489
71 81	16,7902	16,0459	15,3520	15,0227	14,7044	14,3968	14,0993	13,8115	13,5331
72 82	15,8812	15,2079	14,5786	14,2793	13,9897	13,7095	13,4381	13,1754	12,9208
73 83	14,9959	14,3886	13,8196	13,5485	13,2858	13,0313	12,7846	12,5454	12,3135
74 84	14,1334	13,5875	13,0747	12,8299	12,5925	12,3622	12,1387	11,9217	11,7110
75 85	13,2994	12,8102	12,3495	12,1292	11,9152	11,7074	11,5055	11,3093	11,1186
76 86	12,4878	12,0510	11,6386	11,4411	11,2491	11,0623	10,8806	10,7039	10,5319
77 87	11,7057	11,3169	10,9491	10,7725	10,6007	10,4334	10,2705	10,1119	9,9573
78 88	10,9517	10,6069	10,2799	10,1227	9,9695	9,8202	9,6746	9,5327	9,3943
79 89	10,2197	9,9153	9,6258	9,4865	9,3505	9,2179	9,0884	8,9621	8,8387
80 90	9,5182	9,2503	8,9951	8,8720	8,7518	8,6343	8,5196	8,4075	8,2980
81 91	8,8504	8,6154	8,3910	8,2826	8,1767	8,0731	7,9718	7,8727	7,7757
82 92	8,2156	8,0101	7,8135	7,7184	7,6253	7,5342	7,4450	7,3577	7,2722
83 93	7,6114	7,4323	7,2607	7,1775	7,0960	7,0162	6,9379	6,8613	6,7862
84 94	7,0423	6,8867	6,7372	6,6646	6,5935	6,5238	6,4553	6,3882	6,3224
85 95	6,5119	6,3768	6,2468	6,1836	6,1217	6,0608	6,0011	5,9424	5,8848
86 96	6,0193	5,9022	5,7893	5,7344	5,6804	5,6274	5,5753	5,5241	5,4738
87 97	5,5660	5,4645	5,3665	5,3188	5,2718	5,2256	5,1802	5,1356	5,0917
88 98	5,1449	5,0570	4,9720	4,9305	4,8897	4,8495	4,8100	4,7711	4,7328
89 99	4,7645	4,6882	4,6143	4,5782	4,5426	4,5076	4,4732	4,4392	4,4058
90 100	4,4133	4,3470	4,2828	4,2513	4,2203	4,1898	4,1597	4,1301	4,1009
91 101	4,0959	4,0382	3,9822	3,9547	3,9277	3,9010	3,8747	3,8487	3,8231
92 102	3,8021	3,7518	3,7029	3,6789	3,6552	3,6319	3,6089	3,5861	3,5637
93 103	3,5464	3,5023	3,4593	3,4382	3,4174	3,3968	3,3765	3,3565	3,3367
94 104	3,3104	3,2716	3,2338	3,2152	3,1969	3,1787	3,1608	3,1431	3,1257
95 105	3,1053	3,0709	3,0374	3,0209	3,0046	2,9885	2,9726	2,9569	2,9414
96 106	2,9141	2,8837	2,8539	2,8393	2,8249	2,8106	2,7964	2,7824	2,7686
97 107	2,7521	2,7249	2,6983	2,6852	2,6723	2,6594	2,6468	2,6342	2,6218
98 108	2,5934	2,5692	2,5455	2,5339	2,5223	2,5109	2,4996	2,4884	2,4773
99 109	2,4456	2,4241	2,4030	2,3927	2,3824	2,3722	2,3621	2,3521	2,3423
100 110	2,3019	2,2829	2,2643	2,2552	2,2461	2,2371	2,2282	2,2194	2,2107

T6.5 Mann ist 10 Jahre jünger als Frau

Sterbetafel 2019/2021 Deutschland, Statistisches Bundesamt   monatlich vorschüssig

Alter Mann/Frau	1,75%	2,00%	2,25%	2,50%	2,75%	3,00%	3,25%	3,50%	4,00%
70 80	13,8555	13,5717	13,2973	13,0317	12,7747	12,5259	12,2850	12,0517	11,6065
71 81	13,2637	13,0028	12,7502	12,5056	12,2685	12,0388	11,8161	11,6002	11,1876
72 82	12,6742	12,4352	12,2035	11,9788	11,7608	11,5494	11,3442	11,1450	10,7638
73 83	12,0885	11,8701	11,6583	11,4526	11,2528	11,0589	10,8704	10,6873	10,3363
74 84	11,5065	11,3078	11,1147	10,9271	10,7447	10,5673	10,3949	10,2271	9,9051
75 85	10,9332	10,7529	10,5775	10,4069	10,2409	10,0793	9,9220	9,7688	9,4744
76 86	10,3646	10,2016	10,0430	9,8884	9,7379	9,5913	9,4484	9,3091	9,0408
77 87	9,8067	9,6600	9,5169	9,3775	9,2415	9,1088	8,9795	8,8532	8,6098
78 88	9,2594	9,1277	8,9992	8,8738	8,7514	8,6319	8,5152	8,4012	8,1811
79 89	8,7183	8,6007	8,4858	8,3735	8,2639	8,1567	8,0520	7,9496	7,7515
80 90	8,1910	8,0863	7,9840	7,8839	7,7860	7,6903	7,5966	7,5050	7,3275
81 91	7,6809	7,5881	7,4972	7,4083	7,3213	7,2361	7,1526	7,0709	6,9124
82 92	7,1885	7,1064	7,0261	6,9474	6,8702	6,7946	6,7206	6,6479	6,5069
83 93	6,7125	6,6403	6,5695	6,5001	6,4320	6,3652	6,2997	6,2354	6,1104
84 94	6,2578	6,1944	6,1322	6,0712	6,0112	5,9524	5,8946	5,8379	5,7274
85 95	5,8283	5,7727	5,7182	5,6646	5,6120	5,5602	5,5094	5,4594	5,3620
86 96	5,4244	5,3758	5,3280	5,2811	5,2349	5,1895	5,1448	5,1009	5,0152
87 97	5,0485	5,0060	4,9642	4,9230	4,8826	4,8427	4,8035	4,7649	4,6896
88 98	4,6951	4,6580	4,6215	4,5855	4,5501	4,5152	4,4808	4,4469	4,3807
89 99	4,3728	4,3403	4,3084	4,2769	4,2458	4,2152	4,1850	4,1553	4,0971
90 100	4,0720	4,0436	4,0156	3,9880	3,9608	3,9339	3,9075	3,8813	3,8302
91 101	3,7979	3,7729	3,7484	3,7241	3,7002	3,6766	3,6533	3,6303	3,5852
92 102	3,5416	3,5197	3,4981	3,4768	3,4558	3,4350	3,4145	3,3943	3,3546
93 103	3,3172	3,2979	3,2788	3,2600	3,2414	3,2230	3,2049	3,1869	3,1517
94 104	3,1084	3,0913	3,0745	3,0578	3,0413	3,0250	3,0090	2,9930	2,9618
95 105	2,9260	2,9108	2,8958	2,8809	2,8663	2,8517	2,8374	2,8232	2,7952
96 106	2,7549	2,7414	2,7280	2,7148	2,7017	2,6887	2,6759	2,6632	2,6382
97 107	2,6096	2,5974	2,5854	2,5735	2,5617	2,5501	2,5385	2,5271	2,5046
98 108	2,4663	2,4555	2,4447	2,4341	2,4235	2,4131	2,4028	2,3925	2,3723
99 109	2,3325	2,3228	2,3132	2,3037	2,2942	2,2849	2,2757	2,2665	2,2484
100 110	2,2020	2,1934	2,1849	2,1765	2,1682	2,1599	2,1517	2,1436	2,1275

T7 Verbundene temporäre Leibrente Mann/Frau bis Tod des Überlebenden

T7.1 Mann bis 66. Lebensjahr - Mann ist 5 Jahre älter als Frau

Sterbetafel 2019/2021 Deutschland, Statistisches Bundesamt   monatlich vorschüssig

Alter Mann/Frau		-1,00%	-0,50%	0,00%	0,25%	0,50%	0,75%	1,00%	1,25%	1,50%
23	18	53,7083	47,9287	42,9612	40,7410	38,6776	36,7582	34,9714	33,3065	31,7541
24	19	52,1772	46,6923	41,9616	39,8419	37,8686	36,0302	34,3160	32,7164	31,2226
25	20	50,6615	45,4621	40,9621	38,9406	37,0556	35,2967	33,6541	32,1189	30,6831
26	21	49,1609	44,2380	39,9625	38,0370	36,2386	34,5577	32,9855	31,5140	30,1355
27	22	47,6753	43,0200	38,9629	37,1311	35,4174	33,8132	32,3103	30,9014	29,5797
28	23	46,2045	41,8081	37,9634	36,2230	34,5922	33,0631	31,6283	30,2813	29,0156
29	24	44,7485	40,6023	36,9638	35,3126	33,7628	32,3073	30,9395	29,6533	28,4431
30	25	43,3070	39,4025	35,9642	34,3999	32,9293	31,5459	30,2439	29,0176	27,8619
31	26	41,8800	38,2087	34,9647	33,4850	32,0916	30,7788	29,5413	28,3739	27,2721
32	27	40,4672	37,0209	33,9651	32,5678	31,2498	30,0060	28,8316	27,7221	26,6734
33	28	39,0686	35,8391	32,9657	31,6483	30,4038	29,2274	28,1149	27,0623	26,0657
34	29	37,6841	34,6632	31,9662	30,7266	29,5536	28,4431	27,3911	26,3942	25,4490
35	30	36,3134	33,4933	30,9668	29,8026	28,6992	27,6528	26,6601	25,7178	24,8231
36	31	34,9565	32,3292	29,9674	28,8764	27,8405	26,8567	25,9218	25,0330	24,1878
37	32	33,6132	31,1711	28,9681	27,9479	26,9777	26,0547	25,1762	24,3398	23,5430
38	33	32,2835	30,0188	27,9689	27,0171	26,1105	25,2467	24,4232	23,6379	22,8887
39	34	30,9670	28,8722	26,9697	26,0840	25,2391	24,4326	23,6626	22,9272	22,2245
40	35	29,6638	27,7315	25,9705	25,1487	24,3634	23,6126	22,8946	22,2077	21,5504
41	36	28,3737	26,5966	24,9714	24,2111	23,4833	22,7864	22,1189	21,4793	20,8663
42	37	27,0966	25,4674	23,9724	23,2712	22,5989	21,9541	21,3355	20,7418	20,1719
43	38	25,8322	24,3439	22,9734	22,3290	21,7101	21,1156	20,5443	19,9952	19,4672
44	39	24,5806	23,2260	21,9745	21,3845	20,8170	20,2709	19,7453	19,2392	18,7520
45	40	23,3416	22,1138	20,9756	20,4377	19,9194	19,4199	18,9383	18,4739	18,0261
46	41	22,1149	21,0072	19,9768	19,4885	19,0174	18,5625	18,1233	17,6991	17,2893
47	42	20,9006	19,9062	18,9780	18,5371	18,1109	17,6988	17,3002	16,9146	16,5415
48	43	19,6985	18,8107	17,9793	17,5833	17,1999	16,8286	16,4689	16,1204	15,7826
49	44	18,5085	17,7208	16,9806	16,6273	16,2845	15,9520	15,6294	15,3163	15,0124
50	45	17,3304	16,6365	15,9821	15,6689	15,3646	15,0689	14,7816	14,5023	14,2308
51	46	16,1642	15,5575	14,9835	14,7081	14,4401	14,1792	13,9253	13,6781	13,4374
52	47	15,0097	14,4841	13,9851	13,7450	13,5111	13,2830	13,0606	12,8437	12,6322
53	48	13,8667	13,4160	12,9866	12,7795	12,5774	12,3800	12,1872	11,9989	11,8149
54	49	12,7352	12,3533	11,9882	11,8117	11,6391	11,4703	11,3051	11,1436	10,9855
55	50	11,6150	11,2959	10,9898	10,8415	10,6962	10,5538	10,4143	10,2776	10,1436
56	51	10,5060	10,2438	9,9914	9,8688	9,7485	9,6304	9,5145	9,4008	9,2891
57	52	9,4080	9,1969	8,9930	8,8937	8,7960	8,7001	8,6057	8,5130	8,4218
58	53	8,3209	8,1551	7,9944	7,9160	7,8387	7,7626	7,6878	7,6140	7,5414
59	54	7,2446	7,1184	6,9958	6,9357	6,8765	6,8181	6,7605	6,7037	6,6477
60	55	6,1788	6,0868	5,9970	5,9529	5,9094	5,8664	5,8239	5,7819	5,7405
61	56	5,1235	5,0601	4,9980	4,9675	4,9372	4,9073	4,8777	4,8484	4,8195
62	57	4,0786	4,0383	3,9988	3,9794	3,9600	3,9409	3,9219	3,9031	3,8845
63	58	3,0438	3,0215	2,9994	2,9885	2,9777	2,9670	2,9563	2,9457	2,9352
64	59	2,0192	2,0094	1,9998	1,9950	1,9903	1,9855	1,9808	1,9762	1,9715
65	60	1,0046	1,0023	1,0000	0,9988	0,9977	0,9965	0,9954	0,9943	0,9932

T7   Verbundene temporäre Leibrente Mann/Frau bis Tod des Überlebenden

T7.1 Mann bis 66. Lebensjahr - Mann ist 5 Jahre älter als Frau

Sterbetafel 2019/2021 Deutschland, Statistisches Bundesamt   monatlich vorschüssig

Alter Mann/Frau		1,75%	2,00%	2,25%	2,50%	2,75%	3,00%	3,25%	3,50%	4,00%
23	18	30,3052	28,9518	27,6866	26,5028	25,3943	24,3553	23,3808	22,4659	20,7979
24	19	29,8263	28,5203	27,2976	26,1521	25,0780	24,0700	23,1234	22,2336	20,6086
25	20	29,3391	28,0802	26,9000	25,7927	24,7531	23,7762	22,8576	21,9932	20,4116
26	21	28,8434	27,6312	26,4933	25,4243	24,4192	23,4736	22,5832	21,7443	20,2068
27	22	28,3390	27,1733	26,0775	25,0467	24,0762	23,1619	22,2999	21,4868	19,9938
28	23	27,8257	26,7063	25,6524	24,6596	23,7237	22,8408	22,0074	21,2202	19,7723
29	24	27,3035	26,2299	25,2177	24,2629	23,3615	22,5101	21,7054	20,9443	19,5420
30	25	26,7722	25,7440	24,7732	23,8562	22,9894	22,1695	21,3936	20,6588	19,3024
31	26	26,2315	25,2484	24,3188	23,4394	22,6070	21,8187	21,0716	20,3633	19,0532
32	27	25,6815	24,7428	23,8541	23,0122	22,2142	21,4574	20,7392	20,0574	18,7941
33	28	25,1218	24,2272	23,3790	22,5744	21,8106	21,0852	20,3961	19,7409	18,5247
34	29	24,5524	23,7014	22,8933	22,1256	21,3959	20,7020	20,0418	19,4133	18,2445
35	30	23,9730	23,1650	22,3966	21,6656	20,9698	20,3072	19,6760	19,0743	17,9531
36	31	23,3835	22,6179	21,8888	21,1942	20,5321	19,9007	19,2983	18,7234	17,6501
37	32	22,7838	22,0600	21,3697	20,7110	20,0823	19,4820	18,9084	18,3603	17,3350
38	33	22,1736	21,4909	20,8389	20,2158	19,6203	19,0507	18,5059	17,9846	17,0074
39	34	21,5528	20,9105	20,2961	19,7083	19,1455	18,6066	18,0904	17,5957	16,6666
40	35	20,9211	20,3185	19,7413	19,1881	18,6577	18,1492	17,6613	17,1932	16,3123
41	36	20,2785	19,7148	19,1740	18,6549	18,1566	17,6781	17,2184	16,7767	15,9438
42	37	19,6247	19,0990	18,5939	18,1085	17,6418	17,1929	16,7612	16,3457	15,5607
43	38	18,9594	18,4709	18,0009	17,5484	17,1128	16,6932	16,2891	15,8996	15,1622
44	39	18,2826	17,8304	17,3945	16,9744	16,5693	16,1786	15,8017	15,4379	14,7479
45	40	17,5940	17,1771	16,7746	16,3861	16,0110	15,6486	15,2985	14,9602	14,3170
46	41	16,8933	16,5107	16,1408	15,7831	15,4373	15,1027	14,7790	14,4657	13,8690
47	42	16,1805	15,8311	15,4928	15,1652	14,8479	14,5405	14,2427	13,9541	13,4031
48	43	15,4553	15,1379	14,8302	14,5318	14,2423	13,9615	13,6890	13,4245	12,9186
49	44	14,7174	14,4310	14,1529	13,8827	13,6202	13,3652	13,1174	12,8766	12,4148
50	45	13,9668	13,7100	13,4603	13,2174	12,9811	12,7511	12,5273	12,3095	11,8909
51	46	13,2030	12,9746	12,7522	12,5355	12,3244	12,1186	11,9181	11,7226	11,3461
52	47	12,4259	12,2246	12,0283	11,8367	11,6497	11,4672	11,2891	11,1152	10,7796
53	48	11,6352	11,4596	11,2881	11,1204	10,9565	10,7963	10,6397	10,4866	10,1904
54	49	10,8308	10,6794	10,5313	10,3863	10,2443	10,1054	9,9693	9,8361	9,5778
55	50	10,0123	9,8837	9,7575	9,6338	9,5126	9,3937	9,2772	9,1628	8,9407
56	51	9,1796	9,0720	8,9663	8,8626	8,7608	8,6608	8,5625	8,4661	8,2782
57	52	8,3322	8,2440	8,1573	8,0721	7,9882	7,9058	7,8247	7,7449	7,5892
58	53	7,4699	7,3994	7,3300	7,2617	7,1944	7,1281	7,0628	6,9984	6,8725
59	54	6,5924	6,5379	6,4841	6,4310	6,3787	6,3270	6,2760	6,2257	6,1271
60	55	5,6995	5,6590	5,6190	5,5795	5,5404	5,5018	5,4636	5,4259	5,3518
61	56	4,7908	4,7624	4,7343	4,7065	4,6789	4,6517	4,6247	4,5980	4,5454
62	57	3,8660	3,8476	3,8295	3,8115	3,7936	3,7759	3,7583	3,7409	3,7066
63	58	2,9248	2,9144	2,9041	2,8939	2,8837	2,8736	2,8636	2,8537	2,8340
64	59	1,9669	1,9623	1,9577	1,9531	1,9486	1,9441	1,9396	1,9351	1,9263
65	60	0,9920	0,9909	0,9898	0,9887	0,9876	0,9865	0,9854	0,9843	0,9821

T7 Verbundene temporäre Leibrente Mann/Frau bis Tod des Überlebenden

T7.2 Mann bis 67. Lebensjahr – Mann ist 5 Jahre älter als Frau

Sterbetafel 2019/2021 Deutschland, Statistisches Bundesamt   monatlich vorschüssig

Alter Mann/Frau		-1,00%	-0,50%	0,00%	0,25%	0,50%	0,75%	1,00%	1,25%	1,50%
23	18	55,2428	49,1616	43,9527	41,6306	39,4759	37,4748	35,6148	33,8844	32,2732
24	19	53,6965	47,9190	42,9532	40,7337	38,6709	36,7522	34,9659	33,3015	31,7495
25	20	52,1656	46,6827	41,9537	39,8347	37,8620	36,0241	34,3105	32,7114	31,2180
26	21	50,6501	45,4526	40,9542	38,9333	37,0490	35,2906	33,6486	32,1139	30,6785
27	22	49,1497	44,2286	39,9547	38,0298	36,2320	34,5517	32,9800	31,5089	30,1309
28	23	47,6642	43,0107	38,9551	37,1239	35,4108	33,8071	32,3048	30,8963	29,5750
29	24	46,1937	41,7989	37,9556	36,2158	34,5856	33,0570	31,6228	30,2761	29,0109
30	25	44,7378	40,5932	36,9561	35,3054	33,7562	32,3013	30,9339	29,6481	28,4383
31	26	43,2965	39,3935	35,9566	34,3928	32,9227	31,5399	30,2383	29,0124	27,8571
32	27	41,8697	38,1998	34,9571	33,4779	32,0851	30,7728	29,5356	28,3686	27,2672
33	28	40,4571	37,0122	33,9577	32,5608	31,2433	30,0000	28,8260	27,7169	26,6685
34	29	39,0588	35,8306	32,9583	31,6414	30,3974	29,2215	28,1094	27,0571	26,0609
35	30	37,6745	34,6548	31,9589	30,7198	29,5472	28,4371	27,3856	26,3890	25,4442
36	31	36,3040	33,4851	30,9596	29,7959	28,6929	27,6469	26,6546	25,7127	24,8182
37	32	34,9474	32,3212	29,9604	28,8698	27,8344	26,8509	25,9164	25,0279	24,1830
38	33	33,6044	31,1633	28,9613	27,9414	26,9716	26,0490	25,1708	24,3347	23,5383
39	34	32,2749	30,0112	27,9621	27,0108	26,1045	25,2410	24,4178	23,6328	22,8839
40	35	30,9588	28,8649	26,9631	26,0778	25,2332	24,4271	23,6574	22,9222	22,2198
41	36	29,6559	27,7244	25,9641	25,1427	24,3576	23,6071	22,8894	22,2028	21,5458
42	37	28,3661	26,5897	24,9652	24,2052	23,4777	22,7811	22,1138	21,4745	20,8617
43	38	27,0892	25,4607	23,9664	23,2655	22,5934	21,9489	21,3305	20,7371	20,1674
44	39	25,8252	24,3374	22,9676	22,3234	21,7048	21,1105	20,5395	19,9906	19,4628
45	40	24,5739	23,2199	21,9689	21,3791	20,8118	20,2660	19,7406	19,2348	18,7477
46	41	23,3351	22,1079	20,9702	20,4325	19,9144	19,4151	18,9337	18,4695	18,0219
47	42	22,1088	21,0016	19,9716	19,4836	19,0126	18,5579	18,1189	17,6949	17,2852
48	43	20,8949	19,9009	18,9731	18,5324	18,1063	17,6944	17,2960	16,9105	16,5376
49	44	19,6932	18,8058	17,9747	17,5789	17,1957	16,8245	16,4649	16,1165	15,7789
50	45	18,5036	17,7162	16,9764	16,6231	16,2805	15,9482	15,6257	15,3127	15,0089
51	46	17,3259	16,6322	15,9781	15,6650	15,3608	15,0653	14,7781	14,4989	14,2274
52	47	16,1600	15,5536	14,9799	14,7046	14,4366	14,1759	13,9221	13,6749	13,4343
53	48	15,0059	14,4805	13,9817	13,7418	13,5079	13,2799	13,0576	12,8408	12,6293
54	49	13,8634	13,4128	12,9836	12,7767	12,5746	12,3772	12,1845	11,9963	11,8124
55	50	12,7323	12,3506	11,9856	11,8092	11,6366	11,4679	11,3028	11,1413	10,9832
56	51	11,6126	11,2936	10,9876	10,8393	10,6940	10,5517	10,4122	10,2756	10,1417
57	52	10,5040	10,2418	9,9895	9,8670	9,7467	9,6286	9,5128	9,3991	9,2875
58	53	9,4064	9,1953	8,9914	8,8921	8,7945	8,6986	8,6043	8,5115	8,4204
59	54	8,3196	8,1538	7,9932	7,9148	7,8375	7,7615	7,6866	7,6129	7,5403
60	55	7,2436	7,1175	6,9949	6,9348	6,8756	6,8172	6,7597	6,7029	6,6468
61	56	6,1781	6,0861	5,9963	5,9523	5,9088	5,8658	5,8233	5,7813	5,7398
62	57	5,1231	5,0597	4,9976	4,9671	4,9368	4,9069	4,8773	4,8480	4,8191
63	58	4,0783	4,0381	3,9986	3,9791	3,9598	3,9407	3,9217	3,9029	3,8842
64	59	3,0437	3,0213	2,9993	2,9884	2,9776	2,9669	2,9562	2,9456	2,9351
65	60	2,0191	2,0094	1,9998	1,9950	1,9902	1,9855	1,9808	1,9761	1,9715
66	61	1,0046	1,0023	1,0000	0,9988	0,9977	0,9965	0,9954	0,9943	0,9931

T7 Verbundene temporäre Leibrente Mann/Frau bis Tod des Überlebenden

T7.2 Mann bis 67. Lebensjahr - Mann ist 5 Jahre älter als Frau

Sterbetafel 2019/2021 Deutschland, Statistisches Bundesamt   monatlich vorschüssig

Alter Mann/Frau		1,75%	2,00%	2,25%	2,50%	2,75%	3,00%	3,25%	3,50%	4,00%
23	18	30,7717	29,3711	28,0636	26,8419	25,6993	24,6297	23,6278	22,6882	20,9783
24	19	30,3010	28,9480	27,6831	26,4997	25,3914	24,3527	23,3784	22,4637	20,7961
25	20	29,8222	28,5165	27,2942	26,1489	25,0751	24,0674	23,1209	22,2313	20,6067
26	21	29,3349	28,0763	26,8964	25,7894	24,7501	23,7735	22,8551	21,9908	20,4097
27	22	28,8391	27,6273	26,4897	25,4210	24,4162	23,4708	22,5807	21,7419	20,2048
28	23	28,3346	27,1694	26,0739	25,0433	24,0730	23,1590	22,2973	21,4843	19,9918
29	24	27,8214	26,7023	25,6487	24,6562	23,7205	22,8379	22,0047	21,2177	19,7702
30	25	27,2991	26,2258	25,2139	24,2594	23,3583	22,5071	21,7026	20,9417	19,5398
31	26	26,7677	25,7398	24,7694	23,8527	22,9861	22,1664	21,3907	20,6561	19,3001
32	27	26,2271	25,2442	24,3149	23,4358	22,6037	21,8156	21,0687	20,3606	19,0509
33	28	25,6770	24,7386	23,8502	23,0086	22,2108	21,4542	20,7363	20,0547	18,7917
34	29	25,1173	24,2230	23,3751	22,5707	21,8071	21,0820	20,3931	19,7381	18,5223
35	30	24,5478	23,6971	22,8893	22,1219	21,3924	20,6987	20,0387	19,4104	18,2420
36	31	23,9685	23,1607	22,3926	21,6619	20,9663	20,3039	19,6729	19,0714	17,9506
37	32	23,3790	22,6137	21,8849	21,1904	20,5285	19,8974	19,2952	18,7205	17,6475
38	33	22,7793	22,0558	21,3657	20,7073	20,0788	19,4786	18,9053	18,3574	17,3324
39	34	22,1691	21,4867	20,8349	20,2120	19,6167	19,0474	18,5028	17,9816	17,0047
40	35	21,5483	20,9063	20,2922	19,7045	19,1419	18,6032	18,0872	17,5926	16,6639
41	36	20,9168	20,3144	19,7373	19,1843	18,6542	18,1458	17,6582	17,1902	16,3096
42	37	20,2742	19,7107	19,1700	18,6512	18,1531	17,6747	17,2152	16,7737	15,9411
43	38	19,6204	19,0949	18,5900	18,1048	17,6382	17,1896	16,7580	16,3426	15,5579
44	39	18,9552	18,4669	17,9971	17,5448	17,1093	16,6899	16,2859	15,8965	15,1594
45	40	18,2785	17,8264	17,3908	16,9708	16,5659	16,1753	15,7985	15,4349	14,7451
46	41	17,5900	17,1732	16,7709	16,3826	16,0075	15,6453	15,2954	14,9572	14,3143
47	42	16,8895	16,5070	16,1372	15,7797	15,4339	15,0995	14,7759	14,4628	13,8662
48	43	16,1768	15,8275	15,4893	15,1618	14,8446	14,5374	14,2397	13,9512	13,4004
49	44	15,4517	15,1345	14,8269	14,5286	14,2392	13,9585	13,6861	13,4217	12,9160
50	45	14,7141	14,4277	14,1497	13,8796	13,6173	13,3623	13,1146	12,8739	12,4122
51	46	13,9635	13,7069	13,4573	13,2145	12,9782	12,7483	12,5246	12,3069	11,8884
52	47	13,2000	12,9717	12,7494	12,5328	12,3217	12,1160	11,9155	11,7201	11,3438
53	48	12,4231	12,2219	12,0256	11,8341	11,6472	11,4648	11,2867	11,1129	10,7774
54	49	11,6327	11,4572	11,2857	11,1181	10,9543	10,7941	10,6376	10,4845	10,1885
55	50	10,8286	10,6773	10,5292	10,3842	10,2423	10,1034	9,9674	9,8342	9,5760
56	51	10,0104	9,8818	9,7557	9,6320	9,5108	9,3920	9,2755	9,1612	8,9391
57	52	9,1779	9,0703	8,9647	8,8611	8,7592	8,6593	8,5611	8,4646	8,2768
58	53	8,3308	8,2426	8,1560	8,0708	7,9869	7,9045	7,8234	7,7436	7,5880
59	54	7,4688	7,3983	7,3290	7,2607	7,1934	7,1271	7,0617	6,9974	6,8715
60	55	6,5916	6,5371	6,4833	6,4302	6,3779	6,3262	6,2753	6,2250	6,1264
61	56	5,6989	5,6584	5,6184	5,5789	5,5398	5,5012	5,4631	5,4254	5,3513
62	57	4,7904	4,7620	4,7339	4,7061	4,6786	4,6513	4,6243	4,5976	4,5450
63	58	3,8657	3,8474	3,8292	3,8112	3,7934	3,7757	3,7581	3,7407	3,7064
64	59	2,9247	2,9143	2,9040	2,8938	2,8836	2,8735	2,8635	2,8536	2,8339
65	60	1,9668	1,9622	1,9577	1,9531	1,9486	1,9441	1,9396	1,9351	1,9262
66	61	0,9920	0,9909	0,9898	0,9887	0,9876	0,9865	0,9854	0,9843	0,9821

T8   Waisenrente

T8.1 Männliche Waise bis 16. Lebensjahr - Verstorbener Vater 25 Jahre älter als Waise

Sterbetafel 2019/2021 Deutschland, Statistisches Bundesamt   monatlich vorschüssig

Alter Waise/Vat.		-1,00%	-0,50%	0,00%	0,25%	0,50%	0,75%	1,00%	1,25%	1,50%
0	25	17,2000	16,5122	15,8637	15,5533	15,2517	14,9587	14,6738	14,3970	14,1279
1	26	16,0953	15,4920	14,9212	14,6473	14,3807	14,1213	13,8687	13,6228	13,3834
2	27	14,9502	14,4273	13,9309	13,6921	13,4593	13,2324	13,0111	12,7954	12,5849
3	28	13,8143	13,3659	12,9386	12,7326	12,5314	12,3349	12,1431	11,9557	11,7727
4	29	12,6893	12,3092	11,9459	11,7702	11,5984	11,4304	11,2660	11,1052	10,9478
5	30	11,5751	11,2574	10,9527	10,8050	10,6604	10,5186	10,3798	10,2437	10,1103
6	31	10,4717	10,2106	9,9593	9,8373	9,7174	9,5999	9,4845	9,3712	9,2601
7	32	9,3790	9,1687	8,9656	8,8667	8,7695	8,6739	8,5800	8,4876	8,3968
8	33	8,2967	8,1315	7,9714	7,8933	7,8163	7,7406	7,6659	7,5925	7,5201
9	34	7,2247	7,0990	6,9768	6,9170	6,8580	6,7998	6,7424	6,6858	6,6300
10	35	6,1631	6,0713	5,9819	5,9379	5,8946	5,8517	5,8094	5,7675	5,7262
11	36	5,1116	5,0483	4,9865	4,9560	4,9259	4,8961	4,8665	4,8373	4,8084
12	37	4,0703	4,0302	3,9908	3,9714	3,9521	3,9330	3,9141	3,8953	3,8767
13	38	3,0390	3,0167	2,9947	2,9838	2,9730	2,9623	2,9517	2,9411	2,9306
14	39	2,0168	2,0071	1,9975	1,9927	1,9880	1,9832	1,9785	1,9739	1,9692
15	40	1,0040	1,0017	0,9994	0,9982	0,9971	0,9959	0,9948	0,9937	0,9925

T8 Waisenrente

T8.1 Männliche Waise bis 16. Lebensjahr - Verstorbener Vater 25 Jahre älter als Waise

Sterbetafel 2019/2021 Deutschland, Statistisches Bundesamt   monatlich vorschüssig

Alter Waise/Vat.		1,75%	2,00%	2,25%	2,50%	2,75%	3,00%	3,25%	3,50%	4,00%
0	25	13,8662	13,6117	13,3642	13,1234	12,8891	12,6612	12,4393	12,2233	11,8084
1	26	13,1503	12,9232	12,7019	12,4864	12,2764	12,0717	11,8722	11,6777	11,3033
2	27	12,3797	12,1794	11,9841	11,7934	11,6074	11,4258	11,2486	11,0755	10,7416
3	28	11,5938	11,4191	11,2483	11,0815	10,9184	10,7589	10,6031	10,4507	10,1559
4	29	10,7939	10,6432	10,4958	10,3514	10,2101	10,0718	9,9364	9,8037	9,5466
5	30	9,9796	9,8515	9,7259	9,6028	9,4821	9,3637	9,2477	9,1338	8,9127
6	31	9,1509	9,0438	8,9386	8,8353	8,7339	8,6343	8,5365	8,4404	8,2534
7	32	8,3075	8,2197	8,1334	8,0485	7,9650	7,8828	7,8020	7,7226	7,5675
8	33	7,4489	7,3787	7,3096	7,2415	7,1745	7,1084	7,0433	6,9792	6,8538
9	34	6,5749	6,5206	6,4670	6,4141	6,3619	6,3104	6,2596	6,2095	6,1113
10	35	5,6854	5,6450	5,6051	5,5657	5,5268	5,4883	5,4503	5,4127	5,3389
11	36	4,7798	4,7515	4,7235	4,6958	4,6684	4,6412	4,6143	4,5877	4,5352
12	37	3,8583	3,8400	3,8219	3,8039	3,7861	3,7685	3,7510	3,7336	3,6993
13	38	2,9202	2,9098	2,8995	2,8893	2,8792	2,8691	2,8592	2,8492	2,8296
14	39	1,9646	1,9600	1,9554	1,9509	1,9464	1,9419	1,9374	1,9329	1,9241
15	40	0,9914	0,9903	0,9892	0,9881	0,9870	0,9859	0,9848	0,9837	0,9815

T8   Waisenrente

T8.2 Männliche Waise bis 18. Lebensjahr - Verstorbener Vater 25 Jahre älter als Waise

Sterbetafel 2019/2021 Deutschland, Statistisches Bundesamt   monatlich vorschüssig

Alter Waise/Vat.		-1,00%	-0,50%	0,00%	0,25%	0,50%	0,75%	1,00%	1,25%	1,50%
0	25	19,5292	18,6507	17,8279	17,4361	17,0566	16,6891	16,3331	15,9881	15,6538
1	26	18,4098	17,6277	16,8927	16,5418	16,2014	15,8712	15,5508	15,2399	14,9381
2	27	17,2432	16,5538	15,9038	15,5927	15,2904	14,9967	14,7112	14,4337	14,1640
3	28	16,0857	15,4829	14,9126	14,6390	14,3727	14,1135	13,8612	13,6155	13,3763
4	29	14,9393	14,4170	13,9211	13,6825	13,4500	13,2233	13,0023	12,7867	12,5765
5	30	13,8039	13,3559	12,9291	12,7233	12,5223	12,3261	12,1344	11,9473	11,7644
6	31	12,6796	12,2999	11,9370	11,7615	11,5899	11,4220	11,2578	11,0972	10,9400
7	32	11,5663	11,2490	10,9446	10,7971	10,6526	10,5110	10,3722	10,2363	10,1031
8	33	10,4636	10,2028	9,9518	9,8298	9,7101	9,5927	9,4774	9,3643	9,2532
9	34	9,3714	9,1614	8,9585	8,8597	8,7626	8,6671	8,5733	8,4810	8,3903
10	35	8,2900	8,1250	7,9652	7,8871	7,8102	7,7345	7,6600	7,5866	7,5144
11	36	7,2191	7,0935	6,9714	6,9117	6,8527	6,7946	6,7373	6,6807	6,6250
12	37	6,1588	6,0671	5,9777	5,9339	5,8905	5,8477	5,8054	5,7636	5,7223
13	38	5,1088	5,0457	4,9838	4,9534	4,9233	4,8935	4,8640	4,8348	4,8060
14	39	4,0683	4,0283	3,9889	3,9695	3,9502	3,9311	3,9122	3,8935	3,8749
15	40	3,0376	3,0153	2,9933	2,9825	2,9717	2,9610	2,9503	2,9398	2,9293
16	41	2,0161	2,0064	1,9968	1,9920	1,9873	1,9826	1,9779	1,9732	1,9686
17	42	1,0038	1,0015	0,9992	0,9981	0,9969	0,9958	0,9947	0,9935	0,9924

T8 Waisenrente

T8.2 Männliche Waise bis 18. Lebensjahr - Verstorbener Vater 25 Jahre älter als Waise

Sterbetafel 2019/2021 Deutschland, Statistisches Bundesamt   monatlich vorschüssig

Alter Waise/Vat.		1,75%	2,00%	2,25%	2,50%	2,75%	3,00%	3,25%	3,50%	4,00%
0	25	15,3298	15,0157	14,7111	14,4157	14,1291	13,8511	13,5813	13,3195	12,8185
1	26	14,6451	14,3606	14,0843	13,8160	13,5553	13,3019	13,0558	12,8165	12,3578
2	27	13,9017	13,6466	13,3985	13,1572	12,9223	12,6938	12,4714	12,2550	11,8390
3	28	13,1434	12,9165	12,6954	12,4801	12,2702	12,0657	11,8664	11,6721	11,2979
4	29	12,3715	12,1714	11,9763	11,7858	11,6000	11,4186	11,2415	11,0686	10,7350
5	30	11,5858	11,4112	11,2406	11,0739	10,9110	10,7518	10,5961	10,4438	10,1494
6	31	10,7862	10,6357	10,4884	10,3442	10,2031	10,0649	9,9296	9,7971	9,5403
7	32	9,9725	9,8445	9,7191	9,5961	9,4755	9,3573	9,2414	9,1277	8,9068
8	33	9,1442	9,0372	8,9321	8,8290	8,7277	8,6282	8,5305	8,4345	8,2476
9	34	8,3011	8,2134	8,1272	8,0424	7,9590	7,8769	7,7962	7,7168	7,5619
10	35	7,4432	7,3731	7,3041	7,2361	7,1691	7,1031	7,0381	6,9740	6,8487
11	36	6,5700	6,5157	6,4621	6,4093	6,3572	6,3058	6,2550	6,2050	6,1068
12	37	5,6815	5,6412	5,6014	5,5620	5,5231	5,4847	5,4467	5,4091	5,3353
13	38	4,7774	4,7491	4,7211	4,6934	4,6660	4,6388	4,6120	4,5854	4,5330
14	39	3,8565	3,8382	3,8201	3,8021	3,7844	3,7667	3,7492	3,7319	3,6976
15	40	2,9189	2,9085	2,8983	2,8881	2,8779	2,8679	2,8579	2,8480	2,8283
16	41	1,9639	1,9594	1,9548	1,9502	1,9457	1,9412	1,9367	1,9323	1,9234
17	42	0,9913	0,9902	0,9891	0,9880	0,9868	0,9857	0,9846	0,9835	0,9814

T8 Waisenrente

T8.3 Männliche Waise bis 21. Lebensjahr - Verstorbener Vater 25 Jahre älter als Waise

Sterbetafel 2019/2021 Deutschland, Statistisches Bundesamt   monatlich vorschüssig

Alter Waise/Vat.		-1,00%	-0,50%	0,00%	0,25%	0,50%	0,75%	1,00%	1,25%	1,50%
0	25	23,0945	21,8830	20,7598	20,2290	19,7174	19,2244	18,7490	18,2907	17,8485
1	26	21,9527	20,8559	19,8356	19,3522	18,8856	18,4351	18,0001	17,5799	17,1741
2	27	20,7530	19,7681	18,8487	18,4120	17,9898	17,5815	17,1866	16,8047	16,4350
3	28	19,5624	18,6830	17,8593	17,4670	17,0871	16,7192	16,3628	16,0174	15,6827
4	29	18,3832	17,6029	16,8694	16,5193	16,1796	15,8501	15,5304	15,2201	14,9189
5	30	17,2154	16,5277	15,8792	15,5688	15,2672	14,9742	14,6894	14,4125	14,1434
6	31	16,0592	15,4579	14,8890	14,6160	14,3503	14,0917	13,8400	13,5949	13,3562
7	32	14,9143	14,3933	13,8986	13,6606	13,4286	13,2024	12,9819	12,7669	12,5572
8	33	13,7804	13,3335	12,9078	12,7024	12,5020	12,3062	12,1150	11,9283	11,7458
9	34	12,6575	12,2787	11,9167	11,7416	11,5704	11,4030	11,2392	11,0789	10,9221
10	35	11,5458	11,2292	10,9256	10,7785	10,6343	10,4931	10,3547	10,2191	10,0862
11	36	10,4450	10,1848	9,9344	9,8127	9,6934	9,5762	9,4612	9,3484	9,2376
12	37	9,3555	9,1460	8,9436	8,8450	8,7481	8,6529	8,5592	8,4672	8,3767
13	38	8,2772	8,1126	7,9530	7,8751	7,7984	7,7229	7,6485	7,5753	7,5032
14	39	7,2086	7,0833	6,9615	6,9018	6,8430	6,7850	6,7278	6,6714	6,6157
15	40	6,1504	6,0590	5,9697	5,9259	5,8827	5,8399	5,7977	5,7560	5,7148
16	41	5,1022	5,0391	4,9774	4,9470	4,9170	4,8872	4,8578	4,8287	4,7998
17	42	4,0641	4,0241	3,9848	3,9654	3,9462	3,9271	3,9082	3,8895	3,8709
18	43	3,0348	3,0126	2,9906	2,9798	2,9690	2,9583	2,9477	2,9372	2,9267
19	44	2,0150	2,0053	1,9957	1,9909	1,9862	1,9815	1,9768	1,9721	1,9675
20	45	1,0035	1,0012	0,9989	0,9978	0,9967	0,9955	0,9944	0,9933	0,9921

T8 Waisenrente

T8.3 Männliche Waise bis 21. Lebensjahr - Verstorbener Vater 25 Jahre älter als Waise

Sterbetafel 2019/2021 Deutschland, Statistisches Bundesamt   monatlich vorschüssig

Alter Waise/Vat.		1,75%	2,00%	2,25%	2,50%	2,75%	3,00%	3,25%	3,50%	4,00%
0	25	17,4220	17,0104	16,6130	16,2294	15,8590	15,5011	15,1554	14,8213	14,1861
1	26	16,7819	16,4028	16,0364	15,6820	15,3394	15,0079	14,6871	14,3767	13,7853
2	27	16,0773	15,7311	15,3958	15,0712	14,7567	14,4521	14,1569	13,8709	13,3247
3	28	15,3583	15,0438	14,7389	14,4431	14,1562	13,8778	13,6077	13,3455	12,8439
4	29	14,6265	14,3426	14,0669	13,7991	13,5389	13,2861	13,0404	12,8016	12,3438
5	30	13,8817	13,6272	13,3796	13,1388	12,9045	12,6765	12,4546	12,2386	11,8235
6	31	13,1238	12,8974	12,6769	12,4620	12,2527	12,0486	11,8497	11,6558	11,2825
7	32	12,3526	12,1530	11,9583	11,7683	11,5829	11,4019	11,2252	11,0527	10,7199
8	33	11,5676	11,3935	11,2233	11,0570	10,8944	10,7355	10,5802	10,4283	10,1345
9	34	10,7687	10,6185	10,4716	10,3277	10,1869	10,0491	9,9141	9,7819	9,5257
10	35	9,9559	9,8283	9,7031	9,5804	9,4601	9,3422	9,2265	9,1131	8,8927
11	36	9,1288	9,0221	8,9172	8,8143	8,7133	8,6140	8,5165	8,4208	8,2343
12	37	8,2877	8,2002	8,1142	8,0295	7,9463	7,8645	7,7839	7,7047	7,5501
13	38	7,4322	7,3622	7,2933	7,2255	7,1586	7,0928	7,0279	6,9640	6,8389
14	39	6,5608	6,5066	6,4532	6,4005	6,3485	6,2971	6,2465	6,1965	6,0986
15	40	5,6741	5,6338	5,5941	5,5548	5,5160	5,4776	5,4397	5,4022	5,3285
16	41	4,7713	4,7431	4,7151	4,6875	4,6601	4,6330	4,6062	4,5796	4,5273
17	42	3,8525	3,8343	3,8162	3,7983	3,7805	3,7629	3,7454	3,7281	3,6939
18	43	2,9163	2,9059	2,8957	2,8855	2,8754	2,8653	2,8554	2,8455	2,8258
19	44	1,9629	1,9583	1,9537	1,9492	1,9446	1,9401	1,9357	1,9312	1,9224
20	45	0,9910	0,9899	0,9888	0,9877	0,9866	0,9855	0,9844	0,9833	0,9811

T8 Waisenrente

T8.4 Männliche Waise bis 25. Lebensjahr - Verstorbener Vater 25 Jahre älter als Waise

Sterbetafel 2019/2021 Deutschland, Statistisches Bundesamt   monatlich vorschüssig

Alter Waise/Vat.		-1,00%	-0,50%	0,00%	0,25%	0,50%	0,75%	1,00%	1,25%	1,50%
0	25	27,9748	26,2302	24,6344	23,8878	23,1729	22,4884	21,8326	21,2042	20,6019
1	26	26,8023	25,1976	23,7248	23,0339	22,3714	21,7359	21,1262	20,5410	19,9792
2	27	25,5573	24,0910	22,7405	22,1054	21,4954	20,9094	20,3462	19,8048	19,2842
3	28	24,3214	22,9867	21,7533	21,1718	20,6123	20,0740	19,5557	19,0568	18,5763
4	29	23,0975	21,8876	20,7657	20,2355	19,7245	19,2320	18,7572	18,2993	17,8576
5	30	21,8853	20,7936	19,7779	19,2966	18,8320	18,3835	17,9504	17,5321	17,1279
6	31	20,6853	19,7052	18,7901	18,3554	17,9351	17,5287	17,1357	16,7554	16,3874
7	32	19,4972	18,6221	17,8023	17,4119	17,0338	16,6676	16,3128	15,9691	15,6359
8	33	18,3206	17,5441	16,8142	16,4657	16,1277	15,7997	15,4815	15,1727	14,8729
9	34	17,1555	16,4712	15,8259	15,5170	15,2169	14,9253	14,6418	14,3663	14,0984
10	35	16,0024	15,4041	14,8380	14,5663	14,3019	14,0446	13,7941	13,5502	13,3126
11	36	14,8607	14,3423	13,8500	13,6132	13,3824	13,1573	12,9379	12,7239	12,5152
12	37	13,7314	13,2867	12,8631	12,6587	12,4592	12,2644	12,0741	11,8883	11,7067
13	38	12,6142	12,2372	11,8769	11,7027	11,5323	11,3656	11,2026	11,0430	10,8870
14	39	11,5071	11,1920	10,8898	10,7433	10,5998	10,4592	10,3215	10,1865	10,0542
15	40	10,4114	10,1524	9,9031	9,7820	9,6631	9,5465	9,4320	9,3196	9,2093
16	41	9,3265	9,1179	8,9163	8,8182	8,7217	8,6268	8,5336	8,4419	8,3518
17	42	8,2532	8,0892	7,9303	7,8527	7,7762	7,7010	7,6269	7,5540	7,4822
18	43	7,1891	7,0642	6,9429	6,8834	6,8248	6,7670	6,7100	6,6538	6,5983
19	44	6,1362	6,0450	5,9561	5,9124	5,8693	5,8267	5,7846	5,7430	5,7019
20	45	5,0926	5,0297	4,9681	4,9378	4,9078	4,8782	4,8488	4,8197	4,7910
21	46	4,0576	4,0177	3,9784	3,9591	3,9399	3,9209	3,9020	3,8834	3,8648
22	47	3,0312	3,0090	2,9871	2,9762	2,9655	2,9548	2,9442	2,9337	2,9232
23	48	2,0132	2,0035	1,9939	1,9891	1,9844	1,9797	1,9750	1,9704	1,9657
24	49	1,0030	1,0007	0,9984	0,9973	0,9961	0,9950	0,9939	0,9927	0,9916

T8   Waisenrente

T8.4 Männliche Waise bis 25. Lebensjahr - Verstorbener Vater 25 Jahre älter als Waise

Sterbetafel 2019/2021 Deutschland, Statistisches Bundesamt   monatlich vorschüssig

Alter Waise/Vat.		1,75%	2,00%	2,25%	2,50%	2,75%	3,00%	3,25%	3,50%	4,00%
0	25	20,0243	19,4702	18,9387	18,4284	17,9385	17,4680	17,0160	16,5816	15,7623
1	26	19,4396	18,9213	18,4232	17,9445	17,4841	17,0414	16,6154	16,2054	15,4308
2	27	18,7834	18,3017	17,8380	17,3917	16,9620	16,5480	16,1492	15,7649	15,0371
3	28	18,1134	17,6674	17,2375	16,8230	16,4234	16,0379	15,6659	15,3070	14,6259
4	29	17,4315	17,0202	16,6232	16,2400	15,8698	15,5123	15,1668	14,8329	14,1981
5	30	16,7374	16,3599	15,9950	15,6422	15,3009	14,9708	14,6513	14,3422	13,7532
6	31	16,0313	15,6866	15,3529	15,0296	14,7166	14,4132	14,1193	13,8345	13,2906
7	32	15,3130	14,9999	14,6963	14,4019	14,1162	13,8391	13,5702	13,3091	12,8097
8	33	14,5819	14,2993	14,0248	13,7582	13,4993	13,2476	13,0030	12,7653	12,3095
9	34	13,8379	13,5846	13,3382	13,0985	12,8653	12,6383	12,4175	12,2024	11,7893
10	35	13,0813	12,8560	12,6366	12,4227	12,2143	12,0112	11,8133	11,6203	11,2487
11	36	12,3116	12,1130	11,9192	11,7301	11,5456	11,3654	11,1896	11,0179	10,6866
12	37	11,5294	11,3560	11,1867	11,0212	10,8594	10,7012	10,5466	10,3954	10,1030
13	38	10,7343	10,5848	10,4385	10,2953	10,1551	10,0179	9,8835	9,7520	9,4969
14	39	9,9245	9,7974	9,6728	9,5507	9,4309	9,3135	9,1983	9,0854	8,8660
15	40	9,1010	8,9947	8,8904	8,7879	8,6872	8,5884	8,4913	8,3960	8,2104
16	41	8,2632	8,1760	8,0904	8,0061	7,9232	7,8417	7,7615	7,6826	7,5286
17	42	7,4114	7,3417	7,2731	7,2055	7,1389	7,0733	7,0087	6,9450	6,8205
18	43	6,5436	6,4896	6,4364	6,3839	6,3320	6,2809	6,2304	6,1806	6,0830
19	44	5,6613	5,6212	5,5815	5,5424	5,5037	5,4654	5,4276	5,3903	5,3168
20	45	4,7625	4,7344	4,7065	4,6789	4,6516	4,6246	4,5978	4,5713	4,5192
21	46	3,8465	3,8283	3,8102	3,7923	3,7746	3,7570	3,7396	3,7223	3,6882
22	47	2,9128	2,9025	2,8923	2,8821	2,8720	2,8620	2,8520	2,8421	2,8225
23	48	1,9611	1,9565	1,9520	1,9474	1,9429	1,9384	1,9340	1,9295	1,9207
24	49	0,9905	0,9894	0,9883	0,9871	0,9860	0,9849	0,9838	0,9827	0,9806

T9   Zeitrente

monatlich vorschüssig

Hinweis: Für Leibrentenkapitaliserung (über durchschn. Lebenserwartung) nicht anwendbar.

Laufzeit	-1,00%	-0,50%	0,00%	0,25%	0,50%	0,75%	1,00%	1,25%	1,50%
0	0,0000	0,0000	0,0000	0,0000	0,0000	0,0000	0,0000	0,0000	0,0000
1	1,0046	1,0023	1,0000	0,9989	0,9977	0,9966	0,9955	0,9943	0,9932
2	2,0194	2,0096	2,0000	1,9952	1,9905	1,9857	1,9811	1,9764	1,9717
3	3,0444	3,0220	3,0000	2,9891	2,9783	2,9675	2,9569	2,9463	2,9358
4	4,0798	4,0395	4,0000	3,9805	3,9612	3,9420	3,9231	3,9043	3,8856
5	5,1256	5,0621	5,0000	4,9694	4,9392	4,9093	4,8797	4,8504	4,8214
6	6,1820	6,0899	6,0000	5,9559	5,9123	5,8693	5,8268	5,7848	5,7434
7	7,2491	7,1228	7,0000	6,9399	6,8806	6,8222	6,7646	6,7078	6,6517
8	8,3269	8,1609	8,0000	7,9215	7,8441	7,7680	7,6931	7,6193	7,5466
9	9,4156	9,2042	9,0000	8,9006	8,8028	8,7068	8,6123	8,5195	8,4283
10	10,5154	10,2527	10,0000	9,8772	9,7567	9,6385	9,5225	9,4087	9,2969
11	11,6262	11,3065	11,0000	10,8514	10,7059	10,5634	10,4237	10,2869	10,1528
12	12,7483	12,3657	12,0000	11,8232	11,6504	11,4813	11,3159	11,1542	10,9959
13	13,8817	13,4301	13,0000	12,7926	12,5901	12,3924	12,1994	12,0108	11,8266
14	15,0265	14,4999	14,0000	13,7596	13,5252	13,2968	13,0740	12,8569	12,6451
15	16,1829	15,5751	15,0000	14,7241	14,4556	14,1944	13,9400	13,6925	13,4514
16	17,3510	16,6556	16,0000	15,6862	15,3814	15,0853	14,7975	14,5177	14,2458
17	18,5309	17,7416	17,0000	16,6460	16,3026	15,9696	15,6464	15,3328	15,0285
18	19,7227	18,8331	18,0000	17,6033	17,2192	16,8473	16,4870	16,1379	15,7996
19	20,9265	19,9300	19,0000	18,5583	18,1313	17,7184	17,3192	16,9330	16,5593
20	22,1425	21,0325	20,0000	19,5109	19,0388	18,5831	18,1432	17,7183	17,3078
21	23,3708	22,1405	21,0000	20,4611	19,9418	19,4414	18,9590	18,4938	18,0452
22	24,6115	23,2540	22,0000	21,4089	20,8403	20,2932	19,7667	19,2598	18,7718
23	25,8647	24,3732	23,0000	22,3544	21,7343	21,1387	20,5665	20,0164	19,4876
24	27,1306	25,4980	24,0000	23,2975	22,6239	21,9780	21,3583	20,7636	20,1928
25	28,4093	26,6284	25,0000	24,2382	23,5091	22,8109	22,1423	21,5016	20,8876
26	29,7008	27,7645	26,0000	25,1766	24,3898	23,6377	22,9185	22,2305	21,5721
27	31,0055	28,9063	27,0000	26,1127	25,2662	24,4583	23,6870	22,9504	22,2465
28	32,3233	30,0539	28,0000	27,0465	26,1382	25,2729	24,4480	23,6613	22,9110
29	33,6544	31,2072	29,0000	27,9779	27,0059	26,0813	25,2014	24,3636	23,5656
30	34,9990	32,3663	30,0000	28,9069	27,8693	26,8837	25,9473	25,0571	24,2105
31	36,3571	33,5313	31,0000	29,8337	28,7283	27,6802	26,6858	25,7421	24,8459
32	37,7290	34,7021	32,0000	30,7582	29,5831	28,4707	27,4171	26,4186	25,4720
33	39,1147	35,8788	33,0000	31,6803	30,4337	29,2554	28,1411	27,0868	26,0887
34	40,5144	37,0614	34,0000	32,6002	31,2800	30,0342	28,8579	27,7467	26,6964
35	41,9283	38,2499	35,0000	33,5177	32,1221	30,8072	29,5676	28,3985	27,2951
36	43,3564	39,4444	36,0000	34,4330	32,9600	31,5744	30,2703	29,0422	27,8849
37	44,7990	40,6449	37,0000	35,3460	33,7937	32,3360	30,9661	29,6780	28,4660
38	46,2561	41,8515	38,0000	36,2567	34,6233	33,0918	31,6549	30,3059	29,0386
39	47,7280	43,0641	39,0000	37,1652	35,4488	33,8421	32,3370	30,9261	29,6026
40	49,2147	44,2828	40,0000	38,0713	36,2701	34,5867	33,0123	31,5386	30,1584
41	50,7164	45,5076	41,0000	38,9752	37,0874	35,3258	33,6809	32,1436	30,7059
42	52,2333	46,7386	42,0000	39,8769	37,9006	36,0594	34,3428	32,7411	31,2453
43	53,7656	47,9758	43,0000	40,7763	38,7097	36,7876	34,9983	33,3312	31,7768
44	55,3133	49,2191	44,0000	41,6735	39,5149	37,5103	35,6472	33,9140	32,3004
45	56,8766	50,4688	45,0000	42,5684	40,3160	38,2277	36,2897	34,4897	32,8162
46	58,4558	51,7247	46,0000	43,4611	41,1131	38,9397	36,9259	35,0582	33,3245
47	60,0508	52,9869	47,0000	44,3516	41,9063	39,6464	37,5557	35,6197	33,8252
48	61,6620	54,2555	48,0000	45,2399	42,6956	40,3478	38,1793	36,1743	34,3185
49	63,2895	55,5304	49,0000	46,1259	43,4809	41,0441	38,7968	36,7220	34,8046
50	64,9334	56,8118	50,0000	47,0097	44,2622	41,7351	39,4081	37,2630	35,2834
51	66,5939	58,0996	51,0000	47,8913	45,0398	42,4210	40,0134	37,7973	35,7552
52	68,2712	59,3938	52,0000	48,7708	45,8134	43,1018	40,6127	38,3250	36,2200
53	69,9654	60,6946	53,0000	49,6480	46,5832	43,7775	41,2060	38,8462	36,6779
54	71,6768	62,0019	54,0000	50,5231	47,3491	44,4482	41,7935	39,3609	37,1291

T9   Zeitrente

monatlich vorschüssig

Hinweis: Für Leibrentenkapitaliserung (über durchschn. Lebenserwartung) nicht anwendbar.

Laufzeit	1,75%	2,00%	2,25%	2,50%	2,75%	3,00%	3,25%	3,50%	4,00%
0	0,0000	0,0000	0,0000	0,0000	0,0000	0,0000	0,0000	0,0000	0,0000
1	0,9921	0,9910	0,9899	0,9888	0,9877	0,9866	0,9855	0,9844	0,9822
2	1,9671	1,9625	1,9580	1,9534	1,9489	1,9444	1,9400	1,9355	1,9267
3	2,9254	2,9150	2,9048	2,8946	2,8844	2,8744	2,8644	2,8545	2,8349
4	3,8672	3,8489	3,8307	3,8127	3,7949	3,7772	3,7597	3,7423	3,7081
5	4,7927	4,7644	4,7363	4,7085	4,6810	4,6538	4,6269	4,6002	4,5477
6	5,7024	5,6619	5,6219	5,5824	5,5434	5,5048	5,4667	5,4290	5,3550
7	6,5964	6,5419	6,4881	6,4350	6,3827	6,3311	6,2801	6,2299	6,1313
8	7,4751	7,4046	7,3352	7,2669	7,1996	7,1332	7,0679	7,0036	6,8777
9	8,3386	8,2504	8,1637	8,0784	7,9945	7,9121	7,8309	7,7512	7,5955
10	9,1873	9,0796	8,9739	8,8701	8,7682	8,6682	8,5699	8,4734	8,2856
11	10,0213	9,8926	9,7663	9,6426	9,5212	9,4023	9,2857	9,1713	8,9491
12	10,8411	10,6896	10,5413	10,3961	10,2541	10,1150	9,9789	9,8456	9,5872
13	11,6467	11,4709	11,2992	11,1314	10,9673	10,8070	10,6503	10,4970	10,2007
14	12,4385	12,2370	12,0404	11,8486	11,6615	11,4788	11,3005	11,1265	10,7906
15	13,2167	12,9880	12,7654	12,5484	12,3370	12,1311	11,9303	11,7346	11,3578
16	13,9814	13,7244	13,4743	13,2311	12,9945	12,7643	12,5403	12,3222	11,9032
17	14,7331	14,4462	14,1677	13,8972	13,6344	13,3791	13,1310	12,8899	12,4277
18	15,4718	15,1540	14,8458	14,5470	14,2572	13,9760	13,7032	13,4384	12,9319
19	16,1978	15,8478	15,5090	15,1810	14,8633	14,5555	14,2573	13,9684	13,4168
20	16,9113	16,5280	16,1576	15,7995	15,4531	15,1181	14,7940	14,4804	13,8830
21	17,6125	17,1949	16,7919	16,4029	16,0272	15,6644	15,3139	14,9752	14,3313
22	18,3017	17,8488	17,4123	16,9916	16,5859	16,1947	15,8173	15,4532	14,7623
23	18,9790	18,4898	18,0190	17,5659	17,1297	16,7096	16,3049	15,9150	15,1768
24	19,6447	19,1182	18,6124	18,1263	17,6589	17,2095	16,7772	16,3612	15,5753
25	20,2989	19,7343	19,1927	18,6729	18,1740	17,6948	17,2346	16,7923	15,9585
26	20,9419	20,3384	19,7602	19,2063	18,6752	18,1660	17,6776	17,2089	16,3270
27	21,5738	20,9305	20,3153	19,7266	19,1631	18,6235	18,1066	17,6113	16,6813
28	22,1948	21,5111	20,8581	20,2342	19,6379	19,0676	18,5222	18,0002	17,0219
29	22,8052	22,0803	21,3890	20,7295	20,1000	19,4989	18,9246	18,3759	17,3495
30	23,4050	22,6383	21,9082	21,2127	20,5497	19,9175	19,3144	18,7389	17,6644
31	23,9946	23,1854	22,4160	21,6840	20,9874	20,3240	19,6920	19,0896	17,9673
32	24,5740	23,7218	22,9126	22,1439	21,4133	20,7186	20,0576	19,4285	18,2585
33	25,1435	24,2477	23,3983	22,5926	21,8279	21,1017	20,4118	19,7559	18,5385
34	25,7031	24,7632	23,8733	23,0303	22,2314	21,4737	20,7547	20,0722	18,8077
35	26,2531	25,2686	24,3379	23,4574	22,6240	21,8348	21,0869	20,3778	19,0666
36	26,7937	25,7641	24,7922	23,8740	23,0062	22,1854	21,4087	20,6731	19,3155
37	27,3250	26,2499	25,2365	24,2805	23,3781	22,5258	21,7203	20,9585	19,5548
38	27,8471	26,7262	25,6711	24,6771	23,7401	22,8563	22,0221	21,2341	19,7850
39	28,3602	27,1932	26,0960	25,0640	24,0924	23,1772	22,3144	21,5005	20,0063
40	28,8646	27,6509	26,5117	25,4414	24,4353	23,4887	22,5975	21,7578	20,2190
41	29,3602	28,0997	26,9182	25,8097	24,7690	23,7911	22,8717	22,0064	20,4236
42	29,8473	28,5397	27,3157	26,1689	25,0937	24,0848	23,1372	22,2467	20,6204
43	30,3261	28,9711	27,7045	26,5194	25,4098	24,3698	23,3944	22,4788	20,8095
44	30,7966	29,3940	28,0847	26,8614	25,7174	24,6466	23,6435	22,7030	20,9914
45	31,2590	29,8087	28,4566	27,1950	26,0168	24,9153	23,8848	22,9197	21,1663
46	31,7135	30,2152	28,8203	27,5205	26,3081	25,1762	24,1185	23,1290	21,3344
47	32,1601	30,6137	29,1760	27,8380	26,5917	25,4295	24,3448	23,3313	21,4961
48	32,5991	31,0044	29,5238	28,1478	26,8677	25,6754	24,5640	23,5267	21,6516
49	33,0305	31,3875	29,8640	28,4501	27,1362	25,9142	24,7763	23,7155	21,8011
50	33,4545	31,7630	30,1968	28,7449	27,3976	26,1460	24,9819	23,8980	21,9448
51	33,8712	32,1312	30,5222	29,0326	27,6521	26,3710	25,1810	24,0742	22,0831
52	34,2808	32,4921	30,8404	29,3133	27,8996	26,5895	25,3739	24,2445	22,2160
53	34,6833	32,8460	31,1516	29,5871	28,1406	26,8016	25,5607	24,4091	22,3437
54	35,0788	33,1930	31,4560	29,8542	28,3751	27,0076	25,7416	24,5680	22,4666

T9   Zeitrente

monatlich vorschüssig

Hinweis: Für Leibrentenkapitaliserung (über durchschn. Lebenserwartung) nicht anwendbar.

Laufzeit	-1,00%	-0,50%	0,00%	0,25%	0,50%	0,75%	1,00%	1,25%	1,50%
55	73,4054	63,3157	55,0000	51,3959	48,1113	45,1139	42,3751	39,8693	37,5736
56	75,1515	64,6362	56,0000	52,2666	48,8697	45,7747	42,9510	40,3714	38,0115
57	76,9152	65,9633	57,0000	53,1351	49,6242	46,4305	43,5212	40,8673	38,4430
58	78,6968	67,2971	58,0000	54,0015	50,3751	47,0815	44,0858	41,3571	38,8681
59	80,4963	68,6376	59,0000	54,8657	51,1222	47,7276	44,6447	41,8409	39,2869
60	82,3140	69,9848	60,0000	55,7277	51,8655	48,3689	45,1982	42,3187	39,6995
61	84,1501	71,3388	61,0000	56,5876	52,6052	49,0054	45,7461	42,7905	40,1060
62	86,0047	72,6996	62,0000	57,4453	53,3412	49,6372	46,2886	43,2566	40,5065
63	87,8781	74,0672	63,0000	58,3009	54,0736	50,2642	46,8258	43,7169	40,9011
64	89,7704	75,4417	64,0000	59,1544	54,8023	50,8866	47,3576	44,1715	41,2899
65	91,6818	76,8231	65,0000	60,0057	55,5273	51,5044	47,8842	44,6205	41,6729
66	93,6125	78,2114	66,0000	60,8549	56,2488	52,1176	48,4055	45,0640	42,0502
67	95,5627	79,6068	67,0000	61,7020	56,9667	52,7262	48,9217	45,5019	42,4220
68	97,5326	81,0091	68,0000	62,5470	57,6810	53,3303	49,4328	45,9345	42,7883
69	99,5224	82,4185	69,0000	63,3899	58,3917	53,9299	49,9388	46,3618	43,1492
70	101,5323	83,8349	70,0000	64,2307	59,0989	54,5250	50,4398	46,7837	43,5047
71	103,5625	85,2585	71,0000	65,0694	59,8026	55,1157	50,9359	47,2005	43,8550
72	105,6132	86,6893	72,0000	65,9060	60,5028	55,7020	51,4270	47,6121	44,2001
73	107,6846	88,1272	73,0000	66,7405	61,1995	56,2839	51,9133	48,0186	44,5401
74	109,7769	89,5723	74,0000	67,5729	61,8928	56,8615	52,3948	48,4201	44,8751
75	111,8904	91,0248	75,0000	68,4032	62,5826	57,4348	52,8715	48,8167	45,2051
76	114,0252	92,4845	76,0000	69,2315	63,2689	58,0038	53,3434	49,2083	45,5303
77	116,1816	93,9515	77,0000	70,0577	63,9519	58,5686	53,8107	49,5951	45,8506
78	118,3598	95,4259	78,0000	70,8819	64,6314	59,1292	54,2734	49,9772	46,1662
79	120,5600	96,9078	79,0000	71,7039	65,3076	59,6856	54,7315	50,3545	46,4772
80	122,7824	98,3970	80,0000	72,5240	65,9804	60,2379	55,1851	50,7272	46,7835
81	125,0272	99,8938	81,0000	73,3420	66,6498	60,7861	55,6341	51,0952	47,0854
82	127,2947	101,3981	82,0000	74,1579	67,3160	61,3301	56,0788	51,4588	47,3827
83	129,5852	102,9099	83,0000	74,9719	67,9788	61,8702	56,5190	51,8178	47,6757
84	131,8987	104,4293	84,0000	75,7838	68,6383	62,4062	56,9548	52,1724	47,9643
85	134,2357	105,9564	85,0000	76,5936	69,2945	62,9382	57,3864	52,5226	48,2487
86	136,5962	107,4912	86,0000	77,4015	69,9475	63,4663	57,8136	52,8685	48,5289
87	138,9806	109,0336	87,0000	78,2073	70,5972	63,9904	58,2367	53,2102	48,8049
88	141,3890	110,5838	88,0000	79,0111	71,2437	64,5106	58,6555	53,5476	49,0769
89	143,8218	112,1418	89,0000	79,8130	71,8870	65,0270	59,0702	53,8808	49,3448
90	146,2792	113,7077	90,0000	80,6128	72,5270	65,5395	59,4808	54,2100	49,6088
91	148,7614	115,2814	91,0000	81,4106	73,1639	66,0482	59,8874	54,5350	49,8688
92	151,2687	116,8630	92,0000	82,2065	73,7977	66,5531	60,2899	54,8561	50,1251
93	153,8012	118,4525	93,0000	83,0003	74,4282	67,0542	60,6884	55,1732	50,3775
94	156,3594	120,0500	94,0000	83,7922	75,0556	67,5517	61,0830	55,4864	50,6262
95	158,9434	121,6556	95,0000	84,5821	75,6800	68,0454	61,4737	55,7957	50,8713
96	161,5535	123,2693	96,0000	85,3700	76,3012	68,5354	61,8605	56,1012	51,1127
97	164,1900	124,8910	97,0000	86,1560	76,9193	69,0218	62,2434	56,4029	51,3505
98	166,8531	126,5209	98,0000	86,9400	77,5343	69,5046	62,6226	56,7009	51,5849
99	169,5431	128,1590	99,0000	87,7220	78,1463	69,9838	62,9981	56,9952	51,8157

T9   Zeitrente

monatlich vorschüssig

Hinweis: Für Leibrentenkapitaliserung (über durchschn. Lebenserwartung) nicht anwendbar.

Laufzeit	1,75%	2,00%	2,25%	2,50%	2,75%	3,00%	3,25%	3,50%	4,00%
55	35,4676	33,5331	31,7537	30,1148	28,6034	27,2075	25,9168	24,7216	22,5848
56	35,8497	33,8666	32,0448	30,3691	28,8255	27,4017	26,0865	24,8700	22,6984
57	36,2252	34,1935	32,3296	30,6172	29,0417	27,5901	26,2509	25,0134	22,8076
58	36,5943	34,5140	32,6080	30,8592	29,2521	27,7731	26,4101	25,1520	22,9126
59	36,9570	34,8282	32,8804	31,0953	29,4569	27,9508	26,5642	25,2858	23,0136
60	37,3134	35,1363	33,1467	31,3256	29,6562	28,1233	26,7136	25,4152	23,1107
61	37,6638	35,4384	33,4072	31,5504	29,8501	28,2907	26,8582	25,5401	23,2041
62	38,0081	35,7345	33,6620	31,7696	30,0389	28,4533	26,9983	25,6608	23,2939
63	38,3465	36,0248	33,9111	31,9835	30,2226	28,6111	27,1339	25,7775	23,3802
64	38,6791	36,3094	34,1548	32,1922	30,4014	28,7644	27,2653	25,8902	23,4632
65	39,0059	36,5884	34,3931	32,3958	30,5754	28,9132	27,3926	25,9991	23,5430
66	39,3271	36,8620	34,6261	32,5944	30,7447	29,0576	27,5158	26,1043	23,6198
67	39,6428	37,1302	34,8541	32,7882	30,9096	29,1979	27,6352	26,2059	23,6936
68	39,9531	37,3931	35,0770	32,9773	31,0700	29,3340	27,7508	26,3042	23,7645
69	40,2581	37,6509	35,2950	33,1617	31,2261	29,4662	27,8628	26,3990	23,8328
70	40,5577	37,9036	35,5082	33,3417	31,3780	29,5945	27,9713	26,4907	23,8984
71	40,8523	38,1514	35,7167	33,5172	31,5259	29,7191	28,0763	26,5793	23,9614
72	41,1418	38,3943	35,9206	33,6885	31,6698	29,8401	28,1780	26,6649	24,0221
73	41,4263	38,6325	36,1201	33,8556	31,8099	29,9576	28,2766	26,7476	24,0804
74	41,7059	38,8659	36,3151	34,0186	31,9462	30,0716	28,3720	26,8275	24,1365
75	41,9806	39,0948	36,5059	34,1777	32,0789	30,1823	28,4644	26,9047	24,1904
76	42,2507	39,3193	36,6925	34,3328	32,2080	30,2898	28,5539	26,9793	24,2423
77	42,5161	39,5393	36,8749	34,4842	32,3336	30,3941	28,6406	27,0513	24,2921
78	42,7770	39,7550	37,0534	34,6319	32,4559	30,4955	28,7246	27,1210	24,3400
79	43,0334	39,9665	37,2279	34,7760	32,5750	30,5938	28,8059	27,1882	24,3861
80	43,2853	40,1738	37,3986	34,9166	32,6908	30,6893	28,8847	27,2532	24,4305
81	43,5330	40,3770	37,5655	35,0537	32,8035	30,7820	28,9610	27,3160	24,4731
82	43,7763	40,5763	37,7287	35,1875	32,9132	30,8720	29,0349	27,3767	24,5140
83	44,0155	40,7717	37,8884	35,3181	33,0200	30,9594	29,1064	27,4353	24,5534
84	44,2506	40,9632	38,0445	35,4454	33,1240	31,0443	29,1757	27,4920	24,5913
85	44,4816	41,1510	38,1973	35,5697	33,2251	31,1267	29,2429	27,5467	24,6278
86	44,7086	41,3351	38,3466	35,6909	33,3235	31,2066	29,3079	27,5996	24,6628
87	44,9318	41,5156	38,4927	35,8092	33,4193	31,2843	29,3708	27,6506	24,6965
88	45,1511	41,6925	38,6355	35,9245	33,5126	31,3597	29,4318	27,7000	24,7288
89	45,3666	41,8660	38,7752	36,0371	33,6033	31,4329	29,4909	27,7477	24,7600
90	45,5785	42,0361	38,9118	36,1469	33,6916	31,5039	29,5481	27,7938	24,7899
91	45,7867	42,2028	39,0455	36,2541	33,7776	31,5729	29,6035	27,8383	24,8187
92	45,9913	42,3663	39,1762	36,3586	33,8612	31,6399	29,6572	27,8813	24,8464
93	46,1924	42,5266	39,3040	36,4606	33,9426	31,7049	29,7091	27,9229	24,8730
94	46,3900	42,6837	39,4290	36,5601	34,0219	31,7681	29,7595	27,9630	24,8986
95	46,5842	42,8378	39,5512	36,6571	34,0990	31,8294	29,8082	28,0018	24,9232
96	46,7751	42,9888	39,6708	36,7518	34,1740	31,8889	29,8554	28,0393	24,9469
97	46,9627	43,1368	39,7877	36,8442	34,2471	31,9466	29,9012	28,0755	24,9696
98	47,1471	43,2820	39,9020	36,9343	34,3182	32,0027	29,9454	28,1105	24,9915
99	47,3283	43,4243	40,0139	37,0223	34,3873	32,0572	29,9883	28,1443	25,0125

T10   Abzinsfaktoren

Hinweis: Für Leibrentenkapitaliserung mit Aufschub nur anwendbar, wenn anschl. das Sterberisko zwischen Alter und Aufschubalter über l_x der Sterbetafel per Dreisatz berücksichtigt wird. Bei Verbundrenten abweichend von 'Laufzeit bis Tod des Zuerststerbenden' nicht direkt anwendbar.

Jahre	-1,00%	-0,50%	0,00%	0,25%	0,50%	0,75%	1,00%	1,25%	1,50%
0	1,000000	1,000000	1,000000	1,000000	1,000000	1,000000	1,000000	1,000000	1,000000
1	1,010101	1,005025	1,000000	0,997506	0,995025	0,992556	0,990099	0,987654	0,985222
2	1,020304	1,010076	1,000000	0,995019	0,990075	0,985167	0,980296	0,975461	0,970662
3	1,030610	1,015151	1,000000	0,992537	0,985149	0,977833	0,970590	0,963418	0,956317
4	1,041020	1,020253	1,000000	0,990062	0,980248	0,970554	0,960980	0,951524	0,942184
5	1,051536	1,025379	1,000000	0,987593	0,975371	0,963329	0,951466	0,939777	0,928260
6	1,062157	1,030532	1,000000	0,985130	0,970518	0,956158	0,942045	0,928175	0,914542
7	1,072886	1,035711	1,000000	0,982674	0,965690	0,949040	0,932718	0,916716	0,901027
8	1,083723	1,040915	1,000000	0,980223	0,960885	0,941975	0,923483	0,905398	0,887711
9	1,094670	1,046146	1,000000	0,977779	0,956105	0,934963	0,914340	0,894221	0,874592
10	1,105727	1,051403	1,000000	0,975340	0,951348	0,928003	0,905287	0,883181	0,861667
11	1,116896	1,056686	1,000000	0,972908	0,946615	0,921095	0,896324	0,872277	0,848933
12	1,128178	1,061996	1,000000	0,970482	0,941905	0,914238	0,887449	0,861509	0,836387
13	1,139574	1,067333	1,000000	0,968062	0,937219	0,907432	0,878663	0,850873	0,824027
14	1,151085	1,072697	1,000000	0,965648	0,932556	0,900677	0,869963	0,840368	0,811849
15	1,162712	1,078087	1,000000	0,963239	0,927917	0,893973	0,861349	0,829993	0,799852
16	1,174456	1,083504	1,000000	0,960837	0,923300	0,887318	0,852821	0,819746	0,788031
17	1,186320	1,088949	1,000000	0,958441	0,918707	0,880712	0,844377	0,809626	0,776385
18	1,198303	1,094421	1,000000	0,956051	0,914136	0,874156	0,836017	0,799631	0,764912
19	1,210407	1,099921	1,000000	0,953667	0,909588	0,867649	0,827740	0,789759	0,753607
20	1,222633	1,105448	1,000000	0,951289	0,905063	0,861190	0,819544	0,780009	0,742470
21	1,234983	1,111003	1,000000	0,948916	0,900560	0,854779	0,811430	0,770379	0,731498
22	1,247457	1,116586	1,000000	0,946550	0,896080	0,848416	0,803396	0,760868	0,720688
23	1,260058	1,122197	1,000000	0,944190	0,891622	0,842100	0,795442	0,751475	0,710037
24	1,272786	1,127836	1,000000	0,941835	0,887186	0,835831	0,787566	0,742197	0,699544
25	1,285642	1,133504	1,000000	0,939486	0,882772	0,829609	0,779768	0,733034	0,689206
26	1,298629	1,139200	1,000000	0,937143	0,878380	0,823434	0,772048	0,723984	0,679021
27	1,311746	1,144924	1,000000	0,934806	0,874010	0,817304	0,764404	0,715046	0,668986
28	1,324996	1,150678	1,000000	0,932475	0,869662	0,811220	0,756836	0,706219	0,659099
29	1,338380	1,156460	1,000000	0,930150	0,865335	0,805181	0,749342	0,697500	0,649359
30	1,351899	1,162271	1,000000	0,927830	0,861030	0,799187	0,741923	0,688889	0,639762
31	1,365554	1,168112	1,000000	0,925517	0,856746	0,793238	0,734577	0,680384	0,630308
32	1,379348	1,173982	1,000000	0,923209	0,852484	0,787333	0,727304	0,671984	0,620993
33	1,393281	1,179881	1,000000	0,920906	0,848242	0,781472	0,720103	0,663688	0,611816
34	1,407354	1,185810	1,000000	0,918610	0,844022	0,775654	0,712973	0,655494	0,602774
35	1,421570	1,191769	1,000000	0,916319	0,839823	0,769880	0,705914	0,647402	0,593866
36	1,435929	1,197758	1,000000	0,914034	0,835645	0,764149	0,698925	0,639409	0,585090
37	1,450433	1,203777	1,000000	0,911754	0,831487	0,758461	0,692005	0,631515	0,576443
38	1,465084	1,209826	1,000000	0,909481	0,827351	0,752814	0,685153	0,623719	0,567924
39	1,479883	1,215906	1,000000	0,907213	0,823235	0,747210	0,678370	0,616019	0,559531
40	1,494831	1,222016	1,000000	0,904950	0,819139	0,741648	0,671653	0,608413	0,551262
41	1,509931	1,228156	1,000000	0,902694	0,815064	0,736127	0,665003	0,600902	0,543116
42	1,525183	1,234328	1,000000	0,900443	0,811009	0,730647	0,658419	0,593484	0,535089
43	1,540588	1,240531	1,000000	0,898197	0,806974	0,725208	0,651900	0,586157	0,527182
44	1,556150	1,246765	1,000000	0,895957	0,802959	0,719810	0,645445	0,578920	0,519391
45	1,571869	1,253030	1,000000	0,893723	0,798964	0,714451	0,639055	0,571773	0,511715
46	1,587746	1,259326	1,000000	0,891494	0,794989	0,709133	0,632728	0,564714	0,504153
47	1,603784	1,265655	1,000000	0,889271	0,791034	0,703854	0,626463	0,557742	0,496702
48	1,619984	1,272015	1,000000	0,887053	0,787098	0,698614	0,620260	0,550856	0,489362
49	1,636347	1,278407	1,000000	0,884841	0,783182	0,693414	0,614119	0,544056	0,482130
50	1,652876	1,284831	1,000000	0,882635	0,779286	0,688252	0,608039	0,537339	0,475005
51	1,669572	1,291287	1,000000	0,880433	0,775409	0,683128	0,602019	0,530705	0,467985
52	1,686436	1,297776	1,000000	0,878238	0,771551	0,678043	0,596058	0,524153	0,461069
53	1,703471	1,304298	1,000000	0,876048	0,767713	0,672995	0,590156	0,517682	0,454255
54	1,720678	1,310852	1,000000	0,873863	0,763893	0,667986	0,584313	0,511291	0,447542

Hinweis: Für Leibrentenkapitaliserung mit Aufschub nur anwendbar, wenn anschl. das Sterberisko zwischen Alter und Aufschubalter über l_x der Sterbetafel per Dreisatz berücksichtigt wird. Bei Verbundrenten abweichend von 'Laufzeit bis Tod des Zuerststerbenden' nicht direkt anwendbar.

Jahre	1,75%	2,00%	2,25%	2,50%	2,75%	3,00%	3,25%	3,50%	4,00%
0	1,000000	1,000000	1,000000	1,000000	1,000000	1,000000	1,000000	1,000000	1,000000
1	0,982801	0,980392	0,977995	0,975610	0,973236	0,970874	0,968523	0,966184	0,961538
2	0,965898	0,961169	0,956474	0,951814	0,947188	0,942596	0,938037	0,933511	0,924556
3	0,949285	0,942322	0,935427	0,928599	0,921838	0,915142	0,908510	0,901943	0,888996
4	0,932959	0,923845	0,914843	0,905951	0,897166	0,888487	0,879913	0,871442	0,854804
5	0,916913	0,905731	0,894712	0,883854	0,873154	0,862609	0,852216	0,841973	0,821927
6	0,901143	0,887971	0,875024	0,862297	0,849785	0,837484	0,825391	0,813501	0,790315
7	0,885644	0,870560	0,855769	0,841265	0,827041	0,813092	0,799410	0,785991	0,759918
8	0,870412	0,853490	0,836938	0,820747	0,804906	0,789409	0,774247	0,759412	0,730690
9	0,855441	0,836755	0,818522	0,800728	0,783364	0,766417	0,749876	0,733731	0,702587
10	0,840729	0,820348	0,800510	0,781198	0,762398	0,744094	0,726272	0,708919	0,675564
11	0,826269	0,804263	0,782895	0,762145	0,741993	0,722421	0,703411	0,684946	0,649581
12	0,812058	0,788493	0,765667	0,743556	0,722134	0,701380	0,681270	0,661783	0,624597
13	0,798091	0,773033	0,748819	0,725420	0,702807	0,680951	0,659826	0,639404	0,600574
14	0,784365	0,757875	0,732341	0,707727	0,683997	0,661118	0,639056	0,617782	0,577475
15	0,770875	0,743015	0,716226	0,690466	0,665691	0,641862	0,618941	0,596891	0,555265
16	0,757616	0,728446	0,700466	0,673625	0,647874	0,623167	0,599458	0,576706	0,533908
17	0,744586	0,714163	0,685052	0,657195	0,630535	0,605016	0,580589	0,557204	0,513373
18	0,731780	0,700159	0,669978	0,641166	0,613659	0,587395	0,562314	0,538361	0,493628
19	0,719194	0,686431	0,655235	0,625528	0,597235	0,570286	0,544614	0,520156	0,474642
20	0,706825	0,672971	0,640816	0,610271	0,581251	0,553676	0,527471	0,502566	0,456387
21	0,694668	0,659776	0,626715	0,595386	0,565694	0,537549	0,510868	0,485571	0,438834
22	0,682720	0,646839	0,612925	0,580865	0,550554	0,521893	0,494787	0,469151	0,421955
23	0,670978	0,634156	0,599437	0,566697	0,535819	0,506692	0,479213	0,453286	0,405726
24	0,659438	0,621721	0,586247	0,552875	0,521478	0,491934	0,464129	0,437957	0,390121
25	0,648096	0,609531	0,573346	0,539391	0,507521	0,477606	0,449519	0,423147	0,375117
26	0,636950	0,597579	0,560730	0,526235	0,493938	0,463695	0,435370	0,408838	0,360689
27	0,625995	0,585862	0,548391	0,513400	0,480718	0,450189	0,421666	0,395012	0,346817
28	0,615228	0,574375	0,536324	0,500878	0,467852	0,437077	0,408393	0,381654	0,333477
29	0,604647	0,563112	0,524522	0,488661	0,455331	0,424346	0,395538	0,368748	0,320651
30	0,594248	0,552071	0,512980	0,476743	0,443144	0,411987	0,383088	0,356278	0,308319
31	0,584027	0,541246	0,501692	0,465115	0,431284	0,399987	0,371029	0,344230	0,296460
32	0,573982	0,530633	0,490652	0,453771	0,419741	0,388337	0,359350	0,332590	0,285058
33	0,564111	0,520229	0,479856	0,442703	0,408507	0,377026	0,348039	0,321343	0,274094
34	0,554408	0,510028	0,469296	0,431905	0,397574	0,366045	0,337084	0,310476	0,263552
35	0,544873	0,500028	0,458970	0,421371	0,386933	0,355383	0,326473	0,299977	0,253415
36	0,535502	0,490223	0,448870	0,411094	0,376577	0,345032	0,316197	0,289833	0,243669
37	0,526292	0,480611	0,438993	0,401067	0,366499	0,334983	0,306244	0,280032	0,234297
38	0,517240	0,471187	0,429333	0,391285	0,356690	0,325226	0,296604	0,270562	0,225285
39	0,508344	0,461948	0,419885	0,381741	0,347143	0,315754	0,287268	0,261413	0,216621
40	0,499601	0,452890	0,410646	0,372431	0,337852	0,306557	0,278226	0,252572	0,208289
41	0,491008	0,444010	0,401610	0,363347	0,328810	0,297628	0,269468	0,244031	0,200278
42	0,482563	0,435304	0,392772	0,354485	0,320010	0,288959	0,260986	0,235779	0,192575
43	0,474264	0,426769	0,384129	0,345839	0,311445	0,280543	0,252771	0,227806	0,185168
44	0,466107	0,418401	0,375677	0,337404	0,303109	0,272372	0,244815	0,220102	0,178046
45	0,458090	0,410197	0,367410	0,329174	0,294997	0,264439	0,237109	0,212659	0,171198
46	0,450212	0,402154	0,359325	0,321146	0,287102	0,256737	0,229645	0,205468	0,164614
47	0,442469	0,394268	0,351418	0,313313	0,279418	0,249259	0,222417	0,198520	0,158283
48	0,434858	0,386538	0,343685	0,305671	0,271939	0,241999	0,215416	0,191806	0,152195
49	0,427379	0,378958	0,336122	0,298216	0,264661	0,234950	0,208635	0,185320	0,146341
50	0,420029	0,371528	0,328726	0,290942	0,257578	0,228107	0,202068	0,179053	0,140713
51	0,412805	0,364243	0,321493	0,283846	0,250684	0,221463	0,195707	0,172998	0,135301
52	0,405705	0,357101	0,314418	0,276923	0,243975	0,215013	0,189547	0,167148	0,130097
53	0,398727	0,350099	0,307499	0,270169	0,237445	0,208750	0,183581	0,161496	0,125093
54	0,391869	0,343234	0,300733	0,263579	0,231090	0,202670	0,177802	0,156035	0,120282

T10   Abzinsfaktoren

Hinweis: Für Leibrentenkapitaliserung mit Aufschub nur anwendbar, wenn anschl. das Sterberisiko zwischen Alter und Aufschubalter über l_x der Sterbetafel per Dreisatz berücksichtigt wird. Bei Verbundrenten abweichend von 'Laufzeit bis Tod des Zuerststerbenden' nicht direkt anwendbar.

Jahre	-1,00%	-0,50%	0,00%	0,25%	0,50%	0,75%	1,00%	1,25%	1,50%
55	1,738058	1,317439	1,000000	0,871684	0,760093	0,663013	0,578528	0,504979	0,440928
56	1,755614	1,324059	1,000000	0,869510	0,756311	0,658077	0,572800	0,498745	0,434412
57	1,773348	1,330713	1,000000	0,867342	0,752548	0,653178	0,567129	0,492587	0,427992
58	1,791260	1,337400	1,000000	0,865179	0,748804	0,648316	0,561514	0,486506	0,421667
59	1,809354	1,344121	1,000000	0,863021	0,745079	0,643490	0,555954	0,480500	0,415435
60	1,827630	1,350875	1,000000	0,860869	0,741372	0,638700	0,550450	0,474568	0,409296
61	1,846091	1,357663	1,000000	0,858722	0,737684	0,633945	0,545000	0,468709	0,403247
62	1,864738	1,364486	1,000000	0,856581	0,734014	0,629226	0,539604	0,462922	0,397288
63	1,883574	1,371342	1,000000	0,854445	0,730362	0,624542	0,534261	0,457207	0,391417
64	1,902600	1,378234	1,000000	0,852314	0,726728	0,619893	0,528971	0,451563	0,385632
65	1,921818	1,385159	1,000000	0,850188	0,723113	0,615278	0,523734	0,445988	0,379933
66	1,941231	1,392120	1,000000	0,848068	0,719515	0,610698	0,518548	0,440482	0,374318
67	1,960839	1,399116	1,000000	0,845953	0,715935	0,606152	0,513414	0,435044	0,368787
68	1,980646	1,406146	1,000000	0,843844	0,712374	0,601639	0,508331	0,429673	0,363337
69	2,000652	1,413212	1,000000	0,841739	0,708829	0,597161	0,503298	0,424368	0,357967
70	2,020861	1,420314	1,000000	0,839640	0,705303	0,592715	0,498315	0,419129	0,352677
71	2,041273	1,427451	1,000000	0,837547	0,701794	0,588303	0,493381	0,413955	0,347465
72	2,061892	1,434624	1,000000	0,835458	0,698302	0,583924	0,488496	0,408844	0,342330
73	2,082720	1,441833	1,000000	0,833374	0,694828	0,579577	0,483659	0,403797	0,337271
74	2,103757	1,449079	1,000000	0,831296	0,691371	0,575262	0,478871	0,398811	0,332287
75	2,125007	1,456361	1,000000	0,829223	0,687932	0,570980	0,474129	0,393888	0,327376
76	2,146472	1,463679	1,000000	0,827155	0,684509	0,566730	0,469435	0,389025	0,322538
77	2,168153	1,471034	1,000000	0,825093	0,681104	0,562511	0,464787	0,384222	0,317771
78	2,190054	1,478426	1,000000	0,823035	0,677715	0,558323	0,460185	0,379479	0,313075
79	2,212176	1,485856	1,000000	0,820982	0,674343	0,554167	0,455629	0,374794	0,308448
80	2,234521	1,493322	1,000000	0,818935	0,670988	0,550042	0,451118	0,370167	0,303890
81	2,257092	1,500826	1,000000	0,816893	0,667650	0,545947	0,446651	0,365597	0,299399
82	2,279891	1,508368	1,000000	0,814856	0,664329	0,541883	0,442229	0,361083	0,294975
83	2,302920	1,515948	1,000000	0,812824	0,661023	0,537849	0,437851	0,356625	0,290615
84	2,326182	1,523566	1,000000	0,810797	0,657735	0,533845	0,433515	0,352223	0,286321
85	2,349679	1,531222	1,000000	0,808775	0,654462	0,529871	0,429223	0,347874	0,282089
86	2,373413	1,538916	1,000000	0,806758	0,651206	0,525927	0,424974	0,343580	0,277920
87	2,397387	1,546650	1,000000	0,804746	0,647967	0,522012	0,420766	0,339338	0,273813
88	2,421603	1,554422	1,000000	0,802739	0,644743	0,518126	0,416600	0,335148	0,269767
89	2,446063	1,562233	1,000000	0,800737	0,641535	0,514269	0,412475	0,331011	0,265780
90	2,470771	1,570083	1,000000	0,798740	0,638344	0,510440	0,408391	0,326924	0,261852
91	2,495728	1,577973	1,000000	0,796749	0,635168	0,506641	0,404348	0,322888	0,257982
92	2,520938	1,585903	1,000000	0,794762	0,632008	0,502869	0,400344	0,318902	0,254170
93	2,546402	1,593872	1,000000	0,792780	0,628863	0,499126	0,396380	0,314965	0,250414
94	2,572123	1,601882	1,000000	0,790803	0,625735	0,495410	0,392456	0,311076	0,246713
95	2,598104	1,609931	1,000000	0,788831	0,622622	0,491722	0,388570	0,307236	0,243067
96	2,624347	1,618021	1,000000	0,786863	0,619524	0,488062	0,384723	0,303443	0,239475
97	2,650856	1,626152	1,000000	0,784901	0,616442	0,484428	0,380914	0,299697	0,235936
98	2,677632	1,634324	1,000000	0,782944	0,613375	0,480822	0,377142	0,295997	0,232449
99	2,704679	1,642536	1,000000	0,780991	0,610323	0,477243	0,373408	0,292342	0,229014

T10   Abzinsfaktoren

Hinweis: Für Leibrentenkapitaliserung mit Aufschub nur anwendbar, wenn anschl. das Sterberisko zwischen Alter und Aufschubalter über l_x der Sterbetafel per Dreisatz berücksichtigt wird. Bei Verbundrenten abweichend von 'Laufzeit bis Tod des Zuerststerbenden' nicht direkt anwendbar.

Jahre	1,75%	2,00%	2,25%	2,50%	2,75%	3,00%	3,25%	3,50%	4,00%
55	0,385130	0,336504	0,294115	0,257151	0,224905	0,196767	0,172205	0,150758	0,115656
56	0,378506	0,329906	0,287643	0,250879	0,218886	0,191036	0,166785	0,145660	0,111207
57	0,371996	0,323437	0,281314	0,244760	0,213027	0,185472	0,161535	0,140734	0,106930
58	0,365598	0,317095	0,275123	0,238790	0,207326	0,180070	0,156450	0,135975	0,102817
59	0,359310	0,310878	0,269069	0,232966	0,201777	0,174825	0,151526	0,131377	0,098863
60	0,353130	0,304782	0,263149	0,227284	0,196377	0,169733	0,146756	0,126934	0,095060
61	0,347057	0,298806	0,257358	0,221740	0,191121	0,164789	0,142137	0,122642	0,091404
62	0,341088	0,292947	0,251695	0,216332	0,186006	0,159990	0,137663	0,118495	0,087889
63	0,335221	0,287203	0,246156	0,211055	0,181028	0,155330	0,133329	0,114487	0,084508
64	0,329456	0,281572	0,240740	0,205908	0,176183	0,150806	0,129133	0,110616	0,081258
65	0,323790	0,276051	0,235442	0,200886	0,171467	0,146413	0,125068	0,106875	0,078133
66	0,318221	0,270638	0,230261	0,195986	0,166878	0,142149	0,121131	0,103261	0,075128
67	0,312748	0,265331	0,225195	0,191206	0,162412	0,138009	0,117318	0,099769	0,072238
68	0,307369	0,260129	0,220239	0,186542	0,158065	0,133989	0,113626	0,096395	0,069460
69	0,302082	0,255028	0,215393	0,181992	0,153834	0,130086	0,110049	0,093136	0,066788
70	0,296887	0,250028	0,210653	0,177554	0,149717	0,126297	0,106585	0,089986	0,064219
71	0,291781	0,245125	0,206018	0,173223	0,145710	0,122619	0,103230	0,086943	0,061749
72	0,286762	0,240319	0,201484	0,168998	0,141810	0,119047	0,099981	0,084003	0,059374
73	0,281830	0,235607	0,197051	0,164876	0,138015	0,115580	0,096833	0,081162	0,057091
74	0,276983	0,230987	0,192715	0,160855	0,134321	0,112214	0,093785	0,078418	0,054895
75	0,272219	0,226458	0,188474	0,156931	0,130726	0,108945	0,090833	0,075766	0,052784
76	0,267537	0,222017	0,184327	0,153104	0,127227	0,105772	0,087974	0,073204	0,050754
77	0,262936	0,217664	0,180270	0,149370	0,123822	0,102691	0,085205	0,070728	0,048801
78	0,258414	0,213396	0,176304	0,145726	0,120508	0,099700	0,082523	0,068336	0,046924
79	0,253969	0,209212	0,172424	0,142172	0,117283	0,096796	0,079925	0,066026	0,045120
80	0,249601	0,205110	0,168630	0,138705	0,114144	0,093977	0,077410	0,063793	0,043384
81	0,245308	0,201088	0,164919	0,135322	0,111089	0,091240	0,074973	0,061636	0,041716
82	0,241089	0,197145	0,161290	0,132021	0,108116	0,088582	0,072613	0,059551	0,040111
83	0,236943	0,193279	0,157741	0,128801	0,105222	0,086002	0,070327	0,057537	0,038569
84	0,232868	0,189490	0,154270	0,125659	0,102406	0,083497	0,068114	0,055592	0,037085
85	0,228862	0,185774	0,150875	0,122595	0,099665	0,081065	0,065970	0,053712	0,035659
86	0,224926	0,182132	0,147555	0,119605	0,096998	0,078704	0,063893	0,051896	0,034287
87	0,221058	0,178560	0,144308	0,116687	0,094402	0,076412	0,061882	0,050141	0,032969
88	0,217256	0,175059	0,141133	0,113841	0,091875	0,074186	0,059934	0,048445	0,031701
89	0,213519	0,171627	0,138027	0,111065	0,089416	0,072026	0,058048	0,046807	0,030481
90	0,209847	0,168261	0,134990	0,108356	0,087023	0,069928	0,056220	0,045224	0,029309
91	0,206238	0,164962	0,132020	0,105713	0,084694	0,067891	0,054451	0,043695	0,028182
92	0,202691	0,161728	0,129114	0,103135	0,082427	0,065914	0,052737	0,042217	0,027098
93	0,199204	0,158556	0,126273	0,100619	0,080221	0,063994	0,051077	0,040789	0,026056
94	0,195778	0,155448	0,123495	0,098165	0,078074	0,062130	0,049469	0,039410	0,025053
95	0,192411	0,152400	0,120777	0,095771	0,075985	0,060320	0,047912	0,038077	0,024090
96	0,189102	0,149411	0,118119	0,093435	0,073951	0,058563	0,046404	0,036790	0,023163
97	0,185850	0,146482	0,115520	0,091156	0,071972	0,056858	0,044943	0,035546	0,022272
98	0,182653	0,143609	0,112978	0,088933	0,070046	0,055202	0,043529	0,034344	0,021416
99	0,179512	0,140794	0,110492	0,086764	0,068171	0,053594	0,042158	0,033182	0,020592

'Überlebende im Alter x' (l_x) und 'durchschnittliche Lebenserwartung im Alter x' (e_x)

	—— Mann ——		—— Frau ——			—— Mann ——		—— Frau ——	
Alter	l_x	e_x	l_x	e_x	Alter	l_x	e_x	l_x	e_x
0	100000,00	78,54	100000,00	83,38	50	96240,05	30,25	97848,78	34,49
1	99669,20	77,80	99715,61	82,62	51	95924,55	29,35	97667,52	33,55
2	99646,46	76,81	99695,88	81,64	52	95573,79	28,45	97468,66	32,62
3	99634,22	75,82	99683,92	80,65	53	95186,72	27,56	97254,48	31,69
4	99622,99	74,83	99673,63	79,65	54	94760,76	26,69	97011,87	30,77
5	99612,07	73,84	99664,18	78,66	55	94289,20	25,82	96744,60	29,85
6	99602,35	72,85	99657,60	77,67	56	93753,40	24,96	96448,96	28,94
7	99593,93	71,85	99651,40	76,67	57	93157,72	24,12	96125,04	28,04
8	99585,28	70,86	99645,45	75,68	58	92507,29	23,28	95767,84	27,14
9	99578,55	69,86	99639,26	74,68	59	91789,28	22,46	95368,05	26,25
10	99571,37	68,87	99633,79	73,68	60	90986,41	21,66	94928,02	25,37
11	99564,83	67,87	99628,90	72,69	61	90111,55	20,86	94440,55	24,50
12	99558,33	66,88	99621,83	71,69	62	89142,64	20,08	93915,89	23,64
13	99550,11	65,88	99615,69	70,70	63	88084,01	19,32	93341,69	22,78
14	99540,48	64,89	99607,40	69,70	64	86934,86	18,57	92706,95	21,93
15	99528,68	63,90	99596,81	68,71	65	85688,87	17,83	92025,63	21,09
16	99513,54	62,91	99585,30	67,72	66	84346,89	17,11	91277,24	20,26
17	99491,67	61,92	99572,94	66,73	67	82897,67	16,40	90471,22	19,43
18	99464,74	60,94	99560,55	65,74	68	81364,09	15,70	89604,94	18,62
19	99426,73	59,96	99545,62	64,75	69	79730,41	15,01	88676,89	17,81
20	99384,24	58,99	99528,28	63,76	70	77999,78	14,33	87650,54	17,01
21	99343,73	58,01	99511,30	62,77	71	76183,73	13,66	86535,91	16,22
22	99303,77	57,03	99493,71	61,78	72	74271,39	13,00	85330,84	15,44
23	99263,60	56,06	99476,59	60,79	73	72248,73	12,35	84012,01	14,68
24	99222,61	55,08	99460,17	59,80	74	70141,79	11,70	82609,33	13,92
25	99178,52	54,10	99444,59	58,81	75	67893,53	11,07	81070,78	13,17
26	99135,92	53,13	99426,72	57,82	76	65562,46	10,45	79427,68	12,44
27	99091,31	52,15	99409,14	56,83	77	63079,94	9,84	77642,17	11,71
28	99046,53	51,17	99388,84	55,84	78	60450,03	9,25	75697,19	11,00
29	98999,57	50,20	99365,37	54,85	79	57737,82	8,66	73625,54	10,29
30	98951,10	49,22	99341,78	53,87	80	54864,40	8,09	71327,26	9,61
31	98897,84	48,25	99315,40	52,88	81	51805,35	7,53	68788,94	8,95
32	98840,17	47,28	99284,64	51,90	82	48559,59	7,00	65988,74	8,30
33	98780,74	46,30	99251,88	50,91	83	45191,60	6,49	62921,04	7,68
34	98716,34	45,33	99216,94	49,93	84	41641,24	6,00	59511,51	7,10
35	98645,63	44,37	99178,14	48,95	85	37917,59	5,54	55740,56	6,54
36	98568,84	43,40	99132,37	47,97	86	34069,88	5,11	51650,03	6,02
37	98478,91	42,44	99085,91	47,00	87	30153,56	4,71	47241,60	5,54
38	98376,59	41,48	99032,90	46,02	88	26268,63	4,33	42607,69	5,08
39	98274,02	40,53	98978,05	45,05	89	22428,55	3,99	37825,68	4,66
40	98159,40	39,57	98915,48	44,07	90	18726,49	3,67	32961,17	4,28
41	98035,89	38,62	98850,58	43,10	91	15267,33	3,39	28115,63	3,93
42	97894,82	37,68	98776,88	42,13	92	12177,76	3,13	23462,82	3,61
43	97754,59	36,73	98698,10	41,17	93	9409,67	2,90	19063,70	3,33
44	97590,73	35,79	98609,64	40,20	94	7088,85	2,69	15101,74	3,07
45	97415,73	34,85	98513,25	39,24	95	5160,71	2,50	11621,76	2,84
46	97228,62	33,92	98409,49	38,28	96	3655,89	2,33	8673,94	2,63
47	97024,06	32,99	98291,39	37,33	97	2487,73	2,19	6252,83	2,45
48	96792,55	32,07	98164,59	36,38	98	1648,26	2,05	4368,14	2,30
49	96533,64	31,15	98015,81	35,43	99	1052,44	1,93	2942,44	2,17
					100	647,80	1,82	1938,27	2,03

Zur Berechnung aller Tabellen kam die Spalte 'Überlebende im Alter x' (l_x) der Sterbetafel zur Anwendung, die uns freundlicherweise vom Statistischen Bundesamt mit einer erweiterten Genauigkeit und deutlich höherem Endalter, als hier aufgeführt, zur Verfügung gestellt wurde. Dieses ermöglichte uns, die Berechnung in hoher Genauigkeit durchführen zu können.

Hinweis: Die Angabe der durchschnittlichen Lebenserwartung (e_x) dient nur informellen Zwecken und ist für eine Leibrentenkapitalisierung mittels einer Zeitrente nicht geeignet.